中国社会科学院近代史研究所民国史研究室　主办

中华民国史青年论坛

第 1 辑

YOUNG SCHOLARS' FORUM ON THE HISTORY
OF REPUBLICAN CHINA, VOLUME 1

李在全　主编

社会科学文献出版社
SOCIAL SCIENCES ACADEMIC PRESS(CHINA)

卷首语

中华民国史是中国史学中的新兴学科，也是当前史学研究中最富朝气、最具活力的研究领域之一。

中国社会科学院近代史研究所民国史研究室成立于 1972 年，为中国大陆第一家专门从事民国史研究的学术机构。四十多年来，经过几代学者筚路蓝缕、辛勤耕耘，民国史研究室已经成为蜚声海内外的中华民国史研究重镇。1996 年，中华民国史被确定为中国社会科学院重点学科；2002、2009 年，继续被确定为中国社会科学院重点学科。特别值得提及的是，由民国史研究室主持编撰的三十六卷本《中华民国史》，历时四十年，在辛亥革命百年之际的 2011 年全部出版，这套《中华民国史》奠定了大陆学界书写中华民国史的基本架构与范式。可以说，该书是中华民国史研究的奠基之作、扛鼎之作、集大成之作。

近几年来，民国史研究室继续努力推进民国史学科发展。对民国史研究领域卓然有成的著名学者，我们开设了"中华民国史高峰论坛"，到目前为止已经成功举办了四届（2012 年，北京；2013 年，成都；2015 年，北京；2017 年，北京），学界反响很大，社会效应良好。基本与此同时，为鼓励青年学者的成长和脱颖而出，形成民国史研究代有传承的研究队伍，我们创办"中华民国史青年论坛"，旨在为海内外的中青年学者搭建共同的学术交流平台，由此将民国史研究推向更为深入、广阔的领域。

"中华民国史青年论坛"倡导"大民国史"研究取向：从内容而言，凡民国时期的政治、经济、军事、外交、思想、文化、社会等，均属"大民国史"范畴；从时段而言，侧重 1912 至 1949 年，但历史变动有其内在逻辑与源流，故不必框限于这一时段区间。无论与民国史直接相关的论题，还是间接相关的论题，均可提交论坛，尤其欢迎具有新材料、新方法、新观点的创新之作。

经过多方筹备，2016 年 8 月 27～28 日，中国社会科学院近代史研究所民国史研究室主办的"第一届中华民国史青年论坛"在北京召开，来自中国大陆、台湾、香港以及日本和美国的 71 位学者与会，其中 52 位青年学者提交了各自的研究论文。正是基于"大民国史"的研究取向，我们在遴选参会论文过程中，注重整体性、贯通性的历史视野，力图促进不同学科背景的学者之间的对话交流。论坛既鼓励青年学者研究思考关乎中国近代历史走向和国家命运的重大问题，也注重选取那些意在开拓新的领域、对前人未予以充分重视的问题进行研究的论文。同时倡导青年学者引入新视角和新方法，为民国史学科注入新的思维与活力。从参会论文的主题与内容而言，涉及民国政治、军事、外交、思想、文化、社会等诸多领域，总体上展现了当前民国史青年学者的学术能力与特点。

一次学术论坛的举办，包含着很多参与者的心力与贡献，在此，谨向所有与会学者和相关人员致以诚挚的谢意！由于经费所限，我们无法将所有参会论文收录本书，只能在这些参会论文中，优中选优，作为"第一届中华民国史青年论坛"的成果结集。我们计划是每两年举办一次论坛，以文会友，切磋学术，会后从参会论文中选取若干篇结集成册，作为论坛成果公开出版发行。这或许就是先贤所云"人过留名，雁过留声"之谓吧！

学术乃学者之共业，我们祈望由此推进中华民国史研究，以自己的绵薄之力贡献于学界。

目 录
CONTENTS

内政与外交

熊希龄内阁时期的废省筹议

陈 明

内容提要 熊希龄在出任北京政府国务总理后，为解决政府支绌的财政状况，实现国家统一和中央集权，顺应当时建立强有力中央政府的时势，并迎合袁世凯中央集权主张，将废省提上议事日程，订入施政方针。但总统府与国务院之间除权限之争外，在废省制上的主张也各异，即使在国务院内部亦意见分歧。各省都督对于废省的态度也前后有别。废省筹议最终在袁世凯与各省都督的联合抵制下，随着熊希龄内阁倒台而暂缓实行。

关键词 熊希龄内阁 省制 废省筹议

省制作为一项渊源有自、独具特色的中国政制，自元代设立行省以来，对于辽阔疆域的治理、国家的统一强盛均发挥了不可低估的作用。清末仿行日本君主立宪，清政府有意将本为皇权外派机构的"直省"改建为地方政府的最高层级，立法与行政相对独立，地方自治开始试行，君权之外出现了绅权与民权的考量，导致内外官制改革遭遇瓶颈，直省及其长官是否应为"地方"的问题迄清亡悬而未决。[①] 辛亥革命爆发后，在新的共和政体重建过程中，"省"的属性及地位问题因为各派政治力量各自目的及利益有别，变得更加复杂尖锐。袁世凯及北京政府一度有意本诸中央集权主义主导这一过程，但在《中华民国临时约法》的制度设计下，总统府、国务院、临时参议院权力角逐，"国""省"关系难以确定，省制方案三次提出三次撤回，始终未能定议。袁世凯为了获得列强承认，绕过临时参议院，命令公布以虚三级制为基础的暂行省官制，引起临时参

---

① 详见关晓红《清季外官改制的"地方"困扰》，《近代史研究》2010 年第 5 期。

议院、南方国民党籍都督以及各省议会的反对。正当各方翘首期待正式
国会能通过宪法制定解决省制问题时，国会议员又陷入党派之争，加之
袁世凯及北京政府、各省行政长官干涉宪法制定，天坛宪草未能明确划
分中央与各省间的权限、省制的法律地位，省制存废再次被置于中央与
各省权力的角力之下。

如何消除辛亥革命后不断膨胀的各省权势，及其对北京政府权力行使
造成的威胁，是袁世凯就任临时大总统后力图解决的一个重要问题。袁世
凯在执政之初，虽力主中央集权，但囿于自身权势，相应筹划均以存省制
为前提。1913 年 7 月间，北京政府在袁世凯的催促下，曾有意趁正式国
会起草《中华民国宪法》之机，将废改省制，另划行政区域及军制区域，
裁撤都督分设镇守使，并订民政长与观察使之权限等种种问题提交国务院
会议，试图追加到宪法草案中。但因赣、皖等省反对，国务员亦以上述改
制需费过巨，决定暂拟从缓规定，此等政策遂致搁浅。

废省主张最早由康有为在 1895 年《上清帝第二书》中明确提出，至
民国初年，时人有感于政局动荡多源于辛亥革命以后各省权势较大，拥兵
自重，亦多主张废省。袁世凯在镇压"二次革命"后，将南方国民党势
力基本消灭，加强了对此前由同盟会籍都督管辖省份的控制，并采取各种
措施排除异己。袁世凯及政府的行政权威日渐增大，除广西、贵州、云南
及新疆，其余各省都由袁世凯部下控制。这一局面的形成又使政府内部潜
藏的废省制主张再度呈现，并为之提供实施的契机。但废省制在 1913 年
下半年至 1914 年初再度兴盛，并成为政府的政策建议筹划，主要还是熊
希龄、梁启超等人的努力。

宋教仁被杀案的发生，以及政府违法向五国银行团签订大借款合同，
使国民党与赵秉钧内阁处于敌对状态，赵在备受国民党议员攻击下称病辞
职。袁世凯为争取进步党支持，继续对付国民党在国会中的议员，任命熊
希龄组阁。熊希龄上台之初面对两大难题：其一，在赵秉钧内阁时期形
成，应办事件皆由总统总揽，"国务院不过盖章、副署之机械而已"[1] 的

---

① 周秋光编《熊希龄集》第 4 册，湖南人民出版社，2008，第 288 页。

局面；其二，政府财政极度支绌，尽管此前袁世凯及政府在积极推行减政政策，并趁着镇压"二次革命"的军事胜利，以统一政权的名义着手整顿各省财政，力图中央与各省互相设法维持，但效果并不明显。由于熊希龄、梁启超想干一番大事业，在二人的主导下，内阁在誓"以组织责任内阁为着手，并欲与总统府划清权限"的同时，亦立足建设，接过袁世凯在"二次革命"前一度持有的废省制主张，将其写入大政方针，积极筹划实施。但责任内阁主张因袁世凯掣肘未能实现，废省制筹议又触犯各省都督既得利益，与袁世凯的集权主张亦相异。最后，熊希龄内阁施政遭到袁世凯与各省都督的联合抵制，以垮台而告终。

熊希龄内阁时期的省制筹议，是清季民初省制构建过程中的重要一环。此前虽不乏废改省制的呼声、建议、主张，结果却都不了了之。这是北京政府第一次将废省制主张上升到政府政策层面并进行筹划。学界虽已注意到熊希龄内阁时期的废省主张，但相关研究不多，且多为对大政方针中"废省存道"内容的简单介绍，对于废省筹议过程的曲折及复杂性更是甚少涉及。① 有鉴于此，本文在比勘当时报纸相关报道基础上，辅以其他资料，尝试对这一问题进行探讨，希望推进对相关问题的讨论。

一　废省政策的由来

袁世凯在与国民党决裂后，有意任命自己素所信任的徐世昌出任国务总理，但鉴于《中华民国临时约法》国务员之同意权，只得选择各党派

---

① 周秋光《熊希龄传》（百花文艺出版社，2006）在展现传主一生爱国利民的人生事迹时，对于传主组阁期间的废省主张有所介绍；张永《民国初年的进步党与议会政党政治》（北京大学出版社，2008）在第四章"从熊梁内阁成立到进步党分裂瓦解"中，对于熊梁内阁的废省计划略有提及；曾田三郎『立宪国家中国への始动：明治宪政と近代中国』（思文閣、2009）梳理了熊希龄内阁前后地方制度案的情况。此外，张学继《民国时期的缩省运动》（《二十一世纪》1994 年 10 月号）、华伟《20 世纪中国省制问题的回顾与展望》（《中国方域》1998 年第 4、5、6 期）、于鸣超《中国省制问题研究》（《战略与管理》1998 年第 4 期）等梳理民国缩省、废省、省制问题的论文，对于熊希龄内阁时期的废省筹议经过亦多有简单介绍。造成这一局面的一个重要原因，就是相关档案资料较少被保存下来，相关人物记载又多付阙如。

特别是进步党支持的熊希龄出面组阁，意在"借其以党杀党"，以便徐世昌出山。① 深知当时政局政情的熊希龄自然不为袁世凯的任命所心动，直至袁世凯以承德行宫故物事件相要挟才被迫接受邀请。其时，北京政府权势不断增强，国内外形势趋于建立一个统一的中央集权政府。熊希龄在获得正式任命后，鉴于"民国成立年余，一切政令多未统一，中央政府不啻一省都督之地位，以致事事受人牵掣，内政、外交由此而失败者不止一端"，② 随即标举"立国取统一制度"，"行政取中央集权主义"，但将废省制作为内阁一项政策则经历了一个过程。

袁世凯并非属意熊希龄，在熊希龄答应组阁之后，即抢先任命自己的亲信分别出掌外交总长、财政总长，致使国务院与总统府在熊希龄未就职以前就出现芥蒂。但袁世凯尚需借助进步党等中间力量打压国民党并当选正式大总统，熊希龄则深知形势对己有利，也确实想干一番事业，故而双方均抱持谨慎态度。1913 年 8 月 26 日，熊希龄正式到国务院任事，次日在谒见袁世凯时提及废省制，围绕废省制等问题进行秘密筹划。尽管当时二人均感国家财政还存在种种困难，由于都不愿放弃"二次革命"后出现的废除省制、裁撤都督的大好时机，最后两人一致同意在办理各省军事善后时先着手筹备，具体言之，即将前交废省制、分划地方行政区及军政管辖区域等议案由国务院详议，早日提交国会表决，再转咨宪法起草委员会追加入宪法草案中，并规定实行年期。③ 时有报纸预测："新内阁成立后，破题第一事即为废省问题之会议云。"④

熊希龄虽然在中央集权问题上与袁世凯达成共识，但他急需解决的是奇绌的政府财政问题。在接到安徽都督倪嗣冲请求裁并机构的电文后，鉴于当时民国政府财政状况的奇绌，行政经费全靠对外借款挹注，开源救济又一时乏术，深感"非定减政主义，不足以维持现状"，为此于 9 月 5 日通电各省，表示在国务院正式成立后，将提议裁并一切机关，遣散一切冗

① 张国淦：《北洋述闻》，上海书店出版社，1998，第 133 页。
② 《熊总理之国家统一谈》，《盛京时报》1913 年 9 月 6 日，第 3 版。
③ 《国务院再议废省问题》，《大公报》1913 年 8 月 29 日，第 1 张第 6 版。
④ 《废省问题之复活》，《盛京时报》1913 年 9 月 6 日，第 3 版。

员，并一律停办不急之务、待兴之事，其中在各省地方"部省所属各司，如国税厅则兼财政司，教育、实业两司，除湖北、广东、江南、直隶等数省仍行照旧设立"，其余各省归并内务司，改设实业、教育两科；"海关关督、外交委员、观察使二（三？）项，则酌量归并。司法筹备处则概行裁撤，交高等审判厅兼管。其余各省亦分别裁并，一俟财政恢复，仍可逐渐扩张"。①

此举仅是熊希龄上台之初引导各省解决财政支绌问题的应急之策。在当时的财政情况下，欲维持现状，暂免破产，减政主义实为唯一治标政策，因此各省多表赞成，不过各省做法各有不同。而且因熊希龄等"明主减政，暗用私人"，颇招人怨。袁世凯本来就对熊希龄所拟政策态度有所保留，认为"所拟办法极为稳洽，应即次第进行，惟临时政府为正式政府之基础，一切政务改革，务求为远大之图，万毋稍涉敷衍之意，致使政本动摇，终无稳固之望"，②在看到各省举措分歧、各部纷纷反对时，亦"恐减缩过甚，于政务进行有碍，拟再核议定夺"，③态度极为暧昧，以致熊希龄为此专门晋谒袁世凯，表示"此事不能办到，何能谓总理负责，非实行不可"。④

由于减政主义终归属于治标之策，且阻碍重重，熊希龄在力主推行减政主义政策的同时，亦在积极谋求根本解决办法。据称，熊希龄"近日已连次研究各方面之办法，闻其中最要者须变更官制方能实收其效，拟日内即将此议提交两院正式公认"。⑤至 9 月 16 日，即熊希龄内阁正式成立后的第五天，熊希龄向袁世凯提议，组织短期内阁是为成立正式政府做预备，"内外官制关系重要，未便再延，拟即行从速规定草案，提交两院以便早日颁行"。其时袁世凯镇压"二次革命"已近尾声，正需通过一种方

---

① 周秋光编《熊希龄集》第 4 册，第 243~244 页。
② 刘路生、骆宝善主编《袁世凯全集》第 23 卷，河南大学出版社，2013，第 452 页。
③ 《1913 年京中政局政情报告一组》（1913 年 10 月 12 日），《民国档案》1993 年第 2 期，第 11 页。
④ 《专电·北京》，《新闻报》1913 年 10 月 23 日，第 1 张第 2 版。
⑤ 《减政主义尚须交院》，《大公报》1913 年 9 月 17 日，第 2 张第 1 版。

式来确立和巩固现有的权力格局，对此自然乐观其成。①

事实上，熊希龄在检查国务院尚未决议的议案时，已经注意到此前有关省制存留及划分军事区域等案，并屡次召集国务会议予以讨论。当日各国务员的意见大致可分为五派："第一派主张废督设道，不限于现时区域；第二派主张都督之下分设军、民两机关，名为军事长、民事长，分别分担军民两政；第三派主张废去都督，而以中路之观察使兼民政长，其军政则直隶于陆军部；第四派主张省制仍旧，惟军长则划分为两大线，西北一线驻全国兵额之一半，东南一线则在海陆要塞驻兵；第五派主张军区与铁路有密切关系，直接照全国干路划定驻军数目。"② 五派当中，第一派与第三派略为接近，但仍有区别：第一派主张废省；第三派仅主张废督，所改者仅为上级行政官名称。第二、四、五各派则在维持省制的前提下，侧重于军区划分。鉴于各方意见纷纷，熊希龄认为"改省为道一节，因于习惯上及另订统治权，手续繁多"，在民国初建之时不宜实行，呈请袁世凯"拟即取消"，同时提出阁议讨论决定办法。③ 袁世凯在鉴核此事时，虽然也认为"以南方初平，未便遽可实施，暂从缓议"，但以改省事关重大，主张电询各省意见，借此试探各省都督对此的态度。④ 在《时报》看来，改省与废督一样，危及各省都督既有利益，电询他们的意见，无异"与贫民言借债，与地主议蹂田"，"以废省废督之事征求各省都督意见，其将来必无成效，此时实可断定"。⑤

与《时报》这一悲观观察不同的是，隶属进步党籍的四川都督、浙江都督、湖北都督先后赞成废省改道。9 月 25 日，川督胡景伊发表通电，历述省制存在的诸多弊病，并从军政、民政两方面指出废省制、另划师区的益处，主张除蒙藏外，悉废省制，将全国划为若干道，各道观察直隶内务部。⑥ 10 月 4 日，鄂督黎元洪表示赞成胡的废省改道主张。在黎看来，

① 《拟赶之各项官制草案》，《大公报》1913 年 9 月 17 日，第 2 张第 1 版。
② 《省制军区二问题阁议情形》，《申报》1913 年 10 月 1 日，第 3 版。
③ 《改省为道案决定取消》，《大公报》1913 年 10 月 1 日，第 1 张第 6 版。
④ 《省制军区二问题阁议情形》，《申报》1913 年 10 月 1 日，第 6 版。
⑤ 《省制存废与军区划分之难题》，《时报》1913 年 10 月 1 日，第 4 版。
⑥ 易国乾、宗彝、陈邦镇辑《黎副总统政书》卷 30，文海出版社，1971，第 5 页。

不仅中国省制地广不便控制，而且废省存道之说久为一般学者所主张，同时赣、皖、宁、粤四督正是凭借一省之力与中央对抗。① 与此同时，浙督朱瑞则直接提出具体的废省改道主张，即"道设护军使、民事长各一，将原有都督、民政长名义废去，观察使亦裁撤，统设县治"；划全国为两大军区，西北、东南各驻全国一半兵额。②

当然，上述三督虽都主张废省改道，动机却各不相同。胡的废省通电主要是针对当时政府积极推行的减政主义政策而发，认为废省改道可以从根本上解决支绌的财政问题；朱和黎则是迎合袁意，尤其是朱曾在"二次革命"爆发后一度保持中立，面对袁世凯权势日益增强的形势，如何消除袁世凯对己的疑虑，确保自己的地位，是当时朱首要考虑的问题。③

此外，山西河东观察使高景祺也在 9 月 30 日致电袁世凯及国务院，对省道存废等问题发表意见。其在论及省道存废问题时指出，就行政进行和财政支绌，省道实无并存必要，认为"就政治进行而论，废省存道与废道存省均有理由；以财政支绌而论，则废省存道实较废道存省节省实多"，如果担心分道而治可能造成地方行政机关太多、中央监督权力不易分给等后果，"莫如以各道为行政长官，仍归都督监察节制，行署不设行政公署，或三道以上设一总监，但有监督弹劾之责，不假用人行政之权"。④ 高景祺比较省道存废的利弊，注意到改制的可操作性问题，并提出相应对策，特别是他"生长汝南，壮游皖北，宋陈为教学之地，齐鲁为筮仕之方，三辅备员，久作风尘之吏，两河服务，重游桑梓之邦，兹复山右分巡，晋南驻守"的经历，无疑使他的主张显得更有说服力。

实现中央集权、树立北京政府的威权，既是袁世凯上台后希望实现的目标，也是当时的形势要求，而废省制可以削弱辛亥革命后各省权势，实现中央集权。袁世凯在 1913 年 7 月虽一度力主废省改道，并有意筹划实

---

① 汪钰孙编《黎副总统书牍汇编》卷 4，文海出版社，1987，第 37 页。
② 《朱介人之二大主张》，《神州日报》1913 年 10 月 6 日，第 2 版。
③ 有资料显示，"二次革命"平息后，朱瑞先"以病告休，不得，乃坚请免民政长，兼举内务司长屈映光继焉"。参见张謇《兴武将军朱君墓志铭》，卞孝萱、唐文权编《民国人物碑传集》，凤凰出版社，2011。
④ 熊希龄：《熊希龄先生遗稿·电稿二》，上海书店出版社，1998，第 1606～1610 页。

施，却因国民党籍都督的反对而中止，此后态度甚为谨慎。在得知几位疆吏相继对废省制表示赞成后，原本对废省制持"缓议"态度的袁世凯立场发生动摇，对此大加赞赏，同时表示在省制废除后，"中央对于地方当采集权主义，地方对于中央须采分治主义，军民区域既分，事权方不致混合；而对于蒙古、青海、西藏等地，则应根据其当地习惯别定一特别法律，日后再设法改良以期主权统一"。①

据上可知，熊希龄提出变改省制主张的最初动机，是为了实现国家统一和中央集权，并从根本上解决财政支绌问题，但看到阁员意见分歧后态度开始迟疑。袁世凯虽然亦希望废省，但态度谨慎，当川督、鄂督、浙督等基于不同目的相继通电表示支持废省改道后，态度有所松动。随着袁世凯当选中华民国正式大总统，熊希龄内阁由过渡政府转为正式政府，废省制主张得以确立。

二 废省制政策的确立

1913 年 10 月初，国会迫于袁世凯及各省都督的压力，在制定宪法之前，分别选举袁世凯、黎元洪为正式大总统和副总统。10 月 10 日，袁世凯、黎元洪正式就职。由于熊希龄上台后力主实行责任内阁，将所有政权操诸内阁，不免令袁世凯时感掣肘，加之熊希龄除实行减政外，用人、行政颇不令人满意，当时即"有一派有力要人对于熊氏政见力行反对，运动推倒渐有头绪"。② 但当时熊希龄等以国会为奥援，袁世凯尚须借助其示好进步党，对抗国民党籍国会议员。故此，熊希龄内阁得以成为正式政府。熊希龄内阁在自身地位稳固后，亟须刷新政治，来回应外界的质疑。

熊希龄就任总理后，因在阁员与湘督人选以及财政解决等事上，遭到袁世凯及北洋派阻挠，③ 便将目标转向力求实现责任内阁，并借此改变国务院在与总统府关系上的被动局面。1913 年 9 月 27 日，熊希龄在参众两

---

① 《大总统最近之四大政见》，《大共和日报》1913 年 10 月 3 日，第 3 版。
② 《未来之正式政府及总理》，《盛京时报》1913 年 10 月 14 日，第 3 版。
③ 李剑农：《中国近百年政治史》，复旦大学出版社，2002，第 362 页。

院议员暨各党代表茶话会上表示，其内阁"当以组织责任内阁为着手"，与总统府划清权限，"俟（责任内阁）组织成功，得两院同意后，再偕全体阁员出席，宣布大政方针"。① 事实上，熊希龄早在8月28日招待参众两院议员茶话会上，即指出"临时政府弊窦，端在总统府、国务院及议院脉络不贯，政府违背法律不负责任"，并提出包括确立人才内阁、维持国会，以及用减政削减开支和增收盐税等措施改善财政、实施"军民分治"方针等在内的具体施政办法。② 此议一出，8月底至9月初全国各大报刊纷纷刊载。熊希龄内阁正式成立后，进步党籍众议员骆继汉等以一国之大政不可不预定，再次向熊希龄提议确定大政方针。③ 熊希龄接受了这一建议，并亲手开列节目十多条提交国务会议，交由各总长斟酌可否参见意见，后又多次召开会议商讨。④ 作为困扰政府的问题，中央与各省之间的关系、省制存废、军区改划等，被提上国务院议事日程。

不过，国务院内部对于大政方针意见各有侧重。当时熊希龄将注意力放在军民分治的策划与实施上。在他看来，军民分治为当下重要问题之一，如不划清都督、民政长间的权限，虽有军民分治之名亦不能收分治之实，连命国务院秘书，检出上年以来所有内外官员关于此事的条陈，即日召开国务会议详细讨论，务求将军政、民政权限划分清楚，并预备1914年1月各省一律实行。陆军总长段祺瑞则侧重改划军区。陆军部在段主导下拟定出先将全国分为八大军区，各设军区长，再裁撤各省都督的计划。⑤ 而司法总长梁启超的考虑重点则在省制存废及军民两政的分划上，认为"废省为道，一时人情不便，而且观察使威望不足，不如就各省原有畛域，如江南江北、皖南皖北、河东河北、赣南赣北以及湘三路等，各

① 周秋光编《熊希龄集》第4册，第288～289页。
② 《熊总理政见之一斑》，《申报》1913年8月22日，第6版。
③ 《众议院请定大政方针之建议案》，《盛京时报》1913年10月5、7日，第1版。
④ 《国务院编纂行政方针之近况》，《新闻报》1913年10月8日，第1张第3版。熊希龄内阁从1913年9月中旬开始召开国务会议，讨论决定大政方针。周秋光编《熊希龄集》第4册，第274页。
⑤ 《政府对于军民分治之注意》《裁撤都督案尚待研究》，《大公报》1913年10月11日，第2张第1版。

划为州，分置州尹，如此一来既合民宜，又因其区域小于省而大于固有的道，则统一易周；都督宜改为帅府之类，所部配置各要塞或类近要塞之地，不能牵扯民政"。① 这种局面使得大政方针的议定进度十分迟缓。至 10 月初，熊希龄内阁经连日国务会议，"虽已将具体的政策议出其细目，尚未完竣"，② 熊希龄有感政府大政方针备受各方期待，国务员间有意见分歧，以修正民国二年度预算为由，以财政部名义致函国务院，催促早"开国务会议议定大政方针，将岁入岁出开示增减大致"。③

责任内阁的实现势必架空总统的权力，这是袁世凯不能接受的。由于他尚需借助熊希龄内阁示好进步党等中间力量，只好暂时对熊希龄内阁的行政采取让步，但根据《中华民国临时约法》总统亦负有一定行政责任的规定，袁世凯另提出一套施政方针。袁世凯当选正式大总统后就有消息传称，他将在就任典礼后，亲自出席国会宣布立国政纲。立国政纲原稿由总统府秘书长梁士诒拟定，内分为 8 项，几乎完全本诸 1912 年 9 月袁世凯和孙中山、黄兴、黎元洪协议的八大政纲，其中第六项"军事、外交、财政、司法、交通皆取中央集权主义，其余参酌各省情形兼采地方分权主义"。④ 递呈后，袁世凯将其修改为"关于军事、外交、财政、司法等均由政府统治，实行中央集权之制，地方要政则许以半部或全部归各省自行管理"。⑤ 这一改动，除将"交通"由原来中央集权的事权划出，变为归各省自行管理外，更将"参酌各省情形兼采地方分权主义"，明确改为"半部或全部"，其实无关宏旨。袁世凯就职后，据此通电各省。由于这些主张本已成为"共识"，加之当时袁世凯个人权势已经空前强大，此议先后得到鄂督黎元洪、湘督谭延闿、豫督张镇芳、浙督朱瑞、粤督龙济光、闽督孙道仁、晋督阎锡山的复电允认，认为此项办法"为挽救时艰

---

① 《专电》，《时报》1913 年 10 月 17 日，第 2 版。
② 《梁汪两总长之大政方针》，《申报》1913 年 10 月 10 日，第 6 版。
③ 《财政部致国务院请速开国务会议决定大政方针俾得逐步进行正式预算早日成立函》，《盛京时报》1913 年 10 月 8 日，第 1 版。
④ 《大总统预备宣布八大政纲》，《大公报》1913 年 10 月 8 日，第 1 张第 6 版。
⑤ 《大总统宣布政策之预闻》，《大公报》1913 年 10 月 13 日，第 1 张第 5 版。

之必要"。①

从上可知，总统府、国务院虽都主张集权中央，但具体做法各异，即使在阁员之间，亦存有分歧。这种局面的形成，一方面与《中华民国临时约法》规定的府院体制，以及袁、熊二人知识背景、经验有关；另一方面亦因熊希龄内阁系由进步党和北洋系共同组成的混合内阁，内中大致分为熊希龄系和袁世凯系两派，两派间的权力争夺，自然使得内阁的大政方针不能顺利敲定。

直至 1913 年 10 月 16 日，与袁世凯私谊较好的农商总长张謇到京后，经其调和，府院关系渐趋缓和，政府大政方针难以达成的局面才有所改观。17 日，全体国务员在总统府举行第一次内阁会议，由袁世凯亲自担任主席，主要讨论大政方针。因此前黎元洪和胡景伊、张凤翙等人通电废省裁督，让政府感到，省制不仅梗阻中央政令，更使下级地方行政多受一层拘束，不能行使其本身职权，然而各省辖境过广，如改省为道，既缺人又乏财，态度极为慎重。会议结果认为，当时中国未便实行各地方直接由中央政府管理，各省制度不便更动，决议逐渐裁撤各省都督，实行军区制度，由民政长掌理省内一切政务，裁观察使，同时在全国险要各区设立镇守使；另外，将各省原有巡防营及游缉队等一律改编，直接隶属于本省民政长。② 这是一个裁督不废省的决议，折中了当时府、院内部各方意见。不过，袁世凯亦表示，民国宪法即将议决，如果废改省制可以实行，即当编入宪法使其合法化，并为此连日与国务员以及中外顾问开特别会议讨论此事。"兹据侧闻，大总统曾于目前与熊希龄筹商进行办法，决定一星期内将重要各议案议决之后，即由国务总理偕各国务员到议院发表政见。"③

熊希龄内阁循此决定，"当尽此一星期之内将梁任公起草之议案（即废省改州案）一律议定"。国务会议也因袁世凯希望出席，"连日每晨改

---

① 《各都督赞成中央集权政策》，《大公报》1913 年 10 月 17 日，第 1 张第 5 版。

② 《国务院之特别国务会议》，《顺天时报》1913 年 10 月 20 日，第 3 版；《北京专电·内阁决定施政方针》，《盛京时报》1913 年 10 月 23 日，第 2 版。张謇在其日记中记载，10 月 16 日到京后，熊希龄、梁启超即来找他谈话，次日又"强赴总统府会议大政方针"。《张謇日记》，江苏古籍出版社，1994，第 683～684 页。

③ 《熊总理对于废省之政见》，《大公报》1913 年 10 月 23 日，第 1 张第 5 版。

在总统府开会"。① 袁世凯参加国务会议固然是此前在赵秉钧内阁时代所形成的"惯例"使然，同时也表明他一开始就试图影响内阁大政方针的确定。

　　10 月 21 日，熊希龄就废省问题上书袁世凯，详陈办法，"拟以一年为全国筹备分划区域、办理均平地方行政之定限，更于限内后三个月为实行之期，其新官制亦于限内提交国会表决，先行颁布，俟实行一年后，再请大总统提交国会，将此制追加入宪法案内"。熊希龄所陈办法，与 7 月袁世凯提议废省制的思路大体相同，但袁世凯将此意见书"留阅"。② 10 月 22 日，国务会议开会讨论如何分划区域、均平地方行政。当日讨论粗有头绪。会议按照梁启超的意见决议，各行省区域根据其道里广狭、风俗异同、人口众寡及政务繁简酌量变更，缩小区域，改为州制，"大约是如川东川西、河南河北以及江南江北之类，改一省为二三区域，每区设一[名] 长官"，③ 将全国划分为 40 余州，最多不逾 60 州；每一州设民政公署长官一人，下设数课，不过对于公署长官官名定为"尹"还是"尉"，并未规定；裁废观察使，州之下直辖若干县，并提高县知事的身份资格，任县知事满三年并报课称最者得升州长等。④ 同时考虑到划分州区域时存在诸多窒碍，在梁启超的主导下，国务院决拟暂留省制，每省设巡按使，不掌军政、民政，专司视察民政长以下官吏，民政区域沿前道区域之旧，每区设民政长。⑤ 在梁启超的主导下，熊希龄内阁的废省制方案渐具雏形。

　　即便如此，袁世凯仍未放松对内阁所议的大政方针施加影响。当时有报道称，"总统府现定于二十二、二十三、二十五等日开联席会议，已于先期知照全体国务员一律出席"，而"大总统预备提出之件系关于大政方针之决定问题云"。⑥ 根据计划，"此项议案经全体议定之后即为将来施行

① 《近日总统府之国务会议案》，《大公报》1913 年 10 月 23 日，第 1 张第 5 版。时为袁世凯幕僚的张一麐后来回忆："民国二年熊内阁时国务会议，袁前总统每会列席，吾见其议案一大册，均主整理道制，以为废省制之预备。"张一麐：《心太平室集》，文海出版社，1966，"补遗"，第 4 页。
② 《熊总理对于废省之政见》，《大公报》1913 年 10 月 23 日，第 1 张第 5 版。
③ 《变更行政区域之提议》，《大公报》1913 年 10 月 21 日，第 1 张第 5 版。
④ 《会议变更行政区域问题》，《大公报》1913 年 10 月 23 日，第 1 张第 5、6 版。
⑤ 《专电》，《时事新报》1913 年 10 月 26 日，第 1 张第 2 版。
⑥ 《总统府分期特开联席会议》，《大公报》1913 年 10 月 23 日，第 1 张第 5 版。

之政策，当于下星期全体出席到议院宣布"。虽然议案中种种问题头绪甚多，但袁世凯"所最注意者惟在中央集权主义，因去年种种为难之处，其病全在中央集权之制未能确立。今之急务全在定出一集权之制"。当然，袁世凯所力主的中央集权，侧重军事、外交、司法、财政、交通等事权必归中央，其余诸事则不妨随各省之便听其自行谋划。① 10 月 24 日，总统府召集各国务员及总统府顾问，在瀛秀园召开地方行政特别会议，讨论包括省制、防务及政务等问题在内的各种整顿各省办法。当日袁世凯亲自与议，并称此前他之所以提出废督，实根据改订省制而起，由于临时政府期内并未提及省制改革，以致各省政务分歧，要求与会人员将前此所有都督存废、省制存废的理由书，一并参核讨论，详拟包括军区划分、财政划分、省制规定、军事集权、官吏甄别以及外交进行等六项地方行政事宜的办法。当日与会人员讨论了三个小时才停议。② 袁世凯向与会者表示，自己并不反对废省，其关心的是与废省制相关的一系列问题。

其时徐世昌组阁传闻再度盛行，并经总统府人士确认，熊希龄本拟辞职，后改变态度，"于政务犹称毅力，国务会议每日续开，有一泻千里之势。大政方针亦拟不久确定发表"。③ 至 10 月 25 日，大政方针大纲经熊希龄内阁自 10 月 5 日后连日会议后略有头绪，"大体是秉承袁世凯的意旨讨论得出，体现了各位国务员共同商讨的结果，其中司法总长梁启超、总理熊希龄发言最多，农工商总长张謇亦时有议论，而交通总长周自齐及外交总长孙宝琦则对于外交交通有所陈述，陆军总长段祺瑞则对军事上有所建白"。最后推举梁启超起草《政府大政方针宣言书》。④

---

① 《近日总统府之国务会议案》，《大公报》1913 年 10 月 23 日，第 1 张第 5 版。

② 《总统府召开省制特别会议》，《大公报》1913 年 10 月 27 日，第 1 张第 5 版；《大总统对于各省政治之规划》，《大公报》1913 年 10 月 29 日，第 1 张第 5 版。

③ 《关于熊内阁之秘闻》，《盛京时报》1913 年 10 月 25 日，第 3 版。

④ 《新内阁大政方针之议定》，《时报》1913 年 10 月 28 日，第 3 版。张国淦也言："熊希龄内阁所谓大政方针，财政部分由梁启超计划，其省制改革部分即略依从前巡道区域，每一省划分若干省，缩小原有省份范围，系张謇提出。"张国淦：《中华民国国会篇》，《近代史资料》总 91 号。《梁启超年谱长编》编者认为该书全出自梁氏一人之手，但对此事所记时间有误。见丁文江、赵丰田编《梁启超年谱长编》，上海人民出版社，2009，第 435 页。

　　熊希龄内阁大政方针大纲虽已确定，来自总统府方面的干扰仍然不少。主张废省改道的袁世凯最初对改省为州颇有疑虑，认为此举事涉更张，后经左右说明，态度才稍有改变。① 待到熊希龄内阁大政方针大纲确定后，袁世凯的态度又有变化。10 月 26 日，袁世凯与各国务员就各省修正新官制一事进行商讨，最后在袁世凯主导下，决议采取三级制，即"行政统于中央，各省地方行政统于民政长，行于县知事，观察使观察行政，镇守使保卫辖境"。会后，袁世凯还将议定的草案电商黎元洪。据称黎氏表示赞同，不过请求袁世凯征求各省都督、民政长意见后，再另行提交国务会议。②

　　法制局在袁世凯亲信、局长施愚主持下，根据国务院多次讨论结果以及 10 月 26 日会议精神，采用废省改道主义，拟定外省官制草案：（1）改省为州，将现有省改划为相当于当时"道"的数州；（2）州设州长，由中央简任；（3）州之上设巡按使一员，巡按所属各州吏治，一巡按使所管之州数在二至四州；（4）州之下为县，县设知事，一如旧制。该官制对于都督问题未曾提及，原因在于草拟该官制者认为该制通过后，都督自然废去，而且各省军队另有军制规定。③ 根据该草案，全国二十二行省被改划为八十三州。

　　其时内务总长朱启钤对废省制事颇为热心。朱启钤系由交通总长转任，上任伊始发现"内务事务不及交通之半，其原因在于外省不服从中央，故部事日少，宜急筹统一之法，不许外省各自为政"。④ 以该问题与内务部最有关系，循例应有主张，亦拟就意见提交国务会议。意见书按照方里、人口、赋税、山川形势及历史沿革等，将全国行政区域分为五十道，不拘当时省道之界，道改郡，长官名为郡守，县名县令，边疆则设特别制度。⑤ 该案与熊希龄内阁决议通过的废省改道主张大同小异，差别仅

①　《官制与官方》，《申报》1913 年 11 月 5 日，第 6 版。
②　《地方行政会议取三级制度》，《大公报》1913 年 10 月 31 日，第 1 张第 4 版。
③　《官制与官方》，《申报》1913 年 11 月 5 日，第 6 版。
④　《朱总长对于部务之伟论》，《盛京时报》1913 年 9 月 19 日，第 3 版。
⑤　《内务部之地方官制主张》，《时报》1913 年 11 月 6 日，第 3 版。方案详见朱启钤《蠖园文存》，文海出版社，1974，第 65～73 页。

在面积大小、政区名称及由来。朱启钤系徐世昌亲信并亲近袁世凯，其另拟改省为郡案，说明他对内阁决议改省案有所不满。

无论是法制局草案还是朱启钤的拟案，与熊希龄、梁启超主张相去较大，更接近袁世凯主张。当法制局将所拟地方官制草案提交国务会议时，熊希龄有感国务院权势为总统府所夺，连以改制关系重大，不可不加以郑重，"拟致电各省长官，饬其陈述对于地方官制之意见，拟就理由书报告来京，以便采择而定行政区域之范围；至于边疆设特别制度，亦饬边地各长官详陈意见云"。① 然而，各省对于废省制的态度两歧，除川、鄂、闽、粤、苏、皖、豫等省都督均复电表示赞成废省改州，要求早日实行外，② 其余各省长官及各团体则多认为，"省"在性质上实兼有地方自治团体资格，主张暂仍旧制，唯另划军区和实行军民分治。③ 10 月 30 日，国务院开会讨论外省官制案。与会各国务员有感于各省反对废省意见者较多，多认为在军民分治及划分军区等案尚未决定办法前，如果遽行废省制，势必窒碍颇多，主张暂行缓议，将草案另行商改。无奈之下，熊希龄内阁以此会议为最后结议报告袁世凯。④

按照熊、梁设想，进步党掌控国会，与内阁联动，实现自己主张。然而，袁世凯在二次革命国民党战败后，不容内阁总理与其争权。他一方面迫使熊希龄连署下令解散国民党、取消国民党议员资格，使国会不足开议的法定人数，另一方面又胁迫熊希龄联名发起组织中央与各省长官代表会议，来决定大政方针是否可行。⑤ 由行政会议审议大政方针本非熊希龄内阁之意，经张謇提议，决将各种官制官规以暂行法先行实施，留待国会开议时再求追认。⑥

袁世凯在 1913 年 10 月底致电各省都督，表示"熊内阁一俟宪法制定

① 《征集各省对于地方官制之意见》，《顺天时报》1913 年 11 月 4 日，第 2 版。
② 《省制废止之动议》，《申报》1913 年 11 月 8 日，第 6 版。
③ 《对于省制之各方面意见》，《顺天时报》1913 年 11 月 5 日，第 9 版；《总统府封交省制要电》，《大公报》1913 年 11 月 11 日，第 2 张第 1 版。
④ 《废省问题之再议》，《大公报》1913 年 10 月 31 日，第 2 张第 1 版。
⑤ 张国淦：《中华民国国会篇》，《近代史资料》总 91 号，第 129 页。
⑥ 《专电》，《大共和日报》1913 年 11 月 13 日，第 2 版。

后即可改组"，① 迄至 10 月 31 日国会宪法起草委员会通过《中华民国宪法草案》，熊希龄内阁命运又成问题。11 月 4 日，袁世凯挟制熊希龄副署，以国民党参与"二次革命"，下令解散该党，剥夺 170 余名国会议员资格，使国会无法开议。袁世凯用釜底抽薪之法，使熊希龄内阁失去引为奥援的国会这座靠山。局势发展极不利于熊希龄内阁。袁世凯在武力解散国民党一事上，"唯咨之赵秉钧等，并未曾咨之内阁"，侵及国务员职权，引起熊希龄、梁启超强烈不满。但熊希龄内阁在 6 日秘密会议此事时，"有主张辞职者，或有反对之者。而关于辞职，或主张联袂辞职，或主张个人自由，并无何等结果"。袁世凯考虑到刚刚解散国民党并使国会不能开议，"因恐人心渐去，又令暂不发表"。②

熊希龄内阁未辞职，关乎内阁存在的大政方针何时公布尤显重要。11 月 7 日，张謇与梁启超谒见袁世凯，筹论维持国会办法，结果"总统以事属政治内乱，无与国会，已电各省速集候补议员云"③ 为托词，并未明确答复。11 月 12 日，熊希龄在谒见袁世凯时，提及前议大政方针，表示国会一时不能开会，所具政见亦不可宣告议员，应即择要议行。袁世凯对此表示无异议，不过认为废省制改道设州尹、更观察使行政权为稽查官吏、改都督为镇守使、分划军区设置等为大政方针案最重要内容，当即命令秘书长梁士诒起草通电，拍发各省。④ 袁世凯希望通过各省的反对来取消大政方针。

不过，不待其有结果，国会因不足法定人数，于 11 月 13 日宣布停止开会。熊希龄、梁启超感到大政方针运命危迫，遂于同日国务会议上，主导通过梁启超起草的《政府大政方针宣言书》（以下简称《宣言书》）。为窥探各方态度，随即以熊希龄内阁名义在各大报纸公布。《宣言书》直接标举"立建设之基础"为目标，重在"集全力以整顿内治"，涉及财

---

① 《北京专电·大总统最近之通告》，《盛京时报》1913 年 10 月 26 日，第 2 版。
② 《国务院之秘密会议》，《盛京时报》1913 年 11 月 11 日，第 3 版；《国务会议无结果》，《盛京时报》1913 年 11 月 12 日，第 3 版。
③ 《张謇日记》，第 684 页。
④ 《通电广征废省之政见》，《大公报》1913 年 11 月 14 日，第 1 张第 7 版。

政、军政、实业、交通、地方制度、司法和教育等，不过注目之点在"废省与整顿财政两事"。① 其中，在废省一事上，为获得袁世凯的支持，《宣言书》一改此前的废省改州为废省改道，明确指出，中国"行政区域太大，政难下逮，且监督官层级太多，则亲民之官愈无从举其职"，主张拟仿汉宋之制，"改定地方行政为两级，以道为第一级，以县为第二级。县分三等，道署设诸司，在府中分曹佐治，县署诸科略如道制，于繁巨边远之县，酌设丞尉分驻县四境。中央则以时设巡按使按察诸道、举劾贤否，不以为常官也。其有大政，合数道乃克举者，亦为置使以筦之"。② 该主张旨在通过废去省一级，从根本上解决辛亥革命以来内轻外重的局面，消除各省武人势力对中央的威胁，进而谋求实质上的国家统一，巩固中央集权。正如梁启超在 11 月 26 日致康有为的书函中所言："此事（武人政治）则须根本解决，万不能支支节节为之，解决之法，则改省为州，既已明定于大政方针。"③

在梁启超、熊希龄努力下，《宣言书》直接标举"废省改道"主张，作为内阁施政方针，但在其形成过程中，总统府与国务院、国务院内部意向不同，加之辛亥革命后提议废省制难以避免削弱各省权势的嫌疑，势必引起各省都督反对，这些无不预示着此后废改省制之路任重道远。

三 不同的改省方案

《宣言书》中废省主张经各报纸披露后，社会反应不一。有人支持，有人反对。支持者认为，实行废省，可期行政迅速、行政切实、收罗全国人才、明确官厅职责、消灭省界观念，及发达地方行政、提高人们知识数利；④ 而反对者认为，此举"揆诸理想，似亦纲举目张，持之有故，但按

---

① 丁文江、赵丰田编《梁启超年谱长编》，第 442 页。
② 周秋光编《熊希龄集》第 4 册，第 393～394 页。
③ 丁文江、赵丰田编《梁启超年谱长编》，第 442 页。
④ 上海经世文编社辑《民国经世文编》（肆），北京图书馆出版社，2006，第 2161～2168 页。

之事实，绝难实行"。① 这种截然对立的态度表明，废改省制固然可以实现中央集权，但由于省制在中国行之已有数百年，若要废改显非易事。与此同时，尽管北京政府权势日趋强大，为实施废改省制提供有利条件，但《中华民国临时约法》下的府院关系以及府院不同执政理念，又使其间充满变数。虽然府院对于废省制目标一致，但对改省如何操作意见纷纷，致使其方案屡遭修改。

1913 年 11 月 13 日，参议院议长王家襄、众议院议长汤化龙鉴于国会不足法定人数开会，联名通告自 14 日起暂行停发议事日程。此举实际预示着国会已难正常运行。熊希龄内阁为确保以废省制为主要内容的大政方针不致流产，接受张謇的提议，连以"修正各部官制暨关于各部急切应办各事之法律，并厘定地方官制各草案，事关建设，均属要图，立待筹施，不容再缓"，呈文袁世凯，请求袁世凯将拟定各项法案作为暂行条例提前颁布施行，并表示"所有拟定各项暂行条例，仍俟国会开议有期，将应交国会议决者，分别提案交议"。② 袁世凯虽然对此予以允准，但仍不时干涉熊希龄内阁的废省筹划。

11 月 17 日晚，袁世凯召集熊希龄、段祺瑞等在总统府开特别会议。袁世凯提出废省制一时难以办到，军民分治实为民国治本之源，首当积极进行，"统理民治者既为民政长，以都督命名军政长官显有不合，提议在召集行政会议时，先行提出改都督为镇守使，分冠某省或某几军区字样"。熊希龄等人均表示赞成。③ 最后，与会者根据袁世凯之意决议，废省制虽得黎元洪等几位都督赞成，但此事关系甚大，应再通电各都督、民政长博采众议。④

对于袁世凯的专制行为，梁启超极为愤懑，甚至拟文呈请辞职。⑤ 在梁的力争下，国务院于 11 月 22 日正式确定改省为州计划，并准备将此提

---

① 《地方官制意见书》，《内务公报》第 7 期，1914 年，"选论"，第 1 页。
② 《国务总理熊希龄等呈大总统恳准拟定各项暂行条例提前颁布施行等情况请鉴核示遵文并批》，《政府公报》1913 年 12 月 11 日。
③ 《各省改设镇守使之提议》，《大公报》1913 年 11 月 19 日，第 1 张第 6 版。
④ 《总统府地方行政之大会议》，《申报》1913 年 11 月 22 日，第 6 版。
⑤ 《北京专电》，《盛京时报》1913 年 11 月 23 日，第 2 版。

交即将开议的行政会议讨论。该计划将全国分为 83 州，其中直 6 州，奉、豫、滇各 4 州，晋、陇、新、粤各 5 州，苏、皖、赣、浙、闽、鲁、鄂、湘、桂、黔各 3 州，吉、黑各 2 州，蜀 8 州。① 另外，梁启超在本日会议上还提议县令隶属州尹，上设巡按使，专主察吏，但因张謇反对巡按使制，阁议未决。②

随着时局大变，府院关系更加微妙。不时传言袁世凯不久将改组政府一部，由徐世昌出任国务总理。熊希龄、梁启超等再萌退志，"惟因有各种事情互相混入，故今日尚未发表"。③ 其时袁世凯对于改建省制亦极表示赞成，且在国务会议上提出意见书，指出此举不仅可以消弭内乱，亦可收中央集权之实效。本来在熊希龄内阁所拟大政方针中有关裁撤都督、划分军区以及改订地方官制等政策，均是秉承大总统意思做出的，而且当时各督在闻知此消息后亦纷纷来电，大致对废省制和裁都督表示赞同，并以裁撤都督为急务，大有请自始之意。黎元洪甚至认为，裁撤各省都督问题为民国改良政治之唯一进步，要求各省都督一致赞成，并拟合各省联衔电请中央迅速实行。④ 在这种情况下，袁世凯只得表示信任熊希龄内阁，并交谕国务院，"大政方针为民国立国上之根本问题，规范既定，端贵循序进行，应即由院会同全体国务员，按照宣言书所拟各节，虚拟一的，规定分期筹备秩序，呈候核阅"。与此同时，他还通电各省都督、民政长及各驻外公使，"务即注意华洋各报章，如该报对于大政方针著有论断，即将该部邮寄来京以备核阅"。⑤ 应该说，正是由于府院间在改省制问题上的分歧并未公开，才有各省都督通电赞成改省为州计划。不过，当时黎元洪已察觉袁世凯、熊希龄间的貌合神离，在发出赞成废省之电后，亦密电袁世凯，详陈改省为州办法各种隐弊，要求预行周详筹划。⑥

彼时法制局已吸收各方意见，在"采用我国中书行省之遗训及普鲁

---

① 《改省为州一览表》，《时事汇报》1913 年第 1 期，第 13～22 页。

② 《专电》，《申报》1913 年 11 月 23 日，第 2 页。

③ 《政府改组问题之由来》，《盛京时报》1913 年 11 月 27 日，第 3 版。

④ 《裁撤各省都督之确耗》，《盛京时报》1913 年 11 月 28 日，第 3 版。

⑤ 刘路生、骆宝善主编《袁世凯全集》第 24 卷，第 314～315、326 页。

⑥ 《副总统密陈改省为州之隐弊》，《大公报》1913 年 11 月 30 日，第 1 张第 6 版。

士州长之先例"，而铲除省治之一切弊病的基础上，再度修正废省改州案，重新提出一套废省置州官制和巡按使官制案。新方案使"州"同时兼有自治、官治两种身份：地方官制"拟改为二级制度，州之区域另行分划，视省为小；州置州尹一人，一面为州之行政长官，执行本州之行政事务，直隶内务总长，受中央之指挥监督，一面为察吏之官，监督县知事之行政事务……此外，于二州以上，特置巡按使一官，为政府特派巡视各州之员，实为中央与地方官之关键，仅责以察吏之任而不予以指挥之权。其各州人民因行政处分、受利行之损失者得依陈诉之巡按使，俾兼为救济地方行政之机关"。①

法制局这一拟案主要体现了梁启超、熊希龄的主张，同时参合了不少现实考量，以至时人对其观感颇为奇特，认为该案"自表面言之，似取二级制，而自实质言之，犹仍前之三级制也，不过仅改省为州，与前特异耳"。② 出现这种局面，是因为该案起草者所持理由有三：其一，各省区域辽阔，官吏指挥、监督，实在难以迅速敏活；其二，各省官员沿袭前清积习，各省内政、财政自为风气，难收统一之效；其三，各省省治幅员广漠，两级制度必难实行，若采三级制，察吏之官多于亲民之官，势必产生壅闭隔阂的结果。③ 这实际道出规划废省制后政制所面临的困扰。在时人看来，这种以中央集权为主义的办法，"各地方缩小其团体，移易其权力，必至土崩瓦解、破碎割裂，将一发不可收制，必欲实行，祸立乃立见"：在统治权上，废省改州以求统一，将破裂愈甚；在区域划分上，则存在地理、社会、经济、行政等困难；在财政上，因改州致区域纷更，政费加剧；在用人上，改州之后难得如此之多的贤明大吏。因此，地方官制应采用三级主义而各畀以实权，"省之名义及区域目前不宜变更，而中央集权之说事实上亦断不可行"。④ 事实上，北京政府内部持这种意见者亦

① 《改省为道之议复活》，《盛京时报》1913 年 12 月 14 日，第 3 版。
② 《地方制度之尚须修改》，《盛京时报》1913 年 12 月 6 日，第 3 版。
③ 《地方官制意见书》，《内务公报》第 7 期，1914 年，"选论"，第 1 页。
④ 《地方官制意见书》，《内务公报》第 7 期，1914 年，"选论"，第 3～4 页；《内务公报》第 8、9 期，1914 年，"选论"，第 1～3、1～4 页。

不乏见。草案脱稿后，在内务部的讨论会上，内务次长钱能训就当场表示，反对根本上废省为州的主张，使得此案仍付修正。[①]

法制局所拟官制案脱稿后，交由国务院讨论。有国务员对此持有异议，其中尤以张謇驳议最为精辟。张謇主要对巡按使的设置存有疑义，他认为，州长既经中央派为代表，则毋庸再设监官。他主要担心"此官之设，日后久将复前清巡抚之旧"。[②] 熊希龄以梁启超倡设此制之意相答，并一再解释该官仅为临时机关，旨在清理省制初改时所出现的财产等问题，且为废省张本。不过，熊希龄所言又与法制局主张不相容。[③] 由于张謇对法制局拟案不满意，熊希龄随即召开国务会议，将该案交由各总长轮流批阅。不过各总长阅毕之后，在会议时仍是人言人殊。鉴于各总长不能专心研究，国务院遂决议派委张家傲、黄群等人审查此案。审查结果与原案相比并无多大改变，仅将巡按使权力缩小，巡按使仅有权将州长贤否实迹报告中央政府，不能弹劾，而且设置省份也仅限四川、陕甘、云贵、广西等边省。[④] 此次审查将巡按使权力及设置地方进行修正，主要是为了消除张謇的疑虑，争取更多国务员支持该方案。

袁世凯在改省为州方案修正案出台后，也非常注意改建省制的办法，一面饬令先后到京的都督朱瑞、张锡銮、蔡锷、尹昌衡以及曾任都督的周自齐、赵惟熙等人，讨论改建省制各问题以及其中利害，一面亲自与时在京的前湘督谭延闿、滇督蔡锷以及浙督朱瑞等商议此事，并要求三人条陈办法。其中，以谭氏所陈最为详切，并能深合袁世凯意旨。[⑤] 有报纸披露，熊希龄内阁"改省为州之详表已次第发表，近因大总统对于该草案尚有斟酌更改之处。大总统于废省一层极为赞许，盖不如是不能举统一之实，地方政务亦无由整饬，故由三级制改为二级制已毫无疑义，惟于二级之上又特派巡按一节则不以为然。至县之区域一切仍旧，大总统亦无异

① 《法案理由（续三）》，《神州日报》1913 年 12 月 9 日，第 3 版。
② 《专电》，《时事新报》1913 年 12 月 1 日，第 1 张第 2 版。
③ 《专电》，《时报》1913 年 11 月 27 日，第 2 版。
④ 《关于改省为州案之纷议》，《大公报》1913 年 12 月 9 日，第 1 张第 9 版。
⑤ 《三都督条陈废省办法》，《大公报》1913 年 11 月 30 日，第 2 张第 2 版；《各都督特开省制会议》，《大公报》1913 年 12 月 3 日，第 2 张第 1 版。

议，惟于二级上设州，则主张不如仍旧分道之为愈"。在袁世凯看来，"以道为地方最高级之行政长官，足以镇服一切"，而且"仍原有之各道区域，省一番之纷更即少一番之争竞"。①

袁世凯赞成废除省制，并不代表他决心如此做。他之所以在"二次革命"爆发前赞成，实因见国民党籍都督占据多省地盘，"意在铲除民党权势计，非出于整顿制度，故自赣宁乱靖后，总统即不作此想，今不但不赞成前议，且抱反对之见"。② 袁世凯之有此种态度，实受徐世昌影响。徐认为若改州制，不但财政上会发生种种困难，而且于行政尤多窒碍，主张改省为道。徐曾亲自就此事向袁世凯陈说其中利害，"我国幅员太广，伏莽遍地，且破坏之后财政纷乱如丝，此际总以回复旧时秩序，再从容改革为善"，并"历举其阅历之言，及引目前事实与中外历史加以佐证"。③

应该说，袁世凯和熊希龄在废省问题上态度是一致的，但是前者更注意改省之后是否会激起剧烈改革，后者侧重谋求行政利便、发达国家主义。二人在废省制之后如何构建省制的问题上，意见亦有所不同。府院间注意点及主张相左，预示着改省为州方案命运。当国务院将议定改省为州案的概略呈请袁世凯鉴核时，袁世凯即将原案发还，并饬在行政会议开幕后，再将其与内蒙古改省及东省并省案一并提出讨论。④

国务院再次讨论改省为州案。按照原案，规定二州以上设置巡按使，为政府特派巡视各州的官员，仅有察吏权，而无指挥权，各州人民如因行政处分使利益受损，可依法诉诸巡按使，可见巡按使仅是救济地方行政的机关。此外，原案主张巡按使先由边远地方试办，在内务部耳目所能及的腹地，则不设巡按使，并以此项官制作为暂时制度，不为常设官。设置巡按使之议倡于梁启超，梁氏认为官制变更之初难免生出镠辖，于是主张在州上设一长官，作为排难、解纷之人。不过，"国务员在会商名称时，久不易得，乃仍由梁氏提议用巡按使名称，国务会议时并得众赞成，遂交法

① 《改定地方行政区域之新消息》，《神州日报》1913 年 12 月 3 日，第 3 版。
② 《废省为州问题之结果如何》，《顺天时报》1913 年 12 月 4 日，第 2 版。
③ 《法案理由（续三）》，《神州日报》1913 年 12 月 9 日，第 3 版。
④ 《大总统交议省制案》，《大公报》1913 年 12 月 1 日，第 2 张第 1 版。

制局起草"。然而，法制局的草案却将巡按使的权力扩张得至大无比，几同于明代之制，可操生杀之权。①

各省都督赞成改省为州显非袁世凯所乐见，但因此前曾有赞成之举，不欲自我打消其议，连忙授意各省都督、民政长中的亲信竭力阻挠。11月25日，奉天民政长许世英发表通电，公开反对废省为州。他指出，早在赵秉钧内阁时代就曾动议废省，当时国民党都督盘踞各省，此举意在铲除国民党权势，解决民国初建枭雄拥兵的局面，但在"二次革命"武力解决上述问题之后，省制存废已不是问题，政府宜分期着手恢复整顿，而不是着力废省改州。在国家多故、才财两绌之时，废省改州无异于使政府日趋破产和自杀。②

许电之后，各方对于改省为州的态度变得复杂起来。各督当中，"有表赞成者，也有略示反对者，有赞成原案而主持缓办者"。③ 浙江师长吕公望、浙江民政长屈映光及金、衢两府各团体亦纷纷通电，表示反对以金、衢隶属温州。④ 与此相类，还有反对徐州改隶皖省等，多认为"变更太甚，徒致纷更"。⑤ 同时，阁员内部亦对于划分区域颇有分歧，并决议由内务部另提分区案。⑥ 熊希龄倍感压力，表示"纵行州制，改省裁兵未竣，都督仍不能骤去，不如稍缓之为愈"。⑦

这是袁世凯所愿看到的局面，连以废省改州案关系甚重，"一时实行妨碍甚多，不愿行之太骤致滋扰乱，亟宜特别核议"，⑧ 主张预定若干年限为筹备改州废省制的试行期，在此期间，先行划定行政、军事区域；在

---

① 《关于改省为州案之纷议》，《大公报》1913 年 12 月 9 日，第 1 张第 6 版。
② 《奉天民政长许世英通电保存省制条陈》，北洋政府档案，中国第一历史档案馆藏，档案号：1002（2）-1504。
③ 《省制案第三次审议》，《大公报》1913 年 12 月 8 日，第 2 张第 2 版。
④ 《浙江金衢两属对于州制之请愿》，《时报》1913 年 12 月 9 日，第 3 版；《浙省长争议改省政见》，《新闻报》1913 年 12 月 12 日，第 1 张第 3 版。
⑤ 《部省官制近谈》，《时事新报》1913 年 12 月 8 日，第 2 张第 3 版。
⑥ 《专电》，《时事新报》1913 年 12 月 8 日，第 1 张第 2 版。
⑦ 《部省官制近谈》，《时事新报》1913 年 12 月 8 日，第 2 张第 3 版。
⑧ 《大政方针开首之窒碍》，《大公报》1913 年 12 月 7 日，第 1 张第 6 版；《省制案第三次审议》，《大公报》1913 年 12 月 8 日，第 2 张第 2 版。

官制上，决定不设巡按使，先行裁撤都督，改设镇守使。① 袁世凯随即提议将此事交政治会议讨论表决，同时建议由总统及各国务员分别在原草案之外另缮政见书，附交该会以备参考。事实上，袁世凯对废省问题极端赞成，因此举可收统一之效，但"处事向来持重主义，以大乱之后恢复秩序为急，若纷更太甚，恐弊大于利"，对于内阁改省为道一事颇怀犹豫，"惟以内阁既欲以此表示政见之举，故对于改省为道之形式未曾十分否认，但对于其实际多所修正，未肯丝毫放松耳"，他主张"改省为道，将向来道区域为道治，长官为道尹，巡按使仍为常设官"。② 总统府据此定议。为消除国务员对废省改道的疑虑，袁世凯在当时总统府会议上再三指示，"现在不过改州为道，至其区域，非全用现行道之区域"。③

改省为道的主张与内阁原来主张似同而非。首先，熊希龄内阁原主张改省为州，对现有行政区域多所变更，且为两级制；袁世凯则主张不宜轻予更动，仍以旧巡道区域为道治，道长官为道尹，主张巡按使、道尹、县知事三级。尤其在巡按使设置上，分歧较大：熊希龄内阁主张仅设于边省，且临时派遣，为非常设官，只对中央报告各道贤否，无权对各道行使职权，袁则均不以为是，主张巡按使须为常设官，且其事权不宜太轻。④ 后来赴京的黎元洪曾在一次和袁世凯的谈话中，认为改省为道甚有见地，对此袁世凯大笑，直称"非改道，直还道耳"。⑤

面对各省都督、民政长多持反对态度的情况，熊希龄毅然实施改省为州的决心大为受挫，态度随之发生变化，主张采取渐进主义，并修正废省制案：扩大各州，每省改为二三州，拟改全国为八十州，拟从十八省入手先改，边省则另订特别制度。⑥ 根据熊希龄意见，法制局对州制区划草案

---

① 《大总统对于改省为州之政见》，《大公报》1913 年 12 月 11 日，第 1 张第 5 版。
② 《道制问题之大决定》，《申报》1913 年 12 月 13 日，第 3 版。
③ 《州制道制主张之真相》，《时事新报》1913 年 12 月 30 日，第 2 张第 1 版。
④ 《道制问题之大决定》，《申报》1913 年 12 月 13 日，第 3 版；《专电》，《时事新报》1913 年 12 月 18 日，第 1 张第 2 版。
⑤ 《专电》，《新闻报》1913 年 12 月 16 日，第 1 张第 2 版。
⑥ 《特约路透电》，《申报》1913 年 12 月 9 日，第 2 版；《改省为州案各方面之主张》，《大公报》1913 年 12 月 10 日，第 1 张第 5、6 版。

进行推敲研究。在研究过程中，起草各员深感前此所拟未甚妥洽，一致认为行政区域范围合宜与否，既不能单凭理想断定，也不能纯视历史为准绳，主张此次草创后，"各省如有不便管辖之处，或宜于今日而将来形势变迁后，又有不相符合者，仍得随时变更"。①

12月7日，国务会议再次讨论废省问题，决议废省改三级制：县知事为初级官，上设州牧，为二级官，每二州设一巡按使，指挥一切，巡按使直接总统府、国务院办事，州牧可直接内务部。② 这是一个与总统方面主张仍存在较大差距的决议。省制问题大有无法正当解决之可能。

应该说，改省为州与废省改道两案各有利弊，而各省长官先后来电对于二者亦主持各异。面对这种局面，国务院方面根据法制局提议，决定召集省制会议及地方官制会议。③ 袁世凯则认为，既然各省在改省为州与废省存道两事上，"意见颇形歧异，非斟酌妥协，势难遽行规定"，要求将两案异同及利之所在一律揭出，即行通电各省征求意见。张謇从袁世凯的表态中感到问题的严重性。在张看来，改省为州、添设巡按使之议，既然现已通过国务会议，如果按照袁世凯主张，势必变更很大，担心又生意外，为求稳健，拟就八条善后政策，提交国务会议，试图调和。④ 后来张謇又本此草拟改省为道案。

在袁世凯压力及各省都督、民政长的非难和攻击下，国务院被迫让步，决计按照总统府的意见，采改省为道，并据此连日召开会议，逐条核议原拟外官制：改原案"州"为"道"；改原案"州设州尹"为"道设民政长"；对原案所定州区域略有修正；无增视学员一项，简补，并规定道县视学员由主事兼任，繁盛道县得酌设视学员2~3名；在原定道主事、县主事员额的基础上分别增加4和2名。⑤ 针对府院之间在巡按使设置上的分歧较大，会议决定折中，主张废省后设巡按使，为过渡办法，不为经

---

① 《州制区划近讯》，《申报》1913年12月12日，第6版。
② 《府院对于废省案主张之异点》，《大公报》1913年12月13日，第1张第6版。
③ 《国务院决定召集中央各会议》，《大公报》1913年12月13日，第1张第6版。
④ 《关于改省为州案之商榷》，《大公报》1913年12月12日，第1张第6版。
⑤ 《内阁会议地方官制近情》，《时事新报》1913年12月19日，第2张第1版。

制，同时普设，不常设，职权只有纠察而无执行权，"遂以改省为道形式行旧时省制精神的道制案"。在上级地方区域上，除法制局稿已见报外，内务部所拟稿以及会议所成稿均公布，由舆论取决，并拟提交行政会议。[1] 国务院还通令各省征求意见，以备会议参考。府方意见又占上风。会后，法制局将辗转多次仍未定稿的州制案改为道制。

袁世凯对于国务院按照自己的意思修改政府原案，当然很满意。当时各省都督、民政长仍有来电反对废省，袁世凯当即指示总统府分别复电，"详称废省制与大家前途之关系，除各省多数赞成，中央并拟规定实行，可毋行反对"。[2]

从废省改州到废省改道，虽仅是一字之差，但由于废省改州是熊希龄内阁大政方针的重点，在外界媒体看来，这一改变就意味着大政方针的放弃，也意味着内阁的倒台。当时"外间不详此中曲折，遂指道制州制之分划为大总统与熊总理主张极端不同之证，并谓政治会议委员不主废省，大政方针发生阻力"。[3] 不时有报章传出袁世凯有意让徐世昌取代熊希龄的消息，由于袁世凯并未公开表态，徐世昌也尚在审度时机，再加之借款尚未结束，而且此前又有将大政方针交政治会议讨论的决议，维持熊希龄内阁自然责无旁贷。

由于梁启超坚决力争，12 月 10 日各国务员再度在总统府召开秘密会议，就改省制一事详细讨论。最后与会诸人表决，改省为州仍为现政府必须实行之事，同时决议待副总统黎元洪及政治会议同意后即加以实施，"并闻此次政府改省制决心实因裁撤都督而起"。[4]

12 月中旬，黎元洪到京后，连连发表对于划分军区和废省问题的意见。首先，他对划分军区表示赞同，认为实行军民分治实为必要，为此还专门拟就说帖面陈袁世凯，指出分治有三利，并特别提醒在区划划分、军队配合以及势力均等问题上，应多加注意。袁世凯在看完黎氏说帖后，非

---

① 《道制问题之大决定》，《申报》1913 年 12 月 13 日，第 3 版。
② 《反对废省案之无效》，《大公报》1913 年 12 月 15 日，第 2 张第 1 版。
③ 《州制道制主张之真相》，《时事新报》1913 年 12 月 30 日，第 2 张第 1 版。
④ 《政府对于改省案之主旨》，《大公报》1913 年 12 月 13 日，第 1 张第 6 版。

常欣悦，将此交政治会议研究。[①] 黎元洪对于政府将改省为州修改为改省为道主张，并未多言，只是表示赞成废省。[②] 随着黎氏在废省制问题上的态度已渐明朗，政治会议对于改省为州的态度如何，变得尤为重要。这实际决定熊希龄内阁废省制政策的命运。

四 废省暂行缓办

如果说，袁世凯在需要借助熊希龄内阁结好进步党等中间力量，以谋求对抗国民党并赢得正式大总统之职时，尚且能迎合熊希龄内阁的政策主张，甚至做出一些让步的话，当他当选大总统，并取缔国民党籍议员，使国会无法开议，形势发生有利于他的变化后，态度则日趋强硬。其时，政势已发生变化。1913 年 12 月上旬，袁世凯不露声色地完成对湖北、江苏、直隶等重要省份都督的更换，安排自己信任的人分别掌控了这些重要地区，稳固地控制了全国政治局势。与此同时，各省都督陆续来京晋见，又纷纷表示服从袁世凯。随着对全国控制力的加强，袁世凯对于省制改划的热心大减，转而主张维持现状。废省之议开始有动摇的迹象。

对于大政方针正式宣布期限，虽然国务院已讨论多次，但因袁世凯对于该案已决定俟政治会议讨论后，即将该案通电各省都督查照，故决定"俟该会正式开议将全案通过后，再颁布命令正式宣布"。[③] 12 月 13 日，袁世凯在瀛台会晤黎元洪，专为讨论熊希龄内阁前所议定的大政方针，历时 2 个小时之久，"闻大总统已允黎公之请，俟中央政治会议开会，将原件提交该会逐款分议，订定内外补行协进之政策后，再行详晰公布，以命令正式发布"。[④]

12 月 15 日，筹备已久的政治会议正式开议。政治会议召开后，被定位为政府的咨询机关，"专议分划军区、改省为道、统一财政诸事"，以

---

① 《副总统划分军区之主张》，《时事新报》1913 年 12 月 21 日，第 2 张第 3 版。
② 《黎公入京后政见之一斑》，《申报》1913 年 12 月 23 日，第 2 版。
③ 《大政方针决定暂缓宣布》，《大公报》1913 年 12 月 9 日，第 1 张第 5 版。
④ 《议定宣布大政方针案》，《大公报》1913 年 12 月 15 日，第 1 张第 6 版。

大政方针为范围。① 随着政治会议成立，中央政势更随之大变，熊希龄内阁的地位更显尴尬："上有总统之果断办事，担任一切；中有政治会议之辅弼，讨论重要政事而决定之；内阁所司仅理循例之事，国务会议将为政治会议之提议机关"，"内阁权力已较以前日微，更难举责任之实"。②

政治会议系由行政会议改变而来，由总统府、国务院各部及各省长官所派代表组成。该会共有委员 80 名，大多为清末官僚，就系统而言，大致可分为总统系与内阁系两派。其中，总统系除总统府所派委员外，还包括外交、内务、陆军、交通等部和大理院所派者，以及除湘、浙、黔、蒙古外各省区所派代表；内阁系则包括国务院及财政、司法、教育、农林 4 部，以及湘、浙、黔、蒙古所派委员。在人数上两系委员势力比为 4：1，总统系占绝对优势。时人预测，"将来会议结果必趋于大总统主张之方向，内阁意见必至无由表见"。③

废省问题尚未提交政治会议讨论，委员内部对于废省后的政制早已互生意见，不易一致。属于总统派者多赞成道制，认为八十州制为数过多，不便于施政；属于政府派者多主张州制，认为道制不适于现势。④ 两派如此主张，实与各自考虑有关。前派多属老资格派，此派人早在清季就已取得督抚资格，进入民国后亦非都督、民政长不就，其思想多主保守，不主张省制纷更；后者多属新派分子，或曾为议员，或曾充司长等职，充任州长、道民政长尚能合格，充方面大员则条件稍有不足，且年少年新，故极力主张改变旧制。⑤ 职是之故，当时外界媒体纷纷预测，政治会议一开议，两派人物围绕省制改废问题，即会因各自保守或进取的态度有一番争论。⑥ 而本来"总统对于该案（大政方针）之意见，不满意处殊为不少，如改省为州问题属最不赞成之事，密电各省反对州制问题，以谋破坏大政

① 《专电》，《时事新报》1913 年 11 月 23 日，第 1 张第 2 版。
② 《现内阁之权势观》，《顺天时报》1913 年 12 月 17 日，第 9 版。
③ 季啸风、沈友益主编《中华民国史史料外编——前日本末次研究所情报资料》第 2 册，广西师范大学出版社，1996，第 558 页。
④ 《废省问题之前途》，《顺天时报》1913 年 12 月 19 日，第 2 版。
⑤ 《关于废省问题之预议》，《大公报》1913 年 12 月 21 日，第 1 张第 7 版。
⑥ 《省制问题之争》，《盛京时报》1913 年 12 月 24 日，第 3 版。

方针之一部"，政治会议开幕后，由于政治会议的有力会员多属总统派人物，当时即有媒体预测，"将来动作全为总统所左右，不久必至全力拥护总统，以与熊希龄内阁相对峙"。①

12 月 17 日，政治会议议长李经羲在与某政客的谈话中，直接道出总统派总的意见。他直接引用袁世凯将废省改州视为书生理想的评语，认为"将全国划分为七军区，地方辽阔，分布不易周密，过小则又与民政区域接近"，同时"前清二十三行省统辖已难，若改为八十三州，监督益行不便"，"况以国家财力奇绌，目前万万不能举办。若强要办，其结果无异自杀"，"废省改州，则吾以为不可不慎加斟酌也"。② 据此可知，总统派反对废省改州案，除认为该案对于民政区域划分不合理外，亦认为当时国家财政奇绌不便于实施废省改州。

随着李经羲公开传布袁世凯对改省为州案的态度，政治会议委员的态度有所变化，总统派议员纷纷表示对该案"不以为然"。③ 政界实权人物也开始公开反对废督和废省。如前国务总理、新任直督赵秉钧表示"以目前时局而改革省制，殊非明哲之道"，而且撤销都督以及划全国为九大军区须缓行。④ 赵秉钧甚至直言不讳地称，"各省能废，吾早废之，何待今日？"陆军总长段祺瑞也表示，政府现在力拟裁撤都督、恢复秩序而未获成效，若废省改州，则更是纷更取乱之道，"此议若行，吾只有加力陈兵，预备平乱"。其他诸如徐世昌等也有类似的言论。一时间，关于废省问题，"主张道制者有之，主张州制者有之，或有根本的反对者"。反对者当中又以赵秉钧、段祺瑞、李经羲等人为最。有报纸据此推测，"看此情形，无论总统意见如何，即（据）赵、段等反对已可断其必不能行，况重之以政治会议乎？"就连非常热心于改省制的内务总长朱启钤，这时也有报纸披露，皆因其本对废省改州一事无所定见，加之阅历少、见识不

---

① 《关于熊氏内阁之一说》，《顺天时报》1913 年 12 月 20 日，第 9 版。
② 《专电》，《时事新报》1913 年 12 月 19 日，第 1 张第 2 版。
③ 《本馆特电》，《神州日报》1913 年 12 月 21 日，第 2 版；《反对改建省制案之内幕》，《大公报》1913 年 12 月 22 日，第 1 张第 6 版。
④ 《专电》，《时事新报》1913 年 12 月 25 日，第 1 张第 2 版。

高，才误会该案意旨，以为此举可行，所以在开阁议时乐得附和多数，及至此时态度也发生了变化。① 推倒改省为州案已成大势所趋。当时报章频频刊发关于黑龙江改省为州的商榷，亦显示改省为州在区划、设置上的种种弊端。②

在反对废省改州之音腾起之时，袁世凯亦表明自己的态度。其时他在和人谈及改省问题时，已颇不以废省改州为然，"废省改州是何事体，内阁以为可行，吾以一口难当众议，故吾只听之而已"。③ 显然，此举意在说明他是"阳从之而阴非之"而已。

当时袁世凯有意趁黎元洪在京之机，命令各省都督，尤其是桂督陆荣廷、粤督龙济光、陕督张凤翙等非亲信都督一并来京，希望借此召开都督会议，筹划改省制、修宪法和撤都督等问题，解决自己的肘腋之忧。④ 出乎袁世凯意料的是，各督在得悉会议论题后，"汹汹均有不安色"，就连自己的亲信、新近转任鄂督的段芝贵等，也竟联名电阻改省。⑤

时有报纸据此情况评析称，"大政方针一旦发表，种种议论次第现出，如州制问题，不论中央与地方互有反对之意见，势难实行，总统府中亦有多数反对，想不久应加以修正。现闻政治会议委员中有附和总统意见，反对于该方针者占多数。及该会开议，催次第修正以改面目是在可知之数。故政府拟定之大政方针现在风雨飘摇之中云"。⑥

按照原定计划，废省改道草案应于12月22日提交政治会议，并预定1914年1月以教令公布，然而该日袁世凯却将该案提交国务会议复议，结果议决"呈覆筹划"。⑦ 同时熊希龄鉴于各省都督、民政长反对意见较多，为了挽救大政方针不因改省为州一事失败而破产，商诸袁世凯，主张

---

① 《州制案势难实行》，《时事新报》1913 年 12 月 23 日，第 2 张第 1 版。
② 《黑龙江该省为州之商榷》，《神州日报》1913 年 12 月 27 日，第 3 版。
③ 《大政方针打掉一半》，《新闻报》1913 年 12 月 23 日，第 1 张第 2 版。
④ 《专电》，《时事新报》1913 年 12 月 21 日，第 1 张第 2 版。
⑤ 《北京专电》，《盛京时报》1913 年 12 月 24 日，第 2 版；《本馆特电》，《神州日报》1913 年 12 月 21 日，第 2 版。
⑥ 《大政方针之飘摇不定》，《盛京时报》1913 年 12 月 24 日，第 3 版。
⑦ 《国务院通过省制草案》，《大公报》1913 年 12 月 24 日，第 1 张第 6 版。

对于此案再加斟酌，并建议按照如下办法办理：在总统府开特别会议，详细讨论此案是否适当并有无窒碍；同时致电各省征求行政划分的意见；综合种种情形和事实，将原案撤回重加修正后再行提交。①

12 月 24 日，袁世凯召集黎元洪、熊希龄及朱启钤、周自齐、孙宝琦、汪大燮、梁士诒等人，召开临时秘密会议，讨论省制等问题，由于"议论分歧，未能定议"。② 分歧主要在手续方面，即倘若实行新外官制，现有各省行政公署应否立即取消，案件应如何移交新设官署；现有各省各项行政机关人员又应否如何分别改任。③

对于废省，袁世凯也开始"以不遽尔革除一新为然"。有消息称，袁世凯在与国务员等议商建设大纲时，表示"不可徒取表面之新名称，要于事实上无害，与我国历史有沿用之考核，离旧制亦无不可采用者"，"拟审查前清内外制度，取合乎国情者，再提交政治会议取决"。④ 袁世凯还对某顾问称，"省制之宜加修改以及行政上便利固不待言，不过眼下中国财政诸多困难，加上各地方尚未全复旧观，现时只有维持现状，培养元气为要，势难从事急激改革"。⑤ 袁世凯态度的变化，与其控驭全国的局面形成有关。维持既有现状，自然成为袁世凯的首选。

在政治会议方面，当时虽未正式开议废省问题，但由于此前议长李经羲已宣明袁世凯在该问题上的态度，并迭向各员征询意见，内部已经意见分歧不一，有主张州制者，有主张道制者，还有一派力争存省制。由于议员大多来自各省，"其申说利害处，与各省前此来电日渐相同"。⑥

熊希龄对改省说也甚是悲观，态度相当消极。反对者越来越多，内阁在改省方案上主张存在分歧，除了其与梁启超提出的改省为州案外，又有张謇提出的改省为道案和内务部提出的改省为郡案。熊希龄只得表示，

① 《最近政潮之种种》，《申报》1913 年 12 月 31 日，第 3 版。
② 《总统府密议两大要案》，《大公报》1913 年 12 月 25 日，第 1 张第 7 版。
③ 《地方官制仍须讨议之问题》，《顺天时报》1913 年 12 月 26 日，第 9 版。
④ 《政府拟抉采旧制》，《顺天时报》1914 年 1 月 7 日，第 2 版。
⑤ 《行政区划之新消息》，《申报》1914 年 1 月 12 日，第 6 版。
⑥ 《政治委员对于省制之纷纭》，《大公报》1914 年 1 月 10 日，第 1 张第 6 版。

"将区域问题交政治会议讨论，但根本的改废问题则更无交议之理"。① 不过，梁启超仍对改省事宜主持最力。② 当有消息传出，政治会议对废省表示反对时，立即声明，"如被否决即辞职"。③

对此，著名记者黄远生撰文指出，"内阁命脉既在大政方针，故梁任公以方针用舍为去留之决心，则自凤昔已有成竹。而今者废省问题殆有不能实行之势。要人纷纷反对已见报端。省之下设道，道之下为县，已复于前清三级之制矣。乃前此所议不常设不普设之巡按，近且渐议普设，渐议巡按得兼辖国税厅长及审判厅长，果尔则直无异于巡抚。虽其得失是非另一问题，但此议果行，则与今内阁之改革根本计划相反。故今内阁若倒于政见，则省制必为其根本原因"。④

1914 年 1 月 7 日，袁世凯交谕秘书厅，撤回上年提交政治会议的改省为州草案，并将朱启钤建议改郡草案汇交国务院，与张謇建议改道案等再行并案会议，缮说呈复后，再交政治会议表决实行。⑤ 结果，国务员反复讨论州制、道制、郡制等说帖后，一致觉得各有利弊，只得将全案呈明袁世凯鉴核。⑥ 不期袁世凯对此表示，此事事关行政区域，自应就各省事实上详细讨论，决定将该案提前交政治会议核覆，同时通电各省征集意见。⑦ 1 月 8 日，袁世凯交谕国务院，无论将来采何种手续进行改革，务须特别注意：（1）在财政上务须力求撙节；（2）在防务上务求联络；（3）在区域上务求均济；（4）在事实上务求统一。⑧

1 月 9 日，熊希龄在谒见袁世凯时，提出大政方针筹备案请求速交政治会议筹备。袁世凯连以大政方针为政府对于行政上一种筹备手续，认为无交议之必要，但应即妥为筹备，依次实行即可。⑨

① 黄远庸：《远生遗著》卷 3，商务印书馆，1984 年增补影印，第 222 页。
② 《专电》，《申报》1914 年 1 月 5 日，第 2 版。
③ 《专电》，《新闻报》1914 年 1 月 9 日，第 1 张第 2 版。
④ 黄远庸：《远生遗著》卷 3，商务印书馆 1984 年增补影印，第 221～222 页。
⑤ 《大总统对于改省问题之慎重》，《大公报》1914 年 1 月 9 日，第 1 张第 9 版。
⑥ 《再论州道郡制》，《时报》1914 年 1 月 15 日，第 1 版。
⑦ 《省制案将交政治会议》，《大公报》1914 年 1 月 8 日，第 1 张第 6 版。
⑧ 《大总统对于改省问题之慎重》，《大公报》1914 年 1 月 9 日，第 1 张第 5 版。
⑨ 《大总统不主张交议大政方针》，《大公报》1914 年 1 月 10 日，第 1 张第 5 版。

　　1 月 11 日，袁世凯召集各国务员在总统府商讨改省问题，在行政区域改划方面，以习惯、地理关系，决计统治法采用道制，行政区域则采内务总长朱启钤建议的郡制，为匀平统辖行政的根据。① 12 日，袁又令秘书厅拟缮交片一件，将陆军部前订划分各省军政区域草案，会同废省案并议具复。② 16 日，袁世凯再次召集熊希龄及国务员开特别会议，讨论张謇提出的道制案。③

　　法制局根据讨论结果，采用虚三级制草拟了巡按使官制和地方官制，省制一时不变更，地方行政官仍暂取省、道、县三级制，不过第一级长官不得自辟僚属，以便将来改制时易于裁撤。各省都督、民政长在得悉该官制内容后，感于自身地位的不保，纷纷电京指陈弊害，对于废省之议多主张从长计议。④

　　因政治会议此时正在讨论《救国大计咨询案》和《增修约法程序咨询案》，掀起了一场关于政府组织形式是采取总统制还是内阁制的讨论。而此时各省都督、民政长又纷纷向袁世凯表示忠诚，支持总统制，深得袁世凯欢心。在这种情况下，袁世凯自然趋向求稳，认为废省问题已非必要，反而担心改省又起纷争。

　　与此同时，湘督汤芗铭和皖督倪嗣冲因为财政问题，抗议熊内阁削减各省官署员额及政费而纷请辞职，让袁世凯感到财政上的压力。他表示，改省政策虽为"当前要图"，"惟其中所虑研究者尚包有人才问题与财力问题两项，果欲实行，尚须切实讨论一番"，⑤ 随即以需款浩繁，猝不易筹，在 1 月 19 日决计将改省问题暂为搁置。⑥ 为了安抚熊内阁，袁世凯次日下令，要求内外官衙切实贯彻减政，按照财政部令办理核减政费。⑦

　　应该说，熊希龄内阁与袁世凯在省制存废上态度存在一致性。二者均

　　① 《会议改省之要件》，《时报》1914 年 1 月 18 日，第 3 版。
　　② 《交议划军区与废省制两案》，《大公报》1914 年 1 月 14 日，第 2 张第 2 版。
　　③ 《关于废省案之传闻异辞》，《大公报》1914 年 1 月 18 日，第 1 张第 6 版。
　　④ 《政治会议之面面观》，《申报》1914 年 1 月 17 日，第 3 版。
　　⑤ 《关于政局之新消息》，《申报》1914 年 1 月 18 日，第 3 版。
　　⑥ 《关于废省案之传闻异辞》，《大公报》1914 年 1 月 18 日，第 1 张第 6 版。
　　⑦ 《政府公报》1914 年 1 月 21 日，第 4 页。

欲实行中央集权，要做到这点，唯有先从破除旧有省制入手，其具体办法是先裁都督，以镇抚使或镇守使代替，如其有效则尽裁边省都督；镇抚及镇守二使专于治军，为将来改设军区先导，以军区直隶陆军部，以道县或州县直隶内务部。当然，内阁主张废除省制的原因当中，除为集权计外，还在于省制存在"不但病国，而且病民"。当内阁把这些向袁陈述后，袁"深以为然"，不过考虑到部分都督、民政长对法制局所拟虚三级制官制案的不满，决定在政治会议解决救国大计及修改约法二案后，再提出废省制案。①

至 1 月下旬，政府处境更为困难。自政治会议开幕后，国务会议即处于消极之状，虽然照常开议，亦不过讨论各项循例事宜，其一切国家大计均须咨询政治会议。此等局面与熊希龄内阁所追求的责任内阁相去太远。加之熊内阁本因豫、皖、粤等省时有叛乱，感到"如骤更省制，奸人尤易煽惑"，此时又相继接到各省长官对于废省复电，连忙一并汇呈袁世凯。在各省长官对废省的复电当中，"赞成者终不及反对者多"，反对者分别以习惯、国税阻难、吏治不便、区域难分、财政损失、事实阻力等原因反对废省，主张维持现状。②

本来袁世凯特命熊希龄组阁，并非看重他的经纶大才，只不过想利用其结好进步党人，谋求排除国民党"暴烈分子"，进而为自己攫取更大的权力扫除障碍，随着自己顺利当选为正式大总统，以及解散国民党和国会，在他心中，熊希龄内阁的利用价值大为减弱，在改省问题上袁的态度亦更加明朗。袁世凯随即以此项问题既为各省否认，"本大总统亦以为建设方始不便纷更，致启人民之猜疑，有碍大局"。袁世凯和熊希龄为此讨论数次后决定暂缓实行。其中主要有两种原因：一为豫鄂皖粤等省时有乱党勾结土匪扰乱地方，如变更省制，奸人尤易煽惑；二为废省制"事体重要，动关国本，应在约法修正后再议实施"。③

---

① 《官制与省制之将来》，《申报》1914 年 1 月 13 日，第 6 版；《政治会议之面面观》，《申报》1914 年 1 月 17 日，第 3 版。
② 《最近政潮中之阁议与省制》，《申报》1914 年 1 月 31 日，第 6 版。
③ 《废省制从缓实行之近闻》，《大公报》1914 年 2 月 3 日，第 1 张第 7 版。

　　熊希龄也以事实上阻碍甚多，决计作罢，但考虑到废省制见诸大政方针，"此草案已失去其效力，政治委员会议拟暂不提出会议，不过成为一种历史上之虚文而已"，提议修正大政方针，请袁世凯核议，希望能得其支持以便切实进行。①

　　在此前后，美国顾问古德诺撰写《行政改良大旨》并呈递袁世凯。古德诺在该文中指出，当时中国已渐集权中央，宜次第整顿财政、军政，军政须直隶中央，财政宜采法制，由中央直接任征税官；司法分立，宜从最下级法院着手；内务除交通外，其余庶政宜视交通进步决定采集权还是分权；未至其时仍宜存省制，其地方制度须渐趋平民性质，以后区域无论如何划分，地方长官外宜设一议事会，议员须任命与选举并行，并予各省商会、学者及富豪以选举权，其权限除核定地方税外，亦得陈述地方政务意见兼监督长官，并有权选举国会议员。② 这一建议实与当时各省省议会因清除国民党议员不能开议，及袁世凯已决计暂时搁置改省制有关。古德诺的意见更坚定了袁世凯对废省制的否定态度。

　　袁世凯之所以愿意接受改省制主张，主要想借此实现中央集权，然而见各省都督、民政长大体尚能拥护中央，处事谨慎的袁世凯不愿因改省制惹起纷争而破坏这一局面。更关键的是，他在改内阁制为总统制以及约法的修订等问题上，还需要各省都督、民政长的支持。权衡之下，袁世凯明确对于熊希龄提议修订大政方针的态度，"以原案财政、外交等项规划甚属周详，毋庸再行改定，其余应行议改者亦不过一二件，不必过于更张，致使原相尽去矣"。③ 拒绝熊希龄的提议，同时实际决定抛弃熊希龄内阁。

　　熊希龄、梁启超等人因废省制、财政计划，分别得罪了总统派中分别坐拥法制局、交通部、财政部的江浙派、广东派及皖派，国务院与总统府

---

① 《大政方针已成虚文》，《大公报》1914年1月31日，第2张第1版；《大政方针改订之近闻》，《大公报》1914年2月14日，第2张第1版。
② 《专电》，《申报》1914年2月4日，第2版。
③ 《大政方针修正之预议》，《大公报》1914年2月15日，第2张第1版。

关系日益紧张，此时眼见大政方针风雨飘摇而无果，自是不愿恋栈。① 当皖督倪嗣冲在 1914 年 1 月 24 日通电主张改内阁制为总统制，得到各省都督、民政长群起响应后，② 袁世凯又令他"于国务会议时悉心研究"，熊希龄更知事不可为，遂借湘皖两督反对财政部核减各省行政公署员额一事之机，呈文袁世凯请求辞去财政总长和内阁总理职务。③ 2 月 12 日，袁世凯批准熊希龄辞职，并任命自己的亲家、外交总长孙宝琦代理总理之职。随后，汪大燮（18 日）、梁启超（19 日）先后辞职。

随着熊希龄内阁的倒台，大政方针成为一纸空文，一度喧闹的改省筹议亦消于无形。其时袁世凯已打消废省主意，代任总理孙宝琦亦坚持"大局粗定不宜轻率更张，应为当时维持国是至要"。至 2 月底，袁世凯正式饬某秘书将此案暂令取消。④ 熊希龄内阁时期的废省筹议正式终止。

结　语

省制在我国政制史上占据重要地位，伴随清季民初中国取法外来新知与政制，由专制政体向近代共和政体艰难转型，省制也在各方政治力量角逐下进行构建。熊希龄内阁时期的废省筹议正是这一构建过程中的重要组成部分。它是在北京政府权势日趋强大，政府财政极度支绌的特定历史背景下提出并进行的，顺应了当时要求建立强有力中央政府的时势。然而，中国省制已实行数百年，各种利益关系相互缠绕，加之辛亥革命以来各省权势不断扩张，相关废改筹划关乎政治、历史、文化、风俗、习惯等各方面，更受制于当时各派政治力量角力，绝非易事。在废省筹议过程中出现的废省改州、废省改道以及废省改郡等方案，正是当时不同力量派别、人物基于自身利益、学识、经历等考量后，对于省制废除后相关政制规划提

---

① 黄远庸：《远生遗著》卷 4，商务印书馆 1984 年增补影印，第 16～17 页。
② 全国图书馆缩微文献复制中心编《民国初期稀见文电辑录》第 3 册，全国图书馆文献缩微复制中心，2004，第 1203～1231 页。
③ 周秋光编《熊希龄集》第 4 册，第 576 页；张謇：《啬翁自订年谱》卷下，《北京图书馆藏珍本·年谱丛刊》第 183 册，北京图书馆出版社，1999，第 145 页。
④ 《废省案之打消》，《盛京时报》1914 年 2 月 24 日，第 3 版。

出的设想。

学界既有研究多认为，熊希龄内阁所提包括废改省制在内的大政方针，触犯了各省官员利益，与袁世凯既有的集权意图亦相悖，因而是空想，难以实现。[①] 这种论断虽不无合理之处，却忽略了当时形势，以及袁世凯与熊希龄内阁间存在的共识。集中权力、树立北京政府权威，这是袁世凯上台后致力于实现的重要目标，也是民初废省提议反复提出的根本原因。袁世凯执政之初，由于辛亥革命以来各省权力较大，北京政府在权力格局中处于弱势一方，难以实现集权目标。"二次革命"后，北京政府权势增强，由于正式国会所拟的宪法草案未能明确省制的地位，在当时要求建立强有力中央政府的时势下，这确实为北京政府筹划实施废改省制提供了一个大好机会。不过，总统府与国务院虽都主张集权，具体实施办法却各有不同：袁世凯主张通过将各省长官更换为自己的亲信，并利用部属升官发财心理，受命于自己，进而实现大权在握；熊希龄、梁启超则主张从根本解决，力主划分府院权限，依法治国，将北洋势力渐次纳入宪政轨道，同时对中国省制加以根本改革，通过废除省制，巩固中央权力，谋求国家真正统一。熊希龄内阁的废省制之议虽获得国会的拥护和支持，却在袁世凯与各省都督联合抵制下走向失败。

总统府与国务院在废改省制上主张各歧，除受制于府院间权力之争，更与彼此实际政治考量密切相关。袁世凯未正式就任大总统前，以选举总统、争取各国承认北京政府为第一要务，熊希龄内阁政见政策是否与己一致并非其所最关心，邀召熊希龄组阁并吸纳部分进步党人入阁，主要是为了操纵参众两院，为谋求更大权力扫清障碍；熊希龄内阁自知政治主张与袁世凯不一致，且为时人所共知，但考虑国会两院为自身势力基础，企图从中次第实现其政见，以博民望进而树立势力，以与袁世凯一派相抗衡。尽管双方都意识到彼此之间存在合作与制衡的双重关系，但基于自身利益考量，都保持忍让态度。待到袁世凯就任正式大总统后，府院权力格局发生变化，袁世凯掌握大权，要使政策顺利进行，其支持必不可少。

---

① 张永《民国初年的进步党与议会政党政治》和周秋光《熊希龄传》均持此说。

袁世凯依据政治需要与时势变化，对于熊希龄内阁的废省筹议，采取不同态度：在需要熊希龄内阁结好进步党，对付国会中国民党议员时，一面虚与委蛇，一面积极参与废省筹议的相关讨论，借此影响废改方案的形成；及至国会因不足法定人数宣告暂行停会，各省都督不明就里对该案表示赞成时，又暗自指示亲信公开加以反对；待到自己势力不断加强，各省都督纷纷向其表示忠诚并支持改行总统制，又转而反对变更省制。

各省都督对于熊希龄内阁的废省筹议，前后态度也有变化。尽管辛亥革命后，各省权势增长，不管基于何种原因提出废省之议，都难以避免削弱各省权势的嫌疑，但随着袁世凯及北京政府镇压"二次革命"，其权力格局由弱势一方变为强势一方，各省都督在废省制一事上的态度亦受到牵制：起初熊希龄内阁决议实施废省制时，或慑于中央权势表示支持，或主张暂仍旧制；待袁世凯因各省归服不愿大肆变更省制之时，又纷纷附和反对废省。

熊希龄内阁时期的废省筹议虽然无果而终，其筹议过程因为各派政治力量间的角力，以及党争与政潮，充满曲折，对于废省后的政制规划又出现废省改州、废省改道、废省改郡等不同方案，却从一个侧面表明，政制变更不仅与政局政情密切联系，更关乎历史文化。其经验教训对 1917 年范源濂主导下的改划行政区域筹划、1924 年北京政府内政部职方司关于缩小地方制度的提案，以及南京国民政府时期的历次缩省筹议，都产生了一定的影响。

熊希龄内阁本满怀理想和抱负上台，成立后数月间执政成效却乏善可陈，又遭受一连串事态打击，加之对于财政困境亦最终维持不下去，在总统制取代内阁制之声腾起之时，只好挂冠而去。《申报》认为，熊希龄内阁倒台在于它不合时宜标举中央集权主义：熊希龄内阁成立之初，以实行中央集权相号召，推行改省制，深合当时对于各省不甚信任的袁世凯集权中央之意，颇能合拍。然而，"二次革命"后，袁世凯通过惩处异己都督，并安排亲信担任重要省份的都督，中央集权之说已不适时，熊希龄内阁再度标举此主义，对于袁世凯而言显然已无吸引力。"以大势言，中国之幅员如此其大，中央集权诚非易易；以人情言，疏者不可以间，亲信之员悉为疆吏,则疆吏之权自无不大",况且"今日之拥护中央者,疆吏之力居多,而所有政策皆由疆吏之先驱",今后必将行各省集权主义。①

《申报》所言各省集权的趋势,是基于国情及当时形势判断的。就制度言,要实现以集权都督为表征的各省集权,还得解决省议会的存废问题。事实上,就在各省长官和袁世凯在联合抵制熊希龄内阁废省制政策的前后,也一起解散了省议会。其后,北京政府采用虚三级制完成对省官制的厘订。1914 年 5 月 23 日,袁世凯以教令公布外省官制,在保留省制前提下,恢复内外官制,将各省军、政长官分别改为中央政府派驻各省行使军政、民政管辖权的官吏,"省"成为中央政府的派出机关。这一局面并没有维持多久,随着袁世凯帝制覆亡,北京政府无力控驭各省,中国随即陷入军阀混战的乱局。

〔陈明,江南大学马克思主义学院〕

---

① 《各省集权》,《申报》1914 年 2 月 15 日,第 2 版。

洪宪帝制运动期间
袁世凯政府的对日策略[*]

承红磊

内容提要 外交方面对洪宪帝制运动的影响，已为学者所公认。但袁世凯政府在帝制运动期间的外交活动，尚有待梳理。以对日外交来说，既往研究无论"误认"说还是"受骗"说均不足以概括袁政府的对日外交。实际上，帝制运动期间，日本与袁政府之间展开了极为激烈的控制与反控制的斗争，各主要列强且参与其间。这场斗争虽以袁政府失败告终，但厘清其经过，对理解民初政治及外交走向，不无重要意义。

关键词 袁世凯 帝制运动 日本 外交

有关洪宪帝制运动期间袁世凯政府对日外交的叙述，以"误认"日

* 本文为《帝制运动期间顾维钧在美外交活动》（《复旦学报》2017 年第 2 期）的姊妹篇，曾在 2016 年 8 月中国社科院中国近代史研究所举办的"第一届民国史青年论坛"上宣读，蒙参会的王奇生、戚学民等先生提出极中肯的修改意见。更重要的是，在那次会议上，台中科技大学任天豪兄转述唐启华先生对此文的意见（天豪兄作为评论人把此文转给了唐先生），且从天豪兄处得知唐先生在写作一本有关洪宪帝制外交的专著。本文 2016 年 9 月经某刊约稿，其间至 2017 年 4 月初审后根据与会老师和两位匿名评审人意见有所修改、增补，主要观点未变。遗憾的是，8 月底得知未通过终审。8 月初，唐先生《洪宪帝制外交》（社会科学文献出版社，2017）出版，所见雷同之处颇多。无疑，唐著在广度和深度上均超过此文，此文本无再刊发的必要。但蒙唐先生提携后辈，在大著中谬赞本文"颇有突破"，又指出一些本文的不足之处，不刊发似又无法彰显贤者高深。且两岸学者几乎在同时独立地就同一课题进行深入研究，亦值得纪念。蒙彭剑兄向《近代史学刊》推荐，又蒙李在全兄以出版"第一届中华民国史青年论坛"论文集相约，特致谢忱，特刊出以志其事。本文为 2017 年 4 月 6 日定稿。

本意图说为主。① 但正如一些学者已经指出的，日本在帝制运动期间的态度受多种因素制约，并不固定。② 即使袁在帝制运动初期因为轻信日本首相大隈重信的声明以及与陆宗舆的密谈而受了误导，但随着五国劝告后日本干涉态度日趋明显，袁政府是否完全没有采取应对措施？且日本态度演变是否与袁政府的对日措施有关？

既往研究对中方档案运用最详尽的要数王芸生《六十年来中国与日本》。不过王著主要使用了驻日使馆档案，近年开放的其他北洋政府外交部档案，尤其是驻比使馆保存档案③和驻美使馆档案，颇可对这一问题的认识有所补充。其他如陈志让《乱世奸雄袁世凯》、唐德刚《袁氏当国》及陈刘洁贞《朱尔典和袁世凯在职时期的英中外交（1906~1920）》④ 均用到英国外交档案，但是使用尚不完备。⑤ 本文即综合北洋政府外交部档

---

① 此说认为袁氏以为对日交涉可轻易成功，浅看了日本野心。如王芸生《六十年来中国与日本》（三联书店，1981）、张忠绂《中华民国外交史》（华文出版社，2011）、陶菊隐《北洋军阀统治时期史话》（三联书店，1957）、陈志让《乱世奸雄袁世凯》（湖南人民出版社，1988）、李新主编《中华民国史》（中华书局，2011）主张均相似。此外如戚世皓（Madeleine Chi）的 *China Diplomacy*，*1914 - 1918*（Cambridge：Harvard University Press，1970）、林明德《近代中日关系史》（三民书局股份有限公司，1984）、石源华《中华民国外交史》（上海人民出版社，1994）在主张袁误认日本意图的同时，认为日本"欲擒故纵"，袁氏上当。来新夏等《北洋军阀史》（南开大学出版社，2000）观点与此相近。至于黄毅《袁氏盗国记》（文海出版社，1967）、刘彦《欧战期间中日交涉史》（太平洋印刷公司，1921）、白蕉《袁世凯与中华民国》（文海出版社，1967）认为袁在帝制运动进行前与日本有口头协定，之后日本改变态度。此说王芸生在1934年版《六十年来中国与日本》中已辨正之（在1981年版中此段辨正文字删去），从帝制运动期间中日交涉过程来看，此说缺乏根据。见王芸生《六十年来中国与日本》第7卷，天津大公报社，1934，第1~2页。本文后文所转引王著材料，来自1981年版。

② 具体参见林明德《近代中日关系史》，三民书局股份有限公司，1984，第94~96页。

③ 据唐启华先生推测，"驻比使馆保存档案"有一部分是陆征祥在1927年转托给驻比公使王景岐，存放在驻比使馆的，价值极高。本文所引用的多种国体问题来往密电都来源于这一系列，或可印证唐先生的推测。参见唐启华《巴黎和会与中国外交》，社会科学文献出版社，2014，第6~7页。

④ Kit - Ching Chan Lau（陈刘洁贞），*Anglo - Chinese Diplomacy in the Careers of Sir John Jordan and Yuan Shih - kai*，*1906 - 1920*（Hong Kong：Hong Kong University Press，1978）。

⑤ 此外还有一些相关著作利用到英国、美国等国外交档案。如前引戚世皓《战时中国外交》；王纲领《欧战时期的美国对华政策》，台湾学生书局1988年版。对帝制运动时期外文档案的大致介绍，可见戚世皓《袁世凯称帝前后（一九一四至一九一六年）：日本、英国、美国档案之分析与利用》，《汉学研究》第7卷第2期。

案、英国外交档案、日本外交文书、美国外交文件等多种资料，参考现有研究成果，主要从袁政府的角度，对理清这一问题做一尝试。①

一 初步试探、回避正面交涉：帝制运动初期 袁政府对日态度

在帝制运动初期，袁政府在帝制问题上对日本态度虽有试探，但有意回避了与其正面交涉。此点在王芸生所引材料中即可看出端倪，不过王未加归纳。帝制运动之表露，可以 1915 年 8 月 14 日筹安会之成立为标志。8 月 30 日，外交部致电各驻外使节及领事馆，嘱探询外人及华侨意见。② 9 月 1 日，陆宗舆即复外交部，表示反对：

> 三十日电敬悉。华侨于国事隔膜，无意见可征。革党煽动学生，开全体大会，反对帝制，纷扰殊甚。日报于筹安情形日有登载，讥诮百出。彼政界某某要人颇有忠告，一谓欧战期内中国不能自生枝节，一谓中国正当有为之总统以图治，不宜无为之君主以误国。此外（深）[野] 心家则更预筹乘机有为之策，甚望钧部注意，于图谋中

---

① 值得提出的是，在日方资料利用方面，除了前引林明德、戚世皓书以外，日本学者曾村保信在其《袁世凯帝制问题与日本外交》一文中主要以《日本外交文书》为基础，梳理了帝制运动期间的日中交涉史，同时也涉及日方决策情况。曾村指出，日本政府决策是受到民间人士、内阁成员、军方及元老等共同影响的结果，干涉帝制的目的主要在于取得对中国的主导权。此后，坂野润治在其《近代日本的外交与政治》一书中对一战期间日本陆军内部对华政策争议有深入研究，特别提到以山县友朋为代表的元老派和以田中义一为代表的参谋本部对华及对袁态度差异。大陆学者俞辛焞也利用日方资料对帝制运动时期中日外交进行了详细研究，提出日方对袁世凯的帝制政策经历了由观望、延宕、中止到赞同并很快转变为倒袁的过程。见曾村保信「袁世凱帝制問題と日本の外交」；曾村保信『近代史研究——日本と中国』小峯书店、1977、99～133 页；坂野润治『近代日本の外交と政治』研文出版、1985、77～105 页；俞辛焞《辛亥革命时期中日外交史》，天津人民出版社，2000，第 544 页。

② 《发驻外使领各馆电》（1915 年 8 月 30 日），北洋政府外交部档案，中研院近代史研究所档案馆藏，档案号：03 - 13 - 032 - 01 - 001（此系列号 13 为"驻比使馆保存档案"，卷宗号 032 为"国体问题来往电"）。以下所引北洋政府外交部档案除特别标明外皆为此档案馆所藏，且已电子化（http：//archives. sinica. edu. tw/？ page_ id = 33），谨对该档案馆的慷慨服务表示感谢。下文仅录档案号，不再标明馆藏地。

国有实力之国，先事筹划。前此革命时代，各国均势，相持未动。今则俄、英、法，求日联盟，无非以东方问题为交换。我国上下恐惧修省，犹虞不保，尚祈恳劝政客及实力诸公以爱国爱大总统为前提，稍审时机，无以学理空言，贻国家无穷之祸，幸甚。万死上言，乞代达。①

此处"图谋中国有实力之国"，即指日本。此电曾上呈陆征祥及袁世凯，对当时国际形势剖析明切，可惜不被采纳。此后，陆宗舆对帝制问题一直甚为留意。9月3日，陆又向外交部建议"皇帝仍由被选，皇位继承照比国世袭方法"等等，② 且于同日另电外交部，告知日本政府密训新闻记者，"中国变更国体，有关东亚治乱。日本国正宜静慎研究，严密筹备，万不可于新闻乱发议论"。陆氏深知对日交涉困难，不欲改行帝制。陆氏沥胆忠言，不能说完全没有效果。9月4日，有袁政府内阁成员曾告美国驻华代理公使马慕瑞（J. V. A. Macmurray），袁本对帝制运动甚为热心，但当日早上会面时见袁已趋于冷淡，因顾忌列强特别是日本就承认问题要价。③

9月7日，外交部再收到陆宗舆电，内述与日本首相大隈重信谈及帝制情形，陆述大隈之言曰："中国民主君主，本非日本国所问。惟望勿因此致乱，有妨碍邻国商务。余深佩大总统实有统治之能力，但只望中国有实力之政府以图治。现正渐见治安，似不必于名义多所更换。"大隈且表示："现日本国对中国并不欲政治上增加权力，只求经济协同两利之策。"④ 此时日本各方之表态颇为杂乱，除上述大隈模棱之表示外，日本

---

① 《收驻日本陆公使电》（1915 年 9 月 1 日），北洋政府外交部档案，档案号：03 - 13 - 032 - 01 - 001。

② 《收驻日本陆公使电》（1915 年 9 月 3 日），北洋政府外交部档案，档案号：03 - 13 - 032 - 01 - 001。

③ "Charge MacMurray to the Secretary of State," Sep. 7, 1915, *Papers Relating to the Foreign Relations of the United States: With the Address of the President to Congress, December 7, 1915* (Washington: Government Printing Office, 1924), p. 52.

④ 《收驻日本陆公使电》（1915 年 9 月 7 日），北洋政府外交部档案，档案号：03 - 13 - 032 - 01 - 001。此电发于 6 日。

前驻华公使伊集院彦吉曾密告帝制非其时，日本报纸且载有人运动将逊清宣统帝封藩满洲。陆氏遂向外交部建言："此次帝政论起，中外摇动，辩言乱政，尚祈速加取缔，防生枝节。"①

日方且有意引诱中方谈判，以获取利益。如陆氏 9 月 19 日电称："顷元老某幕僚密告，山县仍有令开修好大□之议，以期实行亲善。俟议定再密告。但请勿告日使馆云云。详情函达，惟汉冶萍事应请为将来酬应之资，勿遽轻议。又我国如对日有外交作用，祈先赐接洽。"② 9 月 23 日，大隈且称愿先密谈："昨晚大隈总理晚宴，舆与并坐密谈，多方颂仰此老，并告以大总统实欲极诚联日。渠甚欣悦，并谓大总统如果诚意联日，日本自努力为援助，可除一切故障。如有密谈，可由高田达我云。"③ 对于日方劝诱，陆宗舆曾电外交部："如必特派贺使，惟菊老（按：国务卿徐世昌）与兄（按：曹汝霖）同来，于事方济。惟须电舆，径与大隈商妥，则诸事较洽。但以正当政策言，似应将改制意见先与大隈商得近情后，方以大员来前正式商办为宜。似不可就之太骤，祈熟筹，或可代呈。"④

针对日方劝诱，此时袁政府策略为不与其正面商谈帝制事。如曹汝霖 9 月 27 日致电陆宗舆：

> 廿六日电代呈。近来日示好意，故拟特派使节，以示优礼，与改制毫无关系。……至改制事，奉谕并无成议，此系完全内政，外国不能干预。我亦只能同操口气，不能与之商办。乞注意。国务卿恐不能去，慕老（按：孙宝琦）亦未必。⑤

① 《收驻日本陆公使电》（1915 年 9 月 10 日），北洋政府外交部档案，档案号：03 - 13 - 032 - 01 - 001。

② 《密件》（1915 年 9 月 19 日），北洋政府外交部档案，档案号：03 - 33 - 097 - 01 - 003。

③ 《密件》（1915 年 9 月 24 日），北洋政府外交部档案，档案号：03 - 33 - 097 - 01 - 006。此电李毓澍《中日二十一条交涉》即曾引用。李毓澍：《中日二十一条交涉》（上），中研院近代史研究所，1982，第 249 页。

④ 《改制事》（1915 年 9 月 26 日），北洋政府外交部档案，档案号：03 - 33 - 097 - 01 - 007。

⑤ 《改制事》（1915 年 9 月 27 日），北洋政府外交部档案，档案号：03 - 33 - 097 - 01 - 009。

此处"奉谕",即奉袁世凯之意,把派使事与帝制事截然分开,显然是担心日本因帝制事要价太高。不过所谓特派使节,除致贺日本大正天皇即位外,当含有外交使命。此处可见袁政府的两面手法,一方面想通过陆宗舆或特派使节与日方接触,寻求帝制问题上的谅解;另一方面却不正面谈帝制问题,以免要价过高。派遣特使事日方因接待问题,颇感不便,而中方亦不甚着急,故曹汝霖于 10 月 9 日告知日本驻华使馆参赞高尾亨,仍任命陆宗舆为特派使节参与大正即位大典,而于罗马教皇派使前后,再特派大使,专赠大正天皇大勋章一座。①

外交部于 9 月 7 日和 9 月 24 日所收到陆宗舆报告与大隈谈话内容,无疑是帝制运动迅速进行的催化剂。10 月 28 日,日、英、俄三国劝告帝制延期,外交部于 30 日致电陆宗舆,内谓"大隈屡次宣言,均谓中国若无内乱,不破坏日本利益,日本不应干涉。席间与执事更有尽可安心做去,日本无论何事,均可帮忙等语",可见陆宗舆报告影响之大。既往研究所称袁世凯"误认"日本真意说不可谓没有根据。但这只是问题的一面。另一方面,袁世凯对日本态度一直心有警惕。除上述不与正面交涉帝制问题的态度外,10 月 2 日与英国公使朱尔典会面时,袁氏曾提到陆宗舆 9 月 24 日密电,但同时又称"不知东邻有如何举动?中国内地治安已得各将军、巡按使切实担任,惟于东三省、东蒙古,实难预料。该处日人甚多,倘有日人被杀,不论华人为首犯,日人为首犯,即可借此造出机会。此不能不虑者也。故余以为对内无问题,对外不可不察也"。② 袁在此处将对日本不安态度有所表露。

袁氏虽对日本态度有所顾虑,但惑于大隈之表示,当认为对日交涉只是经济权利上讨价还价问题,因此想通过急速进行造成既成事实,以免夜长梦多,且增强谈判时自身基础。10 月 8 日,袁世凯公布参政院代行立

---

① 《次长会晤日本馆高尾参赞问答》(1915 年 10 月 9 日),中研院近代史研究所编《中日关系史料(一般交涉)》,中研院近代史研究所,1986,第 857 页。

② 《与英国驻华公使朱尔典会谈录》,骆宝善、刘路生主编《袁世凯全集》第 33 卷,河南大学出版社,2013,第 18~20 页。袁世凯与朱尔典会谈记录有不同版本,不过在袁对日本态度表示忧虑一事上内容相似,其中差异当另文论之。

法院议定的《国民代表大会组织法》，不仅帝制将成为事实，袁氏自身态度且已大明。但其实日本早于 9 月底即与英国协调帝制问题态度，以为干涉准备，而袁政府此时尚未知悉。10 月 1 日，日本外务省次官松井庆四郎在与陆宗舆谈话时曾提及 "贵国欲从速改帝政，则国际间或尚有重行承认手续，届时贵国特使能否无碍于行？" 松井以承认问题敲打陆宗舆，而陆仍答以 "改制并无成议，且大总统并不欲以虚名而多费手续，当无遽行改制之事。至派使赠勋，全为两国根本亲善起见，且系订约结果。现国内虽有改制议论，当无特殊关系影响于国交"。① 至 10 月 14 日，日本内阁确定对华方针，舆论界对华态度亦甚不利，当日袁政府日籍顾问坂西利八郎密告陆宗舆日本各界以中国大员纷纷辞职，有帝政前途不稳之说，舆论大变。② 陆宗舆亦于次日电外交部："闻昨石井〔菊次郎〕外务到阁会议，对中国问题则谓中国因改帝制事，形势不稳，关系亚东和平，不得谓仅关系内政，日本国不能不问。或须先正式询问中国，一询究否改制；二询是否可保和平；三与日本国如何提携云云。此议已故于各报微露口气。今日《国民》及《朝日新闻》亦已略登，并有先通告列强之说，惟不甚详内容。"③ 袁政府于日方 "询问" 一事，一直未能得确切情报，甚至在 10 月 21 日仍认为日本 "阁议议决先将日本赞成中国变更国体之意通告各国，俟得各国复信，即正式通告中政府"。④ 此可反映袁政府对日情报之落后。在此情况下，袁政府仍定计拒绝与日本正式讨论帝制事。如 10 月 17 日外交部复陆宗舆电：

十五日电悉。所述三端，若日本正式询问，希答以国体事关内

① 《特派赠勋大使与松井次官谈话情形》（1915 年 10 月 11 日），北洋政府外交部档案，档案号：03 - 41 - 02801 - 003。
② 《收驻日本陆公使电》（1915 年 10 月 14 日），北洋政府外交部档案，档案号：03 - 13 - 032 - 02 - 001。
③ 《改制事》（1915 年 10 月 15 日），北洋政府外交部档案，档案号：03 - 33 - 097 - 02 - 005。
④ 《发驻日本陆公使电》（1915 年 10 月 21 日），北洋政府外交部档案，档案号：03 - 13 - 032 - 02 - 001。

政，未能答复，殊深抱歉。若改为不正式之询问，可答如下：第一端，国体问题之解决，当候国民代表大会将来投票结果何如，此时未能确料。第二端，各省将军巡按均有电呈，如俯从民意，皆担任维持地方秩序，故可断必无内乱。第三端，无论国体若何，中日两国若能互相尊敬亲善，则事事可提携，固中国政府之素志等语。①

10月21日，鉴于帝制将成事实，袁政府始决定就帝制问题正式与日方接触。外交部此日致电陆宗舆，述袁世凯对与日接触意见："主峰以不理恐彼疑轻视，特生枝节。现先预告，看彼如何答复，将来投票后再与接洽。虽不必露出求承认口气，却须随时设法疏通，劝其不再失此机会。"②"不理，恐恼羞；理，则恐借此进步"，③ 可反映袁政府在帝制问题上对日交涉的真实心态。

10月24日，陆宗舆会见日本文部省大臣高田早苗，转达外交部之意，并托高田转达大隈。10月25日，陆宗舆会见日本外相石井，告以："中国君主问题主张日盛，各省异常平稳，民心异常欢戴，非大总统及政府意料所及，只得顺从民意，以投票解决。无论大总统本意愿否，及投票结果如何，现势既成如此。虽内政不关国际，而对我第一亲密之近邻，政府深愿以真实内容先为非公式友谊之密告。详述各省种种治安可靠证据甚详。"石井则答以"各报虽多传闻并妄揣日政府政策，幸勿相信。惟余迄今未悉贵国改制真情，深为悬念。今幸贵使述贵政府之厚意，于友谊上先来密告，余深佩欣悦，自当将此意密付阁议，并奏闻后再为答谢。"石井且询以"是否对各国尚无此种密告"，陆答以无之。④

---

① 《主张变更国体事》（1915年10月17日），北洋政府外交部档案，档案号：03-33-097-02-008。
② 《中国变更国体事》（1915年10月21日），北洋政府外交部档案，档案号：03-33-097-02-011。
③ 曹汝霖：《投票事》（1915年10月22日），北洋政府外交部档案，档案号：03-33-097-02-013。
④ 《收日本陆公使电》（1915年10月26日），北洋政府外交部档案，档案号：03-13-032-02-001。

二　参战：日本主导之五国劝告及袁政府之应对

当陆氏与石井正在接触之时，忽有日政府于 10 月 28 日偕英国、俄国驻华公使三国劝告之举，实出中国政府意外。不过对于日本劝告真意，中方一直不太清楚，日方也有不同解释。如石井于 28 日面告陆宗舆：

> 此次中政府密告各情，已经奏明日皇，日政府对于中政府密告厚意甚深感谢。惟日政府所得报告，中国北方虽较平静，南方却多浮言。日政府固深佩大总统平治中国之能力，不能必谓以后有如何扰乱。惟现在既由衍共和而见治安，若因大总统欲改帝制而反有不安，则责任归于一人，日政府以友谊的见解，深为大总统不取。况在欧战时代，亚东尤宜力保和平，深望大总统将改制延期，如何？此正日政府友谊诚实的忠告，并非意存干涉，更无乘机图利之野心。①

石井之言，有欲中方将帝制运动延期至欧战结束以后之意，但措辞又极委婉。中方也从不同渠道获悉英、俄态度与日并不一致，劝告实为日本主导。陆宗舆即于 29 日电外交部，告以"今日各报已将忠告内容大意宣泄，并云英国初未同意，再三交涉，至二十六日午前始有同意回答。俄、法亦自同一步调"。② 陆氏且云日本内部对此亦有异议，"元老处亦几经商榷而定云云。昨晚晤某党魁，亦言此次系集众意而出，并非内阁独裁"。③ 并有某友密告陆宗舆"此次英国答复日政府，内容只允用轻言劝告，至元老则松方声明不赞成劝告，山县并未出言"。并建议中国"此时似宜将改制暂延数月，婉答日本国，以顾日政府面子。一面请英国向日转圜。开议会时攻击必多，乘其外交内政牵掣之时日，政府再向日本国疏通，或易

---

① 《密件》（1915 年 10 月 29 日），北洋政府外交部档案，档案号：03 - 33 - 097 - 03 - 008。此电 28 日发。
② 《密件》（1915 年 10 月 29 日），北洋政府外交部档案，档案号：03 - 33 - 097 - 03 - 009。
③ 《密件》（1915 年 10 月 29 日），北洋政府外交部档案，档案号：03 - 33 - 097 - 03 - 009。

转圜"。① 外交部于 30 日致电陆宗舆，表示不解日本此次劝告是因内政问题还是想乘机图利，嘱陆详探。②

其实陆自己对日本劝告真意亦颇为关心，在 30 日收到外交部电之前即有电致外交部，告以"探闻此次日本国举动，一因固结四国联交，一因镇定内哄。其措置甚为机密，外交官及军人间有反对，皆所不顾云"。③ 接到 30 日外交部电后，陆氏致电外交部，进言最好于欧洲和平后实行帝制，至速亦须次年三月日本议会闭幕后再行商议，否则难得转圜：

> 大隈前有中国不乱日本国不干涉之宣言，词气本系两靠，而各界已纷纷攻击。至席间密谭，系谓中国若相依赖，则日本国无事不可帮。今若欲向大隈根究此言，彼必问我如何依赖。稍一不审，后累无穷。况前此本有不可与商之电训。惟此次顿来劝告，半因中国改制进行过速，如在其大礼前后实行，浪人及反对党必乘机起哄。近来日政府于诸事警戒甚严，各界之警告亦切。其对外原因，则深恐英、俄先表赞成。故趁英、俄软弱之际，挟作同调。惟既协同劝告，日亦不能单独行动，自由伸缩。今日反对报颇攻击政府不知乘时将军政同盟等重要问题解决，坐失机宜为恨。今我若以欧战及商务注重立言，重以三友邦劝告，暂时延期，对内对外，亦似冠冕。则在欧战期内，日本国再不能更有破坏之举。而欧洲和平后，当然实行帝政。各国自无话说。否则，必欲速成，此事遽与日本国再商，不但要求必大，且石井声明，并无乘机图利之野心，说亦难得转圜。现内阁久暂莫据，至速亦须待明春三月闭会后诸事尚可从长计议。此间情形不过如此，尚祈钧裁。④

---

① 《密件》（1915 年 10 月 29 日），北洋政府外交部档案，档案号：03 - 33 - 097 - 03 - 010。
② 《中国内乱破坏日本利益事》（1915 年 10 月 30 日），北洋政府外交部档案，档案号：03 - 33 - 097 - 03 - 011。
③ 《国体变更事》（1915 年 10 月 30 日），北洋政府外交部档案，档案号：03 - 33 - 097 - 03 - 013。
④ 《日本不干涉中国事》（1915 年 10 月 31 日），北洋政府外交部档案，档案号：03 - 33 - 097 - 03 - 001。此电亦见于王芸生《六十年来中国与日本》第 7 卷，第 8 页，用字稍有不同。

　　陆氏于此时再进忠言，尚属难能可贵，所言"军政同盟"等，早已超越单纯经济权利事项。只是袁政府此时已骑虎难下，且不愿放弃既成之局。① 接到陆氏电后，外交部于 11 月 2 日致电陆氏，解释何以急剧发生帝制："日政府疑我，何以在此时急剧发生帝制。实因自参政院举定宪法起草员，照约法应由国民会议议决。国民会议明春即可开会。主张君宪者恐制定民国宪法，国体不易变更。故趁尚未起草宪法前发动讨论，不料实力者□□赞成，举国附和，进行极速，遂成一发不可待之势。此系实情，望宣布释疑。"② 外交部且接某国驻京使节密告，称"接东京某大使一日电云，某大使问石井如中国不听劝告，日当如何办法。石井答日本并无用兵之意，当静观进行。如见有损害日本人权利情形，当惟总统责任是问"。③ 嘱陆设法探询。陆于 3 日将外交部 2 日电文内容转告石井后，石井警告："此次日政府劝告，全为各国商务及中国治安起见，并无丝毫私心，不意贵政府不谅各友邦诚意，竟尔拒绝，殊深遗憾。日政府自当另作计议。此时未便奉告。"④ 同日及次日，陆氏连续向外交部报告日本外务省已预备第二次警告，并已派海军二舰南行。⑤ 陆并告外交部："探闻日政府对小幡训令，只求中政府明言担保治安责任，不专注意延期与否，以便日政府认为骚动时即可任便出兵。确否未知，似甚可虑。"⑥ 陆又连续派人询问俄国驻日大使与英国驻日大使意见，皆劝将选举延期两三月，以

① 陆征祥 11 月 3 日曾询问英国驻华公使朱尔典何时登基为宜，朱答欧战结束之后。袁此次显然未听朱氏意见。"Sir J. Jordan to Sir Edward Grey（Nov. 4, 1915），"Kenneth Bourne and D. Cameron Watt, eds., *British Documents on Foreign Affairs*, Part Ⅱ, Series E, Vol. 22, China, Aug. 1914 - Oct. 1918（Bethesda: University Publications of America, 1994），p. 97.

② 《中国发生帝制事》（1915 年 11 月 2 日），北洋政府外交部档案，档案号：03 - 33 - 097 - 04 - 003。

③ 《中国发生帝制事》（1915 年 11 月 3 日），北洋政府外交部档案，档案号：03 - 33 - 097 - 04 - 004。

④ 《日劝告中国事》（1915 年 11 月 3 日），北洋政府外交部档案，档案号：03 - 33 - 097 - 04 - 007。

⑤ 《日借口出兵保护事》（1915 年 11 月 3 日），北洋政府外交部档案，档案号：03 - 33 - 097 - 04 - 008。

⑥ 《密件》（1915 年 11 月 4 日），北洋政府外交部档案，档案号：03 - 33 - 097 - 05 - 002。

顾全各国面子。① 陆且表明自己意见，劝告延期："两电计达，日政府要我担保治安，是为他借口地步。我若允延期数月，却尚可自为地步。且延期即毋庸担保。"② 11 月 5 日，日置益向陆氏提议"将选举延期六个月如何？……即作为延期五个月亦可"。日置且告陆氏"此次不得延期确答，恐难满足"，陆以碍难以延期声明相答，日置则称"或只说几月前不实行亦可，深望内有确实接洽"。③ 陆氏向外交部建议："探其意，非先与暗商不可。专说客话，恐反弄僵。第一，改国体否我须先定宗旨，不改自无问题，且宜及早声明，免生误解。改则有须趁其来就时预为之地，只须自己酌留地步，勿令要挟太甚。其军人颇攻击外交束缚，不能自由行动，而政府尚守和平进行主义。但并非专为接触大礼起见，似未可过于浅看。"④ 同日，石井面见陆氏，告以"如中国数月内仍改帝制，此时本大臣无以上对皇帝，下答议会。日本国民将认中政府为欺侮日政府之举"。陆氏回称投票虽有期，改制无期。石井称"如以延期说为不便，则不妨即说若干月以前不行帝制亦可"。陆且闻日政府商同各国，若施行帝制，应皆不承认，故建议"照此事机切迫，应请速定大计，免其激出极端行动。即不改帝制，亦以自己先自宣告为佳"。⑤

不过同日陆氏即收到外交部电，拒绝日本将选举延期之提议，甚至拒绝预商延期时间。其文曰：

> 各省投票均照预定日期，今日报告已有十五省得票已过半数，选举日期无从更改。如延期太久，实无正当理由布告全国。如以友邦劝

---

① 《俄大使意见》(1915 年 11 月 4 日)，北洋政府外交部档案，档案号：03 - 33 - 097 - 04 - 010；《密件》(1915 年 11 月 4 日)，北洋政府外交部档案，档案号：03 - 33 - 097 - 05 - 003。

② 《密件》(1915 年 11 月 4 日)，北洋政府外交部档案，档案号：03 - 33 - 097 - 05 - 004。

③ 《收驻日本陆公使》(1915 年 11 月 5 日)，北洋政府外交部档案，档案号：03 - 33 - 097 - 05 - 007。

④ 《延期事》(1915 年 11 月 6 日)，北洋政府外交部档案，档案号：03 - 33 - 097 - 05 - 008。

⑤ 《中国改制事》(1915 年 11 月 6 日)，北洋政府外交部档案，档案号：03 - 33 - 097 - 05 - 009。

告为词，倘引起绝大风潮，政府何能负此危险责任？政府始终抱定无速急变更之意，将来视国民热度之高下随时留意，相机维持。如预商延期时间，万无此权。此次日本对我外交，果能慎重注意，适可而止，未始非双方之利益。望恳说日置居中斡旋，不可使中国过于为难，强我以万不可行之事。是为切盼。①

外交部所予任务陆氏实难完成。故陆于 7 日电外交部："初六日戌电悉，但昨石井口气并非必欲将选举延期，只欲得一改制延期至何时之确信。其意以为非与接洽不可。如碍体制，则可密商，自系为其将来地步。今惟有自先宣言在欧战期内不改，则彼计无所施。否则空言协商，不但无济，且速其协同各国挟制我之计。"② 在综合陆氏报告及各方面情况后，袁政府决定"年内不办"，并告陆氏："年内不办之言，已与小幡及英、俄、法三使不正式接洽，仍望本八日部电即面达石井。如再质问，只言政府训电止此，不便加以意见。惟既内定年内不办，足征重视劝告，于无可为力之中仍行尽力之意。"③ 11 月 11 日，外交部正式面告日、英、俄、法四国驻华公使："国体改革已为大多数国民所决定，连日与各部院再三考校。国民解决国体之后，应行各事，头绪纷繁，必须筹办齐备，择一合宜时间方可举行大典，亦有不能不稍缓之势。特为密告，想各公使亦必乐闻。"④ 此后陆在日本与各方屡有接触，于 11 月 20 日电外交部：

---

① 《各省投票事》（1915 年 11 月 6 日），北洋政府外交部档案，档案号：03 - 33 - 097 - 05 - 005。

② 《选举延期事》（1915 年 11 月 7 日），北洋政府外交部档案，档案号：03 - 033 - 097 - 05 - 010。

③ 据朱尔典在五国劝告前观察，袁很有可能在 12 月初即位。此年内不办之说，显然已是受劝告影响。不然袁氏登基大典可能在 1915 年内就完成了。《日与英俄法三使接洽事》（1915 年 11 月 10 日），北洋政府外交部档案，档案号：03 - 33 - 097 - 05 - 012；"Sir J. Jordan to Sir Edward Grey（Nov. 9, 1915），" Kenneth Bourne and D. Cameron Watt, eds., *British Documents on Foreign Affairs*, Vol. 22, p. 100；"Sir J. Jordan to Sir Edward Grey," Oct. 27, 1915, Kenneth Bourne and D. Cameron Watt, eds., *British Documents on Foreign Affairs*, Vol. 22, p. 106.

④ 《中国变更国体事》（1915 年 11 月 11 日），北洋政府外交部档案，档案号：03 - 33 - 097 - 06 - 002。

与观石井几次有意转圜，来电虽词严义正，迄无最后解决办法。故仍未敢遽示决绝。乃有从日置到京再商，总期办到一面改制，一面承认，方除中间一切困难。如不先接洽，新正遽自改制，若被上台撤梯，比未上台时定更危险。与虑浅忧深，尚乞代陈主座钧裁。①

此处所谓"上台撤梯"，其警惕意味浓厚。袁政府此时之所以对陆氏所提议之对日协议不甚积极，一因看到参与劝告各国意见并不一致，美国且未参加劝告；二则因另有对日办法，此即参战问题。②

10 月 29 日，即三国劝告次日，袁世凯政治顾问英国人莫理循（George Morrison）即致函蔡廷干，告以"它表明趋势已经多么明显，正在欧洲从事那场大斗争的英俄两国政府，已把他们的远东政策完全交给日本指导了"。③ 在此信中，莫理循还提出"拟就一件简短的建议"，此处建议，很可能就是参战问题。11 月 1 日，蔡廷干致函莫理循称："总统今日早晨说，他必须有一个，或者找到一个好的借口或者托辞，以便参加进去。请你为他找一个吧！并把它纳入一个备忘录之内。"④ 同日，莫理循即准备好参战问题备忘录，并特别叮嘱："切不可在宣言里露出它是为了防止日本侵略而发的任何痕迹。事实只能正视，盟国已经把他们在远东的

① 《中国改制事》（1915 年 11 月 20 日），北洋政府外交部档案，档案号：03 - 33 - 097 - 06 - 009。

② 袁政府参战问题早已有学者述及，但参战问题与帝制运动的联系除前述曾村保信、戚世皓著作外尚少有学者注意。曾村文受限于日方和俄方档案，对参战案提出过程叙述有误。戚世皓很重要地指出了参战策略的提出者是莫理循。王建朗在其《北京政府参战问题再考察》一文中提出参战标志着中国外交政策从消极到积极的一个重大转变；徐国琦更认为欧战的爆发标志着"旧的世界秩序虽已崩溃，新的国际体系尚未建立，此一形势正可为中国进而参与创建世界新秩序提供一个历史机遇"。可见参战的意义远远超出帝制运动本身。不过因主题关系，本文难免偏重于参战对帝制运动的影响方面。详见曾村保信『袁世凯帝制問題と日本の外交』、119 ~ 126 頁；Madeleine Chi, *China Diplomacy, 1914 - 1918*, pp. 71 - 75；王建朗《北京政府参战问题再考察》，《近代史研究》2005 年第 4 期；徐国琦《第一次世界大战在中国历史上的地位及影响》，金光耀、王建朗主编《北洋时期的中国外交》，复旦大学出版社，2006。

③ 《致蔡廷干函》（1915 年 10 月 29 日），骆惠敏编《清末民初政情内幕——〈泰晤士报〉驻北京记者袁世凯政治顾问乔·厄·莫理循书信集》（下），知识出版社，1986，第 498 页。

④ 《蔡廷干来函》（1915 年 11 月 1 日），骆惠敏编《清末民初政情内幕》（下），第 498 页。

领先地位让给日本了。他们的政策显然将为日本所左右。"① 在备忘录中，莫理循谈到中国参战的好处，其中之一即是"中国将在承认她的帝制政体这件事上，能够有把握地获得同她结成联盟的各大强国的支持"。②

参战问题表面上并非由中国政府直接提出，而是采取了一定形式的伪装，是以既往研究多有误会。在此之前，袁政府已经在就供应武器事与英、俄协商并有实际行动。③ 11 月 6 日，袁政府由梁士诒向朱尔典正式提出了扩大武器供应建议（其实质是参战）。11 月 7 日，朱尔典向英国政府传达了中方建议，其主要内容是汇丰银行和华俄道胜银行为中国兵工厂提供二千万元贷款，以助其扩大规模、生产武器；如此扩大规模所得武器，除一部分中国自用外，其余均售予汇丰及华俄道胜两银行，所借贷款由所售武器折价归还，若所借贷款不够，可以增加数额；此合约以三年为期，可以更新。如上述协议执行时遇到意外外交困难，英、俄政府将与中国政府采取共同行动来面对。④ 这一建议其实暗示了德国若抗议中国违反中立，中国政府准备下一步对德断交和宣战。这样，中国政府可从中获得贷款扩大武器生产规模；收回德国在华租界；停付每月对德约 6 万英镑赔款。⑤ 当然，还能得到英、俄的军事和政治支持。

此建议虽然由袁政府提出，但为了避免日本猜忌，表面上却采取由英国政府提出建议的形式。英国之所以愿意中国对德决裂，是着眼于驱逐德国在华势力，以免其阴谋对印度造成威胁。只是在英国与俄国协商时，俄

---

① 《致蔡廷干函》（1915 年 11 月 1 日），骆惠敏编《清末民初政情内幕》（下），第 499 页。
② 《致蔡廷干函》（1915 年 11 月 1 日），骆惠敏编《清末民初政情内幕》（下），第 502 页。
③ 凤冈及门弟子编《梁士诒年谱》，广东人民出版社，2014，第 271～272 页。
④ 朱尔典报告中称已与梁士诒和袁世凯协商数次，但未言明是何日协商。徐国琦根据法方档案指出 11 月 6 日中国正式通知英国，表示准备对德宣战，为防日本阻碍，要求英、法、俄出面要求。如此，中方正式向朱尔典提出建议应在 11 月 6 日。朱尔典第二天把这一建议电达英国外交部。此事《梁士诒年谱》编者言乃英使朱尔典与俄使库朋斯基主动找梁士诒提出，与实际情况不符，误导学界不少。"Sir J. Jordan to Sir E. Grey（Nov. 7, 1915），"香港大学图书馆藏英国外交文件缩微胶片（本文除所引 *British Documents on Foreign Affairs* 外，其余英国外交文件皆来自此缩微胶片，不再一一注明），F. O. 371/2341/183325；徐国琦《第一次世界大战在中国历史上的地位及影响》，金光耀、王建朗主编《北洋时期的中国外交》，第 42 页；凤冈及门弟子编《梁士诒年谱》，第 288 页。
⑤ "Sir J. Jordan to Sir E. Grey（Nov. 9, 1915），" F. O. 371/2340/167912.

国为避免刺激日本（日本所提"二十一条"第五号涉及军械问题），同时也避免中国军事实力增强，不主张把重点放在中国提供武器上，而鉴于德国针对蒙古和西伯利亚铁路的阴谋活动，主张中国首先对德断交，以清除德国在华势力。① 11 月 12 日，格雷正式向日本驻英大使提出前述供应武器建议，并同时正式征求俄国和法国政府意见。②

参战问题得到了英、法、俄的赞同，11 月 22 日，英、俄、法三国驻日大使正式联合向日本政府提出建议，邀请日本参加拟议中的邀请中国向协约国提供武器并进一步同德断交之事。③ 对于三国提议，日本先借故拖延（自 12 日收到格雷提议，至此未做答复），继而全力考察此事真相。格雷在给日本驻英大使的备忘录中，以提供武器为主要内容。但俄国与日本的交涉却以与德断交为主要内容，日本注意到这一差异。

11 月 20、21 日，日本各报纷纷登载中国拟加入协约国以为对日办法消息，并有报纸称英国在中国参战事件中甚为主动，以抑制日本。④ 陆宗舆特致电外交部询问。⑤ 11 月 22 日，外交部致电陆宗舆，对中国欲加入协约国事予以否认。不过树欲静而风不止，中国参战事件在日本被视为重大问题，11 月 23 日，陆宗舆再电外交部，告以："中国加入联合国一事，日政府正在郑重研究，朝野视为重大问题，纷陈议论，决非简单更正手续了事。日政府人口气谓日以实力所在，当不能因此束缚，且更有自由利益。"⑥ 日本驻华公使日置益且在 11 月 21 日到外交部询问中国提议助英、俄军器事，外交部答以毫未接洽，后又派人密告："此事系由俄使向梁督办切请通融军火出口，并盼中国助谋军火。梁以有碍中立未允。俄使谓此

---

① "Sir J. Jordan to Sir E. Grey（Nov. 11，1915），" F. O. 371/2340/169417.
② "Foreign Office to Sir J. Jordan（Nov. 12，1915），" F. O. 371/2340/168694；"Foreign Office to Sir C. Greene（Nov. 12，1915），" F. O. 371/2340/168694.
③ "Sir C. Greene to Sir E. Grey（Nov. 23，1915），" F. O. 371/2341/176806.
④ 日本媒体的反应，时在日本的邵飘萍有深入观察和报道，参见飘萍《我国加盟风说与日本言论》，《申报》1915 年 12 月 1 日，第 6 版。
⑤ 《中国加入联军事》（1915 年 11 月 21 日），北洋政府外交部档案，档案号：03 - 33 - 097 - 06 - 008。
⑥ 《报载中国加入联合国事》（1915 年 11 月 23 日），北洋政府外交部档案，档案号：03 - 36 - 003 - 01 - 111。

事与英同意，务请帮助。如因中立生外交问题，英、俄均可担任。梁答容考虑。此事英、俄二使并未正式商议，政府更未尝有所提议，至借款造械及与德为敌云云，梁亦未谈及也。"①

同时，日报故意夸大其词，称英国寻求英中联盟。② 在日本驻英大使井上授意下，日本驻英使馆参事本多熊太郎到英国外务部指责英国背弃同盟精神。③ 日方甚至也从不同情报来源弄清了建议是由梁士诒提出的，并认为袁世凯授意梁士诒提出此事的动机是要利用从参加协约国所获得的一个世界强国的声望来称帝。④ 根据日本驻英使馆人员所了解到的信息和用词，英国外交部判断日本破译了其与驻华使馆和驻日使馆间的往来密电。⑤ 在日本压力下，英国被迫同意公开表明"在征求日本建议之前，英国无意与中国展开政治性谈判"。⑥ 12 月 1 日，莫理循在致普罗瑟罗（George Prothero）的信中说：

中国目前正在考虑参加协约国。英、法、俄赞成这一步举动，但日本成了绊脚石。……日本人心中的疑虑，不幸因为爱德华·葛雷（按：即格雷）爵士在向日本驻英大使申述英国政府意见的照会中的一句话而进一步加深。葛雷爵士在谈到这一问题时，提到中英两国政府之间的往来照会。日本因此疑心英国人已经同中国人举行了谈判。

① 《中政府助英俄军器事》（1915 年 11 月 26 日），北洋政府外交部档案，档案号：03 - 33 - 097 - 07 - 001。
② "Sir J. Jordan to Sir E. Grey," Nov. 25, 1915, F. O. 371/2341/178685. 据朱尔典所言，日本国内的这场舆论战是由日本驻中国使馆发起的，主导其事者为日本驻华代理公使小幡酉吉。见 "Sir C. Greene to Sir E. Grey（Nov. 25, 1915），" F. O. 371/2341/179323； "Sir J. Jordan to E. Grey（Dec. 2, 1915），" F. O. 371/2341/183325。
③ 这件事因英国最终放弃邀请中国参战且公开表明承认日本在中国事务上的指导权而被评论者认为是本多的一大功绩。高橋勝浩「本多熊太郎政治的半生——外交官から外交評論家へ」『近代日本研究』28 卷、2011、111 頁。
④ "China and Germany（Nov. 25, 1915），" F. O. 371/2341/182628。
⑤ 当然英国驻日大使格林并不相信日本果真破译了英国来往密电。"Sir E. Grey to Sir J. Jordan（Nov. 27, 1915），" F. O. 371/2341/179638； "Sir C. Greene to Sir E. Grey（Nov. 28, 1915），" F. O. 371/2341/180738。
⑥ "Sir E. Grey to Sir C. Greene（Nov. 26, 1915），" F. O. 371/2341/178314； "Sir C. Greene to Sir E. Grey（Nov. 28, 1915），" F. O. 371/2341/180249。

而俄国人和法国人都已知道这件事，但日本政府却被蒙在鼓里。……日本自战争开始以后，已经提供了不少劳务。她也将为这些索取应得的代价。而这笔代价，我看恐怕是要由中国来支付了。①

中国意图参战的事情受到美国驻华公使芮恩施（Paul S. Reinsch）的注意，他在 11 月 9 日给美国国务卿的电文中说："在极其秘密的情况下，我得知袁世凯和他的三名主要顾问当下正在考虑通过对德宣战来阻止日本侵略的可能性。他们认为此举将迫使日本要么作为协约国成员采取善意的行动并且停止干涉中国参战，要么加入德国与协约国公开为敌。"② 莫理循的信和芮恩施的报告，都从侧面说明了中国在 1915 年 11 月有意加入协约国方面作战。

中国加入协约国事，德国方面也甚为注意。12 月 3 日，德国驻华公使辛慈（Paul von Hintze）特至外交部，询问中国是否有加入协约国之意，外交部答以并无此议，欧战以来，中国即严守中立，并无加入战团之意。③ 外交部对于辛慈的答复，乃外交辞令。

对提议中国供应武器甚至进一步加入协约国等事，英方本来是抱很大信心的，英方甚至有强迫日本服从协约国利益的考虑。④ 陆宗舆密报："日内阁三日前几为此问题被元老推倒。"⑤ 陆宗舆亦曾电谓"某英人密谓此事既已发生，日本人无论愿否，势难离拒英、俄"。⑥ 但事与愿违，12 月 6 日，日本石井外相正式召见了英、俄、法三国驻日大使，就三国提出的中国供应武器和对德断交等事，分供应武器、镇压德国在华阴谋及对

① 《致乔·沃·普罗瑟罗函》（1915 年 12 月 1 日），骆惠敏编《清末民初政情内幕》（下），第 506 ~ 509 页。
② "Reinsh to Secretary of State（Nov. 9，1915），" National Archive，M341，Roll 25，转引自徐国琦《中国与大战：寻求新的国家认同与国际化》，马建标译，三联书店，2013，第 109 页。
③ 《密件》（1915 年 12 月 3 日），北洋政府外交部档案，档案号：03 - 37 - 001 - 03 - 024。
④ "Sir E. Grey to Lord Bertie, Sir G. Buchanan（Nov. 19，1915），" F. O. 2341/173875.
⑤ 《电曹汝霖》（1915 年 12 月 26 日），转引自王芸生《六十年来中国与日本》第 7 卷，第 18 页。
⑥ 陆宗舆：《中国与协商国事》（1915 年 11 月 24 日），北洋政府外交部档案，档案号：03 - 33 - 097 - 06 - 012。

德、奥断交三事予以答复。对于第一项，石井称日本愿意考虑协助中国扩
大军工产能；对于第二项，石井称日方愿与各方一道，要求中国政府驱逐
阴谋参与者；对于第三项，日本则完全拒绝。① 对于日本拒绝三国要求，
英、俄、法三国特别是英国因为于己颜面有损，甚为不满，不过鉴于远东
局势需要日本合作，此事最终拖延下来。12 月 7 日，陆宗舆探悉日本内
阁意见为"对英国提议之中国加入问题决意拒绝，日内即须照覆"，并请
袁政府"于和外、固内两端速定济急方针，是中国生死关头，主座安危
所系，乞代呈"。此件到达陆征祥和袁世凯手中。② 至此，袁政府所提出
的以参战化解日本压力的设想可谓完全失败。③ 日本与官方联系颇为密切
的《时事新报》曾报道说：

> 中国加入联合军方面问题，北京颇多系发意于袁总统之说，因袁
> 总统素与日本不怀好感，日俄战争后曾欲与美同盟，以驱逐日本势
> 力，卒归失败。欧战开始以来，恐日本之压迫，为种种妨害运动，已
> 往之中日交涉，振其辣腕，离间英日，自谓成功，遂欲实行皇帝之宿
> 愿。奈因日本之劝告而中止，英俄法意又取同一行动，正在无法，多
> 才多智之袁总统知联合军之不利与德人在中国之活动为英俄等所恐，
> 乃以加入联军为好饵，英俄等必喜而承诺之，日本必昌言反对，其结
> 果可使日本与联合军方面意见隔膜，今后再不能取如劝告帝政时之一
> 致态度。既抱此策术，乃令部下之有力者，运动彼与中国亲善、嫉视
> 日本势力且与袁总统有非常之亲交之某国公使，果然公使赞成之，遂

---

① "Sir C. Greene to Sir E. Grey（Dec. 6，1915），" F. O. 371/2341/186241.
② 《收东京陆公使电》（1915 年 12 月 7 日），北洋政府外交部档案，档案号：03 - 13 -
  032 - 03 - 001。
③ 中国参加协约国一事虽未成功，向英方提供武器一事却在进行。据《梁士诒年谱》所
  载，向英国提供武器一事，中方由赵庆华主其事，英方由使馆参赞巴尔敦（Barton）负
  责，至 1916 年 1 月底，分次运往香港步枪二万四千余支，五七生山炮、快炮若干。（凤
  冈及门弟子编《梁士诒年谱》，第 290 页。）王建朗先生与徐国琦先生均曾提及此事。徐
  国琦先生据法国方面档案，认为至少有三万支步枪通过梁士诒经香港秘密移交英国。参
  见王建朗《北京政府参战问题再考察》，第 9 页；徐国琦《第一次世界大战在中国历史
  上的地位及影响》，金光耀、王建朗主编《北洋时期的中国外交》，第 42 页。

以动欧洲之外交。此策之成否，实与袁总统之命运有绝大关系云云。①

此处之"某国公使"，即指英国驻华公使朱尔典。朱尔典因此事颇受日本媒体指责。有在北京之中国人亦评论此事谓："我国外交手段并不算坏，譬如痨病将死，却犹心花怒放，设阱于门阈之下，使其生平所痛恨之强有力者，倾踬于前，暂博一笑。然强有力者起而一挥其蛮掌，则痨病之夫宁有幸耶?"②此处之"强有力者"，即指日本。可反映时人对袁氏以参战问题为对日外交策略的认识。

三 "战略孤立"：接受帝制前后的对日方略

参加协约国计划及其失败，反向刺激了日本对袁政府的敌对情绪。12月11日，陆宗舆电外交部，描述了日本军政两界对于帝制问题的动向："顷采悉福田日与外务讨论，以军人派主见，甚愿中国改制后，一面煽起内乱，一面帮助中政府，借以要求。以元老为军事财政最高顾问，各国除保既得权利外，余均归日本国主持。而外务则欲保持现内阁地位，希望中国暂维现状。故日内仍拟再发警告云。"③次日，陆宗舆又连发急电，告以接受帝制危险。第一电云：

> 昨将改制缓行之旨派员告莺、鹅。莺参事密告，谓某国与莺商对华策，口气日厉。中国即缓行改二三月，决不济事，且将速祸。以某趁欧战吃紧时期，亟欲伸张亚东特权。如中国此时不自见机，不但中国从此沦夷，莺于亚东亦从此失势。欧战至多不过一年，但愿中国□至战局之终，莺必力助改制。此间大使与朱使均甚深佩大总统，并极

---

① 飘萍：《加盟问题之东京消息》，《申报》1915年12月8日，第3版。
② 邵飘萍：《扶桑客语（三）》，《申报》1915年12月8日，第3版。
③ 《收驻日本陆公使电》（1915年12月11日），北洋政府外交部档案，档案号：03-33-097-09-004。

赞帝制，惟望识时少安，勿遽自摧国柱。且云朱使近颇远嫌，不敢多言。深望守密云。言甚痛切，乞代呈。莺、鹅系代字。①

　　前文莺、鹅即分别代指英、俄，福田当指福田雅太郎，"朱使"则指朱尔典。陆氏第二电则云："探悉下系参谋福田少将日赴外务省讨论，且闻福田此次赴华，察知华党力弱，非有援助不足致乱，故主张根本对华政策大改。军人派欲以实力求功，外务欲以外交制胜。"② 两电均可看出陆宗舆焦急之状，这也是袁氏避免身败名裂的最后机会，无奈袁氏不听。此时袁氏虽承受日本压力，但一直不愿将帝制延至欧战之后，且于 12 月 12 日接受帝制。驻华日本使馆曾从参政院参政李盛铎处得到情报，谓袁氏急于接受帝位，是因为鉴于将有第二次劝告，为阻止革命党运动并统一国内民心。③ 此种说法与朱尔典观察相近。④

　　袁氏接受帝位后即面临登基后承认问题。在登基时间问题上，袁政府一直与日本保持接触，曹汝霖 12 月 13 日连电陆宗舆，转述他人"若中国约揣延至若干时，不与日商，径自举行，恐生重大误会，引起不快"之语，命与日方接洽。⑤ 日方本已在 12 日由外务省币原次官提出欧战了结后再登帝位，⑥ 后石井又告"以个人私见，欧战两方皆疲，讲和必不出二三月。日本国已预备于明年三四月选派和使，大总统能于此战了结时登

① 《收驻日本陆公使电》（1915 年 12 月 12 日），北洋政府外交部档案，档案号：03 - 13 - 032 - 03 - 001。
② 《中国变更国体事》（1915 年 12 月 12 日），北洋政府外交部档案，档案号：03 - 33 - 097 - 09 - 007。
③ 「在中国日置公使ヨリ石井外务大臣宛（電報）」（1915 年 12 月 22 日）日本外务省编『日本外交文書』大正四年第二冊、外務省、1966、189～194 頁。
④ "Sir J. Jordan to Sir Edward Grey," Kenneth Bourne and D. Cameron Watt, eds., *British Documents on Foreign Affairs*, Vol. 22, p. 132.
⑤ 《中国变更国体事》（1915 年 12 月 13 日），北洋政府外交部档案，档案号：03 - 33 - 097 - 09 - 008；《中国帝制问题》（1915 年 12 月 13 日），北洋政府外交部档案，档案号：03 - 33 - 097 - 09 - 009。
⑥ 《中国改制问题》（1915 年 12 月 13 日），北洋政府外交部档案，档案号：03 - 33 - 097 - 10 - 001。

极，至为美满。日只望和平，并无乘时图利之意"。① 此时日本显然不认为两三个月即能讲和，此处是托词，实际还是主张欧战结束后登基。尚须说明，日方所谓延期数月，并非意在延期数月后帝制即可施行，而是作为缓兵之计，看在此期间是否有重大事变或能否促成重大事变，② 或通过与中国讨价还价获得实际利益。

12 月 14 日，日政府又偕英、俄、法、意驻华使节，对帝制运动行第二次劝告。不过中国政府对事情却有另一种看法：

> 此次劝告，情形甚轻，酉电石井口气亦似有下台意。小幡托人示意日本议会期内实行，实在不妥。弟故以中国现情，实难一日缓。既已自信矣，乱证之沪事，即各国亦可共信我政府确有维持秩序能力。日本自可释其过虑，似无再延之必要。各省及军人日事催迫政府，实在为难。延至何时，实难预定等语。故放口气，以示我不能再延，与日政府接洽，亦可持以镇静，不必露迁就意，总以国内情形万难久延为言，稍紧口气，以期落到延至议会闭会。惟同时须与商明实时承认，以为互敦亲睦之据。③

此处之"沪事"，指革命党人发动的"肇和舰"事件，被袁政府迅速平定。"以期落到延至议会闭会"之语，说明袁世凯并未想摆脱日本，决然登基。但袁政府对日本真实态度一直没有确切把握。12 月 18 日，日本陆军参谋次长田中义一电告袁军事顾问坂西利八郎，若中国再延期三四个月，可认为已接受日本劝告，日方也已准备迎接中国特派大使。④ 坂西把

---

① 《收驻日本陆公使电》（1915 年 12 月 15 日），北洋政府外交部档案，档案号：03 - 13 - 032 - 03 - 001。

② Kwanha Yim, "Yuan Shih-K'ai and the Japanese," *The Journal of Asian Studies*, Vol. 24, No. 1（Nov., 1964）, pp. 67 - 68.

③ 《改制事》（1915 年 12 月 16 日），北洋政府外交部档案，档案号：03 - 33 - 097 - 10 - 006。

④ 「田中参謀次長ヨリ在北京坂西陸軍大佐宛（電報）」（1915 年 12 月 18 日）日本外務省編『日本外交文書』大正四年第二册、180 ~ 181 頁。

这一消息转告给了中方，并称"陆军方面不反对，且望速行"，"陆军已严饬部下，不准与乱党有接近之嫌"。① 曹汝霖 12 月 18 日正式致电陆宗舆，告以登基事内定 2 月 6 日（正月四日），不便再缓，并令陆接洽。② 12 月 20 日，曹汝霖往访日置益，请求日方同意阴历元旦登基。③ 石井亦曾对陆宗舆说："此次劝告，实因与各国商议在先，适与贵使密告，彼此相左。好在劝告亦并无他意，至前日贵使好意的探询一节，现正与大隈总理熟商，不日当再密复。"④ 不过此时袁政府在对日交涉过程中并不愿对日让步。12 月 20 日，外交部特致电陆宗舆："承认国体为彼此利益，决不能含有交换条件意义。无论何方面，如有以交换之语峒诱者，执事当即表示绝对不能承认之意，务持镇静，不为所动。至要。"⑤

　　袁氏之所以敢于 12 月 12 日接受帝位，除了帝位的极大诱惑以及对日本态度判断不明外，还因自认为有对日办法。其对日策略可见于接受帝制前后手书内容：

> 西引入战团东不允。
>
> 东劝缓西不助。
>
> 联恐德先承认□其引□，不敢迟认。
>
> 西先认东自不能独□。⑥

　　报纸传闻帝制派曾扬言"将破列强之约束，使日本处于外交孤立之

---

① 《发驻日本陆公使》（1915 年 12 月 21 日），北洋政府外交部档案，档案号：03 - 13 - 032 - 03 - 001。坂西是袁世凯军事顾问，但同时是日本陆军在华有名间谍，直接受日本参谋本部指导。曹氏此处忘了陆宗舆之前有关军人"欲以实力求功"之警告。

② 《各省代表事》（1915 年 12 月 18 日），北洋政府外交部档案，档案号：03 - 33 - 097 - 10 - 009。

③ 「在中国日置公使ヨリ石井外务大臣宛（電報）」（1915 年 12 月 21 日）日本外务省编『日本外交文书』大正四年第二册、185～187 页。

④ 《各国商议事》（1915 年 12 月 17 日），北洋政府外交部档案，档案号：03 - 33 - 097 - 10 - 008。

⑤ 《发驻日本陆公使电》（1915 年 12 月 20 日），北洋政府外交部档案，档案号：03 - 13 - 032 - 03 - 001。

⑥ 骆宝善、刘路生主编《袁世凯全集》第 33 卷，第 274 页。

地位"，当即指此承认问题而言。① 从现有资料来看，袁这种外交设想，也取得了一定效果。承认问题由法国外相首先提出，希望协约国协商承认日期和承认条件。此建议得到了俄国和英国的赞同。② 为此，格雷特地向朱尔典探询："作为对这一事件（按：承认帝制）的预备，我想知道你是否认为推迟承认会对维持中国的内部秩序造成危害。对我们来说，似乎推迟承认会鼓励革命党，给他们越少的时间去组织麻烦就越好。如果你同意的话，我们应按上述方针行事。"③ 12 月 21 日，朱尔典连往英国外交部发了两份电报，第一份说："外交总长昨天派人咨询日本公使和我关于帝制问题的意见。他们解释称进一步推迟将会造成困难和危险，并建议即位大典在旧历新年（按：2 月 3 号）举行。"第二份则牵涉同盟国态度，此件颇可说明当时袁政府的策略，故全引：

> 昨天外交部派员分别告知日本公使和我，奥地利和德国公使分别在 16 日和 17 日拜访了外交部，并表达了他们对恢复帝制的祝贺。奥、德公使均表达了他们希望面见总统并当面表达对总统当选为皇帝祝贺的意愿。中国政府对先于英国和日本代表收到奥地利和德国公使的祝贺感到为难，但会面不会一直被推迟，我们被咨询是否有什么建议。我们回答说没有，但是答应把此消息电知各自政府。④

格雷在同日给驻日公使格林（C. Greene）的电报可以看出英国对此事的积极态度：

---

① 飘萍：《东京外交界要闻（三）》，《申报》1916 年 1 月 18 日，第 3 版；《北京日人有志团之宣言》，《申报》1916 年 2 月 10 日，第 6 版。

② "Sir G. Buchanan to Sir Edward Grey（Dec. 14, 1915）," Kenneth Bourne and D. Cameron Watt, eds., *British Documents on Foreign Affairs*, Vol. 22, p. 116; "Sir Edward Grey to Sir J. Jordan（Dec. 16, 1915）," Kenneth Bourne and D. Cameron Watt, eds., *British Documents on Foreign Affairs*, Vol. 22, p. 116.

③ "Sir Edward Grey to Sir J. Jordan（Dec. 16, 1915）," Kenneth Bourne and D. Cameron Watt, eds., *British Documents on Foreign Affairs*, Vol. 22, p. 116.

④ "Sir J. Jordan to Sir Edward Grey（Dec. 21, 1915）," Kenneth Bourne and D. Cameron Watt, eds., *British Documents on Foreign Affairs*, Vol. 22, p. 117.

我今晚见了日本大使，重复了我们之前关于推迟承认将会造成纷乱和德国阴谋的观点，并明确表达了我们应该赞同2月3日即位的意见。朱尔典在354号电报中所报告的德国和奥地利代表的行动表明采取迅速行动的必要，我真诚希望石井能够以同样角度去看待这一问题。他答应立刻把我的观点报告给日本政府，并对朱尔典和他的日本同事就此问题保持良好沟通感到高兴。他认为朱尔典和他的日本同事可以就此问题得出明智结论。①

同日，英国驻法大使伯蒂（Lord Bertie）亦发电报给格雷，称中国驻法公使胡惟德会见了法国外交部秘书长，并称中国在宣布帝制后即可能参加协约国，康邦（M. Cambon）则称只要法国确信称帝不会引起内乱，就愿意承认帝制。胡则反驳称"〔异议分子〕为阻止承认帝制，才会起而扰乱。"②

在此之前，12月18日，中立国美国驻华公使芮恩施即报告美国务院，从速承认对美国有利，并于21日得美国国务卿兰辛回复："帝制既已宣布，若无严重的有组织的反对团体存在，而你又认为无其他理由对新秩序的永久性感到怀疑，你可承认中国的新政府，美国政府虽对共和体制的政府，因其满足其他国家人民的希望而出诸自然的同情，但吾人承认每一民族有权决定其政府体制。"③ 芮氏报告中且称："曾与我会谈之各国公使都倾向于承认〔帝制〕并以此意建议各自政府。"④

与袁世凯对承认问题的乐观态度相比，陆宗舆无疑对承认问题悲观得多。12月22日，陆氏致电外交部，告以"石井外务虽屡言无乘机图利之心，而一般时论均认为绝大机会，军人尤甚。将来如何手段，虽未可知，

---

① "Sir Edward Grey to Sir C. Greene（Dec. 21，1915），" Kenneth Bourne and D. Cameron Watt，eds.，*British Documents on Foreign Affairs*，Vol. 22，p. 117.

② "Lord Bertie to Sir Edward Grey（Dec. 21，1915），" Kenneth Bourne and D. Cameron Watt，eds.，*British Documents on Foreign Affairs*，Vol. 22，p. 118.

③ "Lansing to Reinsch（Dec. 21，1915），"转引自王纲领《欧战时期的美国对华政策》，第80～81页，部分词语有改动。

④ "American Legation（Dec. 18，1915），" *Papers Relating to the Foreign Relations of the United States*：*With the Address of the President to Congress*，*December 7*，*1915*，p. 79.

中国思患预防，总须自留对待余地，似未可乐观直进。欧战和局匪遥，我若稍示以可延状态，则日本国或转迁就。此陆军派所以欲速，深憾外务私心也。"① 陆宗舆在 12 月 20 日即已发电报到外交部，告以"陆军方面报告，正月底中国必大起革命，决非上海事可比"。②

正在袁政府与列强协调承认帝制问题之时，12 月 25 日，唐继尧等通电讨袁，护国运动爆发。③ 护国运动发动初期，袁氏并未认为很严重。据曹汝霖回忆：

> 余知云南独立，蔡锷兴师，即入见项城，叩以滇事。他即问你与蔡松坡相识否？我答他在日本士官学校时，我亦同时在日，故与相识，回国后很少见面。项城即说，松坡这人，有才干，但有阴谋，且面有反骨，不能长命，我早已防他，故调来京。川滇等省，向无中央军，故派曹锟、张敬尧率师驻川边，以备不虞。今又派二庵（陈宧）率三旅入川。西南军力薄弱，有此劲旅，不足为虑。且龙子诚（济光）倾向中央，坐镇广东，陆荣廷在广西，亦不敢有所举动，滇事不足平也。④

正因袁氏对帝制问题有此判断，所以帝制承认问题交涉继续进行。英国驻俄公使布坎南（Buchanan）于 12 月 26 日致电格雷，报告俄国外相赞同袁世凯即位后延期承认将会产生危险的观点，并训令俄国驻华公使本此意与英国协调立场。⑤ 不过当英国驻日大使以格雷关于袁即位后迅速承认的方案向日本外相石井探询意见时，石井明确表示反对。

---

① 《收驻日陆公使电》（1915 年 12 月 22 日），北洋政府外交部档案，档案号：013 – 13 – 032 – 03 – 001。
② 《收驻日陆公使电》（1915 年 12 月 21 日），北洋政府外交部档案，档案号：03 – 13 – 032 – 03 – 001。此件到了陆征祥手中，未知袁世凯是否看过。
③ 《唐继尧蔡锷等声讨袁世凯背叛民国帝制自为通电》（1915 年 12 月 25 日），中国第二历史档案馆、云南省档案馆编《护国运动》，江苏古籍出版社，1988，第 182~183 页。护国运动比梁、蔡等预定日期提前发动，本身即有阻止袁与日本达成妥协之考虑。参见曾业英《云南护国起义的酝酿与发动》，《历史研究》1986 年第 2 期。
④ 曹汝霖：《曹汝霖一生之回忆》，中国大百科全书出版社，2009，第 162 页。
⑤ "Sir G. Buchanan to Sir Edward Grey（Dec. 26, 1915），" Kenneth Bourne and D. Cameron Watt, eds., *British Documents on Foreign Affairs*, Vol. 22, p. 120.

12月29日，格雷致电格林，鉴于云南形势，表示让步："在中国扰乱局势未明朗和未收到指示之前，你不应催促外交大臣就帝制问题做出决定。"① 不过此时协约国成员大都对日本的中国政策不满，如俄国驻华大使在1月4日特地邀请法国驻华公使和英国驻华公使相见，谈到筹议的组织国际委员会、隔离德国在天津和汉口租界、海关委员合作等问题，称不能只照顾日本人的态度，也应同样咨询中国政府的意见。对此，朱尔典和法国驻华公使均表达赞同之意。② 此后，袁政府因云南形势及日本态度，又调整了预定登基时间（2月9日），③ 此后直到1月21日中方决定登基再次延期，以英、法、俄、意为一方，以日本为一方，就是否在袁登基后及时予以承认还在争论，不过英国确立了与日本协调为优先的原则，事实上也就确立了日本在中国问题上的主导地位。④ 1916年1月3日，格雷曾在一份备忘录中写道："我们无法在不增进日本在中国地位的情况下让日本在中国行动，这是我长期以来的观点。除了东亚以外，它（按：日本）被从世界的其他任何地方排除，无疑将会宣称对东亚的优先权。"⑤ 格雷所主持的英国外交部以中国问题来换取日本支持的意图明显。

四　寻求妥协与决裂

护国军起后，袁政府定三路平滇之策。⑥ 1916年1月2日，统率办事

---

① "Sir Edward Grey to Sir C. Greene（Dec. 29, 1915），" Kenneth Bourne and D. Cameron Watt, eds., *British Documents on Foreign Affairs*, Vol. 22, p. 126.

② "Sir J. Jordan to Sir Edward Grey（Jan. 4, 1916），" Kenneth Bourne and D. Cameron Watt, eds., *British Documents on Foreign Affairs*, Vol. 22, pp. 128 – 29.

③ "Sir J. Jordan to Sir Edward Grey（Jan. 13, 1916），" Kenneth Bourne and D. Cameron Watt, eds., *British Documents on Foreign Affairs*, Vol. 22, p. 134.

④ "Lord Bertie to Sir Edward Grey（Jan. 23, 1916），" Kenneth Bourne and D. Cameron Watt, eds., *British Documents on Foreign Affairs*, Vol. 22, p. 141.

⑤ "Minute on Greene to Grey（Dec. 31, 1915），" P. R. O. F. O. 371/2647. 该文有可能写于1916年1月3日。Peter Lowe, "Great Britain, Japan and the Fall of Yuan Shih-K'ai, 1915 – 1916," *The Historical Journal*, Vol. 13, No. 4（Dec., 1970）, p. 716.

⑥ 《曹锟关于由川湘分兵两路进攻云南部署情形密电》（1916年1月17日），《护国运动》，第524~525页；《陆荣廷关于出兵抗拒护国军电》（1915年12月31日），《护国运动》，第398~399页。

处致电各省，告以"川、湘、桂均有重兵严防，已由湘遣兵援黔，逆徒兵只万余人，恐难越雷池一步"。① 1 月 5 日，袁氏且申令接受帝制，内称"根本大计，岂可朝令夕改，断无再事讨论之余地"。但随着护国运动兴起，日本对华态度日趋强硬。12 月 25 日，陆宗舆致电外交部，谈到当日与石井谈话，概括石井大意为"非先与日商，不可商各国方面，非由日本转圜不可"。② 中国方面亦感到有对日交涉必要，因此 12 月 31 日致电陆宗舆，告以已选定周自齐为赴日特使。③ 陆宗舆则特别提醒外交部："当此国交危疑之际，迥非前此使节可比诸，望垂意。"④

周自齐赴日事紧锣密鼓进行，双方并商定周"二十四日到东京，二十五日觐见并宫宴。三十一日离东京，归途谒见西京桃山皇陵"。⑤ 袁政府拟定周自齐在日期间要拜访元老大山岩、山县有朋、松方正义。⑥ 特别注意拜访元老，显然欲模仿"二十一条"交涉期间利用元老与外务省对华观点的差异。

正当周自齐将要启行之时，1 月 15 日，日置益突然打电话给外交部，告以因皇室关系，请周暂缓赴日。⑦ 次日，日本外务省外务次官解释称："日政府接待周大使本无政治意味，无奈两国新闻过于哄传利权交换等语，不但中国乱党群起暗算，即一般日本人以不赞帝政之心理，难保无疯癫之徒为谋害之暴举。日政府深以为虑，……特请延期以待时机。"陆宗舆答称："特使之来为系贵政府所请，早知今日，何必当初。主客关系，

---

① 《统率办事处致各省通电》（1916 年 1 月 2 日），李希泌、曾业英等编《护国运动资料选编》，第 120～121 页。

② 《帝政不能再延事》（1915 年 12 月 25 日），北洋政府外交部档案，档案号：03-33-097-11-012。

③ 《俄派亲王赴日有无重要协商及我国派定周总长赴日》（1915 年 12 月 31 日），北洋政府外交部档案，档案号：03-41-028-01-008。

④ 《复四日电赠勋大使办法》（1915 年 1 月 5 日），北洋政府外交部档案，档案号：03-41-028-01-010。

⑤ 《日本接待周大使预定各项情形》（1916 年 1 月 15 日），北洋政府外交部档案，档案号：03-41-028-01-027。

⑥ 陆宗舆：《周大使拟见日本元老可多备礼品并军人现时对满情形》（1916 年 1 月 9 日），北洋政府外交部档案，档案号：03-41-028-01-015。

⑦ 《日使接紧急电请周大使暂缓赴日》（1916 年 1 月 15 日），北洋政府外交部档案，档案号：03-41-028-01-031。

情止乎礼，断非谈判交涉，另有理由可讲。本使当照贵官所言报告政府可也。"其不满之情溢于言表。①

1 月 16 日，曹汝霖致电陆宗舆，嘱探询日本拒绝周自齐真意。其电曰："缓阻特使，是否有借以延缓，免我在彼议会期内实行，以保现内阁运命之意？此意乞电部切陈，弟亦尽力，较稳。"② 同日，陆宗舆有长电致外交部，劝及时改图：

> 十五日十二钟长电悉，（此电从略）国交已走气分，日政府于此十日半月内，须有一定行动，必不再守观望态度，待至二月九日。此次拒绝周使，即是蔑视元首之发端。其机关报口气图画，已不以友谊相待。逢彼干涉时，如自量可以一战，则早日决行；否则须趁其未劝告未干涉之前，须速发表，改图政策，自留地步。表面虽损威信，但一可激起群众因外侮而生爱国爱元首之感念，乱源转易消弭；二则日政府不能再有言动，而徒树恶感，一无所得，必渐招国民之攻击。历代贤君，遇患难时，皆以罪己之诏，而收人心，未闻专以意气从事；况国际上一走气分，非战不决。且彼挟各国而来，并亦势成骑虎。看彼逐日阁议及与元老往来之状态，似不仅谢绝特使而已。彼政府乱暴举动，每出意外，其欲倒我政府，计划已非一日。万望勿以常识观察，希冀幸成。想公忠体国诸公，必不愿导主座于危险之途，贻国家破烂之惨，甚望于数日速定大计，制人先发，万死上言，乞代陈。③

日方拒绝周自齐赴日，标志着袁政府在帝制问题上寻求对日妥协失败。当得到这个消息后，朱尔典判断日方的真正用意在于阻止袁世凯于 2

---

① 《日本外务次官面告请周大使缓来情形》（1916 年 1 月 16 日），北洋政府外交部档案，档案号：03 - 41 - 028 - 01 - 034。
② 《曹汝霖致陆宗舆电》（1916 年 1 月 16 日），原电未见，转引自王芸生《六十年来中国与日本》第 7 卷，第 27 页。
③ 《陆宗舆致外交部》（1916 年 1 月 16 日），原电未见，转引自王芸生《六十年来中国与日本》第 7 卷，第 27～28 页。

月9日登基。① 1月21日，石井面见陆宗舆，告以"原来贵政府欲改帝制，本系保证无乱。今明明云南有乱，竟于此时断行帝制，无视友邦劝告，则中政府之责任甚大，日政府当然不能承认。以今日二国国交存在之际，尚多疏隔之点，若至国交中止，殊为二国前途忧虑。为大总统计，亦非得策，请电告贵政府云"。陆问所论是否限于二月初而言，石井则答"何时为宜，今日难得说定，但当以真正平定云南为先决"。② 陆且报告石井于日本御前会议讨论对华政策时曾说："英、日向有维持东亚和平之约，日本有维持东亚和平之举，英国当然赞同，法怕安南有乱，驻兵甚少，亦望日本维持；俄则惟日本之命。外交既已妥洽，当再严词警告中政府，延缓帝制。如不听，则出自由行动，派驻中国要地。一面认云南为交战团体，一面宣告中国现政府妨害东亚平和云。"陆氏并称石井提议得到了军方及元老赞成。③

在袁接受帝制前后，如前所述，坂西曾密告袁政府陆军方面不反对帝制，且望速行。对于陆军之态度，陆宗舆在12月21日回电中已有纠正。但此次内阁、军方及元老三方均赞成石井提议，应着实出袁氏意料之外。且袁特使连赴日的机会都没有。在云南形势和日本态度压力下，1月21日，袁政府正式放弃2月初登基之意。④ 虽如此，袁政府此时并未放弃登基打算，因其寄希望于云南之乱可以速平。无奈帝制反抗力之大与日本各界对袁世凯敌意，均超出袁政府预料。

当护国运动初起时有六个月平乱之说，此时有缩短为十个星期平定传闻。⑤

---

① "Sir J. Jordan to Sir Edward Grey（Jan. 16，1916），" Kenneth Bourne and D. Cameron Watt, eds.，*British Documents on Foreign Affairs*，Vol. 22，p. 135.

② 《陆宗舆致外交部》（1916年1月21日），原电未见，转引自王芸生《六十年来中国与日本》第7卷，第30页。

③ 《陆宗舆致外交部电》（1916年1月21日），原电未见，转引自王芸生《六十年来中国与日本》第7卷，第29～30页。

④ 《外交部致陆宗舆》（1916年1月21日），原电未见，转引自王芸生《六十年来中国与日本》第7卷，第30页。延期登基与日本压力之关系，当时报纸有所报道。《帝制延期之因果》，《申报》1916年1月28日，第6版。

⑤ 默：《延期与缩期》，《申报》1916年1月22日，第2版；《西报论北京急召国会事》，《申报》1916年3月4日，第3版。

1月有传闻袁曾对人言"内乱一日未平，一日不便登极"。①1月27日，贵州宣告独立，袁政府军事、政治形势恶化。奉命赴南方考察的袁世凯政治顾问莫理循于2月9日提出备忘录，内称："我遇到的每个人，一谈起这个问题，都十分痛惜中国目前的局势，并强烈非难那个酿成目前动乱的帝制政策。"莫并建议"扭转险境的唯一途径，只有明白宣示放弃复辟帝制。待目前战争告一结束，确实查知民意之后，立即建立宪政议会，召开国会，并组成由一位认真负责的人担任总理的责任内阁"。②

2月23日，袁正式申令缓办帝制。③不过袁政府此时犹未完全放弃实行帝制，外交部还特于2月25日致电驻外公使，提前准备登基大典照会。④袁政府此时之意，似欲取得战事局部胜利后，以国会与宪法谋求与护国军妥协。⑤3月3～7日，北军在四川、湖南两处均取得局部性进展。⑥但3月15日广西独立，形势急转直下，3月22日，袁世凯不得不申令取消帝制。⑦此后国内之政局已非争议帝制问题，而是袁氏退位问题。

当袁氏专注对抗护国军之时，日本之对袁政策又趋严厉。3月7日，日本内阁会议通过以实力干预帝制运动方针，明确宣示袁氏"窃居"中国最高权位乃日本确立在华势力之一大障碍，决意采取倒袁政策，并以"诱导中国人自创反袁局面，日本因势利导"为原则，提示采取以下具体手段：（1）等待适当时机，承认南军为交战团体；（2）日本民间有志者

① 《关于帝制延期之所闻》，《申报》1916年2月8日，第6版。
② 《799号信的附件：关于新近沿长江各地访问的备忘录》（1916年2月9日），骆惠敏编《清末民初政情内幕》（下），第522～526页。
③ 《袁世凯被迫宣布缓办帝制申令》（1916年2月23日），《护国运动》，第682页。
④ 《国体变更业经决定即位大典并送拟订照会底稿密存备用由》（1916年2月25日），北洋政府外交部档案，档案号：03-12-001-05-030。
⑤ 《西报论北京急召国会事》，《申报》1916年3月4日，第3版；"Minister Reinsch to the Secretary of State（Mar. 18, 1916），" *Papers Relating to the Foreign Relations of the United States: With the Address of the President to Congress, December 5, 1916*, p. 65.
⑥ 《统率办事处转发冯玉祥部攻占叙州战报》（1916年3月4～6日），《护国运动》，第547～548页；《张敬尧等报告北军攻占纳溪情形电》（1916年3月7日），《护国运动》，第548页。
⑦ 《袁世凯取消帝制令》，李希泌、曾业英等编《护国运动资料选编》，第471～472页。

对于以反袁目的从事各种活动之中国人寄以同情，或接济其资金者，政府虽不公然予以奖励，但可予默认。① 日本倒袁决策的形成，主要推动者是军方和民间对华强硬论者，② 此固由于日本长期以来对中国的野心，亦基于日本判断"不除袁无法实现中日提携"。而日本做出这种判断的理由，主要是基于袁善于联合欧美牵制日本。③ 袁政府试图以参战化解日本干涉，或者欲在承认问题上孤立日本，可谓这种联合欧美牵制日本策略的最近表现。

在此前后，日本对华行动分满蒙方面、山东方面、南方方面、上海方面分头进行。如大仓喜八郎贷予肃亲王一百万元从事满蒙独立运动；久原房之助接济岑春煊一百万元，孙中山六十万元，黄兴、陈其美各十万元从事反袁运动等。其他对反袁派之支持，已有很好研究，此不具论。④

护国运动的发展是和日本对华外交步步紧逼同步进行的。日本此时的对华外交包括两方面。一是支持南方反对派和革命党人以及宗社党在各地煽起叛乱；二是对袁政府施加压力，阻止列强帮助袁政府，⑤ 特别是阻止盐税余款交还袁政府，⑥ 直接促成了袁政府财政雪上加霜。对于日本这种态度，袁政府当然是清楚的。在此情况下，袁政府在 4 月初有接受大仓喜八郎斡旋，开展"二十一条"第五号问题谈判之意，对日做最大让步。⑦

① 林明德：《近代中日关系史》，第 118 页。
② 林明德：《近代中日关系史》，第 119 ~ 120 页。
③ 参见日置益 1915 年 12 月 22 日报告。「在中国日置公使ヨリ石井外务大臣宛（電報）」（1915 年 12 月 22 日）日本外务省编『日本外交文書』大正四年第二册、189 ~ 194 頁。
④ 详见林明德《近代中日关系史》，第 118 ~ 127 页。
⑤ 袁政府向协约国借款皆为日本所阻，仅从美国李细更生（Messrs. Lee, Higginson Co.）公司借得实业借款五百万美元，4 月 3 日交付垫款一百万美元，续款因国内局势停付。王纲领：《欧战时期的美国对华政策》，第 84 页。
⑥ 丁恩在 1916 年 4 月 4 日已函请银行团拨还盐款 550 万元给中国政府，但日本拒绝，法、英也随后效法，仅德华银行各分行如数放还。丁恩：《改革中国盐务报告书》，第 199 页，转引自朱宗震《袁世凯政府的币制改革》，《近代史研究》1989 年第 2 期。
⑦ 《外交部致陆公使电》（1916 年 4 月 7 日），原电未见，转引自林明德《近代中日关系史》，第 123 页。陈叔通致梁启超书中转述唐绍仪之言谓袁在 4 月托坂西利八郎与日本内阁商议合办军械，或即指此事。丁文江、赵丰田编《梁启超年谱长编》，上海人民出版社，2009，第 501 页。

但如此让步亦为日本拒绝，可见日本倒袁决心。4 月 11 日，陆宗舆曾照会日政府，请求给予袁政府友谊扶助。石井在 4 月 17 日的回复中明确拒绝，并不无嘲讽地邀请袁赴日避难。① 袁氏知日本于现任内阁对袁政策之不可摇动，在 4 月之后似有冀望日本大隈内阁倒台之意，并与反对派寺内正毅一系有所接触。② 但袁氏所愿对日之最大让步，终属可疑。③

值得一提的是，当袁政府对日外交陷于困境之时，国人并不原谅，如《申报》评论说：

> 政府今日之处境可谓至难矣。虽然，其难也，孰使之然哉？故以前政府每当难局，忠恕之士多原谅之，以为中国如是之弱，如是之贫，如是积弊之深，无论何人肩此政府，决不能免此难也。故因难而或受屈受辱者，亦决不因此而轻视政府。然而此次之受屈受辱，岂因中国之贫弱与积弊而来乎？故虽忠恕之士，见政府今日之为难而无一人原谅者也。盖事为不得已而如是者，人能原谅者也。不必如是而自作之孽者，虽欲求人原谅而不得也。④

当日国内舆论对袁政府失望之情，可见一斑。4 月 16 日，梁士诒接到梁启超一电，其中提道："项城犹怙权位，欲糜烂吾民以为之快，万一事久不决，而劳人为我驱除，则耻辱其不可湔，而罪责必有所归。"梁士诒曾携此电见袁，袁随阅随批，在"劳他人为我驱除，则耻辱其不可湔"旁批云："敌国记恨，讵非伟人？"此或可看出袁临终前对日之愤恨及自我认知。⑤

---

① 「石井外務大臣、在本邦中国公使会談」（1916 年 4 月 17 日）日本外務省編『日本外交文書』大正五年第二冊、外務省、1967、62～63 頁。
② 飘萍：《最近之外交如何》，《申报》1916 年 6 月 3 日，第 3 版；《梁士诒与本田亲清谈话》（1916 年 5 月 3 日），陈奋主编《梁士诒史料集》，中国文史出版社，1991，第 254～259 页。
③ 梁士诒与本田亲清谈话时，始终不愿于聘任日人担任法律和外交顾问一事做出明确承诺。
④ 冷：《难》，《申报》1916 年 3 月 9 日，第 2 版。
⑤ 凤冈及门弟子编《梁士诒年谱》，第 322～333 页。

五 余论

在"二十一条"交涉过程中，袁氏一方面把交涉内容透露给英美舆论界，以制衡日本；另一方面则派人运动元老，给内阁及外务省当局施加压力，最终取得了一定效果。[①] 有学者谓袁自此开始推行一种"联合欧美，抵御日本"的外交方针。[②] 袁虽不以"二十一条"交涉为荣，但不免视为得意之笔，且左右有以"日本伎俩不过如此，只要用心对付，不足为虑"者。[③] 此点可视为"二十一条"交涉遗产，也可视为帝制运动展开的背景之一。

辛亥革命爆发时，日本主要主张君主立宪制，因此日本对君主制度本无恶感。"二十一条"交涉中及其后，日本方面也有不少对交涉方式的责难。[④] 袁政府以为日本对华政策或将有所转变，因此屡次通过梁士诒、陆宗舆等向日方表达中日提携意向。[⑤] 在帝制运动初期，大隈与陆宗舆的两次谈话，阐明日本不欲于政治上增加权力，仅欲寻求经济上协同两利办法，甚至表示若袁诚意联日，"可除一切故障"，无疑是帝制运动迅速展开的催化剂。既往研究所称袁世凯"误认"日本真意之说，有一定道理。

正是在判断日本所谋或仅限于经济利益的前提下，袁政府方敢于推进帝制运动。但同时袁政府又对日本一直心存警惕。为了使对日让步最小化，袁政府一方面在9月下旬提出派遣赴日特使，另一方面却又不甚积极，甚至在对日交涉中回避正面交涉帝制问题。日方各界视中国帝制运动

---

① 当然，不能说元老态度是袁运动的结果。曹汝霖：《曹汝霖一生之回忆》，第131~132页。
② 实则袁在1908年即有与德、美联盟牵制日本之意。石源华：《中华民国外交史新著》，社会科学文献出版社，2013，第132页；李永胜：《1907~1908年中德美联盟问题研究》，张华腾主编《辛亥革命与袁世凯》，河南大学出版社，2014，第599~608页；管书合：《袁世凯对日外交述论》，《史学集刊》2017年第1期。
③ 曹汝霖：《曹汝霖一生之回忆》，第138页。
④ 林明德：《近代中日关系史》，第75页。
⑤ 「在中国日置公使ヨリ加藤外务大臣」（1915年7月22日）日本外务省编『日本外交文书』大正四年第二册、4~7页；「在中国小幡临时代理公使ヨリ大隈兼任外务大臣宛」（1915年9月23日）日本外务省编『日本外交文书』大正四年第二册、43~44页。

为增进日本利益一大契机，又见引诱中国谈判所谋不遂，遂于 10 月 28 日协同英、俄两国劝告帝制延期。但此时日本外务省、军方、元老、民间等各方对帝制问题认识并不一致，加以英、俄牵制，第一次劝告措辞较轻。袁政府适当照顾协约国体面，以“本年不办”敷衍各国劝告，实则暗地里联合英国，欲以参加协约国对德宣战化解外交危机。扩建兵工厂、驱逐在华德人及对德断交案由英、俄、法三国向日本提出，可谓日本版的“三国劝告”，也给了日本很大压力。但因欧战形势，日本外交地位异常稳固。在刺探情报、煽动舆论等外交手腕的运用下，日本不仅悍然拒绝了三国有关中国对德断交的提议，还迫使英国公开声明在与中国展开政治谈判前，应先征求日本建议，事实上确立了在东亚的霸权地位。

在此形势下，袁氏本该悬崖勒马，却惑于除日本外各国的支持或同情，以及协约国与同盟国分立的现实，企图通过纵横捭阖在承认问题上“孤立”日本，实在是对日本意图与决心的误判并且不自量力。护国运动爆发，袁氏自失地步，逼日承认策略已行不通，又试图通过向日本让予部分利权并利用日本各方之间矛盾加以解决，无奈特使赴日不成，对日设想终成痴人说梦。袁政府的逼日政策，不仅未能成功，反而促成了日本倒袁决策的形成。① 日本对华政策确立为“倒袁”后，袁政府无计可施，只能冀望于日本内阁之转换。虽所希望后成为事实，② 终不免缓不济急。

1916 年 9、10 月间，梁启超在致段祺瑞书中曾谈道：“今日之局，能生我者新亲也，能死我者近邻也，必近邻全释其死我之心（暂不动手），然后生我者乃有所用力。项城联英之政策本不误，其误在挟英以排日。今吾新亲助我之力恐尚不及旧亲，故今虽得新亲，而依赖之程度当审慎，若令近邻窥见我有挟新亲以自重之意，恐外交上之盘根错节，方从此起，新亲为我解结解之不了也。”③ 此处“新亲”指美国，“近邻”指日本，“旧

---

① 日本“倒袁”决策的形成过程，尚有不清晰之处，但因袁政府的不驯服而加重了日本各界对袁恶感，无疑是促成这一决策的重要因素。
② 1916 年 10 月，寺内正毅上台组阁，其侵略目标不变，而对大隈内阁全面干涉政策做全盘修订。林明德：《近代中日关系史》，第 136 页。
③ 丁文江、赵丰田编《梁启超年谱长编》，第 513 页。

亲"指英国。段政府之亲日，岂亦鉴袁政府"排日"政策之前车欤？

综观整个帝制运动，可以说是笼罩在对日交涉的阴影之下，其重大转折多与日本态度有关。[①] 袁氏一方面不敢无视日本态度，另一方面却又试图"斗而不破"，把对日让步降到最低。此策能否成功，取决于日本态度和决心。袁在屡次受挫后仍然妄图侥幸成功，可谓小事聪明，大局糊涂。朱尔典谓"他犯了一个巨大的、悲剧性的错误并且为此付出了生命"，[②]可谓持平之论。反观日本，以维持东亚和平为由，劝告帝制延期，堂而皇之；暗中支持各派反袁势力，却又宣称严守中立；决心倒袁而并不直接出面，却利用国内反袁情绪并扩大之；充分利用自身稳固地位，不惜悍然拒绝三国提议。其外交手腕，颇有可观。[③]

〔承红磊，华中师范大学历史文化学院〕

---

① 如大隈谈话与帝制运动急进，三国劝告与帝制延期，第二次劝告与袁急于接受帝位，日本反对与缓期登基，日本态度与放弃帝制等。此处无意降低国内因素对帝制运动产生影响的重要性，相关转折大概难以用单一的因果论来解释，但日本态度的影响至为明显。参见 Kwanha Yim，"Yuan Shih-K'ai and the Japanese，" *The Journal of Asian Studies*，Vol. 24，No. 1（Nov.，1994），p. 71。

② "Jordan to Grey（Jun. 12，1916），" P. R. O. F. O. 371/2646；Peter Lowe，"Great Britain，Japan and Yuan Shih-K'ai，" *The Historical Journal*，Vol. 13，No. 4（Dec.，1970），p. 720.

③ 整个帝制运动期间，日本在情报方面亦胜袁政府远矣。情报方面的不足，或可称为袁政府决策失误的又一原因。此点学者已有所论，参见林明德《近代中日关系史》，第129页。

中国参战与国民外交
后援会（1917～1919）

王文隆

内容提要 民初"国民外交"四字的意义，通常指的是国民参与外交事务与议题。在欧战爆发之后，具有影响力的民间人士组织团体，如国民外交协会、国民外交后援会等，盼能汇集舆论与民意，推动政府参战与参加巴黎和会。诸多团体中，较为特殊的要数国民外交后援会。该团体于1917年2月先在北京成立，其目的在于推动北洋政府参加欧战。南方以广州为核心的政府，初时并未有相类似的团体，直到1919年2月，因广州政府盼能派人参加和会，方于广州另立一国民外交后援会，为一个受中国国民党指导的"舆论团体"。本文拟以当时相关报刊，搭配藏于台北中研院近代史研究所档案馆的外交档案，以及藏于中国国民党文化传播委员会党史馆的相关材料为基础撰写，盼能以这些资料为本，观察两个同名团体，分属党国体制与北洋政府的局面下，对外交议题看法的异同。

关键词 国民外交 国民外交后援会 一战参战问题 巴黎和会

前言 国民外交的定义

外交指的虽是两国间的交往，但实有各种不同的层次。就官方层次来说，指的是两国政府间的互动往来，举凡官员互访、洽签条约、外债贷款等都属此类。就一般民间层次来说，指的大抵是"国民外交"。当前的国民外交指的多半是国际非官方活动，其活动内容有助于两国之沟通与了解，进而能增进双边关系，敦睦邦谊。因此其范围相当广泛，不仅包括旅客间的往来互动，且包括观光旅居、跨国会议、议会往访、体育竞技、艺术文化交流，等等，几乎纳括了非官方往来之外的种种。①

实际上，"国民外交"一词，在清末已经出现，然而当时的概念所指的是一国之舆论、通过国会参与的外交活动，所谈是民意对于外交的参与。② 这般概念到了民国初年仍未变化。到了 1930 年代中期，各类民间形式的中外关系协会陆续成立，如 1935 年成立的中苏文化协会与中德文化协会，由民间形式组织交流机构，却邀请政府官员或是对社会具有影响力的人士参与，为具有半官方色彩的团体。中苏文化协会便由孙中山哲嗣孙科主持，邀请监察院长于右任担任名誉会长，还有驻苏大使颜惠庆、中央研究院院长蔡元培参加，另由苏联驻华大使鲍格莫洛夫担任副会长，透过半官方的身份推动中苏两国的民间交流，其成立旨趣为"研究宣扬中苏文化、促进两国民友谊"，并呼吁联苏制日。③ 国民外交至是，含有非官方及国民间彼此交流往来的意思。在此之前，国民外交多以政治游说为参与、影响决策的方式。这类讨论近年来已经很成熟，相关的讨论也颇多，几乎没有疑义。

就民国初年来说，几个重大的外交事件里，或许以是否参与第一次世界大战的争议为最大，因而参与舆论、劝说的各方团体颇众，且因时间跨越袁世凯当政与袁世凯过世之后，以及中国国内政治混乱与南北相争的情态，使得情况更为复杂多元。

一　段祺瑞政府的宣战

欧战初期，虽有大总统袁世凯发布中立，但在袁世凯死后，因国内政

---

① 廖敏淑：《清末到巴黎和会时期的国民外交》，金光耀、王建朗主编《北洋时期的中国外交》，复旦大学出版社，2006，第 245～246 页。

② 周斌：《清末民初"国民外交"一词的形成及其含义述论》，《安徽史学》2008 年第 5 期。

③ 高华：《多变的孙科：历史学家高华笔下的孙中山之子》，香港中和出版有限公司，2012，第 90～91 页。

局纷乱，政界也为了是否参战而争论不休，继任的总统黎元洪与国务总理段祺瑞在参战意见上相左。

德国以无限制潜艇战政策做困兽之斗，袭击了美国的卢西塔尼亚号（*RMS Lusitania*），造成船上人员大量死伤，作为中立国的美国对此表达强烈不满，促使美国在 1917 年 2 月 3 日宣布对德绝交，不久后因德国怂恿墨西哥对美国宣战，并许以美国西南回归墨西哥的愿景，美国遂于同年 4 月对德宣战，拉丁美洲诸国随之跟进。中国虽未受到无限制潜艇战之害，但并不认同德国的无限制潜艇战政策，乃于同年 3 月 14 日宣布对德绝交。

绝交为宣战前的一步。然而，副总统冯国璋对于绝交到宣战之间的状态，颇表疑义。认为绝交仅是双边关系的中止，条约关系仍能持续，希图避免因绝交影响中德间长年的友谊。① 而包括徐树铮、张敬尧、倪嗣冲等在内的北洋官僚、广州政府官员、亲国民党议员等，对于北洋政府所铺下绝交后即将宣战的规划，都采不同意见，最深层的担忧在于不知鹿死谁手，担心中国因宣战选边站而受到不良影响。② 因而，宣布绝交之后，中国国内还花了相当大的气力进行意见的整合。

1917 年 2 月 3 日，美国因德国实行无限制潜艇攻击，宣布与德国断交，并致通牒要求各国与美国采同一立场。③ 北洋政府收到通牒后，于 2 月 5 日及 6 日，陆续召开对德的外交会议，以及国务会议商议，在会中做出如美国不给予财政支持，中国将不表态的决定。2 月 8 日，北京当局收到美国驻华公使芮恩施（Paul Samuel Reinsch）来讯表示，已向美国总统建议，如中国对德绝交，美国将提供财政支持，并采取动用庚子赔款的程序，将大部分赔款移拨中国利用。④ 得到了芮恩施已向美国总统提出请求

---

① 《冯国璋拟中德绝交始末及其利害意见书稿》，中国第二历史档案馆编《中华民国史档案资料汇编》第三辑，江苏古籍出版社，第 1170~1171 页。

② 张鸣：《共和中的帝制：民国六年中国社会的两难抉择》，当代中国出版社，2014，第 31~34 页。

③ 《外交文牍》，"参战案"，第 2 页。

④ "The Minister in China（Reinsch）to the Secretary of State," Feb. 7, 1917, in *FRUS*, *Papers Relating to the Foreign Relations of the United States*, *1917*, Supplement 1, *The World War*, pp. 403–404.

的讯息后，总统府召开临时会议，会中段祺瑞、梁启超、汤化龙、谷钟秀等人都支持对德强硬，因而做出了要对德绝交的结论，并由国务院将此决定电知各地督军。① 次日，外交部对外表示，因德国实施无限制潜艇战政策，决与美国采同一立场，对德绝交。② 2 月 16 日，众议会外交委员会成立。该委员会成立次日，内阁召开对德外交的秘密会议。此时，日、法两国动作频频，都表示愿意考虑中国方面提出的条件，以促使中国对德宣战。

就在官方动作频频之时，参众两院议员也陆续结集。由马君武（桂）等国会议员，假众议院宪法起草委员会组织的外交商榷会率先筹备，附和的有叶夏声（粤）、吴宗慈（赣）、何雯（皖）、唐宝锷（蒙）、黄攻素（赣）、萧晋荣（桂）、谢持（川）、刘成禺（鄂）等议员，彼等主张宣战之事必须审慎。黄攻素在会中的表示颇能代表该团体的想法，他提及当时舆论主张中国参战的理由，是希望借此参与和会，争取权益，然而中国为中立之大国，能比照以往日俄战争，由中立国美国调停的旧法，为中国争取权益，无须卷入战端而树敌。外交商榷会于 1917 年 2 月 18 日正式成立，揭示"研究外交利害，调查外交事实，匡助政府，指导舆论"为宗旨。虽说宗旨看来中立，但其基本主张实要宣扬中国维持局外中立。在外交商榷会的简章中，无法确知其经费来源。在组织上，分设总务、文牍、会计、调查、交际五科。③ 外交商榷会于 2 月 28 日，由马君武等三百余人联名发出通电，指谪国内有阴谋小人企图挑起战端，并举出实力不足、国债高筑、匪徒遍地、西北动荡、战局不明、利益难争、破坏宪政等七大理由反对政府参战。④

---

① 《国务院致各省督军等密电》（1917 年 2 月 9 日），《民国档案》1991 年第 1 期，第 5～6 页。
② 《外交文牍》，"参战案"，第 2 页。
③ 该会组织筹备时间不明，但国民外交后援会成立第一次筹备大会时便已经提及该组织，应能判定该组织筹备时间早于国民外交后援会。关于外交商榷会成立的相关内容，参见外交商榷会编《外交商榷会临时集刊》第 1 期，1917 年，第 2～5 页。
④ 《参战案（一）》，阎锡山史料，"国史馆"藏，典藏号：116-010101-0004-007；《中华新报》第 493 期，1917 年 3 月 1 日。《中华新报》为政学系所办的机关报，以上海为中心，1916 年之后由张季鸾担任总编辑。

主张对德宣战的国会议员不甘人后，在 1917 年 2 月 15 日上午十时，假众议院宪法起草委员会，由几个分属不同政团的代表，包括讨论会孙润宇（苏）、益友社邹鲁（粤）、潜园富元（奉）、平社向乃祺（湘）、民彝社郑江灏（鄂）、国教维持会黄懋鑫（赣）、尚友会刘振生（黑）、苏园刘治洲（陕）、静庐钟允诣（陕）、研究会蓝公武（苏）、政学会李肇甫（川）、正社陈善（滇）、丙辰俱乐部张知竞（川）与宪政会汤松年（皖）等人，召开国民外交后援会筹备会，呼吁政府尽速对德宣战。国民外交后援会为壮声势，在蓝公武、向乃祺、刘振生、李肇甫、邹鲁等与会成员的提议下，邀集支持彼等主张之社会名流联名发起。① 再经 2 月 20 日的第二次筹备会，国民外交后援会于 2 月 25 日下午一时在北京江西会馆正式成立，除了前揭成员之外，另有学界的孙熙泽，海军的许资时，报界的邵飘萍、陈匪石、张季鸾、程小苏、刘道铿等人加入，声势颇为浩大。② 其宗旨为“研究外交，匡助政府”，组织包括评议、调查、文牍、庶务、会计五科，在经费上凡资助该会者，得聘为特别顾问，另也收取特别捐维持基本运作。③

这两大立场不同的团体，实受民初国会复会后“不党主义”，力避党名的影响，但这些以国会议员为基底的民意团体，确有其纷乱而交杂的派系势力。

原国民党下以马君武为首的丙辰俱乐部，以及原进步党底下的韬园成员，为外交商榷会的主体，另外间杂其他支派人士。原进步党的梁启超、汤化龙、林长民等人所组织的研究系，加上原国民党转化而来，由张继为首的宪法商榷会、谷钟秀为首的政学会，为国民外交后援会的主体，同样也间杂其他支派。④ 由此能见，中国是否结束中立，或是否参加协约国对德宣战，并非原进步党人或是原国民党人之见，而更多的是派别之见，甚

---

① 《中华新报》第 482 期，1917 年 2 月 18 日。

② 《时事：张君嘉森演说（附国民外交后援会推举职员名单）》，《商业杂志》第 1 期，1917 年，第 8～9 页。

③ 《中华新报》第 493 期，1917 年 3 月 1 日。

④ 李剑农：《中国近百年政治史》，台湾商务印书馆，1992，第 489～490 页。

至是议员的个人意见。

就在外交商榷会的马君武等三百余人呼吁政府维持中立的通电后，国民外交后援会为了拼场，于1917年3月3日假北京江西会馆，发动一场聚集人数超过四百人的谈话会，公推众议院议长汤化龙为主席，并邀来了梁启超、蔡元培等人到场演说，场面盛大，所持论点多为1914年中国已经错失了参战机会，自外于世界，因而使得其他国家越俎代庖，现下又有参战契机，不应再放弃。①

1917年3月7日，北洋政府通电对德绝交。次日，马君武在国会提出质问书，以梁启超干预外交，陷中国于危险境地，要政府严加注意。②然而，外交商榷会的力量终难抵挡北洋政府对德绝交与准备宣战的大势。国务总理段祺瑞偕财政总长陈锦涛、兼署内务总长范源濂、司法总长谷钟秀、外交部参事伍朝枢等人在3月9日与参众两院议员沟通。10日，众议院以331票对87票的结果，通过对德绝交案。次日，参议院亦以159对35票通过。③获得国会的同意后，大总统黎元洪于3月14日宣布对德绝交。此布告一出，北洋政府随即撤废所有与德国间的条约，将其视为无约国，不仅德国在华租界立遭接收，且德国在华军舰与商船也被海军强行接管。④然而，商人多谋和平以获取最大商利，上海、武汉与广州商会分别通电反对对德宣战。⑤天津绅商亦由李梦吉以直隶公民协会的名义，邀集1700余人通电反对对德宣战。⑥

1917年4月6日，美国对德宣战。眼下中国参战只是时间问题，外交商榷会在4月26日再发通电，论及中国当时财政困窘、武备不足，认

---

① 《中华新报》第499期，1917年3月7日。
② "国史馆"编《中华民国史事纪要（初稿）》（中华民国六年），"国史馆"，1976，第161～162页。
③ 《东方杂志》第14卷第4号，1917年，第211页。
④ 关于绝交之后，中国海军接管德奥船舰的情况，参见王文隆《欧战期间德奥在华船舰的处置》，《全球视野下的中国外交史论》，台湾政治大学人文中心，2015。
⑤ 《东方杂志》第14卷第4号，1917年，第211页；《中华新报》第525期，1917年4月2日。
⑥ 《广州军政府与国会之研究（1917～1920）》，陈正茂：《敝帚自珍：陈正茂教授论文自选集》，秀威资讯科技股份有限公司，2009，第33～34页。

为与德绝交已经足矣，希望能阻止政府对德宣战。然而就在同一日，段祺瑞号召督军团会议，一致通过对德宣战。5 月 1 日，国务会议通过对国会提出的咨议案，段祺瑞自己也投身疏通国会议员，希望国会通过。5 月 7 日，宣战案先送到众议院，以秘密会议的方式进行讨论，然而各派间，除了益友社、丙辰俱乐部和政余俱乐部①全采反对立场外，其余各派内部意见分歧。议会之外的"民间组织"，如鼓吹对德宣战的国民外交后援会，便选定北京社稷坛开演讲大会，坐着听讲的有几百人，但来来去去的有数千人。而反对抛弃中立的外交商榷会，不走群众路线，以宴客的方式游说。② 但整个局势看来，以赞成对德宣战的比例较高，宣战案要在议会中通过可以预期。

然而，可能是为求保险，积极要求参战的军方与议会人士发起群众包围众议院。5 月 10 日，众议院召开宣战审查会前，院外突然集聚数千群众，手持陆海军人请愿团、五族公民请愿团、政学商界请愿团、军学商界请愿团、北京学界请愿团、北京市民请愿团等不同旗帜，包围众议院，散发宣战传单，如有议员不接单便遭殴打。后有赵鹏图、吴光宪、刘坚、白亮、张尧卿、刘世钧等六名代表进入众议院拜谒议长，表明如宣战案未通过，则议员们不能离开议场。事态紧急，段祺瑞只好下令巡警总监将公民团解散。③ 为此，外交总长伍廷芳、农商总长谷钟秀、司法总长张耀曾、海军总长程璧光先后提出辞职。众议会议员对于"公民"如此的表态相当气愤，乃于 5 月 19 日决定缓议宣战案。事后，有受招募之"公民"王合新因未取得走路工钱，于报端披露内情，才使得一钟点五角钱的价码，公之于世。④ 孙中山为此还邀集了岑春煊等联名，呼吁黎元洪严办伪公民。⑤

---

① 政余俱乐部是分裂自益友会的组织，以王正廷、褚辅成为核心，参与的还有胡汉民、陈独秀、吕复三等人。

② 《中华新报》第 561 期，1917 年 5 月 8 日。

③ 《东方杂志》第 14 期第 6 号，1917 年，第 211 页。

④ 丁中江：《北洋军阀史话（二）》，中国友谊出版社，1990，第 452 页。

⑤ 《中华革命党总务部通讯（第三号）》（1917 年 6 月 19 日），一般档案，中国国民党文化传播委员会党史馆藏，档案号：一般 393/57.3。

段祺瑞因宣战案未获通过，唆使督军团要挟黎元洪解散国会。黎元洪反而趁此机会免了段祺瑞国务总理的职务，府院相争不下，造成张勋进京与复辟，以及段祺瑞重造共和与废除《中华民国临时约法》的后果，终于1917年8月14日对德宣战。国会在此期间二度解散，部分国会议员南下广州，响应孙中山的护法运动，成立非常国会，政学会、益友社、政余俱乐部的成员多有响应，吴景濂、王正廷、褚辅成、马君武等议员南下支持，到会者百余人，于8月30日通过《军政府组织大纲》，9月10日孙中山就任大元帅。

二　南方政府的宣战

孙中山反对参战，这是根源于他对民国政体的坚持，他曾收得一封外人来信，特别在信封上批示曰："答函鼓励，并时事日非，恐大乱将作，盖政府以加入协约国为复辟之手段也。"① 这封信的写作时间虽不明确，但这批示大概是孙中山最深沉的忧虑，他担心北方的政府陷于参战问题造成混乱，使得主张帝制者复张其势力，让民国夭折。

北京政府于1917年3月7日通电对德绝交之后，人在上海的孙中山于同月9日致电北京参众两院议员，批评部分议员以参战能使中国成为头等强国的大话，并表达参战或将使中国陷入危境，不仅使得中国境内纷乱不已，亦因对德、土宣战之故，使得国内的穆斯林叛离中央，中国更将从此大乱。②

此外，他亦致电英国首相劳合·乔治（David Lloyd George, 1st Earl Lloyd – George of Dwyfor），呼吁英国切莫诱导中国参战，其理由在于中国是一个幼稚的民国，犹如住院之病人，正以立宪努力疗治，自顾不暇，如因参战问题而陷于分裂，将使中国陷入无政府状态。且如中国参战，或将

---

① 《总理批某君空信封》（无日期），一般档案，中国国民党文化传播委员会党史馆藏，档案号：一般052/1258.1。

② 《中华革命党总务部通讯（第二号）》（1917年3月9日），一般档案，中国国民党文化传播委员会党史馆藏，档案号：一般393/57.2。

引发国内仇外情绪，华民无法判别外人国籍，恐使如义和团一般的情况重现，因而劝说英国放弃推说北京政府参战，认为中国应持续保持中立为宜。①

孙中山力持中立，附和者有唐绍仪、温宗尧等，然旧国民党人对于是否对德宣战，实也有不同意见，汪精卫、王宠惠都赞成对德宣战。汪精卫甚而指出德国自日本进攻山东，掠夺德国在此之基地起，便指斥中国违反了中立。② 言下之意，既然德国早不将中国的中立当成一回事，中国还死抱中立的姿态，颇为荒谬。

孙中山担心仅由电报劝说的效果有限，乃托朱执信之名，著述《中国存亡问题》一书。该书首先认为，国家之所以存在，一是为了侵略他人，一是为了避免他人侵略，然而战争并非长久之计，在当今国际社会中，应是在所有手段用尽，才诉诸战争。其次，美国之所以对德绝交是因为德国的无限制潜艇战政策，其根源在于此政策伤害了美国的商务往来，但该政策对华影响甚微，中国实无对德宣战的理由。再次，英国长年外交的政策是权力平衡，出发点都是它本身的利益，因而中国毋须为了英国的拉拢与利益而对德宣战。最后，美国向来亲欧，战争结束之后必然不会为黄种人争取利益而开罪于英法。因而孙中山建议，中国应该维持中立态度，并保持门户开放原则，借着欧战期间各方需求大增的机会，发展民族工业，拓增对外贸易，使各方皆蒙其利。③

当北方参众两院参战与反战两方陆续集结成社，孙中山亦曾于 1917 年 5 月 4 日去函曾为国民党员，后分离而组织民友会的成员，以当前为中国存亡所关，鼓励其站稳反战立场。④ 对段祺瑞来说，最大的反战声音除了北方的议员之外，就是孙中山。段祺瑞找来支持对德宣战、曾为国民党

---

① 《中华革命党总务部通讯（第二号）》（1917 年 3 月 9 日），一般档案，中国国民党文化传播委员会党史馆藏，档案号：一般 393/57.2。
② 《邓泽如致饶潜川函》（1917 年 4 月 21 日），一般档案，中国国民党文化传播委员会党史馆藏，档案号：一般 241/615。
③ 《中国存亡问题》，国父全集编辑委员会编《国父全集》第 2 册，近代中国出版社，1989，第 284~329 页；陈三井：《中国跃向世界舞台：从参加欧战到出席巴黎和会》，秀威资讯科技股份有限公司，2009，第 50 页。
④ 《致民友会同人望坚持对外交之态度函》（1917 年 5 月 4 日），《国父全集》第 4 册，第 480 页。

员、担任北洋政府法律编纂会会长的王宠惠，在 1917 年 5 月初，带着段祺瑞的信，前往上海拜访孙中山，并代邀孙中山前往北京讨论。孙中山回了一封公开信，在《中华新报》上发表，重申其不赞成对德宣战的立场，并举辛亥革命之时，孙中山倡议民国，而北方军人支持的旧事，以段祺瑞如应允不再坚持对德宣战，则愿前往北京面商，否则见了面也将使双方不欢，算是婉拒了段祺瑞的邀约。①

不久后，北方发生张勋复辟以及段祺瑞毁弃《中华民国临时约法》，并对德宣战的一连串事件，部分国会议员南下广州护法，这些南下广州的议员，就名单看来，以反对政府参战的著名人物为主，如马君武、王正廷、褚辅成、叶夏声、吴宗慈、何雯、杨永泰、黄攻素、唐宝锷、谢持、刘成禺等，曾属于外交商榷会的成员，都跟着南下参加非常国会。这与孙中山在对德宣战议题上所采的反对立场，大概有所关联。除了理念之外，另外有关的可能是经费。② 而这笔孙中山能利用的护法经费，大概从德国、皖系、奉系与苏联取得。③ 居间处理德国资金的蒋中正，在他的日记中，对于德国资金的来源颇有交代，资金 200 万元是德国公使辛慈（Paul Von Hintze）在北洋政府宣布对德绝交，下旗归国时，由蒋中正秘密经手，作为孙中山倒段的资本，希望能因此拖延北洋政府对德宣战的时间，这使得本来就反战的孙中山有了充足的银弹。这笔钱日后作为孙中山策动程璧光率舰南下，以及供予南下议员的资金。④

---

① 《为对德参战问题复段祺瑞书》（1917 年 5 月 12 日），《国父全集》第 4 册，第 481～482 页。

② 在党史馆的资料中，1917 年 7 月 21 日，有一份叶夏声收到 100 元的收据，这大概也是这些国会议员南下的原因。详见《叶夏声收到壹百元收据》（1917 年 7 月 21 日），一般档案，中国国民党文化传播委员会党史馆藏，档案号：一般 241/825。差不多时间，黄攻素收到了筹办机器厂的大洋 1000 元。详见《黄攻素收到办机器厂经费大洋壹千元收据》（1917 年 7 月 5 日），一般档案，中国国民党文化传播委员会党史馆藏，档案号：一般 241/874.5。

③ 林能士：《革命与经费：以护法运动为中心的一些讨论》，《政治大学历史学报》1995 年第 12 期。

④ 《蒋介石日记》，1937 年 4 月 24 日，斯坦福大学胡佛研究所藏；黄自进：《青年蒋中正的革命历练（1906～1924）》，《中央研究院近代史研究所集刊》第 65 期，2009 年 9 月，第 29～31 页。

虽说孙中山拿了德国的资金，也的确为了反对对德宣战，多次呼吁段祺瑞应该暂缓投身协约国之列，但到了 1917 年 8 月中，当他为了在广州另立旗帜，准备成立军政府时，却向美国驻广州总领事海因兹尔曼（P. S. Heintzlemann）透露愿意与美国一同向德国宣战的意图，同年 9 月 7 日，孙中山又派胡汉民再度传达愿意对德宣战之意，并希望美国提供经济援助。[①]

1917 年 9 月 18 日，孙中山以北方政府对德奥宣战为非法，咨请非常国会针对南方政府与德奥关系议决，是应维持中立状态，还是暂时容忍北方政府对德奥宣战的情况。非常国会经过决议，同意暂时容忍。[②] 22 日，孙中山复咨非常国会，是否将暂时容忍改为承认，并得到非常国会的支持，因而在四天后，南方政府亦对德奥宣战。[③] 就段云章教授的研究来看，他认为孙中山之所以一改其中立态度，转而同意对德奥宣战，是内外两方面的压力使然。外在是因为美国宣战后诸多中立国跟进，同盟国实际上已经处于极为不利的态势，德国虽一度支持孙中山，但现在也没有持续挹注的可能；内在原因则在于南下的国会议员中，虽反对参战的头面人数不少，但因派系纷多，仍以支持对德奥宣战的议员为多数，在总人数上支持参战的反而多于反对参战的，因此孙中山为了争取国会的支持，以维护其护法政权，不得不对德奥宣战。[④]

宣战之后，按一般国际法法理，南北政府与德奥间都处于战争状态，但即使在战场上，无论南北政府都没有与德奥直接交锋。1918 年 11 月 11 日，欧战结束，紧接着是和会的酝酿与召开，当时日本谋图山东权益的企图已经相当明显，国内对于参与和会应持的态度，颇多声音。在广州，亦有原属同盟会、国民党人士，出面组织国民外交后援会，敦促南方政府积极参与和会表态。在宋以梅、金曾澄、钟荣光、程祖彝、陈勉畬等人的推

---

① 陈三井：《中国跃向世界舞台：从参加欧战到出席巴黎和会》，第 51 页。

② 《咨国会非常会议咨询外交方针文》（1917 年 9 月 18 日），《国父全集》第 6 册，第 142 页。

③ 《军政府为对德宣战布告中外书》（1917 年 9 月 26 日），《国父全集》第 2 册，第 62 页。

④ 段云章：《中山先生的世界观》，秀威资讯科技股份有限公司，2009，第 126～127 页。

动下，于 1919 年 2 月 22 日成立中国国民外交后援会，名称与 1917 年在北京成立的相仿，但组成的成员不同，宋以梅、金曾澄、钟荣光、程祖彝、陈勉畲五人都是广东籍。宋以梅生于 1874 年，广东合浦人，留日期间参加同盟会，为南下的议员之一；金曾澄生于 1879 年，广东番禺人，亦为留日学生，民国建立之后参加国民党，后任广东师范学校校长；钟荣光生于 1866 年，广东香山人，兴中会成员，民国初年曾任广东省府教育司长，亦为岭南大学首任华人校长；程祖彝，生年不详，广东人，似为教育部选派留美学生，曾为教员，并在美国侨校教过书；陈勉畲，原名陈国器，字勉畲，以字行，生于 1848 年，广东南海人，曾为私塾老师，后为广东全省商会会长。该会借用广东省议会后座办公，于 1919 年 3 月 15 日的会议以中国方面非有硕望参加和会不可为由，致函孙中山，希望他能代表出席巴黎和会。① 孙中山在这一封信上面没有批示，不过能确定在北京的学生酝酿发起爱国运动，以及诸多以国民外交为名的游说团体逐渐出现之时，南方的广州也有类似的风潮。

结　语

中国参战的目的，至少有提高国际地位、取得金援挹注两项。②

北方的国民外交后援会，假民意为后盾，所主张的是对德、奥宣战，图借此在未来取得战胜国的资格，于战争结束之后获取利益，所实行的是宣讲的模式，争取公民的支持。当北方政府宣战之后，该后援会的活动似乎就减少了，或许能视为要求已达成。反对北方国民外交后援会的，是支持维持中立的外交商榷会，而该会在北方废弃约法之后，其成员有许多都南下追随也支持维持中立，不对德、奥宣战的孙中山，投身护法运动。

南方的国民外交后援会名称虽与北方相类，但其成立时间晚了两年，

---

① 《中国国民外交后援会宋以梅等上总理函》（1919 年 3 月 17 日），环龙路档案，中国国民党文化传播委员会党史馆藏，档案号：环 2294。
② 徐国琦：《中国与大战：寻求新的国家认同与国际化》，马建标译，三联书店，2008，第 175～182 页。

是在欧战结束之后，其成立是为了呼吁南方政府也能积极参与巴黎和会，目标一如北方的国民外交后援会，图以战胜国之姿获取利益。北方的国民外交后援会之组成成员纷杂，跨越诸多派别，能说是一种共识，但南方的国民外交后援会几乎为国民党人所主导，如当时北方诸多游说团体在北京一般地在南方政坛中活动。这一支南方的国民外交后援会，与当初在北方筹组外交商榷会的成员似无太大关联，但能注意到的是，在北京爆发五四运动之后，南方有一些地方性的国民外交后援会也跟着成立，如福建云霄也有国民外交后援会的组织，而广州的国民外交后援会甚至在 1919 年 5 月 11 日举办大规模的游行，呼应北方的五四运动，这多少都有国民党人在背后推动的影子。

〔王文隆，中国国民党文化传播委员会党史馆〕

历史记忆与国家认同：一战前后中国"国耻记忆"的形成与演变

马建标

内容提要 自 1915 年中日"二十一条"交涉发生之后，北京政府、革命党以及社会各界从各自的立场出发，不约而同地意识到"二十一条"具有非同寻常的"历史记忆"保存价值。北京政府保存此国耻记忆，既有"免责"之虑，也有捍卫其统治合法性的功利性诉求。革命党则将"二十一条"国耻记忆用来证明北京政府的卖国行为，以便进行革命动员。一般新闻出版界则借此刺激民族主义消费，寻求国货消费的合法性。在五四运动期间，"二十一条"国耻记忆向"卖国贼"国耻记忆演变。由巴黎和会外交失败而凸显的民族危机与国内激烈的派系竞争纠缠在一起。在此语境下，国耻记忆扮演着对普通民众进行"救亡启蒙"的社会角色。在这一国耻记忆形成与演变的背后，蕴含着时人关于如何救亡的集体潜意识，即加强民族内部团结，才是自我拯救之路。

关键词 一战 "二十一条" 国家认同 国耻记忆 亲日派

引 言

历史记忆与国家认同的培育往往发生在战争期间或国家处于危机的时刻。为了应对战争需要和克服国家危机，国家领袖和民族精英此时需要培养强大的国家认同，培育公民的国家身份意识，以推动国民为民族国家的"大我"利益而付出"小我"的牺牲。如罗伯塔·科尔斯所言："战争和关于战争的言说可以成为一个社会，包括那些没有参加实际战斗的人界定国家特性和合法化国家存在的手段，并因此发明或复兴一种集体身份。"[1]在 20 世纪的世界历史进程中，一战曾令美国和日本的国家认同发生深刻的改变：一战令美国的国家身份从 19 世纪的"自由典范"转换成"世界领袖"；一战也令日本的国家身份从一个现代"民族国家"转变成"东亚帝国"。[2] 美国和日本的国家身份变革影响了它们在太平洋地区的外交政策，使得太平洋地区国际关系发生变化，进而深刻地影响了中国的国家认同。一战的爆发，令深陷欧洲战场的列强无暇东顾，日本视此为实现"东亚帝国"梦想的"天赐良机"，遂在 1915 年 1 月提出旨在吞并中国的"二十一条"。[3]

日本"二十一条"及其在战后巴黎和会上推行的强权外交，强烈地刺激了中国人的民族感情。这一时期"国耻记忆"的培育基本是围绕日本如何侵略中国以及如何抗拒日本的侵略而展开的。通过这一"国耻记忆"的培育，中国人的国家身份意识被大大强化，围绕"国耻"而产生的各种爱国主义话语成为一种主导性话语，引导着中国人对于国家的自我理解。日本的敌国身份在两个相互联系的方面影响了中国的国家认同：一是强化了中国的民族"同一性"，促使中国人反思：作为"中国人"的本质特征是什么？谁是爱国者，谁是卖国者？二是让人们意识到国家的生存危机，意识到中国虽是一战的战胜国，却仍属于任人宰割的"弱

---

[1] Robert L. Coles, "War and the Contest over National Identity," *The Sociological Review*, Vol. 50, No. 4 (November 2002), pp. 588 – 589.

[2] 在近代民族国家的形成过程中，国耻记忆对于国家认同的培育，具有特殊的黏合力。相关研究，参见 William A. Callahan, "National Insecurities: Humiliation, Salvation, and Chinese Nationalism," *Alternatives*: *Global*, *Local*, *Political*, Vol. 29, No. 2 (Mar. – May 2004), pp. 199 – 218; Paul A. Cohen, *Speaking to History*: *The Story of King Goujian in Twentieth – Century China* (University of California Press, 2009), pp. 36 – 86; Zheng Wang, "National Humiliation, History Education, and the Politics of History Memory: Patriotic Education Campaign in China," *International Studies Quarterly*, Vol. 52, No. 4 (Dec., 2008), pp. 783 – 806; Frederick R. Dickinson, *War and National Reinvention*: *Japan in the Great War*, *1914 – 1919* (Harvard University Asia Center, 1999), pp. 13, 34 – 35; 以及王立新《我们是谁？威尔逊、一战与美国国家身份的重塑》,《历史研究》2009 年第 6 期。

[3] 关于日本政府提出"二十一条"的动因，详见 Frederick R. Dickinson, *War and National Reinvention*: *Japan in the Great War*, *1914 – 1919*, pp. 84 – 114。

国"。

1915 年中日"二十一条"交涉对一战时期的中日关系产生深远的影响，其中一个重要的方面就是以"二十一条"交涉的历史叙事为基础形成"国耻记忆"。如果把"二十一条"交涉视为一场旷日持久的"中日外交战"，一场有民众广泛参与的"舆论战"，那么由此形成的"战争记忆"如何影响了一战时期中国的国家认同，应是一个值得探究的问题。[①] 在近代中国历史上，虽然签订"二十一条"不是中国人遭受的第一个"国耻"事件，但其在近代中国人历史记忆中的重要性却是其他"国耻"事件不可比拟的。由于"二十一条"的存在，中国第一次有了法定的国耻纪念日，把国耻教育内容编入学校教科书，把教育对于国家主义启蒙的重要性提升到前所未有的高度。

国耻记忆是关于"国家"的集体记忆，国耻记忆的目标在于培育国家认同，培养国人的民族国家观念，是一次"国家主义"的精神启蒙。本文试图探讨"二十一条"国耻记忆在一战时期的形成与演变，考察国耻记忆如何培育了这一时期中国人的国家认同。

一 "二十一条"成为"国耻记忆"

根据日方的要求，中日"二十一条"交涉原本是一次绝密的、非常

---

① 1915 年的中日"二十一条"交涉，在近代中日关系史上或中国"反帝史"上，都是一个"里程碑"事件。因此，相关研究并不缺乏。不过，既存研究一般偏重于两个方面：一是侧重"外交谈判"本身，兼及政治问题，如李毓澍《中日二十一条交涉》，中研院近代史研究所，1966；Madeleine Chi, *China Diplomacy*, *1914 - 1918*（Cambridge, Mass., 1970）；金光耀《顾维钧与中美关于"二十一条"的外交活动》，《复旦学报》（社会科学版）1996 年第 5 期；等等。二是从社会和思想方面考察"二十一条"的影响，如罗志田《"二十一条"时期的反日运动与辛亥五四期间的社会思潮》，《新史学》第 3 卷第 3 期，1992 年；陈廷湘《民族情绪变化与抗议"二十一条"运动》，《社会科学研究》2005 年第 4 期；左双文、陈伟《朦胧的、不确定的救国理念："二十一条"交涉期间新式知识分子的初步反应》，《南京大学学报》2007 年第 3 期；等等。这些研究对于澄清"二十一条"交涉的基本史实及其与民初社会思潮之关系，贡献良多，但对于"二十一条"作为一种"国耻记忆"的形成过程的研究，则涉及得很少，此即本文着力论述之处。

规的外交事件。1915 年 1 月 18 日，日本驻华公使日置益当面向袁世凯提出"二十一条"，并要求袁氏"绝对保守秘密"。① 因此，"二十一条"要成为公共性的国家耻辱，首先必须被"泄密"，才能成为一个公开事件。袁世凯起初对于"二十一条"是否应该泄密，持犹豫态度。但在美国驻华公使芮恩施的鼓动下，北京政府在交涉期间采用了泄密策略，将"二十一条"内容以及谈判过程及时地透露给国内外媒体。② 中国报界针对"二十一条"交涉的系列报道是培养公众关于"二十一条"国耻记忆的最早的宣传资料。在交涉期间，日本提出最后通牒的日期 5 月 7 日和中国对日本通牒的复文日期 5 月 9 日，随后成为象征"二十一条"国耻记忆的两个重要日期。

最早意识到"二十一条"交涉具有特别的"存史价值"的北京政府官员，首推外交部参事顾维钧。顾氏认为："和平时期，一个国家默然接受提出特殊要求有损国家主权的最后通牒，这是很不寻常的。必须给后世的历史学家留下记录。"③ 5 月 13 日，陆征祥以中国外交部的名义，全文发表了顾维钧起草的上述声明，向中外宣告了中日交涉始末。④ 北京政府此举，既是向"后世"有所交代，也是为了向民众灌输国家主义观念。为此，北京政府顺应舆情，设立了国耻纪念日，将国耻教育纳入学校教育计划。5 月 14 日，上海实业家穆藕初致电正在天津召开的全国教育联合会全体代表，电称，"交涉蒙耻过去，国民教育方亟，请各代表通告各本省大中小各校员，唤起国民自觉，为救亡图存准备，愿大家毋忘五月七日之国耻"。⑤ 北京教育部下属的全国教育联合会于 5 月 21 日复电江苏省教育会及穆藕初，电文说："本会已议决每年五月九日开会为国耻纪念，并经通电全国教育界，唤起自觉心。"⑥ 与此同时，江苏省教育会通令各级

---

① 金光耀：《顾维钧传》，河北人民出版社，1999，第 23～24 页。
② 芮恩施：《一个美国外交官使华记》，李抱宏、盛震溯译，商务印书馆，1982，第 112 页。
③ 顾维钧：《顾维钧回忆录》第 1 分册，中华书局，1983，第 126 页。
④ 详见王芸生《六十年来中国与日本》第 6 卷，三联书店，1980，第 245～255 页。
⑤ 穆家修等编著《穆藕初先生年谱》，上海古籍出版社，2006，第 70 页。
⑥ 穆家修等编著《穆藕初先生年谱》，第 70 页。

学校，"以五月九日为国耻纪念日，以为鞭策国民之一法"。① 此项决定之后，5月9日成为一个广为人知的"国耻纪念日"。

5月12日，教育总长汤化龙在天津全国各省教育联合会闭幕式上发表讲话，提出今后教育要注重道德教育，使学生"急公好义，爱国忘家。乐善好输，培国本于现在；卧薪尝胆，期雪耻于将来"。② 北京教育部决定，"将此次中日交涉情形编入各种教科书，俾国民毋忘国耻"。③ 5月底，袁世凯密谕京内外各省长官，督促他们效法日本强盛之道，"普及教育、明耻教战"。④ 旋即，北京政府教育部于6月初向各省发出关于精神教育的咨文，其中说道，"知耻乃能近勇，多难足以兴邦……普败于法，乃以其事日诏国人，厥后战胜。论者咸归功于国民教育"。⑤ 为贯彻执行教育部的咨文，6月20日，江苏省校长会议关于学校国耻教育，做出决定，要使用一切教育手段，"务使人人知有此辱也"。⑥

一些出版机构如中华书局也遵照教育部的咨文精神，及时推出了各种新版教科书。1915年7月初，中华书局发行一整套"新制小学教科书"，其宗旨是"能令学子奋发自强，不忘国耻"。⑦ 此外中华书局发行的"新制单级小学教科书"，其编辑方针也是"注重国耻，多采经训"。⑧ 同时，中华书局还推出"新编小学教科书"，这套教科书旨在激发学生的道德心、责任心、雪耻心和爱国心。⑨ 另外，中华书局出版的"中学师范教科书"，其特点之一，在于各书材料"皆取最新学说，注重国耻，而于先民

---

① 公振：《时评三》，《时报》1915年5月20日，第4张第8版。
② 《全国省教育会第一次联合会记略》，《教育杂志》第7卷第6号，1915年6月15日，第40页。
③ 《国内专电》，《时报》1915年5月20日，第1张第1版。
④ 《协约签后之政府痛定痛——总统密谕发痛言》，《申报》1915年5月31日，第6版。
⑤ 《记事——关于精神教育之部咨》，《教育杂志》第7卷第7号，1915年7月15日，第60页。
⑥ 侯鸿鉴：《特别记事：述江苏省校长会议之概略》，《教育杂志》第7卷第8号，1915年8月15日，第54页。
⑦ 《教育部审定新制小学教科书》，《时报》1915年7月1日，第1张第1版。
⑧ 《教育部审定新制单级小学教科书》，《时报》1915年7月1日，第1张第2版。
⑨ 《教育部审定新编小学教科书》，《时报》1915年7月2日，第1张第1版。

之道德，固有之国粹，尤为注意"。①

总的看来，北京教育部和出版界在培育公众关于"二十一条"的国耻记忆的态度上是积极的、主动的。在"二十一条"交涉期间，北京政府已经意识到"二十一条"可以成为引导公众舆论，抵制日本外交压力的"特殊武器"，也意识到如果对"二十一条"加以有效地宣传利用，就可以强化民众的国家观念，进而达到维护政府统治的效果。在中日交涉期间，中国政府虽然在日本政府的强烈抗议下，发出取缔反日运动的命令，其实不过是敷衍日本人的一种外交策略。② 当中日交涉结束之后，民众运动已经对政府外交失去"后盾"的作用，袁世凯政府才下决心彻底取缔反日运动。5 月 26 日和 6 月 29 日，袁世凯两次发布总统令，严禁排日运动的发生。③

1915 年 5 月 25 日，中日两国全权委员签署《民四条约》，由此结束了约四个月的"二十一条"交涉。④ 在舆论压力下，负责签约的中国外交部总长陆征祥和次长曹汝霖不得不通电"自请罢职"。⑤ 与此同时，以孙中山为首的革命党则利用"二十一条"国耻记忆进行反对袁世凯的革命动员。早在 4 月 22 日，中华革命党就从日本向国内、新加坡、旧金山等地散发关于"二十一条"交涉的通告，指责袁世凯"宁肯举祖国之河山，移赠他族"，攻击袁世凯"为卖国之罪魁"，呼吁"讨贼不容缓"。⑥ 很快，北京政府就意识到真正对其国耻记忆控制权构成威胁的是中华革命党人，北京政事堂在 5 月 24 日致电广东巡按使李国筠，指示"报纸造谣，党人煽乱，亟应查禁"。⑦ 次日，袁世凯又下令究办孙中山等革命党人，

---

① 《教育部审定中学师范教科书》，《时报》1915 年 7 月 6 日，第 1 张第 1 版。
② 《云南巡按使署奉袁世凯令禁止人民反对不平等条约告示》（1915 年 4 月 1 日），中国第二历史档案馆编《中华民国史档案资料汇编》第 3 辑《民众运动》，江苏古籍出版社，1991，第 291 页。
③ 《五月二十六日大总统策令》，《申报》1915 年 5 月 28 日，第 2 版；《六月二十九日大总统申令》，《申报》1915 年 7 月 1 日，第 1～2 版。
④ 详见张振鹍《再说"二十一条"不是条约》，《近代史研究》2000 年第 1 期。
⑤ 《陆曹自请罢职电》，《申报》1915 年 6 月 2 日，第 7 版。
⑥ 陈锡祺主编《孙中山年谱长编》上册，中华书局，2003，第 945 页。
⑦ 《致广州巡按使电》（1915 年 5 月 24 日），《中华民国史档案资料汇编》第 3 辑《民众运动》，第 311 页。

其通令称："逆首孙文近乘中日交涉和约成立之后，在日开会密议，诋毁政府甘心卖国，借词伐罪吊民，密派党徒，潜赴内地"，饬令各地严加防范。①

为了消除革命派关于"二十一条"的负面宣传，北京政府试图控制有关"二十一条"交涉的解释权。5月26日，袁世凯颁布大总统申令，指出："凡我国人正宜求其在我勉为万众一心，冀有转弱为强之一日。讵可徒逞气血，孤注轻掷，自蹈危亡之惨祸？除饬令各道县将交涉前后情形，详加比较，向商民各界切实宣布，以释群疑外，用特明白谕示。"②为了防止革命党人将"二十一条"国耻记忆转化为革命动员的政治手段，③1915年6月19日北京政府出台了《惩办卖国贼条例》，此项条例对"卖国贼"的定义是："本国人民勾结外国人为卖国之行为者为国贼，治以卖国罪。卖国罪由大理院或军政执法机关审判之。"关于"卖国罪"的构成，条例给出三个标准："一、勾结外国人意图扰乱本国国家之治安及人民之公共安宁秩序者；二、私与外国人订立契约损害本国国家及人民之权利者；三、其他勾结外国人为不利本国国家之一切行为者。"④同时，北京政府还发布命令，劝说民众不要被"奸党"谣言迷惑："乃有倡乱之徒，早已甘心卖国，而于此次交涉之后，反借以为辞，纠合匪党，诪张为幻，或谓失领土，或谓丧主权，种种造谣，冀遂其煽乱之私。此辈平日行为，向以倾覆祖国为目的，而其巧为尝试，欲乘国民之愤慨，借簧鼓以开衅端，其居心至为险狠。"⑤

简言之，"二十一条"国耻记忆的培育从一开始就带有强烈的政治色彩，无论是北京政府还是革命党人，他们都明确地意识到"二十一条"作为一种国耻记忆，可以成为政治斗争的有效武器。尽管1915年的中日

---

① 陈锡祺主编《孙中山年谱长编》上册，第949页。
② 《关于中日交涉之文告》，《申报》1915年6月17日，第10版。
③ 详见陈锡祺主编《孙中山年谱长编》上册，第948页。
④ 《参政院讨论惩办国贼条例之状况》，《时报》1915年6月16日，第2张第3版；《国内专电》，《时报》1915年6月21日，第1张第1版。另见《申报》1915年6月24日，第2版；7月10日，第2版。
⑤ 《五月二十六日大总统策令》，《申报》1915年5月28日，第2版。

《民四条约》是在日本的威逼之下签署的，但北京政府也难逃"御国无能"的干系。① 一个值得注意的舆情变化是，自袁世凯政府被迫接受日本要求之后，"人心始去"。② 而以孙中山为首的革命党人，也据此认为"二十一条"交涉历史就是袁世凯"甘心卖国"的历史；换言之，孙中山是将"二十一条"国耻记忆作为进行"革命动员"的宣传依据。③ 如果说北京政府与革命党人对"二十一条"国耻记忆的关注是基于政治竞争的考虑，而一般社会各界对国耻记忆的关注则更多地是担心国人的"遗忘"，他们对国耻记忆的塑造也是为了克服人们对这段"国耻"的遗忘。只有"不忘"国耻，才能克制利己主义，弘扬国家主义。

二　中国社会各界保存"国耻记忆"的努力

中国社会各界的舆论领袖从传统耻感文化中发现了国耻记忆的存在价值，他们认为保存国耻记忆有助于强化人们的国家认同。但是，舆论领袖们也非常了解国人的心理毛病，此即对国耻的"健忘"，这令他们非常担忧。于是，舆论领袖们在表述国耻对于国家兴亡的意义时，常常引用越王勾践卧薪尝胆的故事，以引起人们对国耻的重视。④

上海的舆论领袖率先将国人的"健忘"问题提了出来，并将"健忘症"与"国耻"联系起来。5 月 10 日，包天笑发表时评，"警告吾健忘之国人"，呼吁国民"以此次日本之哀的美敦书为吾国人补脑药之保证书，以疗健忘之病"，而"勿忘国耻"。⑤ 同日，戈公振也发表时评，呼吁国人"毋忘此次之耻辱"，戈写道："我国民自经此次挫折，苟再不设法

---

① 关于"二十一条"与《民四条约》之关系，详见张振鹍《近代中外关系文集》，社会科学文献出版社，2011，第 430～435 页。

② 罗志田：《乱世潜流：民族主义与民国政治》，上海古籍出版社，2001，第 61 页。

③ 详见中国社科院近代史研究所中华民国史研究室等合编《孙中山全集》，中华书局，1984，第 172、176 页。

④ Paul A. Cohen, "Remembering and Forgetting National Humiliation in Twentieth - Century China", *China Unbound*, pp. 149 - 150.

⑤ 笑：《时评一》，《时报》1915 年 5 月 10 日，第 1 张第 2 版。

自救，则其祸将有尤烈于此者。"① 上海《甲寅》杂志主笔章士钊特意在"国耻纪念日"撰写《时局痛言》一文，其中有云："不谓酣歌恒舞之中，忽有所谓中日交涉者发见。日本所提条件在在与家国存亡有关。……非以若干年修养之力，数十万同胞之血，层层磨洗，不能为功。"② 7月25日，上海《时报》刊登了一篇日本人写的《支那国民性之特征》的译文，文章指出中国国民性的一大弱点就是"健忘"。③

借用日本人对中国国民"健忘"的批评，这显然是一种"激将法"，以此来引发舆论的关注。上海《时报》对此回应说："健忘乃吾国人劣性之最著者。"④ 如何使国人克服"健忘"，牢记"国耻"，舆论界展开了讨论。《甲寅》杂志徐天授提出了"精神救国"和"实质救国"的方法，前者首要是"唤醒全国之道德与爱国心"，至于"实质救国"，其中一条是"将历来国耻及失败之由，补救之法，时时警告国人"。⑤ 容孙则认为，知识分子应当担负起拯救民族危亡的重任，他引用顾炎武的话说"士大夫无耻，是为国耻"，呼吁中国"士人"要有耻辱精神。⑥ 一部分舆论领袖把国人的"健忘症"归结为中国人的国民性问题，因此要克服中国人的健忘症，只有改良中国人的国民性。但是，改造国民性毕竟非旦夕之功，而传承"二十一条"国耻记忆则迫在眉睫。于是，许多舆论领袖借助报刊媒体来强化"二十一条"国耻记忆。

集体记忆的形成终究离不开公共媒介的传播。"二十一条"国耻记忆要想成为普通民众的集体记忆，最重要的一环就是公共媒介对"二十一条"国耻记忆的宣传。在这方面，报界发挥了不可替代的作用。此时的报界对其肩负的国家社会使命已经有了深刻的自觉意识。如时论所说："报纸既可养成抗王屈霸之伟大势力，是其伟大之势力必有展用之处。即今之报界，虽或未尝养成若何势力，然其展用势力之观念，亦时时有

---

① 公振：《时评三》，《时报》1915年5月10日，第4张第8版。
② 秋桐：《时局痛言》，《甲寅》第1卷第5号，1915年5月10日，第1、8页。
③ 月印：《译论：支那国民性之特征》，《时报》1915年7月25日，第1张第1版。
④ 月印：《译论：支那国民性之特征》，《时报》1915年7月25日，第1张第1版。
⑤ 徐天授：《通讯：救国之谈》，《甲寅》第1卷第6号，1915年6月10日，第7~8页。
⑥ 容孙：《通讯：国耻》，《甲寅》第1卷第7号，1915年7月10日，第11~12页。

之"，一言以蔽之，报界是"无冠之帝王"，是"国民信仰的拥护者"。① 由于报界深刻意识到其与国家社会的关系，所以便自觉地担当其塑造和传播国耻记忆的重任。

一位署名"壮游"的报界人士发誓说："吾今不胜大愿，愿吾同业自今以后，时时建鞞振锋，发大音声，警告于国民前，永无忘哀的美敦书之耻也。"② 没有传播就没有集体记忆，传播是克服国人"健忘"，保存国耻记忆的有力手段，是为"记者书册之上，传诸父老之口"。③ 报界人士还将"国耻记忆"与"国货消费"联系起来，他们通过传播"二十一条"国耻记忆来振兴国货。北京记者张仲良就是北京"国货联谊会"的领袖人物。他所领导的国货联谊会为抵制日货运动的延续做了最大的努力。张仲良的国货联谊会还在北京筹备白话报纸，其目的就是让一般民众牢记5 月 7 日为"国耻纪念日"。④ 通过传承国耻记忆来建构国货消费主义的合法性，这既满足了民族资本家的商业利益诉求，也有力地推动了国耻记忆的传播和保持。

为了促进图书销售，出版界策划的国耻书籍在报纸上刊登广告，这些国耻书籍都被列为"国民必读之书"，以强化阅读的必要性。在诸多以国耻为题的宣传品中，尤以同盟会会员、政学系的殷汝骊编纂的《亡国鉴》因收入梁启超等名家作品，颇为引人注目。⑤ 其中，朝鲜的亡国史尤其成为出版界用于培育国耻记忆的鲜活案例。以朝鲜为素材的亡国小说也出现了。上海国华书局即时推出朝鲜亡国小说《亡国影》。⑥ 同时，另一本名为《韩国痛史》的小册子也非常流行，《韩国痛史》一书在上海中华书局、怡安印书馆、中华图书公司等十余家出版机构设立代售处。⑦ 当时，

---

① 刘蕭和：《论坛：勘报》，《甲寅》第 1 卷第 6 号，1915 年 6 月 10 日，第 18、19、24、28 页。
② 壮游：《论说：痛定痛》，《时报》1915 年 5 月 11 日，第 1 张第 1 版。
③ 壮游：《论说：痛定痛二》，《时报》1915 年 5 月 14 日，第 1 张第 1 版。
④ 《张仲良致莫理循函》（1915 年 6 月 11 日），《清末民初政情内幕》第 2 册，第 455 页。
⑤ 殷汝骊：《亡国鉴》，泰东图书局，1915。
⑥ 倪轶池、庄病骸：《亡国影》，国华书局，1915；《亡国影》，《时报》1915 年 6 月 19 日，第 4 张第 9 版。
⑦ 《韩国痛史》，《时报》1915 年 7 月 6 日，第 1 张，"广告"。

避居天津的梁启超凭借其"最灵敏的感觉"，立即意识到"二十一条"交涉具有培育国耻记忆的重要价值，借此能够激发人们的爱国情感。① 故而，梁氏在交涉初期就开始撰写《中日交涉汇评》，刊登在《大中华》杂志以及"京沪各报"，旨在"揭发日人阴谋，唤醒国人，警醒迷梦"。②

这些旨在培育"国耻记忆"的书籍到底对一般读者产生多大影响，或者说为出版商带来多大的商业利润，尚无法进行确切的统计。但是，有一个例证大体可以说明这些国耻书籍甚为畅销。截至 1915 年 7 月初，上海国文书局发行的《五月九号国耻史》，两月之内已加印到第三版，印刷一万册。③ 至少对出版界而言，"二十一条"国耻记忆的培育是一次目的明确的出版策划，他们以"五月九日"国耻纪念为契机，有意识地培养读者对"国耻知识"的阅读兴趣，利用民族主义思想的权威来影响读者的阅读选择。④

"二十一条"国耻记忆的培育是与日本敌国形象的生成结合在一起的。"二十一条"交涉结束不久，中国书市上就涌现出日本侵华的历史书籍，这类书籍的流通塑造了日本在中国的"敌国"形象。1915 年 7 月底，上海群益书社在《时报》刊登《日本潮》一书的出版预告，其广告词就是："日人谋我之真相，吾人警觉之晨钟。"⑤ 在实际宣传中，中国的舆论精英们已经有意识地凸显日本的"敌国"形象来强化中国人的国耻记忆。当时，曾经流传一份"日本人笑我传单"，这份传单假借日本人的口吻辱骂中国人，以达到强化中国人国耻记忆的目的。这份传单写道：

我们第一强国（日本）　　那怕支那冷血（乌龟）

---

① 详见梁启超《饮冰室合集·文集之三》，中华书局，1989，第 65、67 页；郑师渠《社会的转型与文化的变动：中国近代史论》，商务印书馆，2006，第 214、217 页。

② 吴天任编著《民国梁任公先生启超年谱》第 3 册，台湾商务印书馆，1988，第 1121～1122 页。

③ 《五月九号国耻史》，国文书局，1915；《五月九号国耻史》，《时报》1915 年 7 月 1 日，第 1 张，"广告"。

④ 《国耻》，《时报》1915 年 7 月 14 日，第 1 张，"广告"。

⑤ 《日本潮》，《时报》1915 年 7 月 31 日，第 1 张，"广告"。

目下抵制我货（小民）　　定是有头无足（不像）

你辈如此暴动（抵制）　　我差总统压力（官场）

青岛台湾高丽（榜样）　　已做我的奴仆（现在）

并非我来笑你（可等）　　不久就要亡国（眼前）①

　　记忆与遗忘原本是一种自然生理现象，而要防止"遗忘"，强化集体记忆，必须借助一套强大的宣传教育系统。出版界借助日本敌国形象的塑造来强化中国人的"国耻记忆"只能起到一时的效果，而要把这种集体性的"国耻记忆"传承下去，还需要更周密的教育计划。教育界已经意识到普通人的"健忘病"以及国家观念的淡薄，他们把传承"二十一条"国耻记忆的重任寄托在青年一代。② 1915 年 6 月 11 日，梁启超在浙江省教育会发表演说时，指出"此次中日交涉本为过去之事，对于将来非常危惧，何以言其然。现在人人有扶助国家之观念，因而提倡国货，或发起救国储金。此二事鄙人敢不赞成？所虑者，但凭一时之客气终鲜效果耳。今中国内忧外患如此，其急矣。试问救济之法何在？惟厉行教育以谋国产之发达"。③

　　教育可以救国，这在当时是没有异议的。一般教育界人士都把教育视为救国的法宝。而国耻教育的目的就是塑造青年学生的国家认同。1915 年 8 月 28 日，袁世凯在接见全国师范校长会议代表时，特别强调了教育与国家兴亡的关系，他说，"现今世界系一文明竞争时代，故教育实为立国根本"。④ 江苏巡按使齐耀琳说："如欲救今日之弊，而振吾国之衰，非从教育入手不可。"⑤ 齐氏这段话与梁启超的"少年中国说"如出一辙，

---

① 《中华国民抵制日货传单》（1915 年 4 月 13 日），《中华民国史档案资料汇编》第 3 辑《民众运动》，第 304 页。

② 江苏盐城教育界人士李万里说："余周历城乡各处甚多，知吾国人民明白家国关系者，实百不得一。"参见李万里《我国教师之大任》，《时报》1915 年 5 月 1 日，第 3 张第 6 版。

③ 亦省：《浙教育界欢迎梁任公演说记》，《时报》1915 年 6 月 13 日，第 3 张第 5 版。

④ 幻龙：《特别记事：教育部全国师范校长会议记》，《教育杂志》第 7 卷第 10 号，1915 年 10 月 15 日，第 74～75 页。

⑤ 侯鸿鉴：《述江苏省校长会议之概略》，《教育杂志》第 7 卷第 8 号，1915 年 8 月 15 日，第 52 页。

两者都是寄希望于"少年"，反映的是对"成年人"的失望与无奈。亦如时论所说，"普通人民多具奴性，行政官僚类多媚外"，唯有学生尚可有具备"高尚人格"的希望；在此情况下，青年学生被视为传承国耻记忆的重要载体，而如何使"国耻"二字永远留存在学生的"脑海之中"，便成为教育家们关心的问题。①

江苏省教育会的贾丰臻则认为，此次中日交涉之后中国的"教育观"应该改变，新的教育观应该坚持"明耻"原则。② 四川省教育界代表王国璋、黄九龄、盛榕等人则提议四川省学生应举行"宣誓会"，要求四川省属各校学生"择日齐集文庙宣誓"，"终身不忘五月七日之耻"。③ 在这种舆论呼声下，教育界开始把国耻教育列入学校教育的重要内容。

教育部门对国耻教育的倡导也得到了学生界的响应，他们对于传承国耻记忆的使命有着高度的自觉。北京民国大学学生周寰昌上书教育总长汤化龙，建议政府除了重视学校正规国耻教育之外，还应实行"捷径教育"，即以快捷有效的方式使民众了解国耻历史。④ 1915 年 5 月底，广州学界在述善中学召开国耻纪念大会，会议将国耻教育列为学校教育的重中之重，并提出了国耻纪念的办法："（一）用白油黑板上书'五月七日国耻'六字；（二）国文教员多出激发国耻题目；（三）图画教员多写国耻纪念品物。"⑤ 湖南第一师范学校学生则集资刊印了该校教员石广权所著《明耻篇》一书。毛泽东读过此书后在《明耻篇》封面上写下四句题词，以示报国雪耻之心，题词写道："五月七日，民国奇耻。何以报仇？在我学子！"⑥ 毛泽东的国耻记忆感受，虽是个体行为，却说明了国耻对于激发青年人的爱国情感，具有特殊的动员力量。

---

① 侯鸿鉴：《杂纂——国学国耻劳苦三大主义表例》，《教育杂志》第 7 卷第 7 号，1915 年 7 月 15 日，第 22 页。
② 贾丰臻：《言论：中日交涉后之教育观》，《教育杂志》第 7 卷第 7 号，1915 年 7 月 15 日，第 155 ~ 156 页。
③ 《记事：川省提出学生宣誓会》，《教育杂志》第 7 卷第 7 号，1915 年 7 月 15 日，第75 ~ 76 页。
④ 《周寰昌上教育总长书》，《申报》1915 年 6 月 5 日，第 1 版。
⑤ 《广东学界开国耻纪念大会》，《申报》1915 年 5 月 30 日，第 6 版。
⑥ 中共中央文献研究室等编《毛泽东早期文稿》，湖南出版社，1995，第 9 ~ 11 页。

关于"二十一条"国耻记忆的培育与传承，很难让人保持始终如一的热度。1915 年表现得最强烈，而 1916 年和 1917 年的国耻纪念活动则趋于式微。原因之一就是北京政府不希望中日关系恶化，故而对国耻纪念活动加以干涉。国务院致函地方当局，以"现在时局未靖，匪徒伺隙思逞"为由，命令地方当局限制国耻纪念活动。① 由于缺乏有利的政治环境，民间的国耻纪念活动也趋于消沉。1917 年 5 月 9 日，上海《时报》刊文，哀叹国耻纪念日被遗忘，其中写道："国耻，国耻，五月九日日落时，当日心热何其高，深镌人心永不渐。孰知至今才几时，人心早已死，更有何人记国耻。"②

到了 1918 年，有关"二十一条"国耻记忆的纪念活动又开始复苏，学生界是主要推动者。此时，皖系军阀段祺瑞领导的北京政府奉行"亲日外交"政策，但是青年学生则反对中日结盟。1918 年《中日共同防敌军事协定》签署，留日学生纷纷归国，号召国内学生发起反日运动，抵制这一军事协定。国耻记忆成为激励学生反日的精神动力，恽代英的反日经历就是最好的证明。1918 年 5 月 7 日，武昌中华大学学生恽代英与同学林育南、魏以新、黄绍谷等在青年会开会，恽报告了他的"国耻感想及行事"；5 月 18 日，恽代英召集"仁社"成员开会，决定将仁社《互励文》加入"国耻观念"；5 月 20 日，恽代英与互助社友人决定，"油印日本新要求二十条"，以唤醒民众的国耻记忆。③ 通过恽代英的反日运动经历，可以看出"国耻记忆"已经成为学生界进行反日动员的催化剂，成为他们寻求"集体认同"以及开展集体行动的情感基础。

此次反日运动所揭示的意义是，"二十一条"国耻记忆已经成为学生界反对中日合作的历史依据，成为其反日情绪产生的根源。④ 一个特定的集体记忆可以影响公众对政府外交政策的态度，"二十一条"国耻记忆就

① 《汉口国耻纪念之结果》，《时报》1916 年 5 月 15 日，第 2 张第 3 版。
② 回想：《又是一个五月九日》，《时报》1917 年 5 月 9 日，第 4 张第 9 版；雄生：《今日何日》，《时报》1917 年 5 月 9 日，第 4 张第 9 版。
③ 恽代英：《恽代英日记》，中共中央党校出版社，1981，第 366、379、381 页。
④ 《译丛：论中国人对待日人之恶感》，《时报》1915 年 6 月 18 日，第 3 张第 6 版。

是一个典型的例证。

在 1910 年代后期，欧战为中国民族资产阶级的崛起提供了前所未有的发展机遇。在此背景下，民族主义被"商业化"，成为一种"消费民族主义"。围绕"二十一条"国耻记忆所开展的各种宣传活动，有提倡国货运动、反日书籍的印刷与销售，等等，这类带有"刺激消费"性质的宣传提示人们，反日运动的展开除了民众的爱国热情之外，应还有某种商业利益的驱使。① 而反日的集体记忆的形成，也为新闻出版界倡导的国货消费提供了合法性与正义性。民族主义还具备天然的政治属性，这一政治属性通过国耻记忆可以转化成强大的政治力量。在 1919 年巴黎和会山东问题交涉失败之后，怀有强烈国耻记忆的青年学生开始质疑北京政府对日政策的合法性。一战时期形成的反日国耻记忆成为学生界发起政治运动的原动力，这一点在五四运动中得到充分的展现。

三　五四运动与国耻记忆的重构

有意识地利用人们的"集体记忆"来发起政治运动，五四运动堪称一个典型。"二十一条"国耻记忆激发了中国人的民族主义情绪，而"民族主义的激情在反日运动的发展中起着主要作用"。② "二十一条"国耻记忆是一战时期中国学生的特定集体记忆。作为同代人共享的"集体记忆"，"二十一条"国耻记忆是中国各地学生在反日运动中相互沟通的"情感纽带"。

在一战后期，"二十一条"国耻记忆在五四学生集体记忆中日益居于核心地位。随着民族危机的加深，"二十一条"国耻记忆对五四学生的影响也日益凸显，甚至成为一种"事实的压迫"；在五四运动爆发前夕，令一般中国青年学生感觉"最为不安的几个历史事实"，首先就是"为一班

---

① 参见葛凯《制造中国：消费文化与民族国家的创建》，黄振萍译，北京大学出版社，2007，第 135 页。
② 周策纵：《五四运动：现代中国的思想革命》，江苏人民出版社，1999，第 23 页。

人认为中国致命之伤的'二十一条'"。①

人们对历史记忆的回想，总是因现实问题而起。1919 年，"二十一条"国耻记忆重新成为中国人的关注对象，是由中国的对日外交事务引发。具体言之，这主要是指日本驻华公使小幡"恫吓事件"。② 由此唤醒了中国人的国耻记忆，激发了强烈的反日仇恨。京津学生界对小幡"恫吓事件"反应非常激烈，据报道，"京中各高等学校大学等，多开大会以筹抵抗之法"。③ 国民励耻会致电北京政府，谓"勿为胁从，沦胥邦国"。④ 社会名流张謇致电大总统徐世昌，建议"悬'亡国奴隶'四字为帜，无南北无智愚贤肖，皆耻之；行见举国沸腾矣"。⑤ 南方和议总代表唐绍仪亦认为小幡此举，"我国人民岂能容此等凌辱"。⑥ 由小幡"恫吓事件"所引发的中国各阶层强烈的民族主义情绪，预示着此时的中日关系已经成为一个极易引起各方关注的"公共话题"。随后发生的中日"密约公布"事件，促使中国的"亲日与反日之争激烈化"，⑦ 而"二十一条"国耻记忆的"重构"也即在此复杂的政争背景下展开。

"二十一条"国耻记忆的重构，其实就是将公众关于"二十一条"的国耻记忆转化为与此相关的以亲日派"卖国贼"为主体的国耻记忆。结果，亲日派政治人物曹汝霖、陆宗舆和章宗祥被锁定为"卖国贼"，从而使这一新的国耻记忆具有"目标明确和道理简单"的宣传效果。⑧ 因此，

---

① 匡互生：《五四运动纪实》，中国社会科学院近代史研究所编《五四运动回忆录》，中国社会科学出版社，1979，第 303 页。
② 1919 年 2 月 2 日，小幡访问中国外交部，对巴黎和会中国外交代表的言行表示不满。此事传出之后，被称为"小幡恫吓事件"。应俊豪：《公众舆论与北洋外交》，政治大学历史系，2001，第 171 ~ 173 页。
③ 《日使恫吓我国之公愤：京津学界》，朱心佛编《还我青岛》，文海出版社，重印 1919 版，第 5 ~ 6 页。
④ 《国民励耻会等致北京电》，《申报》1919 年 2 月 9 日，第 10 版。另见《江苏省教育会致北京电》，《申报》1919 年 2 月 9 日，第 10 版；《上海总商会致北京电》《环球中国学生致北京电》，《申报》1919 年 2 月 9 日，第 10 版。
⑤ 张謇：《为中日交涉致徐世昌总统电》，张謇研究中心、南通市图书馆编《张謇全集》第 1 卷，江苏古籍出版社，1993，第 407 页。
⑥ 《国民对外交之声援》，《晨报》1919 年 2 月 7 日，第 3 版。
⑦ 唐启华：《巴黎和会与中国外交》，社会科学文献出版社，2014，第 184 ~ 187 页。
⑧ 邓野：《巴黎和会与北京政府的内外博弈》，社会科学文献出版社，2014，第 96 ~ 97 页。

关于"卖国贼"的国耻记忆将更容易深入人心，更容易进行政治动员。

　　五四运动中，"卖国贼"之所以成为新的国耻记忆象征，与两种力量的推动有关：其一，民族主义思想本身的力量；其二，政治派系彼此竞争的力量。这两股力量的相互作用，使得国耻记忆实现了从"二十一条"到"国贼人物"的转变。彼时，民族主义思想已经成为主流的政治观念，不同政治派系都要借助"民族主义的旗号"以维护其派系竞争的合法性。随着中日密约，特别是关于山东的几项密约的公布，公众舆论逐渐聚焦于当年签署密约的责任人，也即亲日派曹汝霖、章宗祥和陆宗舆。

　　作为近代民族主义思想传播的先驱领袖，梁启超在巴黎和会期间敏锐地意识到"民族主义"的潜在力量，并将其运用到研究系与敌对派系的政治竞争中。[①] 以曹汝霖为代表的新交通系是以段祺瑞为核心的皖系军阀的亲密政治盟友，该派系奉行亲日政策，也是梁启超研究系的政敌。于是，梁启超决定借助"山东密约"攻击亲日派曹汝霖。1919 年 3 月 6 日，梁启超从巴黎致电外交委员会委员长、研究系干将汪大燮，说："为今计，惟有使订约之人担负，庶可挽回。"[②]

　　梁启超这封电报的用意很明显，首先就是将"山东铁路密约"与"二十一条"联系起来，此即他所谓的"加一保证"；其次是认为"山东铁路密约"造成日本与德国在山东权利上存在"继承关系"。[③] 根据这两点，梁启超提出要追究"订约之人"。按照梁启超的分析逻辑，既然 1918 年中日山东问题条约是由驻日公使章宗祥经办的，而此约又是对"二十一条"的"附加保证"，那么章宗祥就和当年参与"二十一条"交涉的时任外交次长曹汝霖和驻日公使陆宗舆一样，都在"出卖"国家利益。如

---

① 罗志田：《乱世潜流：民族主义与民国政治》，上海古籍出版社，2001，第 169 页；梁启超：《饮冰室合集·专集之三十三》，第 94~95 页。

② 《收法京梁任公先生电》（1919 年 3 月 11 日），《中日关系史料——巴黎和会与山东问题》，中研院近代史研究所，2000，第 63 页。

③ 根据邓野的研究，时任驻日公使章宗祥与日本政府签署的济顺、高徐铁路合同和中日山东换文并不构成日本对德国在山东利益上的"继承权"。因为，这两项条约都是在中国1917 年对德宣战、原有的中德条约宣布废除之后，才与日本重新订立的新约。因此，先前的中德条约与之后的中日条约，两者之间没有联系。详见邓野《巴黎和会与北京政府的内外博弈》，第 137~139 页。

此说来，这三位亲日派人物都和"二十一条"国耻记忆联系在一起。当梁启超提出直接追究他们的"签约责任"时，在媒体的围攻报道下，曹、章、陆三人很快被锁定为"卖国贼"。当媒体连篇报道他们的"卖国秘史"时，一个关于"卖国贼"的新国耻记忆就形成了。从"二十一条"国耻记忆到卖国贼国耻记忆的转变，在记忆对象上是一次从"条约"到"人物"的转换。1919 年 4 月 12 日，《晨报》发表时评，指出曹汝霖、章宗祥和陆宗舆等人与日本签署的合同，实际是在"拍卖"国家利益。① 在媒体曝光之后，亲日派曹汝霖等人所签订的密约为热点话题。公众舆论将亲日派的"卖国史"定义为新的国耻记忆，并通过对亲日派操守的公开批判来捍卫民族主义的神圣性。

在梁启超看来，1915 年《民四条约》的签署是一种武力胁迫下的"旧国耻"，情有可原，但 1918 年济顺、高徐路约是亲日派"欣然同意"的，这当然是不可宽恕的"新国耻"。4 月 23 日，北京《晨报》刊登梁启超自巴黎来电，指出山东问题交涉失败，是曹汝霖等亲日派所为。② 梁启超的这封电报如火上浇油，国内公众舆论遂集矢于亲日派曹汝霖等人。如匡互生所言："这一个消息宣传以后，北京所有的学生除了那些脑筋素来麻木的人以外，没有不骂曹、章、陆等没有良心的，没有不想借一个机会来表示一种反抗精神的。"③

5 月 4 日，北京学生打着"取消中日协定""卖国贼曹汝霖、陆宗舆、章宗祥"等旗号，火烧曹汝霖住宅，痛打驻日公使章宗祥，是为著名的"五四事件"。由"五四事件"而演化成全国范围内的"五四运动"，在此过程中公众舆论对亲日派展开强大的政治批判，而批判的武器就是将亲日派的"卖国历史"公之于众，形成一种令人切齿的"国耻记忆"。新闻出版界在描绘曹汝霖等人的"卖国贼"形象上，发挥了不可替代的宣传作用。专门刻画"卖国贼"形象的《曹汝霖历史》《章宗祥历史》等书

---

① 渊泉：《时评：奇怪的合同》，《晨报》1919 年 4 月 12 日，第 3 版。
② 《外交上之大失败》，《晨报》1919 年 4 月 23 日，第 2 版。
③ 匡互生：《五四运动纪实》，《五四运动回忆录》上册，第 305 页。

籍，一时洛阳纸贵，供不应求。①

日益高涨的民族主义情绪刺激了"卖国贼"历史书籍的阅读需求。公众对亲日派"卖国贼"的批判，表面上看似乎带有亲疏好恶的选择性，实际上是根据他们与日本关系的"亲密程度"来决定的。比如，亲日派陆宗舆的卖国罪名来自他参与了"二十一条"交涉，实际上"二十一条"的主要谈判者和签约人为时任外交总长陆征祥，但他并没有被公众视为"卖国贼"，其主要原因就是陆征祥的国际背景是"欧美"而非"日本"。② 亲日派曹汝霖等人之所以被锁定为"卖国贼"，其主要原因还在于有派系立场的报纸，如研究系的《晨报》、《国民公报》和《时事新报》，以及国民党的《民国日报》在不遗余力地引导公众的视线聚焦到亲日派身上。这些具有明确政治立场的媒体对曹、章、陆三个"卖国贼"的公开指控，并非根据严格的法律意义上的调查取证，而是仅凭"道听途说"，肆意渲染，以动人视听。③

不管怎样，公共媒介所描绘的"卖国贼"形象成为五四时期新的国耻记忆的象征，这一国耻记忆不仅敲响了亲日派政治生命的丧钟，也让他们成为国人唾弃的对象。1919 年 5 月 13 日，在陆宗舆的家乡海宁县，当地各界人士在硖石镇召开万人大会，一致决议开除卖国贼陆宗舆的乡籍，通电全国；并在盐官邑庙前、镇海塔下和陆家门口 3 处竖立石碑，上刻"卖国贼陆宗舆"，每日观者不绝。④ 如论者所言，在中国，"人的恶名一旦成立，各种恶行也就可以随意添加，这种千夫所指的一时之快，也是一种文化，至于事实，人们倒不十分在意"。⑤ 以当时流传的《金刚卖妻记》为例，其中有关曹汝霖家庭生活的介绍，明显带有"加工"的成分。其言：

> 当年盛传曹归国时，趋附那桐，令妻与之私，曾有一种小本书籍

---

① 《曹汝霖历史出版》，《民国日报》1919 年 6 月 29 日，第 12 版；《卖国贼章宗祥历史》，《民国日报》1919 年 6 月 5 日，第 12 版。

② 在时人印象中，陆征祥是属于"欧美派"。详见 "Editorial Notes: The Origin of the Association," *The Chinese Social and Political Science Review*, Vol. 1, No. 1, April 1916, p. 3.

③ 《曹汝霖等卖国秘密史》，《民国日报》1919 年 6 月 22 日，第 6 版。

④ 《海宁县卖国贼碑之由来》，《晨报》1919 年 10 月 5 日，第 3 版。

⑤ 邓野：《巴黎和会与北京政府的内外博弈》，第 114 页。

见于市，详载此事，名曰《金刚卖妻记》。惟据另一方面消息云，并无此事。某报有《卖国密件被盗记》一则，转载各报，据编者调查，此事实妄，系痛恨卖国贼，著此以泄愤。①

"卖国贼"的历史家喻户晓，舆论领袖的目的达到了：告诉人们"谁"不是"我们"中的一员，借以启迪人们的国家认同。而利用国耻记忆来凝聚人心，进行政治动员，既符合派系竞争的主观需求，也能起到培育国家认同的客观效果。于是，作为国耻记忆的象征——国耻纪念日，也被舆论领袖用来表达政治抗议。研究系计划利用国耻纪念日举行大规模的政治集会，提出他们的政治主张。5 月 3 日，研究系骨干林长民、熊希龄、王宠惠等领导的国民外交协会召开会议，决定 5 月 7 日国耻纪念日在中央公园开"国民大会"，并分电"各省各团体，同日举行"，届时"商讨山东问题对付方法"。② 虽然国民外交协会一再声称，5 月 7 日"国民大会"不过"欲促进国民一致对外之心，作政府外交之后援，固毫无与政府为难之成心及扰乱秩序之举动"，但是北京政府出于政治安全考虑，先是致函国民外交协会"请暂缓开会"，继而出动警力，强行制止。③ 不过，在山东、直隶、上海、南京、武汉等地相继召开了国耻纪念大会。④

---

① 粤东闲鹤：《曹汝霖：卖国贼之二》，华民书坊，1919 年 7 月，收入中国社会科学院近代史研究所近代史资料编辑组编《五四爱国运动》下册，中国社会科学出版社，1979，第 428 页。

② 《国民外交之决心》，《晨报》1919 年 5 月 4 日，第 2 版。现有研究中，大都注意到这一事实，即研究系出于派系竞争的需要，故意将曹汝霖等人锁定为"卖国贼"，却忽略了研究系为达到这一政治目的而对"国耻记忆"以及"国耻纪念日"所具有的"政治动员力量"的认识与运用。研究系在五四运动期间将"国耻记忆"用作政治动员的手段，是一个值得关注的政治现象。研究系如此重视"历史记忆"的政治功用，自然与该系的精神领袖梁启超对"历史记忆"的高度重视有关。早在 1902 年，梁启超就发表《新史学》，批评传统史书撰写的头号缺陷就是"知有朝廷而不知有国家"，故而他提倡"新史学"应该"为民族国家服务"，也即通过新史学重构有关中国历史的"民族国家记忆"。详见梁启超《饮冰室合集》第 1 册，中华书局，2008，第 1 页。至于研究系与五四运动的前期相关研究，详见冯筱才《政争与"五四"：从外交斗争到群众运动》，《开放时代》2011 年第 4 期；熊玉文《政争：五四时期"卖国贼"人选的政治由来》，《史林》2013 年第 6 期；等等。

③ 《国耻纪念日之国民大会》，《晨报》1919 年 5 月 8 日，第 2 版。

④ 《各地方之国耻纪念大会》，《晨报》1919 年 5 月 8 日，第 2 版。

国耻纪念活动通常是发表以"二十一条"交涉历史为主题的公开演说，通过演说来重构人们对"二十一条"的集体记忆。之所以是"重构"，是因为正如研究系所表述的那样，演说者总会结合现实重新阐释这段国耻。亲日派的"卖国"历史被描述成新的"国耻记忆"。如果说"二十一条"国耻记忆实现了对一战时期青年学生的"国家主义"的启蒙，那么一战之后亲日派"卖国行为"的新国耻记忆则成为推动五四学生发起反日运动，驱逐"卖国贼"的强大精神动力。关于"卖国贼"的新国耻记忆进一步强化了公众对中日敌对关系的认知。日本作为敌国，使舆论领袖时刻感到国家危机的存在。如彭一湖所言：

> 我们的东邻日本，就是一个抱侵略野心的。一千九百十五年二十一条的强制条件，就是他的侵略野心的表现。原来现在日本人中，也有一部分有知识的人，是很有正义，很知道世界主义人类主义的可爱。他们对于我们中国，总算是想真正的讲亲善，但是这一部分人，在日本国内，还是不足以左右他们外交的政策。他们最大多数的国民和政治家，都依然是做大日本帝国大和民族的梦。天天想食我们中国人的肉，寝我们中国人的皮。①

一战之后，舆论领袖对国耻记忆的重构是为了满足新的国家主义的启蒙需要。美国总统威尔逊提出的"民族自决原则"鼓励了亚非拉弱小民族的独立运动，这一国际潮流也鼓舞着中国的舆论领袖们更加推崇国家主义。② 彭一湖说："你看这一次欧战的结果，波兰复国，捷克斯拉夫独立，南斯拉夫统一，犹太也有新建国的运动，不正是国家主义、民族主义正旺盛的时候吗？在这个胸襟窄窄儿、眼光小小儿的国家主义、民族主义时

① 一湖：《国耻纪念感言》，《晨报》1919 年 5 月 7 日，第 6 版。
② 主张民族自决是威尔逊主义的核心内容，威尔逊主义也促进了五四时期中国民族主义运动的兴起。从 1918 年秋威尔逊提出国际新秩序主张到 1919 年巴黎和会闭幕，威尔逊的民族自决与国家平等思想风靡全球，并对埃及、印度、中国和朝鲜等地的民族主义者产生影响。详见 Erez Manela, *The Wilsonian Moment：Self - Determination and the International Origins of Anticolonial Nationalism* (Oxford：Oxford University Press, 2007), pp. 11 - 12.

代，若是我一国一民族单独提倡什么世界主义、人类主义，那就真危险了。"① 彭氏的言论表明，一战国际背景应是五四时期国家主义在中国盛行的一个重要的外在因素，不容忽视；而日本的敌国形象在培育中国的国家认同上所发挥的特殊作用，也当作如是观。一战之后兴起的反殖民运动，让中国的舆论领袖们更愿意相信"国家主义"可以将饱受苦难的中国人民带向一个更加美好的世界。

四　结语

早在清末，以章太炎为代表的舆论领袖曾有意识地重建汉族的"历史记忆"，以便重新定义"国"的性质，并将"'国'与'大清国'这个两百多年来不被质疑的统一体分裂开来"，借以培育时人对现代民族国家的认同感。② 民族国家认同观念在近代中国的兴起，很大程度上是由欧美先进的民族国家的入侵而引起的。自 19 世纪以降，随着欧美势力的侵入，特别是明治维新之后日本的迅速崛起，晚清帝国为了自救，也被迫向现代民族国家转型。可以说，这些"外患"是促使近代中国民族国家形成的重要助力。特别是一战爆发之后，列强在远东的国际均势被打破，日本试图独霸东亚，故而在 1915 年提出意图灭亡中国的"二十一条"。日本提出的"二十一条"突然让中国陷入严重的民族危机。不过，祸兮福所倚也。这次民族危机也为中国国家认同的培育提供了一次难得的契机。北京政府、革命党以及其他社会各界出于不同的利益需要，都在不遗余力地将"二十一条"培育成一个新的国耻记忆。

一战时期国耻记忆的形成经历两个阶段：第一阶段是保存国耻记忆和培养"爱国者"的阶段，北京政府将保存"二十一条"国耻记忆纳入学校教育计划，希望将青年学生培养成为拥有强烈国耻记忆的"爱国者"；第二阶段是"揪出卖国者"以及建构新国耻记忆的阶段。在此期间，构

---

① 一湖：《国耻纪念感言》，《晨报》1919 年 5 月 7 日，第 6 版。
② 有关清末的历史记忆与国家认同的培育之关系，详见王汎森《清末的历史记忆与国家建构：以章太炎为例》，《思与言》第 34 卷第 3 期，1996 年。

筑国耻记忆的基本素材都是围绕"二十一条"交涉以及与此相关的亲日派人物的历史活动而展开的。人们对这段"国耻历史"的理解与记忆，是通过一系列的"国耻纪念日演说""历史教科书""各类国耻书籍""报纸广告""卖国贼雕像"等无形的和有形的物质材料表达出来的。尽管国耻记忆的内容是具体的，有时甚至是有选择性的、片面的、高度情绪化的，但是在国耻记忆的背后却有一个比较稳固的潜意识，此即中国人对日本的恐惧以及由此产生的国家不安全感。有关"二十一条"交涉和亲日派曹汝霖等人"卖国"的历史故事在五四期间广为传播，这一"国耻记忆"既增强了时人的国家认同感，也影响了人们对中日关系的理解以及对国家利益的认识。简单地说，怀有这一国耻记忆的中国人自然地会把日本视为一个"邪恶的敌国"，他们从心理上必然是排斥日本的，进而排斥那些与日本有密切联系的亲日派官员。到了五四时期，这种国耻记忆一旦与复杂的派系政治竞争纠缠在一起，其影响将不再局限于对国家认同的培育，也关系到中国政局的走向。

一战时期国耻记忆的培育与传承，是北京政府与社会各界共同参与的集体"创作"过程，其意义是把"中国"定义为一个有着自己特殊耻辱历史的民族共同体，国耻记忆应为每个中国人所分享。在五四运动期间，北京政府的中央权威进一步弱化，它无法有效地控制新闻传播，而以研究系为代表的在野政治派系利用所掌握的公共媒介，及时公布"山东问题交涉情况"和亲日派的"卖国历史"，并凭借对报刊这一"稀缺传播资源"的占有，在实际上获得了对亲日派"卖国"的新国耻记忆的话语权。当然，仅凭研究系还不足以使"卖国贼"的国耻记忆造成全国性的影响。实际上，在东南学界和报界执牛耳的江苏省教育会也参与了对"卖国贼"的批判与围攻。江苏省教育会领袖黄炎培私下就认为，五四学潮及其对卖国贼的批判，是"唤兴国民潜力的好机会"。① 江苏省教育会的立场也影响到上海重要报人如陈景韩（冷血）、包天笑、戈公振等人的时评倾向，

---

① 中国社会科学院近代史研究所中华民国史组编《胡适来往书信选》上册，中华书局，1979，第 47～48 页。

因为他们与江苏省教育会领袖张謇、黄炎培等人，有"亲疏不等的关系"。① 由于上述因素，上海《申报》《新闻报》等大众媒体在五四运动爆发之后，其立场"几乎一边倒地支持反安福联盟"。② 在此情境下，亲日派的"卖国故事"在国内报界得到了广泛的传播。五四卖国贼的"国耻记忆"就这样形成了。

一战时期，中国的国耻记忆具有强烈的国家主义启蒙目的。这是一种关于民族国家的"集体记忆"。一战时期国耻记忆的形成与重构，归根结底都是为了培养人们的国家认同，以应付日益严重的民族危机。为了实现国家主义的启蒙，有计划地书写"国耻记忆"，是不少政治精英的真实想法，如恽代英所言："吾意欲编远东现状，详叙日本对我屡次之交涉及其用意所在，以儆醒吾侪辈。"③ 质言之，在一战时期中国国耻记忆的演变背后，还隐含一个如何救亡的集体"潜意识"，也就是说，加强民族精神的内部团结，才是救亡的根本。

虽然一战时期的中国国耻记忆只是近代中国整体历史记忆的一部分，但它却比较充分地揭示了一个特定时代的"历史记忆"如何在民族国家面临生死存亡的危急时刻，扮演了一个肩负着"救亡启蒙"的神圣使命的社会角色。同时，历史记忆的政治功能也得到充分的体现。尤其是在五四时期，这些特定的国耻记忆与中国的政界、学界、报界、商界甚至是军界等社会阶层都发生了某种微妙的关系。

〔马建标，复旦大学历史系〕

---

① 罗志田：《乱世潜流：民族主义与民国政治》，第 79 页。
② 冯筱才：《政争与"五四"：从外交斗争到群众运动》，《开放时代》2011 年第 4 期，第 32 页。
③ 《恽代英日记》，1919 年 5 月 11 日，第 537 页。

德谟克拉西与军国民主义

——一战后中国的军事教育与兵制方案

小野寺史郎

内容提要　在一战后不久的中国，随着协约国战胜同盟国，德谟克拉西等"公理"与军事力量这一"强权"是对立概念，前者战胜了后者的认识普及开来。可是对巴黎和会失望，参加五四运动的激进学生等开始怀疑此类看法，并且必须以军事力量来对抗军阀的认识也日益被普遍接受。于是，诸如是否需要重新认识"公理"与"强权"，怎样才能创出维护"公理"的"强权"等问题再次摆在眼前。因此，经过五卅惨案，民族主义空前高涨后，中国开始探讨，并实际上试行如农民自卫军、工人武装纠察队、实施了军事教育的学生军，以及饶勒斯所提倡的义务民兵制等各种各样的军事制度。可以说，1920 年代正是中国开始针对国民的利益与军事这一课题该如何定位的问题，多方寻求答案的一个时代。

关键词　德谟克拉西　军国民主义　国家主义　第一次世界大战　军事教育

清末实施光绪新政，尝试立宪改革之际，也讨论了与新国家体制相应的军制。其中以设立征兵制的军队，取代以往世袭制的八旗、募兵制的淮军等作为目标。① 为此，在 1908 年清政府公布的《钦定宪法大纲》中提

---

① 参阅张建军《北洋政府时期兵役状况述论》，《历史教学》2003 年第 2 期；陈芳《袁世凯与清末民初征兵制》，《文史知识》2011 年第 8 期等。

到："臣民按照法律所定，有纳税、当兵之义务"，① 辛亥革命后 1912 年 3 月公布的《中华民国临时约法》中也写明："人民依法律有服兵役之义务。"②

在这一尝试的背后，存在着一种在当时知识分子之间广泛流行的主张效法德国、斯巴达以及日本导入国民皆兵制的"军国民主义"思想。③ 在清末有关"军国民主义"的论争中，作为导入征兵制的目的而受到重视的是，通过在学校导入军事体操来对国民进行身体性锻炼，以及创造出模仿军队的有纪律的社会。

然而现实情况是，辛亥革命之际，清军和临时政府军双方大规模地紧急招兵，军队过度扩张，结果导致治安恶化，造成了为维持军队而膨大的经费负担。因此民国初年以后，也由于较长时期未发生正式的对外战争，倒是"裁兵"成为主要问题。不过这并未导致军国民主义的主张本身丧失影响力。如当时任临时政府教育总长的蔡元培在说明新国家教育方针时指出："非行举国皆兵之制，将使军人社会，永为全国中特别之阶级，而无以平均其势力，则如所谓军国民教育者，诚今日所不能不采者也。"④ 政府迁到北京后任陆军总长的段祺瑞也在施政方针演说中指出，"此后宜实行征兵制度，庶人民当兵，义务年限以及居住之地，皆可随时查考，分为军官区士官区，如此则兵之来去均有定，兵乱自然消灭"，⑤ 强调其必要性。即征兵制中扑灭"兵乱"这一效果倒在论争中成为重点。

然而征兵制的本质问题在于国家如何才能廉价且大量地征得士兵。由

① 《宪政编查馆资政院会奏宪法大纲暨议员法选举法要领及逐年筹备事宜折（附清单二）》（1908 年 8 月 27 日），故宫博物院明清档案部编《清末筹备立宪档案史料》，中华书局，1979，第 59 页。
② 《大总统宣布参议院议决临时约法公布》，《临时政府公报》第 35 号，1912 年 3 月 11 日。1914 年的《中华民国约法》（新约法）与 1923 年的《中华民国宪法》（所谓"曹锟宪法"）等对该条文几乎原样继承。
③ 参阅韩玉霞《清末民初的军国民教育》，《史学月刊》1987 年第 5 期；吕玉军、陈长河《清末民初的军国民教育思潮的兴起及其衰落》，《军事历史研究》2007 年第 3 期；李晓东「「軍国民」考」大里浩秋、孙安石编著『近现代中国人日本留学生の諸相：「管理」と「交流」を中心に』御茶の水書房、2015 等。
④ 《教育总长蔡元培对于新教育之意见》，《民立报》1912 年 2 月 8 日，第 2 版。
⑤ 《参议院第五次会议速记录》，《政府公报》第 16 号，1912 年 5 月 16 日。

此来看，在反倒是苦于人口与士兵过剩的清末民初之中国，从纯军事性需求这一点出发，采取征兵制的理由并不充分。于是在征兵制中反倒是强调其次要效果的清末这一军国民主义主张，与其说是出自现实的军事性需求，倒不如说是由于将近代西洋国家制度视为实现"富强"之楷模，力图将它照搬到中国而出现的。[①]

一般认为这一军国民主义思潮在第一次世界大战德国之战败被广泛宣传为"公理"战胜"强权"，即德谟克拉西对军国主义之胜利后，迅速地丧失影响力。如教育部组织的教育调查会于1919年提出的报告中，针对包含"军国民教育"的民国元年教育宗旨指出："自欧战终了后，军国民教育一节，于世界潮流，容有未合"，建议将之改为"养成健全人格，发展共和精神"。[②] 在此影响下，1922年公布的《学校系统改革案》（壬戌学制）中，"发挥平民教育精神""谋个性之发展""注意生活教育"等颇受重视，而对军国民教育未置一词，军事体操也被删去。[③]

然而，清末民初广泛流行的军国民主义思潮在大战后完全丧失势力这一说法尚待商榷。而且构成其核心的中华民国兵制该是怎样的这一根本性课题尚未解决，相反在"军阀混战"愈演愈烈之际，它日益变为严峻的课题。实际上这一时期围绕该问题的论争仍在继续，笔者认为，有关清末军国民主义的论争、南京国民政府以后导入征兵制的尝试两者之间该如何定位这一问题，以及其中兵制问题与国家体制本身的关系等都是值得探讨的课题。

本文从上述问题意识出发来探讨第一次世界大战结束后，从1920年代初起的处于国民革命时期的中国军事教育思潮与兵制构想，及其与德谟克拉西问题的关系等。

---

① 其实，尽管德国、法国、俄国、日本等于1870年前后相继施行了征兵制，而同时也存在一些如英国那样的，直至第一次世界大战开战后一直为志愿兵制的近代国家。可是在清末民初有关兵制的论争中未见到有文章言及这一点。参阅小関隆『徴兵制と良心の兵役拒否：イギリスの第一次世界大戦経験』人文書院、2010 等。

② 《教育调查会第一次会议报告》，《教育杂志》第11卷第5号，1919年5月20日。

③ 《大总统令》（1922年11月1日），《政府公报》第2393号，1922年11月2日。

一 一战后中国的军事观——"公理"
与"强权"之关系

如上所述，在第一次世界大战后的中国，"公理战胜强权"成为一种流行口号，人们习惯于不将大战之战果视为军事较量之结果，而是作为某种理念的胜利来谈论。[①] 这一倾向理所当然地影响了中国国内围绕兵制与国制的论争。

关于大战后中国围绕"公理"与"强权"展开论争的典型事例，首先可举出国民党机关报《民国日报》副刊上的唇枪舌剑。1920 年 5 月，该报主笔邵力子写作了批判"强国"这一想法本身的评论，提出"强字绝对不必要，去年有人用'强国'的名字办报，我曾反对他"，对此众人投稿，褒贬不一。[②] 例如赞成邵力子之主张者认为："希望教育名家及全国同胞，都从平民身上着想，不要再做强国的梦呀。"如下写道：

> 自从欧洲大战终局以来，稍有学识见解的人，决不能再承认军国主义可以依旧倡行。……君主国家，最适宜施行军国主义，好达其侵略进取的野心，满足他鲸吞蚕食的欲望；所以他们底教育宗旨，也多采取军国民教育。……共和国家，以民主自治为本，以和平自由为目的，互助相扶为主张；既不想侵略，何取乎军国？[③]

正如此文所典型地表达的，在大战后的中国，军国主义、军国民教育与君主制联系在一起，被定义为与共和制、民主、和平、自由等价值观相对立的概念。可以认为此类看法也受到了 1916 年袁世凯洪宪帝制、1917

---

① 吉澤誠一郎「公理と強権——民国 8 年の国際関係論」貴志俊彦、谷垣真理子、深町英夫編『模索する近代日中関係：対話と競存の時代』東京大学出版会、2009。

② （邵）力子：《不要传染"文明病"》，《民国日报》副刊《觉悟》1920 年 5 月 21 日，第 4 版。

③ 曹乾元：《不要再做强国梦》，《民国日报》副刊《觉悟》1920 年 5 月 23 日，第 1 版。

年张勋复辟事件等军人发动的恢复帝制运动的影响。

对此，署名"天放"的学生（或许是上海学生联合会会长程天放）提出"'强国'和'侵略国'或'野心国'意思的不同，相去一万八千里"，如下进行了驳斥。

> 强权和公理，好像是一个车子的两轮，缺一不可。专有强权而没有公理，是为害的；专有公理而没有强权，是行不过的。……取消督军或类似督军的东西，军权统一于中央；取消募兵制，实行全国征兵；高等小学以上的学生一律要当兵操（我所说的兵操不是现在玩意的兵操，是用真枪练习打靶的兵操）；人民能够自由制造军器和购买军器；多办海陆军大学，培植海陆军专门人才。[1]

尽管其中并未讲述"公理"的具体内容，但提出"公理"与"强权"并不矛盾，倒是维护"公理"需要"强权"。不过，在主张做兵操时用真枪练习打靶，即实施军事训练这一点来讲，可谓比清末的"军国民主义"更为激进的主张。因此邵力子与李绰等提出"公理固然不是空口所能讲的，但也不是强权所能卫的"，"至全国征兵制度，本为十九世纪末'国家主义'盛行时代底一种野心制度。在二十世纪'世界主义'盛倡时，欧美觉悟之士，已多非难"，予以反驳。[2] 其后论争内容逐步扩散，但基本上是对于认为实现"公理"还是需要"强权"，即征兵制、军事教育的"天放"，由认为"强权"妨碍"公理"的邵力子等人进行说服的方式展开。邵力子等人一方面认为大战中获胜的协约国并不等同于"公理"，另一方面认为从理念与现实两方面来看，在当时中国，为了维护"公理"，较之德国式"强权"，更应开展非暴力运动。可以说这大致

[1] 天放：《"强国"的解释（怎样能拥护公理?）》，《民国日报》副刊《觉悟》1920 年 5 月 25 日，第 3 版。

[2] 力子：《我底"拥护公理"观》，《民国日报》副刊《觉悟》1920 年 5 月 25 日，第 1 版；李绰：《"提倡强国"的反对声》，《民国日报》副刊《觉悟》1920 年 5 月 28 日，第 3 版；等等。此后也刊载了读者来信互相争辩，直至 6 月 9 日刊行的一期。

上反映了当时中国知识分子的一般性见解。如前所述，当时一方面存在着中国的问题不在于士兵不足，而在于如何对造成财政负担的军队进行"裁兵"这一背景，另一方面也存在着中国实际上并未处于与他国交战的状态，因此最理想的兵制该是什么这一问题并不太紧迫这一缘故。

二　国家主义派的军事教育论——"自由"与"服从"之关系

然而，1920 年代初在中国知识分子之间否定军事教育的思潮蔓延开来，对应有的兵制这一问题的关心日渐薄弱，但此外也存在着与此不同方向的主张与活动。其核心人物便是上一节所述的"天放"那样的对于大战后的和平主义、世界主义表现出无法满足与抵触心理的五四运动一代的学生与青年知识分子。

例如，离开临时政府教育总长之职，在北京大学就任校长的蔡元培于大战后视察欧洲归国后，将因第一次直奉战争（1922 年）而学生组织的"妇孺保卫团"改组为旨在自卫的"学生军"，并聘请蒋百里、黄郛为讲师。1924 年 2 月公布的章程中提出"本军以锻炼身体，增进军事常识为宗旨"进行"野外战斗演习"与"军事学讲义"，将严格的规章与惩罚、军队式的制服与敬礼定为义务，并提出"本军各队员应绝对服从教练员及各排长"。① 如前所述，蔡元培在清末民初表明了对军国民主义之赞同，而蒋百里便是军国民教育的提倡者之一。因此可以说，北京大学学生军虽然经历了大战后教育思潮状况之变化，但也与清末的军国民教育密切关联。

这样的 1920 年代的军事教育主张中，最典型的是来自国家主义教育之立场者。

所谓国家主义教育，便是少年中国学会的余家菊与李璜在《国家主义的教育》（1923 年 10 月）中提倡的教育，他们迎面抨击了上文所述的

---

① 《北京大学学生军概况》，《教育杂志》第 16 卷第 12 号，1924 年 12 月。

大战后中国思想界、教育界所存有的世界主义、非国粹主义、模仿主义、个性主义之倾向。在该书"序"中抨击了在大战后的和平趋势中将清末以"忠君尚武"、民国元年以"军国民教育"为宗旨的教育改为"养成健全人格，发展共和精神"的教育的做法，重新提出了"教育救国论"。[1]《国家主义的教育》主要在教育界引起了反响，其后余家菊更针对1923年6月于旧金山召开的万国教育大会决议将世界和平作为教育之原则一事，举出怯懦且梦想和平的中国人如果依从于它，必像犹太人那样沦为"亡国奴"，第二次世界大战必然爆发等理由予以驳斥，重新强调了爱国主义、民族精神之必要性。[2]

在此情况下，包括余家菊与李璜在内的国家主义派接下来做的便是主张复兴军事教育。国家主义派于1925年5月2日的《醒狮》第30号编辑"学校军事教育问题号"介绍了美国、德国、日本的军事教育，主张中国也需要军事教育。

尽管各撰稿人侧重点不同，如余家菊举出了"御外侮""戡内乱""守纪律""严组织""壮胆气""强筋骨"等作为应实施军事教育的理由，说明如下：

> 使人人有从军热情，尽当兵义务，以敌忾同仇而固吾疆围。……政治紊乱，宵小横行；武人假其虎威，鱼肉小民；土匪肆其慓悍，勒索闾阎。自卫之法，莫善于广练乡团，实行全民武装。……近年自由平等之说大作，青年学子不辨底蕴，妄以自由为无规则，平等为无管束。……
>
> 说者以为是固美矣。但军队教育重服从而共和国民则宜有自动之德，去自动而教以服务，毋乃有背共和精神且为有志为迪克推多之野心家植其基础也。曰是不然。社会事态，既须有自动之德，亦须吾人

---

[1] 余家菊、李璜：《国家主义的教育》，中华书局，1923。
[2] 余家菊：《非和平主义的教育》，《时报》副刊《教育世界》第6号，1923年11月15日。也可参阅小野寺史郎「1920年代の世界と中国の国家主義」村田雄二郎編『リベラリズムの中国』有志舎、2011。

有服从之心，二者缺一不可。……且军事教育所教之服从为志愿的服从。学生知行军有服从长官之必要乃降心以服从之，正可发育其自主之能力，长养其委身团体之美德。[①]

文中强调纪律与秩序、团体行动、强健的肉体之重要性等主张，与清末以来的军国民教育之旨趣相近，但根据"武人假其虎威，鱼肉小民；土匪肆其慓悍，勒索闾阎"这一现实认识，提出社会之自卫，以及武装起来打倒军阀这一观点（尽管关于具体方法存在许多模糊之处）可谓其特色。另外值得注意的是，该主张虽然确实抨击了该时代的教育思潮，但并未否定自由、平等与自主等价值观本身，而采取的说明方法是只有通过与纪律、秩序、团体训练相结合，这些才能充分发挥作用。这一特征与国家主义派的整体主张大致符合。[②]

其实，稍后时期，李璜在该报上提出，个人的自由与兵役义务不是对立的而是互补的。他如下阐述：

我们知道"德谟克拉西"是以个人自由为其原则的。……要推翻专制政治初行民主政治，便是要反抗无谓牺牲而主张个人自由的。但是在民主政体之下，一国国民也不能说对于他的个人自由便完全无所牺牲！不过这种牺牲是他个人自愿的，是由多数取决定为法律，而大家乐意遵守的罢了。譬如兵役和纳税两事，说到义务兵役，遇着了国家有外侮须作战的时候，大家都要出去打仗，往往要牺牲性命的。这个牺牲可算得最大的了！然而在民主政体之下，又没有暴君强迫着，何以大家都乐意去做？这就因为是国家观念有以使之然。国民本着这个观念，而个人自由的决定要为国家去牺牲：这就是国家主

---

① 余家菊：《学校军事教育问题发端》，《醒狮》第 30 号，1925 年 5 月 2 日，第 1~2 版。

② 并且，通过"学校军事教育问题号"预先写到"闻此言而诋为提倡'军国主义'，混'自卫'与'侵略'为一谈"，设了一道防线，可知在大战后的中国"军国主义"成为带有负面印象的词。曾琦：《弁言》，《醒狮》第 30 号，1925 年 5 月 2 日，第 1 版。

义。①

　　李璜于 1918 年至 1924 年留学法国，他的主张深深染上了法国共和主义色彩。因此他可说是最明确地提出"作为共和国民之义务的兵役"这一论点的一位知识分子。

　　这些国家主义派的军事教育主张之所以引起中国知识分子的浓厚兴趣，是与不久后发生的五卅惨案之影响相关的。事件发生后，李璜向梁启超（他也是清末的军国民教育首倡者之一）于北京发行的《晨报副镌》投稿，主张以军事教育训练青年的精神，并主张采取效仿爱尔兰新芬党的"野战法"（恐怖主义）与土耳其青年党的"联战法"（有组织的革命军联合民众抵御外敌的方法）的做法与英国战斗，② 这激起了巨大反响。该杂志相继刊文提倡在各校组织"学生军"，③ 发动民众组织起"国民武装自卫卫国团"，④ 不要新文化运动而要"新武化运动"等。⑤ 同样在北京发行的《京报副刊》也在 1925 年 7 月 22 日、29 日的报上设立了主要由北大学生会编选的"北大学生军号"，详细介绍了北京大学学生军的设立经过与活动状况等。⑥

　　随着这些呼声之高涨，实际上在教育界也开始探讨实施军事教育。例如 1925 年 4 月，江苏省教育会组织了江苏学校军事教育研究委员会，就在学校实施军事训练一事向各校发信征求意见。⑦ 5 月，在江苏善后委员

---

① 李璜：《国家主义与现代政治》，《醒狮》第 63 号，1925 年 12 月 19 日，第 1~2 版。

② 李璜：《军事教育的精神》《我们怎样预备作战？》，《晨报副镌》副刊《艺林旬刊》第 8 号，1925 年 6 月 30 日。

③ 扑初：《学生兼授军事教育的我见和办法》，《晨报副镌》第 1222 号，1925 年 7 月 11 日。

④ 周容：《中国国民应有之觉悟及其战术》，《晨报副镌》副刊《新少年旬刊》第 1 期，1925 年 7 月 8 日；周容：《实行全国国民武装自卫卫国刍议》，《晨报副镌》副刊《新少年旬刊》第 3 期，1925 年 7 月 28 日；等等。

⑤ 丘汉兴：《新武化运动发端》，《晨报副镌》副刊《新少年旬刊》第 4、5 期，1925 年 8 月 8、18 日。另参阅谢从高《20 世纪二三十年代新武化运动初论》，《史学月刊》2010 年第 5 期。

⑥ 张荣福：《北大学生军》，《京报副刊》第 215、222 号，1925 年 7 月 22、29 日。

⑦ 《学校军事教育之复兴》，《中华教育界》第 14 卷第 12 号，1925 年 6 月。

会第五次大会上，江苏教育厅提出了《提倡各学校注重军事训练案》，江苏省教育会提出了《学校施行军事教练请愿案》，对"由教育研究机关另拟详慎办法"进行了表决。① 同年 8 月，在太原召开的中华教育改进社第四届年会上也通过了《组织学校军事教育委员案》与《请教育部依据国家主义明定教育宗旨案》，其要点之一是提出"实施军事教育以养成强健身体"。② 同年 10 月，于长沙召开的第十一届全国教育会联合会上也通过了《今后教育宜注意民族主义案》《应注重军事训练案》。③ 结果据说在国家主义派影响力强大的上海的中华职业学校、大夏大学与南京的东南大学及其附属中学等校实际上实施了军事教育。④

而同时，同为国家主义派的陈启天担任主编的《中华教育界》（中华书局出版发行）也在 1925 年 7 月、8 月号上以"国家主义的教育研究号"为题刊登了众多文章，其中也包括谈论军事教育者。不过，在各校实际组织起学生军开展军事训练后，又出现了别的争论点。如前所述，原本在国家主义式教育中，针对第一次世界大战后中国教育界对自由、个性等价值观的尊重，而一直主张应重视纪律、团体与秩序等价值观。因此，在上述报纸中出现的支持军事教育的声音中，要求立刻通过群民起义与英开战的呼声较强，与此相对，在主要是教师阅读的《中华教育界》的主张中，军事训练的目的主要被视为试图在"武人专横，土匪猖獗"的中国武装自卫，以及让学生养成"服从"之习惯。⑤ 另外，军事教育者在对其抨击者进行的反驳中，举出了汉口商人与英租界警察冲突之际中国军不为英国挑衅所动，不枉开战端等事，强调了"军事训练可培养守法精神、服从习惯而增进公民道德，绝不致因有武器在手而即发生暴动之危险"，"打靶演习，作战经验，使人知军火之猛、人命之危而爱护和平之念愈切"

---

① 周天冲：《学校军事教育辩——兼答江苏善后委员会诸君》，《中华教育界》第 15 卷第 1 期，1925 年 7 月。

② 《中华教育改进社第四届年会之议决案》，《教育杂志》第 17 卷第 10 号，1925 年 10 月。

③ 《第十一届全国省教育会联合会之梗概》，《教育杂志》第 17 卷第 12 号，1925 年 12 月。

④ 舒新城：《近代中国教育思想史》，中华书局，1929，第 112～134 页。中华职业学校也组织了学生军。《学生军之风起云涌》，《中华教育界》第 15 卷第 2 期，1925 年 8 月。

⑤ 廖世承：《中学实施军事训练问题》，《中华教育界》第 15 卷第 1 期，1925 年 7 月。

等点,[①] 并且其后陈启天本人也主张："军队贵有严密之组织与纪律，绝非学生自由组织所能办到；……完全由学生自由组织则洁身自爱者或不肯努力，而因缘为利以遂其阴谋者，将大有人在，不可不防也。……学生军之于学生重在受训练，而不重在握军权；……各校学生军之总指挥应由各校教练员互推，更无由学生选举之理由矣。"这一主张倒是对学生自发参与军事泼了凉水。他还说，"或曰子之所论……恐无当于青年心理"，即展开议论前设想了可能的反驳。看来陈启天本人也意识到了这一点。[②]

对于产生这些主张的理由可做若干解释。从"教育者的立场"这一点来看，当然可以想象他们对学生掌握学校之实权感到反感与威胁。此后更是学生离校从军案例增多，这导致出现了一些在一般学校也应开展军事教育，以应付该局面之类的略显本末倒置的说法。[③] 通过这些可以得出一个印象，就是超出原本意图，五卅运动中，在学生之间迅速普及了一种倾心于军事性事象的心理，而教育家方面显得被动。当然可以设想其中也存在着对于共产党向学生组织渗透的警戒。

不过应指出一个根本性问题，就是国家主义派与那些倾向于自主运营学生军及从军的激进学生们一样，都主张用军事性手段对抗英国，但前者一贯倾向于基于"守法精神"与"服从习惯"的军事组织，倾向于不存在"洁身自爱者或不肯努力"之现象，作为全体国民之义务来参加军事；而与此相对，后者的目标则是由部分前卫性学生"自由组织"的，结果为志愿者组织式的军事行动。这一点与后述围绕兵制的论争也有关。

其实，国家主义派在五卅惨案前提倡军事教育的阶段便提到黄埔陆军军官学校的学生军击败陈炯明军之事，称之为"有学问有主义的军队"

---

① 周天冲：《学校军事教育辩——兼答江苏善后委员会诸君》，《中华教育界》第 15 卷第 1 期，1925 年 7 月。不过这篇文章本身是在五卅惨案发生前的 1925 年 5 月 12 日写的。

② 陈启天：《评学生军问题》，《中华教育界》第 15 卷第 3 期，1925 年 9 月；《学潮与军事教育》，《中华教育界》第 15 卷第 1 期，1925 年 7 月。其中也主张通过军事训练使学生培养出服从的习惯，以此来对付学潮。

③ 李璜：《学生从军问题》，《中华教育界》第 15 卷第 6 期，1925 年 12 月。

予以高度评价，将其视为体现军事教育之有效性的事例。① 并且上述北京大学学生军也高度评价孙中山的"民众与武力结合"这一口号，声援"广东学生军"。② 由此可认为，如上以北京、上海为中心的围绕军事教育与兵制的讨论是以广州的黄埔军校为楷模之一的。那么同一时期的国民党、共产党方面，对于此类军事教育与兵制问题提出了怎样的主张呢？

三 黄埔军校的军事教育论——对义务民兵制的期望

这一时期，在黄埔军校发行的杂志等中也能见到一些有关军事教育与兵制的论争。③

例如，在黄埔军校特别区党部的《革命军》中，在很早时期就刊登了对国家主义派提倡的军事教育论所进行的明确的反驳。④ 吴明写于五卅惨案前的《军国民教育与革命教育》一文中提道："自新文化运动发生以来，青年群言德谟克拉西或者高唱安拉奇：信仰德谟克拉西者日以平等、自由、博爱为号召，以兵为不祥之物，为平等、自由、博爱之大敌，故倡言废兵弭兵甚烈！"一方面抨击将自由、平等、博爱与军事对立起来的德谟克拉西与无政府主义的主张，另一方面对军国民教育也加以批判，主张唯有革命教育才是必要的。

> 恶魔用以残贼人类保护自身利益之工具曰军队。吾人用以打倒恶魔保障人民利益之工具亦为军队。……军国民教育者，恶魔所以训练

---

① 灵光（林骙）：《武育救国论》；陈启天：《学校军事教育复兴运动》，《醒狮》第 30 号，1925 年 5 月 2 日，第 2～3 版。

② 张荣福：《北大学生军》，《京报副刊》第 215、222 号，1925 年 7 月 22、29 日。也请参阅高嶋航「軍隊と社会のはざまで——日本・朝鮮・中国・フィリピンの学校における軍事訓練」田中雅一編『軍隊の文化人類学』風響社、2015。

③ 关于 1920 年代共产党围绕兵制的争论，请参阅阿南友亮『中国革命と軍隊：近代広東における党・軍・社会の関係』慶應義塾大学出版会、2012。

④ 共产党以《中国青年》杂志为中心，从 1925 年 3 月前后起开始正式抨击国家主义派，但《民国日报》与《中国国民党周刊》等国民党机关报上开始刊登对国家主义派之抨击大致上是从 1926 年 10 月国家主义派明确了反国民党姿态，开展"拥护五色国旗运动"之前后开始的。

其爪牙之方法。而革命教育，则吾人训练吾革命党人之方法也。彼恶魔训练爪牙之方法，曰服从，曰忠义。吾人训练党人之方法，则不仅如此，必更而求亲爱精诚。彼恶魔日以军事教育教导其徒众。吾人训练革命军则不仅以此自足，必更进而从事政治之训练。①

　　不过该文虽言辞激烈但内容空疏，很难说它具有说服力地提出了军国民教育与革命教育之间的根本性区别。从中可以读出的倒是，在将国民或人民的利益与军事联系起来的逻辑上讲，国家主义派的说法与黄埔军校中的说法之间具有许多共通点。并且该文中提出了"须有打倒恶魔觉悟之人亲受军事训练，以便用各种方法羼入恶魔之军队中，以陶镕同侪"这一方案，前述的陈启天之警戒正可视为针对这种打入军队之尝试的。

　　更值得关注的是刊登在该杂志同期上的东征中捐躯的章琰这一人物的遗作——题为《中国征兵制刍议》的长文。国民党在 1924 年 1 月第一次全国代表大会宣言中制定了"将现时募兵制度渐改为征兵制度"的方针，② 章琰的文章对其具体实施方法进行了探讨。文章末尾写着"民国十三年九月十七日于黄埔完稿"，文章内容在一定程度上反映出对该时期国民党的征兵制与军制的看法。该篇文章比较了"募兵制""征兵制""义务民兵制"三种兵制，认为募兵制、义务民兵制本身都不坏，但从经济、教育、政治等各个方面来看是不适于当时中国国情的，因此主张实施依中国之国情而加以改造的征兵制。那不是在学校开展军事教育，而是"教育化的中国征兵制"。即在制度上是强制性的，但实际上并非强制性的。因为"凡应征入伍的兵，不独得了相当的普通教育，而且在兵役年限内尚有相当的给养，我想此时的国民，将惟恐其不得强迫入伍以为兵了"。具体而言，是在"使为军人者应享有与仕族阶级平等的权利，同时仕族阶级亦不能独外于兵役责任之外，而应与劳动阶级平等分担国家之兵役责任也"这一目的下，导入让中国社会中具有代表性的职业团体负担起国

---

① 吴明：《军国民教育与革命教育》，《革命军》第 6、7 期合刊，1925 年 5 月 30 日。

② 《中国国民党第一次全国代表大会宣言》（1924 年 1 月 23 日），中国第二历史档案馆编《中国国民党第一、二次全国代表大会会议史料》，江苏古籍出版社，1986，第 90 页。

家的兵役责任的"四会征兵法"，通过"教育会征兵""商会征兵"使知识阶层、资产阶级无法逃避兵役，通过"农会征兵""工会征兵"使劳动阶级能够享有受教育权。① 可以说其特征在于，从共产党员的立场出发，强调阶级之间平等负担，并且将大商店的国有化问题也纳入其中。

在此见到的将兵制分为募兵制、征兵制、义务民兵制三种来分析的想法在当时似乎相当流行，在其他文章中也能见到类似的分法。

例如，上述 1925 年 10 月的全国教育会联合会上提出《应注重军事训练案》时，关于其理由写道："欧战以还，世界各国咸有废除募兵征兵制度，采用义务民兵制度之趋势，而此种制度，既不致养成军阀，复可为国家节省财力，其适合我国国情，已为一般研究政制者之所公认，故为将来实行义务民兵制度之准备计，学校应注重军事训练者。"②

1926 年，刊登在国民政府军事委员会的《军事委员会军事政治月刊》上的，署名张辉禧的有关国民革命军之兵制的提案也相同。该文称不仅现行的"佣兵制""志愿服兵制""募兵制"不符合国民革命的精神，而且东西各国"都收得极好的效果"的"征兵制""义务兵制"在未开展户籍调查的中国也行不通。因此此文提出了折中两者的"抽募民兵制"方案。在此举出五卅惨案之际的纠察队等为例，其具体方法便是，实行按各地农工团体名单募集士兵的"义务兵制"，并同时实行凡信仰三民主义、愿加入国民革命军者来者不拒的"志愿服兵制"。③

同样 1926 年登在《中华教育界》上的主张学校军事训练之必要性的文章中也说："十八世纪以前，各国都行募兵制……十九世纪国家主义发达以来，各国都行征兵制……但二十世纪的军事，还要进一步，叫做全国皆工，凡工皆兵。就是国民平时个个都是生产的工人；战时个个都是有战斗能力的兵士。即所谓'义务民兵制'是也。"其中提到了"义务民兵制"。④

---

① 章琰：《中国征兵制刍议》，《革命军》第 6、7 期合刊，1925 年 5 月 30 日。
② 舒新城：《近代中国教育思想史》，第 129 页。
③ 张辉禧：《国民革命军应行"民兵制"的献议》，《军事委员会军事政治月刊》第 2 期，1926 年 2 月 10 日。
④ 张宝琛：《国家主义的教育与学校军事训练》，《中华教育界》第 15 卷第 10 期，1926 年 4 月。

可认为对这些文章施以影响的是 1911 年法国社会党领袖尚·饶勒斯所著《新军队》。[①] 该书于 1922 年由商务印书馆以《新军论》为书名汉译出版，[②] 由译者之一刘文岛其后在黄埔军校执教可知，上述登在《革命军》与《军事委员会军事政治月刊》上的文章也很可能是在该书的影响下写成的。第一次世界大战前欧洲局势日益紧张时，法国政府向议会提出将兵役从 2 年延长至 3 年的新兵役法，饶勒斯对此激烈反对，主张通过效法瑞士的民兵制度来维护和平，为此写下了此书。仅从结果来看，三年兵役法于 1913 年被通过，并且众所周知，饶勒斯本人也于 1914 年 7 月第一次世界大战爆发后不久被暗杀。可是饶勒斯所提倡的"义务民兵制"这一理念在十多年后被视为比征兵制更理想并适合于中国国情的兵制，受到国家主义派与国共两党双方高度评价这一插曲值得关注。

四　结语

上文以 1920 年代为中心，概观了在近代中国，德谟克拉西、人民之利益与军事这一问题是如何被联系起来，如何被谈论的。

在第一次世界大战后不久的中国，随着协约国战胜同盟国，德谟克拉西、自由、平等等"公理"与军事力量这一"强权"是对立概念，前者战胜了后者的认识普及开来。可是对巴黎和会失望，参加五四运动的激进学生等人开始怀疑此类看法，并且在国内，必须以军事力量来对抗"军阀"和"匪贼"的现实性威胁的认识也日益被普遍接受，于是，诸如是否需要重新认识"公理"与"强权"，怎样才能创出维护"公理"的"强权"等问题再次摆在眼前。因此，经过五卅惨案，反英民族主义空前高涨后，中国开始探讨，并实际上试行如源于农村"乡团"的农民自卫

[①] Jean Jaurès, *L'Armée Nouvelle：L'organisation Socialiste de la France*（Paris：Jules Rouff, 1911）.

[②] 卓莱：《新军论》，刘文岛、廖世邸译，商务印书馆，1922；严绂葳：《中等学校应实施军事教育》，《醒狮》第 39 号，1925 年 7 月 4 日，第 3 版；张荣福：《北大学生军》，《京报副刊》第 215、222 号，1925 年 7 月 22、29 日；张宝琛：《国家主义的教育与学校军事训练》，《中华教育界》第 15 卷第 10 期，1926 年 4 月等中也可见到提及此书。

军、工人武装纠察队、实施了军事教育的学生军，以及饶勒斯所提倡的义务民兵制等各种各样的军事制度。在此意义上可以说，1920 年代正是中国开始针对国民或人民的利益与军事这一课题该如何定位的问题，多方寻求答案的一个时代。当时的解答之一大约就是国民党的"党军"。

不过令人感兴趣的是，虽有上述经过，但国民党自第一次全国代表大会宣言以来，试图实施义务征兵制这一目标始终坚持了下来。实际上，北伐结束后，1929 年国民政府立法院通过了《兵役法原则》，提出"中华民国之男子均有服兵役之义务"。[1] 并且 1931 年公布的《训政时期约法》中也定下了"人民依法律有服兵役及工役之义务"，[2] 1933 年正式公布《兵役法》，提到"中华民国男子服兵役之义务依本法之规定"。[3] 可见，至少在国民党的法律体系中，所谓兵制是始终以国民之权利与义务这一框架来把握的。国民的权利与义务、平等负担之类国民党兵制中的理念，因对现实社会把握之不足、抗日战争的激化等原因而丧失力量，最终构成了败给共产党军队、丢失政权的原因。这一点曾由笹川裕史敏锐地指出。[4] 这样，对有关近代中国军事的理念上与现实上的紧张关系之研究还刚刚起步，这应是一个有待日后进一步探讨的课题。

〔小野寺史郎，埼玉大学大学院人文社会科学研究科〕

（林松涛译）

---

[1] 《兵役法原则草案审查报告》，《立法院公报》第 8 期，1929 年 8 月；《国民政府立法院第三十八次会议议事录》（1929 年 8 月 3 日），《立法院公报》第 9 期，1929 年 9 月。

[2] 《中华民国训政时期约法》（1931 年 6 月 1 日），《国民政府公报》第 786 号，1931 年 6 月 1 日。1936 年的"五五宪草"和 1947 年的《中华民国宪法》均有同样条款。

[3] 《兵役法》（1933 年 6 月 17 日），《国民政府公报》第 1160 号，1933 年 6 月 19 日。

[4] 笹川裕史『中華人民共和国誕生の社会史』講談社、2011；笹川裕史、奥村哲：《抗战时期中国的后方社会——战时总动员与农村》，社会科学文献出版社，2013。

革命与治理

关于"国民党左派"问题的
再思考（1924～1931）

李志毓

内容提要　国民党左派的产生和发展是一个复杂的历史现象。1924～1927年，共产国际和苏联政府为了在中国扶持一个亲苏亲共的政治势力以服务于苏联的远东战略，曾主导过一种政治策略，在国民党高层领导人和基层党员中发展左派，通过扶植左派，将国民党改造成一个亲苏亲共的群众型政党。1928～1931年，以汪精卫、陈公博为首的改组派仍以国民党左派自居，并发展出一套独立的左派理论，主张阶级调和，扩大党的阶级基础，以党治国，以党治军，党的青年化、民主化，以及大资本国有化的经济方案，反映出国民党对于一种非资本主义的国家现代化建设道路的探索。

关键词　国民党左派　联共　改组派　小资产阶级　汪精卫

一　引论

什么是"国民党左派"？这是一个在海内外学术界存在着认识分歧的问题。一般中国大陆学者多认为："国民党左派"是指在1924～1927年第一次国共合作期间，拥护孙中山在国民党"一大"前后确定的"联俄、联共、扶助农工"三大政策的国民党人，其主要代表人物为廖仲恺、宋庆龄、邓演达、何香凝等。① 也有学者认识到，第一次国共合作期间的国

---

① 参见尚明轩《孙中山与国民党左派研究》（人民出版社，1986）、莫志斌《大革命时期国民党左派问题论略》（《湖南师范大学社会科学学报》1996年第2期）等。

民党左派比较复杂，经历过一个分化演变的过程，除廖仲恺、宋庆龄、邓演达外，汪精卫政治集团和"拥汪"军人唐生智、张发奎等也曾以"国民党左派"面目出现，但他们是"假左派"，廖仲恺、宋庆龄、邓演达等人则是"真左派"。① 港台和海外研究者对于国民党左派的认识与此有所差别，第一，在时段上不限于1924～1927年；第二，不做"真/假左派"的区分，汪精卫集团不但在1924～1927年被认为是国民党左派，国共分裂之后，以汪精卫、陈公博、顾孟馀为首的国民党改组派，也被认为是国民党左派。②

这种认识分歧，一方面表现出中国大陆与港台和海外学术界对于何为国民党左派的不同评价标准，另一方面也表现出国民党左派本身从诞生到发展过程中的复杂性。国民党左派，作为一个政治问题，作为一个历史概念，产生于1924～1927年的第一次国共合作时期。当时，共产国际和苏联政府，为了在中国扶持一个亲苏亲共的政治势力，造成激进的中国革命形势以服务于苏联的远东战略，曾主导过一种政治策略——通过在国民党的党、政、军高层领导人和基层党员中，发展出一个亲苏亲共的国民党左派，进而通过扶植和维护左派，将国民党改造成一个亲苏亲共的群众型政党，以此发动国民革命，夺取中国政权。因此，什么是"国民党左派"，其话语权首先在于共产国际和中国共产党。而谁是左派，怎样发展左派，都不是确定的，相反，是随着形势的发展不断变化的。国民党左派从诞生的那天起，就处在不断的流变与复杂的斗争中。

1924～1927年国民党的联共政策，对国民党的组织、成分变化和党内权力结构的重组，都起到了至关重要的影响。联共与反共的纷争，加深

---

① 张光宇、钟永恒：《大革命时期国民党左派的演变和共产党的政策》，《武汉大学学报》1991年第3期。

② Arif Dirlik, "Mass Movements and the Left Kuomintang," *Modern China*, Vol. 1, January 1975；山田辰雄『中国国民党左派の研究』慶応通信、1980；So Wai - chor, *The Kuomintang Left in the National Revolution, 1924 - 1931* (Oxford University Press, 1991)；曾玛莉：《经济民族主义：30年代国民党国家的经济建设计划》，卜正民、施恩德编《民族的建构——亚洲精英及其民族身份认同》，吉林出版集团有限责任公司，2008。

了国民党内部原本存在的矛盾与派系斗争。改组初期，蒋介石支持"联共"政策，是共产国际认定的"左派"，但"北伐"开始之后，蒋日趋反共，遂丧失了"左派"地位。汪精卫在整个"联共"期间，都积极"左倾"，更借助共产国际的支持，登上了国民党政治权力的顶峰。反共的西山会议派，被认为是"国民党右派"的代表。这一时期的国民党"左/右"派，主要是共产党的一种话语，联共的就是"左派"，反共的就是"右派"。国民党内部对此话语却未形成共识。一些国民党人明确指出"左/右"派是共产党分裂国民党的工具（如吴稚晖、胡汉民等），一些人虽然行动"左倾"，但不承认自己是"左派"，也不承认国民党内有"左/右"派之分（如汪精卫、甘乃光等）。

然而，1927年7月武汉"分共"、国共分裂之后，以汪精卫为首的政治派系却接过了"联共"时期共产党赋予他们的"左派"标签。在1928~1931年，"汪派"明确以国民党左派自居，提出"在夹攻中奋斗"的口号，一边反对共产党，一边反对以蒋介石为首的南京国民党中央，有意识地打造出了一套独立的国民党左派理论，在以党治军、民众运动等问题上，都提出了与南京国民党不同的主张。其左翼经济思想和民主话语则一直延续到1932年汪蒋再度合作、汪精卫出任行政院院长之后。因"左派"倡导恢复1924年国民党"改组精神"，成立了"中国国民党改组同志会"的正式组织，因此时人和后世多以"改组派"称之。

系统梳理国民党左派在历史中的生成、流变及其在不同时期的领导人物和政治组织，是深入研究国民党左派的第一步，也是以国民党左派为线索，深入研究第一次国共合作时期各种社会力量生成消长、各种政治势力交错斗争的复杂历史过程的第一步。历史是流动的、丰富的，充满各种可能性，国民党左派从无到有的发展、于左右夹攻中的斗争，正体现了历史的生动展开。观察、梳理国民党左派的领导人、基层群众和他们的政治路线，还可以在国共两党的党史叙述之外，开辟出一个新的观察20世纪上半期中国革命的视角。

二 "联共"时期的左派（1924～1927）

1924～1927 年，中国共产党按照共产国际的要求，以个人身份加入中国国民党，他们在国民党内的一项重要工作，就是执行共产国际的策略，通过发展国民党左派，来影响国民党的决策。代表共产国际和苏联政府实施对华政策的苏联顾问鲍罗廷，指导中国共产党，积极运用发展国民党左派的策略，以此争取共产党对国民革命的领导权、扩大中国共产党的社会基础和政治实力。发展国民党左派，成为 1924～1927 年共产国际影响中国革命的主要方式。通过确认、扶植、发展国民党内现存的一批在国际上倾向于联俄、在国内倾向于扶助下层的政治势力，使其成为国民党中的主流派，共产国际和苏联政府希望促成国民党的整体激进化，使之变成一个近似共产党的"人民的""工农的""雅各宾式的"党。① 1924 年 1 月 1 日，在上海举行的共产党和青年团联席会议上，鲍罗廷对中国共产党进行工作部署时指出：当前中共的任务，就是使各地的国民党组织中都有自己的同志，在国民党的组织中贯彻共产党的决议，共产党所走每一步，都应该是巩固国民党左派，尽可能地使它更明朗。要在组织上把国民党扶植起来，帮助它制定党的纪律。②

扶植国民党左派的第一步，是在国民党上层寻找亲苏亲共的政治人物和军事将领，利用苏联在华势力和鲍罗廷的影响力，帮助他们取得国民党和国民政府的领导地位，以此推动国民党的整体"左转"。在 1924 年 1 月到 1925 年 3 月，孙中山是国民党的唯一领袖，最能代表国民党的"联共"路线。虽然他不是什么"左派"，但他支持国共合作，因此，鲍罗廷号召共产党，要利用孙中山的"左倾"，"利用他的威信，利用他建党的愿望，以便号召国内现有的真正革命分子投入实际生活，把他们无条件的

---

① 《共产国际、联共（布）与中国革命档案资料丛书》第 1 卷《联共（布）、共产国际与中国国民革命运动（1920～1925）》，北京图书馆出版社，1997，"绪论"，第 12 页。

② 《鲍罗廷的札记和通报》（不早于 1924 年 2 月 16 日），《共产国际、联共（布）与中国革命档案资料丛书》第 1 卷，北京图书馆出版社，1997，第 441～445 页。

团结在国民党左派的周围。"① 孙中山逝世之后，廖仲恺成为共产国际认定的国民党左派的领导核心。他是国民党内最早与苏联政府代表越飞接触的人，主张联俄联共最坚决，他的追随者有汪精卫、陈公博、甘乃光等很多人。蒋介石在当时也是"左派"，到中山舰事件以后才被当成"右派"。1925年8月廖仲恺遇刺之后，汪精卫的地位开始攀升。1926年1月国民党"二大"召开时，汪已成为公认的左派领袖。1926年2月15日和17日，鲍罗廷在联共（布）中央政治局使团会议上的报告中说：自从许崇智、梁鸿楷和胡汉民被排除出广东政权之后，广东有了一个统一的政权，"这个政权的首领始终是最忠诚最积极的工作人员汪精卫"，以及"明确表示自己是国民党左派信徒，甚至可以说是极左派信徒的蒋介石和湘军将领谭延闿。"②

在1925年7月广东政权改组、国民政府成立，至1926年3月中山舰事件爆发前，及1927年4～7月的武汉政权时期，汪精卫扮演了国民党左派最重要的角色。他先是以国民政府主席和军事委员会主席的身份积极支持和维护联共政策，推动国民党统治区域内群众运动的开展和农工政策的实施。宁汉分裂之后，又倒向国共合作的武汉阵营，成为武汉政权的领袖。③ 另一位在"北伐"中崛起的著名左派是邓演达，他是武汉政权中的实权派，但中共当时利用"国民党左派"旗帜时却并不重视他。周恩来后来总结国共合作的教训时说："在武汉时，若以邓演达为中心，不以汪精卫为中心，会更好些，而当时我们不重视他。"大革命失败后，"假如邓演达没有走，仍与他合作，是还可以用国民党旗帜的"。④ 除汪精卫、邓演达之外，孙科、徐谦，以及拥护武汉政权的军事将领——唐生智、张

① 《鲍罗廷的札记和通报》（不早于1924年2月16日），《共产国际、联共（布）与中国革命档案资料丛书》第1卷，第434页。
② 《鲍罗廷在联共（布）中央政治局使团会议上的报告》（1926年2月15日和17日于北京），《共产国际、联共（布）与中国革命档案资料丛书》第3卷，北京图书馆出版社，1998，第116页。
③ 关于共产国际对汪精卫的扶植及汪如何借助共产党的力量走向国民党权力高峰，参见李志毓《论汪精卫1925～1927年"联共"的策略性》，《史林》2009年第2期。
④ 周恩来：《关于党的"六大"的研究》（1944年3月3日、4日），《周恩来选集》上卷，人民出版社，1980，第167页。

发奎等人，也都曾是共产国际积极团结和发展的高层国民党左派。①

在高层扶植左派领袖的同时，共产国际还指导中共进行了大量发动群众的工作，帮助国民党左派从国民党右派手中夺取群众，发展国民党左派的群众组织，扩大他们的群众基础，试图以此增强国民党左派领袖的力量，减少他们的动摇性。在发动基层群众之外，共产党还进行了大量制造左派"中层势力"的工作——培养国民党左派的革命青年，设立各种党校、宣传员讲习所、工人运动讲习所、农民运动讲习所等，造就能接近群众、组织群众的国民党左派人才，打通国民党与民众之间的隔阂。事实上，由于共产党员的身份隐蔽，入党审查也比较严格，国民党则公开活动，因此大部分投身革命的青年，都被安排进了国民党左派的组织。国民党改组之后，工、农、商、学各界群众运动蓬勃开展，宣传和组织迅速扩充，大批革命青年被吸收到国民党中来，成为国民党左派，在这个过程中，共产党发挥了巨大的作用。

为了发展出一个有领袖、有纲领、有群众、有力量、有政权、有党权的国民党左派，中共中央曾指示基层共产党，不惜以"苦力"的身份去帮助国民党左派，在有左派的地方就去扶植左派，在没有左派的地方就去

---

① 有学者指出，第一次国共合作期间，国民党左派经历过复杂的分化、演变过程，大致可分为以下几个阶段：（1）从"一大"至中山舰事件之前，是国民党左派的形成发展阶段，这一时期的领袖是廖仲恺和汪精卫，其特点是支持国民党改组，拥护联俄、联共、扶助农工三大政策。1925 年 8 月廖仲恺遇刺后，汪精卫借助蒋介石的军事实力巩固了领袖地位，蒋介石则借助汪精卫的政治庇护成为军事领袖，形成汪蒋合作局面，直至中山舰事件爆发。（2）从 1926 年 3 月，中山舰事件爆发，随后，汪精卫出走，到 1926 年 10 月，这是国民党左派的"受挫阶段"，左派势力受到蒋介石的打击，组织涣散、彷徨无主。（3）从 1926 年 7 月北伐战争开始，国民党左派进入复兴阶段，形成了以宋庆龄、邓演达、徐谦为政治首领，张发奎、唐生智为军事支柱的新的国民党左派。其主要任务是反蒋和发动"迎汪复职运动"。1926 年 10 月，左派在广州召开国民党中央执行委员及各省区党部联席会议，规定了左派的四条政纲，包括：①拥护总理联俄联共政策；②拥护孙（中山）、廖（仲恺）农工政策；③反对西山会议派；④拥戴汪精卫为领袖。（4）1927 年 4 月汪精卫回国之后，在政治上拉拢陈公博、甘乃光、顾孟馀、孙科等人，在军事上取得唐生智、张发奎的支持，最终"叛变革命"。这篇文章比较客观地梳理了 1924～1927 年国民党左派的发展线索。参见张光宇、钟永恒《大革命时期国民党左派的演变和共产党的政策》，《武汉大学学报》1991 年第 3 期。

"制造"左派。① 为什么共产党如此重视制造国民党左派的工作？就共产
国际而言，通过发展国民党左派，促成国民党的整体激进化，是一个总体
性的战略设计。除此之外，就中共自身而言，分化对手、保存自身，也是
一个重要的策略性考虑。如果国民党中不能分化出一个"左派"，那么当
共产党试图推行的激进政策遭到各种守旧势力反对时，在当时还很年轻的
中共，就须独自面对这些势力的攻击。有了国民党左派作为中共的"外
围组织"，依靠"左派"占领国民党各种机关并与"右派"进行斗争，中
共的压力就会减轻。

中共中央在《关于国民党左派问题决议案》中明确指出：如果国民
党中没有左右派的分别，"我们和右派冲突时，便表现出来是 C. P. 和整
个的国民党冲突。帝国主义者及国内一切反动派都愿意我们走这两条
路"。② 因此，中共中央坚决主张巩固和发展国民党左派，左派的力量越
稳固，中共的活动空间就越拓展。另外，在当时中国的基层社会，普通民
众对于"共产"一词，还普遍存在误解，特别是在农村，一般农民观念
守旧，又听信反共势力的宣传，往往以为"共产党"就是"公妻共产"，
视之如同洪水猛兽。1927 年 3 月初发生在湖北的"阳新惨案"，就是因为
当地土豪劣绅造谣惑众，说共产党"要挖祖坟""劈祖宗牌子""共产共
妻"，煽动红枪会包围县城，抓去省农协特派员和县党部机关中的九名共
产党员，捆绑在城隍庙内，以煤油干柴烧死。③ 若能以共产党为核心，发
展出一个国民党左派，在国民党的旗帜下，发动农工商学各阶层联合的国
民革命，在当时被设想为一种代价较小的革命途径。

鉴于国民党左派的形成与中共的关系，反共的国民党人都否认在国民
党"一大"前后存在所谓的国民党左派。吴稚晖、胡汉民等人都声称，

---

① 《中央致粤区的信——制订左派政纲》（1926 年 9 月 17 日）、《粤区来信——答复中央十
月四日去信》（1926 年 10 月 21 日），中央档案馆编《中共中央文件选集》第二册，中
共中央党校出版社，1989，第 318、638 页。

② 《中央特别会议文件·关于国民党左派问题决议案》，《中共中央文件选集》第二册，第
574 页。

③ 邓初民（遗稿）：《九十述感》，中国人民政治协商会议湖北省委员会文史资料研究委员
会编《湖北文史资料》第 3 辑，1981，第 13～14 页。

"左/右"是共产党作为分裂国民党的策略而制造出来的。胡汉民说："一般人平日也不知道什么是'左派'，什么是'右派'，听了人家怎么喊，他们也就怎么传。喊了几阵，便把国民党整个的党分拆成几个互相怀疑的派别。"又说："左右派这一把刀，它的锋芒所到几乎是无坚不摧，无微不入，虽小到两个人的团体，或朋友，或弟兄，或父子，或夫妇，也得把他们一刀两断，拆作一左一右，使他们互相对抗斗争起来。"① 这种看法，代表了国民党内反共派别的看法，他们认为，所谓的国民党左派，只是中共对国民党的一种政治斗争策略。

虽然发展国民党左派是共产国际主导的，试图借此进入中国、控制国民党的政治策略，但国民党并非完全处于被动地位。借助共产国际发展国民党左派的策略，国民党也曾经试图绕开共产党，直接与共产国际建立密切的关系。② 在 1926 年 2 月召开的共产国际执行委员会扩大会议上，胡汉民代表国民党，提出了加入共产国际的请求。在提交的书面请求中胡汉民说：中国革命是世界革命的一部分，中国国民党在 1924 年改组之后，已决定同全世界无产阶级和各国被压迫民族联合起来进行斗争，并力求完成从国民革命过渡到社会革命的任务。还称，共产国际的口号是唯一正确的口号，国民党认为，它有必要加入共产国际的队伍。③ 大会主席团经过讨论后，认为时机尚不成熟，没有批准。1926 年 11 月，邵力子再次以国民党左派的名义，向共产国际执行委员会表示："国民党强烈希望与共产国际建立更为密切的关系"，并建议共产国际与国民党之间互派代表，"共产国际驻国民党中央委员会的代表应当在所有党的事务和革命策略问题上给党以忠告和指导。国民党驻莫斯科的代表应当参加国际革命的工作"。④

---

① 蒋永敬编《北伐时期的政治史料——一九二七年的中国》，中正书局，1981，第 388 ~ 389 页。
② 关于这一问题的详细论述，可参见杨天石《邵力子出使共产国际与国共两党争夺领导权》一文，收入《蒋氏秘档与蒋介石真相》，社会科学文献出版社，2002。
③ 《胡汉民就接纳国民党加入共产国际问题致共产国际执行委员会书提要》（1926 年 2 月 13 日），《共产国际、联共（布）与中国革命档案资料丛书》第 3 卷，第 91 ~ 92 页。
④ 《邵力子给共产国际执行委员会的信》（1926 年 11 月 25 日于莫斯科），《共产国际、联共（布）与中国革命档案资料丛书》第 3 卷，第 638 页。

在积极联俄之外，国民党内部还持续存在着一种自觉建设左派理论和组织、反对共产党控制国民党左派的努力。例如 1926 年底在广东成立的，以甘乃光、陈孚木、王梦一等人为代表的国民党"左派同盟"。这个组织成立后，对中共形成了一定的挑战，"左派同盟"的字眼，一度频繁出现在共产党的文件中。共产国际的一份报告中曾指出，"左派同盟"有几十个人，几乎包括了广州所有著名的国民党左派，按其社会成分来说，他们都是"资产阶级知识分子"，大半是大学生，和群众没有组织联系。它的领导人甘乃光，经常同陈延年等中共在广东的领导人谈论群众问题，责备共产党从国民党左派那里夺走了群众，而中共广东省委的领导也试图利用"左派同盟"，来反对他们所认为的反动派。①

"左派同盟"的主要领导人和理论家甘乃光，政治上与汪精卫比较亲近。1927 年 4 月，蒋介石发动"清党"之后，曾任命甘乃光为国民党中央农民部长及省政委员会委员兼农工厅厅长，但他没有就职。② 甘乃光在

---

① 《沃林给共产国际执行委员会的书面报告》（1927 年 9 月 20 日于莫斯科）《联共（布）、共产国际与中国苏维埃运动》第 7 卷，中央文献出版社，2002，第 77～79 页。报告认为"左派同盟"实际上是敌视群众的，从思想上说它很接近戴季陶。同盟的主要任务是同共产党进行斗争，他们的政治纲领的核心是阶级合作，为了全民族利益放弃狭隘的阶级利益，以"全民革命"而非"阶级革命"作为国民党的纲领……工人日益提高的要求使"左派同盟"中的国民党领导深感不安，并得出结论，"左派同盟"按其阶级本质来说是代表民族工商业资产阶级的利益，按其社会地位来说是小资产阶级，他们在同帝国主义、官僚、军阀、豪绅和各种封建余孽的对抗中有其革命性，但是这些改良派对工农暴动和"共产主义幽灵"的恐惧超过了他们"虚假的革命性"，这就是甘乃光、陈孚木等国民党左派会在 1927 年 4 月上海和广东各地发生的反共政变中站在屠杀共产党的一边的原因。这份报告代表了共产国际对"左派同盟"的基本看法。

② 甘乃光（1897～1956），广西岑溪人。1922 年毕业于广东岭南大学经济系，毕业后在该校附属中学担任教员，因学生廖梦醒的介绍，得以结识国民党实权派廖仲恺。廖仲恺任商民部长时，以甘乃光任商民部秘书。1925 年 8 月廖仲恺遇刺后，甘乃光又得到当时国民党主席汪精卫的器重，代理商民部长，后又兼任宣传人员养成所所长、国民新闻社长等职，并当选广东省党部执行委员、广东省政府执行委员等。1926 年国民党第二次全国代表大会上当选为中央执行委员，后兼任监察院委员、南路行政委员、中央农民运动委员会委员、广州农民运动讲习所教员、国立中山大学训导部副主任、广州民国日报社社长等职。参见贾逸君编《中华民国名人传》卷 2，第 24 页，《民国丛书》第一编第 86 册，据北平文化学社 1937 年版影印。

1924～1927 年，以建设"左派"理论和支持农民运动闻名。曾编写过《孙文主义发凡》《孙文学说驳议之驳议》《以党建国》《中国国民党几个根本问题》《怎样做农工行政》等多部阐释国民党理论和策略方法的著作。甘乃光在理论上吸收了许多马克思主义的观点，他应用阶级分析法分析中国社会，拥护国民党的农工政策，重视农民的力量。他认为占全国人口 85% 以上的农民是中国革命的基本力量。要使国民革命成功，非动员农民起来不可，并将农军看成"国民党和国民政府的根本势力之一"。[1]

1926 年 3 月，甘乃光担任国民党中央农民部长时，曾聘请毛泽东担任第六届农民运动讲习所所长。第六届农讲所与前五届相比，不但招生规模和地区有所扩大——学员来自全国 20 多个省区，大都是热心农民工作的青年，共计 320 余人，而且授课时间最长，开设的课程最多。授课时间 13 个星期，共开设 25 门课程，内容都是围绕中国革命的基本知识，其中关于农民运动的课程占 8 门，毛泽东亲自讲授"中国农民问题""农村教育""中国社会各阶级分析" 3 门课。[2] 毛泽东、周恩来、恽代英、林伯渠、阮啸仙、罗绮园等中共重要领导人都是第六届农讲所的教员。甘乃光本人也是第六届农讲所的教员，在当时农民部主办的《中国农民》《农民运动》两个刊物上，都发表过大量有关农民运动的文章。《农民运动》的发刊词也出自甘乃光之手。

甘乃光重视工农运动，但不主张因此忽视了中小商人、智识阶层和海外华侨的利益，反对阶级斗争，主张阶级调和。他重视民众运动和国民党的组织建设，认为在当时要做一个真正的革命党，就不能再像从前那样拿手枪、抛炸弹，运动军队，出生入死即可，而是必须要做一个民众运动者，使民众有政治觉悟、能自身运动起来以谋解放。能够使民众

---

① 甘乃光：《怎样做农工行政》，中国国民党农工行政人员讲习所编印，1927 年 3 月，第 243 页。

② 郭绍仪：《回忆广州第六届农民运动讲习所》《第六届农讲所简况》，《广州农民运动讲习所资料选编》，人民出版社，1987，第 92、333、334 页。

运动起来的组织就是党。[①] 因此必须重视党的建设，使党有严密的组织纪律和强有力的指挥能力，不但能指挥党员和各级政治机关，还要有能力动员民众。党内应实行民主集中制。[②] 尽管有自觉的左派理论并成立了"左派同盟"的组织，甘乃光却公开反对共产党对于国民党左/右派的划分，他不以国民党左派自居，而是站在整个国民党的立场上，声称自己所提出的问题是"中国国民党几个根本问题"，并且在自己著作的序言中说："如或有谓这只是左派的理论者，则予欲无言矣。"[③] 这说明，在联俄、联共之外，国民党左派还有更深的内涵，它代表着国民党政权内部一种自觉的意识形态建设。

在第一次国共合作期间，随着联俄、联共、农工政策的发展和"北伐"的展开，国民党左派和激进的农工政策在国民党中越来越居于主导地位。在革命的策源地广东和后来的"赤都"武汉，左倾成了一种时代潮流。1925 年 12 月 18 日的广州《民国日报》曾发表社论说："不妥协不苟安便是左，不左倾的并不配说是革命党。……国民党当此革命时期，只应有左派，不应有右派。因为革命党都是向左的，向右的便不是革命党。"[④] 在这时，"左"具有当仁不让的政治正确性，谁代表"左派"，谁就代表"革命"，谁就能获得权力。

这种争相向"左"的局面，导致国民党中形成了一种激进的气氛，虽然共产党的纲领比国民党激进，但在国民革命期间，共产党的青年却并不比国民党的青年更"左"。因为共产党有严密的组织、纪律，对党员有相对严格的要求，而国民党并没有严密的组织纪律约束党员的行动，因此在实际行动中，常常是身份为单纯的国民党左派的青年，比以共产党员身份加入国民党的青年，还要更激进些。陈公博在回忆录中讲到宁汉分裂时期两湖地区没收地主土地的问题时就说："这个行动的中间自然还夹杂了许多国民党的左派。这班先生自然不是共产党，

---

① 甘乃光：《中国国民党几个根本问题》，民智书局，1927，第 6 页。
② 甘乃光：《以党建国》，中山大学训育部编辑科，1927 年 4 月再版。
③ 甘乃光：《中国国民党几个根本问题》，民智书局，1927 年 4 月，"序言"，第 2 页。
④ 陈孚木：《左倾与右倾》，广州《民国日报》1925 年 12 月 18 日。

但以为国民党要胜过共产党，应该更要比共产党来的凶。"① 1927 年 5 月在武汉国民党中执委会议上，汪精卫和恽代英也讨论了国民党左派"左倾过火"的问题，说："纯粹国民党的左派太跑上前去了，全校尽贴的是'共产党万岁'、'第三国际万岁'标语。说话稍一不慎，就要被他们捉住关起来。这并不是好的现象，因为他们没有稳固的立脚点，反而把中立的弄得莫明其妙。""他们比共产党还凶"，"他们还骂共产党有妥协性"。②

这种国民党左派比共产党还要左的现象，说明直至 1927 年 7 月武汉"分共"时，所谓的国民党左派，无论是在国民党高层还是基层党员中，无论是在思想上还是在组织上，都是混乱的、涣散的，远未达到共产国际所期待的效果。国民党左派既没有建立起自己的意识形态，也没有明确的组织和纪律来约束党员，并巩固自己在群众中的影响。国民革命的形势，造成了国民党在政策上的整体激进，不但那些左倾的领袖和将军热衷于玩弄左的辞藻来表明自己的立场，一般基层党员也唯恐自己不左。这激化了国民党内部的矛盾和分裂，催生出反共的西山会议派、汪蒋对立、宁汉分裂等一系列政治后果，加剧了国民党派系政治的痼疾。

综上所述，研究 1924～1927 年的国民党左派问题，至少应考虑以下几个相互关联的方面：第一，共产国际在中国发展国民党左派这一策略的制定和实施过程。第二，1924～1927 年，苏联顾问和中共在国民党高层分化、策动国民党左派领袖，在基层发展国民党左派群众的过程。在具体的斗争环境中，根据政治形势的变化和短期政治目标的调整，共产国际和中共对于国民党左派的定义和谁是国民党左派的判断，都在随时变化之中。需要揭示这个变化的过程，需要对国民党左派产生、发展过程中所内含的策略性与流动性保持关注，这将有助于我们更加贴近历史真实，了解

① 陈公博：《苦笑录》，现代资料编刊社，1981，第 81 页。
② 《中国国民党中央执行委员会政治委员会第二十次会议速记录》，中国第二历史档案馆编《中国国民党第一、二次全国代表大会会议史料》，江苏古籍出版社，1986，第 1154～1155 页。

第一次国共合作时期的政治状况。第三，国民党左派的问题，不仅涉及国共斗争与国民党高层派系斗争，还涉及广大的国民党基层党员和群众运动，甚至整个时代青年的整体生存与命运。而以往的国民党左派研究，往往局限于国共斗争和国民党的高层派系斗争，对于基层的左派青年群体则缺乏关注。

三　国共分裂后的国民党左派（1928～1931）

1927年7月，左派主导的武汉政权宣布"分共"，第一次国共合作破裂。但"国民党左派"的历史并未随着国共分裂而告终。1928年以后，在国民党内部，"左派"变成了一套系统、自觉的思想路线和一个有组织的政治派别，这就是以陈公博为核心，以汪精卫为精神领袖的改组派及其思想路线。国共分裂后，中共发动了南昌起义、广州起义等一系列武装起义，国民党内部经历宁汉合流、广州事变，这一系列政治变动，都沉重打击了以汪精卫为首的政治派系，导致1927年底，汪精卫再次退出国民党高层，避居法国。1928年2月，国民党召开二届四中全会，组成以蒋介石为核心的新的国民政府和军事委员会，蒋担任军事委员会主席。汪精卫、陈公博、顾孟馀、甘乃光等第一次国共合作时期的"左派"均被限制出席。在1929年3月召开的国民党"三大"上，陈公博、甘乃光被开除国民党党籍，汪精卫被处以书面警告处分，以汪为首的政治派系被排除出国民党的最高领导集团。

1928年1月，在党内斗争中失败的陈公博来到上海，蛰居在贝勒路公寓里几个月，思考今后的政治生涯和如何使革命复兴等问题。不久，在政治上追随汪精卫的顾孟馀、王法勤、王乐平、潘云超、朱霁青等人，都来到上海，商议"改组国民党"。陈公博说，当时很多关心国民党前途的青年都向他提出办一个刊物的要求，于是1928年5月，《革命评论》周刊应运而生。同年6月，顾孟馀又创办了《前进》月刊。他们利用"大革命"失败后国民党意识形态涣散、整个社会思想混乱的局面，提出"恢复民国十三年的改组精神"的口号，并创办了一所"大陆大学"，用以吸收知识青年。①

　　1928 年 11 月 28 日，又在上海召集"中国国民党改组同志会第一次代表大会"，宣告成立"中国国民党改组同志会总部"，通过了"中国国民党改组同志会第一次全国代表大会宣言"。随后在江苏、安徽、河北、山东、河南、浙江、江西、山西、两湖、两广、四川、甘肃、云贵、南京、北平、上海等地区和亚洲、美洲、欧洲等地的华侨社会中都成立了基层组织，全盛时人数达到一万多人，② 成为国民党内最具规模和深远影响，并具有自身意识形态的政治派系。汪精卫是改组派的精神领袖，虽然他一直没有正式加入这一组织。

　　改组派成立后，一面积极策动"拥汪"军人和地方实力派武装反蒋，先后发动"护党救国军事运动"，策应中原大战，发起北平扩大会议、广州"非常会议"；③ 一面尽力扩充发展改组派地方党部，在工人、农民、学生团体中活动，发动民众运动，与以蒋介石为首的正统派争夺基层组织，与共产党争夺民众。1929 年 6 月 26 日，蒋介石致电陈果夫："平津党部完全为改组派之党部……未知当日为何有如此圈选，诚是可疑，务希即日改组……如稍延缓，必误北方党务。"④ 同年 10 月 15 日，蒋介石又致电张群："沪上反动派如是之多，改组派如此猖獗，乃竟未获一人，

---

① 大陆大学的发起人王法勤、潘云超、王乐平、何香凝、陈公博，曾在《革命评论》上刊载发起缘起，指出："我们感觉革命力量的浅薄，建设人才的缺乏，要实行本党三民主义，不只要有革命的技术，而且要有科学的素养；不只要有明确的理论，更要有刻苦的训练。所以我们集合本党同志，创办这个大学，目的在阐明科学的三民主义；养成建设的社会人才，务使经过本校锻炼的青年，每个都能明了本党主义，不致流于玄想和空谈，每个都能参加革命行动，不致陷于颓废和萎靡，准备建设的材料，贡献社会，挽回中堕的革命，重整精神，谨搞此大旨，用为缘起。"《革命评论》第 13 期，1928 年 7 月 30 日。

② 武和轩：《我对改组派的一知半解》，《文史资料选辑》第 36 辑，文史资料出版社，1965，第 143 页；张顺良：《改组派与国民党中央海外党务组织争夺战初探（1928 ~ 1930）》，《花莲教育大学学报》2006 年第 23 期。

③ 关于扩大会议、"非常会议"和 1929 ~ 1931 年的国民党内派系斗争，可参见金以林《国民党高层的派系政治——蒋介石"最高领袖"地位是如何确立的》，社会科学文献出版社，2009。

④ 《蒋中正电陈果夫》，《蒋中正总统文物》，《筹笔——统一时期（六）》，"国史馆"藏，典藏号：002 - 010200 - 00006 - 069。

未知何故。"① 由此可见改组派在京津和上海之活跃。直至 1932 年汪蒋合作之后，改组派分布于国民政府实业、铁道、内政各部的三个组织——左翼联合通讯社、实行社大同盟、民主政治大同盟，及各地下层成员，仍还在努力活动，拉拢干部，吸收群众，领导工农、学生运动。②

在直接的政治斗争外，改组派更重要的特点和意义，则在于他们的理论建构与宣传。在国民党诸多派系和复杂的派系斗争中，改组派是最具理论建树和意识斗争色彩的派系。改组派提出"在夹攻中奋斗"的口号，一边反对共产党，一边反对以蒋介石为核心的南京国民党中央，试图打造出一套独立的左派理论。他们批判南京国民党的腐败涣散，主张恢复1924 年的改组精神，提出以党治国、以党治军、恢复民众运动、扩大党的阶级基础、国民党的青年化和民主化等政治目标，以及建设国家资本主义的经济方案。这些言论在当时针对"清党"之后国民党组织涣散、脱离群众、土豪劣绅纷至沓来的问题，特别是在广大的知识青年当中，产生了很大的社会影响。

改组派最重要的理论阵地，是陈公博主编的《革命评论》，1928 年 5月创刊，同年 9 月停刊，一共只出版 18 期，但在当时却产生巨大的社会影响。香港的《南华早报》曾发表文章，称陈公博为"暴风雨中的海燕"（stormy petrel）。文章说："《革命评论》在三个月中，发行量超过 60000份，这意味着它在中国至少有 30 万的读者。学生、工人、失去领导的前共产党员、国民党的工作者、不堪忍受混乱局面的政府官吏——所有这些阶层都转向陈公博先生，以他为领袖。就在昨天，一位保守的国民党人还对我（注：文章作者）说：'如果汪精卫和陈公博可以在全国每个城市发表演说，他们将能依靠纯粹的演讲控制国民党，这就是南京方面最为恐惧的'。"③ 在陈公博之外，《革命评论》的主要撰稿人还有马濬、刘侃元、

---

① 《蒋中正电张群》，《蒋中正总统文物》，《筹笔——统一时期（十一）》，"国史馆"藏，典藏号：002 - 010200 - 00011 - 046。
② 《改组派之活动情形》，《蒋中正总统文物》，特交档案（党务）——各党派活动（第 49卷），"国史馆"藏，典藏号：002 - 080300 - 00055 - 001。
③ George E. Sokolsky, "Kuomintang Differences: The Popular Animus Against the Nanking Government," *South China Morning Post*, Aug. 11, 1928, p. 15.

施存统、萧淑宇、许德珩等人。在此后的两年多时间里，全国自称"国民党左派"或"改组派"的杂志，有数十种之多。[①]

1930 年江苏评论社编写了一本《中国国民党左派 ABC》的小册子，名称仿照苏联共产党领导人布哈林的《共产党 ABC》。内容包括这一时期国民党左派对于国内政治制度、经济建设、军事外交、民众运动等各种问题的立场，对于当时国际国内形势的基本观点，对于党务的反思，以及左派的历史观等，分析了知识分子向左转的"必然性"。改组派的重要负责人之一王乐平在该书序言中说：以往人们一提到"左派"，"就会无条件的和共产党连贯在一起"，因此编纂这个小册子的目标，第一，就是要表明国民党左派的理论、政策与共产党的不同之处；第二，是要指出左派理论政策在中国革命现阶段的重要意义。[②] 在这些言论中，关于以党治国的讨论占据了很大比重。这些紧贴历史状况的思考，虽非系统和成熟，但仍为我们提供了一些线索，去了解那个时代中非共产主义的左翼政治思考。

改组派理论的一个突出特点，是关于"小资产阶级革命"的提法。以陈公博为首的左派理论家，针对共产党认为武汉"分共"是"小资产阶级叛变革命"以及马克思主义认为"小资产阶级"妥协、动摇、不具备独立革命性的理论，提出了一种"小资产阶级革命论"。这种理论认为，在中国占据人口绝大多数的，不是现代的工业无产阶级，而是自耕农、小地主、小商人、手工业者、新式学生等"小资产阶级"。无论是现在，还是很远的将来，这个小资产阶级都不会如马克思所预测的那样，被大资产阶级所消灭。这种社会性质决定了中国革命的道路不能是无产阶级革命，而应是想办法稳固和扩大这个小资产阶级（或中间阶级），走一条既非资本主义，也非共产主义的"中间道路"。

小资产阶级革命论的阐发，是政治斗争中失势的汪派势力利用马克思主义的阶级话语，自觉打造自身左派立场，形成左派政治论述，缓解自身

[①] 中国人民大学中共党史系中国近现代政治思想史教研室编的《国民党改组派资料选辑》（校内用书，1983 年编）中的"改组派出版的报刊一览表"，记录改组派刊物 71 种。

[②] 王乐平：《中国国民党左派 ABC》，江苏评论社编印出版，1930 年 8 月初版，"序言"，第 2 页。

政治危机的一种方式。它不但迎合了在大革命中利益受到损害的小工商业者的不满情绪，还迎合了一个数量庞大的人群——那些在革命形势激进化发展、国共两党两极分化之后，从革命队伍中被抛出来的，既不满于国民党的腐化堕落，又不愿跟随共产党走工农武装革命道路的"小资产阶级"知识青年。这些曾经的革命者，痛恨现实中的黑暗和恐怖，但对于共产党严密的组织纪律和暴力革命方法也充满恐惧。陈公博和国民党左派，适时地把握住蕴藏在这些苦闷青年中的政治潜力，喊出"农工小资产阶级联盟"的口号，指出一条在改组国民党的基础上继续革命的道路，因此在当时的知识青年中产生了广泛的号召力。《革命评论》还提出国民党的"民主化"和"青年化"问题，号召国民党吸收青年人才入党，解决夺取政权之后贪官污吏纷至沓来造成的党的腐化问题，这都得到了知识青年的拥护。

改组派继承了国共合作时期的民众运动遗产，在 1929 年 2 月印制的《中国国民党改组同志会第一次全国代表大会宣言及决议案》小册子中，提出了"分共"以后国民党的民众运动原则和组织方案，包括工人、农民、商民、青年、妇女运动决议案。对于农村和土地问题，进行农村社会阶层分析，提出耕地政策决议案。对于工人运动，提出健全工会的组织；制定劳工法、工厂法、工会法、劳资争议处置法；制定劳工保护法、劳工保险法；实行八小时工作制；取消包工制；规定最低工资额；在不妨害国民革命的范围中，工人有罢工自由权；赞助工人生产消费合作事业；设立工人补习学校及俱乐部，增进工人技能及精神修养；改良工厂设备，提高工人之待遇；实行有薪休假日；援助华工在居留地的政治经济斗争等一系列进步的保护工人措施。[①]

至少，在 1931 年以前，改组派在城市青年中，大量的黄色工会中，都有相当的基础。当时的中共领导人瞿秋白特别注意改组派的影响力，认

---

① 《中国国民党改组同志会第一次全国代表大会宣言及决议案》，1929 年 2 月印制，出版者、出版地不详，资料来源：CADAL 数据库。1929 年 6 月 13 日，国民政府第 1940 号训令，令内政部通令各级党部，对该书"严密查禁以杜反动而塞乱源"。参见《国民政府行政院公报》第 57 号训令，第 15 页。

为改组派正在"竭力保持国民党对于群众的影响"，"黄色工会的运动，乡村自治的运动，青年军官的运动里，都可以看见改组派的影响"。他曾警告中共党员，以为"群众天生是在共产党——无产阶级领导之下的"，除共产党之外，"一切都是一模一样的反动派"，这种观点是非常错误的。这将引导共产党忽视反对改组派的斗争，"忽视争取群众的任务"，"引导到黄色工会里工作不积极，农民原始组织里的群众工作完全不注意，兵士群众运动的工作迟缓"，而放任汪陈改组派所代表的"资产阶级自由派"在群众中产生相当的影响。①

改组派的理论还参与了 1928 ~ 1930 年中国思想界的一股澎湃潮流——马克思主义的兴起和关于中国社会性质的论争，反映了大革命后的知识分子对于中国式"非资本主义"道路的探索。当时的人们之所以热烈地讨论中国社会性质问题，是基于这样一种信念——只要准确地把握了中国社会的性质，就能清楚地知道中国革命的道路和方向，只要中国社会性质的问题解决了，"正确的革命前途的探索，就不费多大力气了"。② 改组派的"小资产阶级革命论"的主要依据，主要来自陶希圣和《革命评论》派对于中国社会性质的分析。

与共产党认为自秦朝以来的中国传统社会是"封建社会"不同，国民党左派认为，中国的传统社会是封建制度早已崩坏、资本主义尚未发达之前，"以士大夫身份及农民的势力关系为社会主要构造的社会"。③ 这个社会的统治阶层，是由贵族、儒士、游侠混合的"士大夫"构成的官僚阶层。这个官僚阶层存在于生产组织中的各阶层之上，它不是任何一个阶级的代表，而具有"超阶级"的压迫性和剥削性，严重阻碍中国资本主义的发展，导致中国自战国末年以来就已十分活跃的商品经济和商业资本，只能游离于生产之外，或投资于土地，产生"豪强兼并"，阻碍社会生产力的发展。因此，在中国传统的政治制度与商业资本的基础上，不能

---

① 瞿秋白：《中国革命新高潮和国民党改组派》，《瞿秋白文集·政治理论编》第 6 卷，人民出版社，1996，第 625、628 页。
② 王礼锡：《中国社会史的论战》第三版卷头言，神州国光社，1932 年初版。
③ 陶希圣：《中国社会之史的分析》，辽宁教育出版社，1998，第 150 页。

发展出资本主义制度。近代外国资本入侵中国之后，与原有的"超生产"的商人资本相结合，中国的官僚、绅士、商人、高利贷者全都依附于外国资本之下，更加不利于本国资本主义的发展。① 所以，中国革命既不能走大资产阶级领导的民族革命的道路，也不能走无产阶级革命的道路，中国革命的阶级基础应该是工农和城市小资产阶级，革命的领导阶级应是代表农工及城市小资产阶级的统一的革命的中国国民党。②

不信任"大资产阶级"，是国民党左派理论的另一个突出特征，他们认为中国社会"是一个帝国主义直接统治下的小作农业社会"，整个的大资产阶级都是帝国主义的代理人，城市的资产阶级依附于外国资本，乡村的资产阶级是封建社会的残留物，他们没有经济政治的组织，尤其没有操纵生产和消费的权能，实际支配中国的还是外国的经济势力。国民党左派以"是否参与外国资本在中国的统治"这一点来区分"大资产阶级"和"小资产阶级"。事实上，不仅"汪陈左派"持这种观点，自1924年国民党改组以来，被看成是国民党左派的很多人都持这种看法。在1927年武汉政权讨论什么是"小资产阶级"时，孙科就曾提出："除了买办阶级之外，凡是中国人自己办的工厂或银行，不管他们的资本有多少，都是小资产阶级。大、小资产阶级的区别，就是以同帝国主义者有无关系为标准。"汪精卫也同意孙科的意见，说："所谓小资产阶级，系指不隶属于帝国主义之工商业者，及乡村间之小地主而言。"③ 在"反对外国资本"这一点上，可以看出国民党左派的一致性。

国民党左派在第一次国共合作和国民党革命的洪流中诞生，它的兴起所依托的不是政治密谋或军事政变，而是大规模的社会运动。1928~1931年由陈公博领导的改组派，也有一定的社会基础，代表了一些特定人群的利益与心理诉求。梁启超曾经说过："历史之一大秘密，乃在一个人之个

---

① 陶希圣：《中国社会与中国革命》，新生命书局，1931，第313页。
② 施存统：《中国革命的问题》，《复兴中国革命》，复旦书店，1929，第172页。
③ 中国国民党中央执行委员会政治委员会第二十二次会议速记录，中国第二历史档案馆编《中国国民党第一、二次全国代表大会会议史料》（下），江苏古籍出版社，1986，第1177~1179页。

性，何以能扩充为一时代一集团之共性，与夫一时代一集团之共性，何以能寄现于一个人之个性。……史家最要之职务，在觑出此社会心理之实体，观其若何而蕴积，若何而发动，若何而变化，而更精察夫个人心理之所以作成之、表出之者其道何。"① 也就是说，一个重要的政治人物，无论其为善人、恶人，其思想言行必得能有其成立的社会基础，必得能透出一个阶级或集团的人心，方能得到拥护，方能产生历史影响。② 因此，对于国民党左派的研究，不应仅局限于党派斗争或高层权力斗争，而应放置在整个 20 世纪二三十年代中国的政治、社会、精神结构中来探讨，分析是什么样的政治、社会结构和时代精神，孕育出国民党左派；在 1928～1931 年为什么是汪精卫派系扮演了这样的角色；"汪陈左派"自身有什么特点；什么人最容易受其感召；等等。关注国民党左派的社会基础，可以突破国共斗争或国民党派系斗争的左派含义，释放出这一政治概念的丰富内涵。

以汪精卫、陈公博为代表的国民党左派，延续到何时？美国学者王克文认为，1929 年汪精卫在陈公博与顾孟馀的争论中，站在顾孟馀一边，将国民党左派的核心政治诉求从"走非资本主义的民生道路"调整为争取政治民主，从此，汪精卫就取消了反帝和民众运动的立场，这意味着"左派运动"的终结。③ 在 1929 年以后，汪精卫派系的确更多利用"民主"的口号，而非"民生"的口号，以团结地方实力派和知识分子从事反蒋斗争。如果将"非资本主义的民生道路"作为左派的标志，可以得出这样的结论。但若不是从思想路线，而是从派系斗争的角度，以改组派的组织、活动作为国民党左派的标志，则可以认为，1932 年汪蒋合作之后，汪精卫出任国民政府行政院院长，陈公博、顾孟馀出任实业部长和铁

---

① 梁启超：《中国历史研究法》，台湾商务印书馆，1966，第 172 页。
② 梁启超："无论何种政治思想，皆建设在当时此地之社会心理的基础之上，所谓大人物之言动，必与此社会心理发生因果关系，始能成为史迹。……所谓大人物者，不问其为善人恶人，其所作事业为功为罪，要之其人总为当时此地一社会——最少该社会中一有力之阶级或党派——中之最能深入社会闲奥，而能与该社会中人之心理最易相互了解者，……而其效果收获之丰吝，一方面视各该社会凭借之根底何如，一方面又视所谓大人物者心理亢进之程度何如。"《中国历史研究法》，第 173～174 页。
③ 王克文：《汪精卫·国民党·南京政权》，"国史馆"，2001，第 144、154 页。

道部长，形成汪主政、蒋主军的局面，改组派不再进行公开的反蒋活动，意味着以改组派为标志的"国民党左派"的终结。

然而，尽管在1932年汪蒋达成了政治合作，两人在党内的斗争却从未停止，并表现出不同的思想路线与行事风格。一些改组派成员和拥护汪精卫的军事将领，仍尊奉汪精卫为政治领袖，与汪共进退，直至1938年汪精卫脱离重庆，走上对日和谈的道路。这一时期的汪蒋斗争，仅仅是争权夺利的派系斗争，还是带有一定的思想路线分歧？汪精卫、陈公博等人在执政期间，是否实践了左派的社会理想？这些仍是值得探讨的问题。中国大陆学者的主流观点认为，汪蒋分歧更多体现为一种权力斗争，而非政治理念与政治路线斗争，例如研究国民党高层派系斗争的学者金以林就认为：国民党高层政争，无论是谁，都要高举孙中山和三民主义的旗帜，这里或许有意识形态分歧，但更多的是借主义大旗，争权夺利。"特别是自国民党由广东一隅成为全国的执政党后，权力之争远远超过治国理念的分歧。"[1] 海外学者特别是美国的学者，则比较强调汪蒋斗争中所包含的政治理念分歧。认为汪精卫主政时期的方针带有一定的国民党左翼政治路线特征。[2]

---

[1] 金以林：《国民党高层的派系政治——蒋介石"最高领袖"地位是如何确立的》，第8页。

[2] 例如美国学者曾玛莉认为，1932年1月，汪蒋再度合作，汪精卫出任国民政府行政院院长，陈公博任实业部长，这是左派全面参与国民经济政策制定的时期。汪蒋经过协商之后达成的"安内攘外"主张，强调以国家统一和经济建设作为抵抗日本侵略的前提条件，这是国民党左派解决民族危机方法的直接表述，标志着汪精卫对蒋介石暂时的政治上的胜利，因为蒋介石更加主张在损害政治统一和经济建设利益的情况下，首先剿灭江西的共产分子；而汪精卫则认为只有进行经济建设、增强国家实力，才能根本解决外敌入侵和内部的共产党问题。她还认为，陈公博在担任实业部长期间，为了实现他建立一体化国家经济和促进阶级合作的目标，曾组织了对所有生产商的动员，他"将社会主义式的动员和激进防卫的民族主义结合在一起，设想创造一个社团国家，能够把中国所有的生产商团结在一起来建设国民经济"。这一国家经济建设计划"设想的政权是高度中央集权化的，能够将它的干预延伸到草根阶层，并能在全国范围内进行经济动员"。汪精卫在1930年提出的"经济金融政策提案"，带有明显的陈公博式的经济合作特征。在提案中汪精卫认为，国家建设的成功取决于社会所有团体和政府的共同努力，暗含在经济合作中的是阶级团结和社会主义式的大众动员。曾玛莉：《经济民族主义：30年代国民党国家的经济建设计划》，卜正民、施恩德：《民族的构建：亚洲精英及其民族身份认同》，第146～182页。

1928～1931年，是汪派作为国民党左派的理论表述最充分、组织形态最完整的时期。尽管在1932年以后，汪精卫的施政方针中仍带有一定的左翼色彩，例如他在担任行政院院长期间主持的农村经济复兴委员会，体现出他对农村和农民问题的重视，并呼应了一些知识分子提倡的乡村建设运动。在1933年热河事变之后，中国华北俨然成为日本势力范围，中国陷入严重的民族危机，蒋介石仍将国家重心放在"剿共"之上，并提出扩充军备，加拨军饷的要求，汪精卫则坚决反对蒋介石扩充军事的呼吁，提出救亡图存必须充实国力的原则，拟定了遏制官吏贪污、严申军事纪律、全力进行农工商业建设的方针。这些都说明，在汪精卫与蒋介石的分歧中，包含着一定的政治理念与政治行为方式的差异。但是在1932年以后，具有意识形态色彩和政治派系特征的"国民党左派"，事实上已经十分微弱了。

四 结语

国民党左派的诞生，是一个复杂的历史现象，是各种政治力量交织的产物，既有国民党内部的诉求，也有国际共产主义运动和苏联国家利益的推动，反映出20世纪20年代中国与世界共产主义运动的复杂关系。虽然在国民党中，一直不乏具有社会主义性质的思想论述，但国民党左派作为一个政治势力的产生，则起源于共产国际在中国打造亲苏亲共的政治势力的策略。这一策略对于国民党产生了深刻的影响，激化了国民党内各个派系寻求利用外部力量发展自我的斗争，加剧了国民党的分裂，在第一次国共合作破裂之后，最终形成了有明确纲领、组织和意识形态的国民党左派。

国民党左派的问题不仅涉及高层政治斗争，还反映出国民党内部在思想和组织上的分化，以及由此所体现的社会分化状况，同时还折射出1920年代中国激进思潮和群众运动的走向，以及不同政治力量对于中国革命前途的探索。通过讨论国民党左派的群众基础，将"小资产阶级"知识青年群体的苦闷、探索、奋斗、追求和分化的历史引入革命史研究，也将丰富我们观察 20 世纪中国革命的视角。观察国民党左派从无到有的过程，并以此为线索，重新观察 1920 年代中国政治的演变，可以在已往国共两党的党史叙述之外，开辟出一个新的观察 20 世纪中国革命的视角。希望这个国民党左派的视角，将丰富中国革命史叙述的层次，深化我们对现代中国政治的理解。

历史中的国民党左派，在思想系统和组织脉络上，都是复杂的，变动的，能否从这些庞杂的思想主张和变化不拘的政治过程中，梳理出一个边界相对清晰的国民党左派的思想、组织脉络，对于研究者是一个挑战。若将国民党左派看作一种政治势力或政治派系，则在 1924～1927 年，何谓"左派"，其核心特征是支持"联俄、联共、扶助农工"政策，其话语决定权在于共产国际和中国共产党。这一时期曾被认定为"国民党左派"的有廖仲恺、蒋介石、汪精卫、邓演达、谭延闿、徐谦、孙科、宋庆龄、何香凝等许多人，其中，在政治上延续性较强、影响力较大的是廖仲恺、汪精卫和邓演达，在军事上是张发奎和唐生智。但这一时期的"国民党左派"，并无清晰、稳定的"派系"特征。1928～1931 年，"国民党左派"演变成一种边界清晰、目标明确、具有自身意识形态的派系组织，这就是以汪精卫为精神领袖、以陈公博为政治领袖的改组派，他们亦自称为"国民党左派"。

一般来说，同情底层，关注农工，反对资本主义，倾向社会主义，对社会政治现实持激进的批判和变革主张，是"左派"的基本特点。但"国民党左派"牵涉"联共/反共"问题，不能在单纯的思想层面上讨论。事实上，从 1894 年孙中山在檀香山成立兴中会开始，国民党内就始终不乏具有社会主义色彩的思想论述。但抱持不同程度的社会主义思想的人，却并非都是主张"联共"，有些还坚决"反共"。例如，胡汉民、戴季陶都具有唯物主义思想，关心社会问题，支持劳工运动，但在大革命期间，两人都反对"联共"政策，反对中共主导的工农运动，并且不认同共产党为国民党划分"左/右"派的做法，因此，不在我们讨论的"国民党左派"问题之列。另外，国民党内连续不断的批判性思想与政治主张，如1946～1948 年前后国民党内的党政革新运动，也不属于"国民党左派"

的范畴。讨论"国民党左派"的问题，不能离开国共合作与分裂这个特定的历史背景。国民党内的"左翼思想"和"国民党左派"是两个不同的问题，虽然有所关联。

国民党左派与中共、国民党左派的主要代表人物之间，既有其思想上的一致性、相关性，也有内在的差异。例如，廖仲恺从集合生产和社会平等的角度理解社会主义的优势，希望设法避免资本主义发达、贫富分化带来的阶级斗争，在发展国民经济、对抗帝国主义侵略的同时，解决社会不平等的问题，为所有人谋求平等的自由。这也是"汪陈左派"的共同愿望。1932 年出任国民政府实业部长的陈公博，就曾表述过建立集中的国民经济体系的构想，欲将一切关乎国民经济命脉的大产业收归国有，建设国家资本，设立国营公司，由国家筹办大规模的国有电气和水利事业，由国营公司吸收社会劳动力成为国家工人，以国有企业集中财力物力建设国民经济，避免贫富分化和阶级斗争。但与陈公博不同的是，廖仲恺并不十分推崇大的国营公司。在国营事业与社会合作组织之间，他更重视社会的合作组织，对于大规模的国有资本和国营事业则表示忧虑。他认为在一个政治腐败势力泛滥的国度，在人民缺乏有效监督和约束机制的情况下，大规模的国有公营事业，势难避免腐败的危机。而合作组织既可解决生产分配问题，又可以激发人民自主的能动性，养成人民的自治能力，培养民主基础。这是廖仲恺思想的独特之处。

在"联共"期间，汪精卫看到了共产党"以党治军"的能力，他也试图借鉴共产党的经验，在国民党军队中推行"以党治军"的制度。在 1928 年南京国民政府建立之后，面对事实上的武人割据和党权支离破碎的局面，如何使国民党从军人的控制中解脱出来，以一种制度性的力量约束武力，始终是汪苦心焦虑的一个问题，但他没有找到答案。"以党治军"之外，国民党左派还跟共产党学到了阶级分析和社会动员。"阶级"与"民众"的视野，一直存在于国民党左派的思想之中，但他们的政治目标不是阶级斗争，而是经济建设和阶级调和。无论是在国民革命中，还是在经济建设中，国民党左派的社会动员与共产党相比，都是失败的。国民党左派在国共分裂后继续号召青年革命，陈公博和《革命评论》，特别提出国民党的"青年化"和"民主化"目标，希望吸收青年人才入党，解决国民党的腐化问题，但是他们没有找到能够真正组织和改造青年的有效方法，也无法吸收那些有理想有热血的青年加入国民党。

〔李志毓，中国社会科学院近代史研究所〕

"整军即所以抗日"：蒋介石与 1937 年川康整军会议

黄天华

内容提要 1936 年刘湘先后响应"两广事变"和"西安事变"，导致蒋介石随后积极筹划"削藩"，对刘湘形成高压；刘湘则针锋相对，不惜一战，双方几度处于爆发军事冲突的临界点。但由于四川遭遇空前大旱灾，救灾第一是全国的共识，同时拥护和平统一、一致对外也是全国的主流民意，这些都不容双方贸然发动内战，于是双方最终妥协，达成川康整军的协议。蒋介石力图通过整军，实现对"国防唯一根据地"四川的彻底统一，以加强对日备战。而日本并不乐见蒋的成功，时时对蒋刘进行挑拨离间，甚至有可能有意在川康整军会议成功召开的时候发动了七七事变，以打断中国的统一进程。可以说，川康整军会议是中日战争全面爆发前两国战略对峙中的重要一环，它基本奠定了国民政府安川抗战的基础。

关键词 蒋介石 刘湘 川康整军会议

抗日战争研究这两年引起了学者们的广泛关注，优秀的研究成果不断涌现，可是对于这场战争全面爆发之前中日双方各自的战略是什么，中方是如何备战的，日方是否了解中方的动作并做何回应等问题，学界似乎仍然没有深入地探讨。比如，抗战全面爆发之前蒋介石的重要战略之一就是力图更好地掌控四川这一"民族复兴根据地"，彻底整编在"两广事变"和"西安事变"中图谋不轨的川军，甚至直接掌控四川省政。而且，作为当时的中央政府，国民政府确实有整理全国军队的责任和权利，它所亟欲推进的川康整军其实是从 1935 年就开始的全国军队整编的一部分，是

158

蒋介石加强中国军事实力，加强对日备战的一部分。可是，当时的一些地方军人和日本人，以及后来的研究者有意无意中多是从中央与地方的冲突这个角度来看待这件事情的，认为蒋介石是趁机"消灭异己"，消灭地方实力派，而对中央政府领导者蒋介石缺乏"了解之同情"。

当然，从地方实力派一方来说，川康整军不可避免地要削弱甚至剥夺"四川王"刘湘的军政大权，而军队就是刘湘的"命根子"，是他在十多年四川军阀混战的枪林弹雨中辛辛苦苦经营出来的，是他一切既得利益的根本基础，岂能拱手相让？于是，刘湘采取了针锋相对的措施，并做出不惜一战的姿态，积极和桂系联手抵御中央的压迫。结果，中央和四川之间围绕川军整编问题进行了长达半年多的博弈，甚至几度处于爆发军事冲突的临界点。但此时的国内外情势实不容双方贸然发动内战，经过双方的往返磋商，不断地讨价还价，最终于1937年6月底达成了川军整编的协议。可是就在川康整军会议正式召开的第二天，日本却制造了"卢沟桥事变"，整军会议主持人、国民政府军政部长何应钦不得不匆匆结束会议，于7月10日紧急飞返南京，于是中国统一的进程又一次被日本人打断了。

整军会议召开之前，何应钦特别指出："四川为国防唯一根据地，希望今后中央与地方精诚团结，打成一片，以树复兴民族之基础。"① 重庆行营代主任贺国光则说，川康整军会议结果"达成军队国家化，兼及政治中央化，以奠定安川抗战之基础，此亦在历史上最富有价值之会议也"。② 刘湘的高级幕僚刘航琛也回忆说，如果在整军会议之前，"四川向中央打起来了，七七事变后的历史当要重写。而这历史必是悲剧"。③ 可见，川康整军会议是一个相当重要的历史事件，在一定程度上影响了当时中国的军事、政治局势，非常有必要利用新近公布的重要史料对它的来龙

---

① 《川康整军会议开幕》，《大公报》1937年7月7日，季啸风、沈友益主编《前日本末次研究所情报资料》第49册，广西师范大学出版社，1997，第68页。

② 湖北文献季刊资料室：《贺国光先生八十自述》，秦孝仪主编《革命人物志》第十六集，中央文物供应社，1977，第259页。

③ 沈云龙、张朋园、刘凤翰访问，张朋园、刘凤翰纪录《刘航琛先生访问纪录》，九州出版社，2012，第62页。

去脉进行更加细致的梳理，重建 1936 ~ 1937 年四川与中央之间的军事、政治博弈过程，并对相关的人与事进行更加客观、更加深刻的认识。①

一　刘湘响应"两广事变"与"西安事变"

川康整军会议不是突如其来的，它与 1935 年以来四川军事、政治、社会局势的演变密切相关。1935 年蒋介石强势介入川局，并把四川作为民族复兴根据地来经营，却引发了与刘湘之间的一系列冲突。② 贺国光回忆说："（军事委员会委员长行营）参谋团入川后，非常意外的产生种种流言，刘湘认为中央即将削其兵权，另以他人代之，意颇不怪。情势天天演变恶化，误会难释，双方各自备战，大有一触即发之势。"③

双方产生心结的原因之一就是当时蒋介石要将川军缩编三分之一，并核减军费，其中要求刘湘将所部 120 个团缩为 80 个团。刘湘却阳奉阴违，并未真正裁编，大约"保有一百一十团之样"。④ 不过，蒋介石趁这次整军之机，决定在成都开设陆军军官学校成都分校，既是为了安置编余官

---

① 关于川康整军会议，四川省人民政府参事室、四川省文史馆著《川康实力派与蒋介石》（四川人民出版社，1993）一书第三章第六、七、八节对其做了简要叙述，主要引用了邓汉祥等人发表在《文史资料选辑》上的回忆文章，而且囿于当年的学术习惯，没有予以详细注释；同时，不曾使用当时已经出版的国民党方面的资料。此外，虽然该书对一些大的历史脉络叙述是正确的，但很多细节的描述是不准确的，而且遗漏了很多重要的细节。而关于川康整军会议的新近研究主要有黎志辉《川谣·川灾·川政——抗战前夕四川的统一化进程》，《抗日战争研究》2009 年第 4 期；文建辉《略论川康整军的积极一面》，《重庆师范大学学报》2005 年第 1 期。其中，值得重视的是黎文，但黎文对蒋介石、刘湘之间的军政博弈过程没有进行细致梳理，很多重要的、新出的史料也没有使用，所以对川谣之由来、川灾之实际情形、川政之实际处置等问题认识不太清楚，论述不尽准确，视野也有些狭窄。

② 详见黄天华《蒋介石与川政统一》，《四川师范大学学报》2010 年第 5 期；《从"僻处西陲"到"民族复兴根据地"：抗战前夕蒋介石对川局的改造》，《抗日战争研究》2012 年第 4 期。

③ 郭廷以校阅，王聿均访问，张朋园纪录《贺国光先生访问纪录》，《口述历史》第 7 期，1996 年 6 月，第 33 页。

④ 《徐永昌日记》（手稿）第 4 册，中研院近代史研究所，1991，第 65 页。关于 1935 年的川康整军，请详见黄天华《从"僻处西陲"到"民族复兴根据地"：抗战前夕蒋介石对川局的改造》，《抗日战争研究》2012 年第 4 期。

佐，分班予以军事或职业之训练，同时也是为了在成都打入一个楔子，建立一个军事据点。

1936 年 4 月中旬，蒋介石认定"政治重心在川、陕、甘"，① 所以决定亲自入川参加成都军分校开学典礼。结果，入川后他发现"川军川政川俗无甚进步，焦灼不堪"。② 同时，他又听说刘湘已抽调部队在成都、重庆等地集中，隐隐和中央对峙，不由得感叹刘"不识大体至此，何以成事"。③ 不过，成都军分校的顺利成立，标志着中央势力在成都站稳了脚跟。蒋介石就多次在日记中写到"四川基础乃由军官分校成立而定矣"。④

此时，别动队首领康泽专门向蒋介石报告："如果全国的形势允许，最好现在下决心解决刘湘。"⑤ 此前康泽在四川积极进行"分化和削弱刘湘的活动"，大肆宣扬"打倒土皇帝"，"打倒刘湘"，这使得刘湘非常不满。如今，康泽又直接向蒋提议，但未获允准。蒋此时的基本态度是"以剿匪为主要工作，其他容置为缓图"。⑥

4 月 22 日，蒋离蓉飞滇，随后考察贵州、湖南。西南之行，蒋介石得到的印象是"川基渐稳，黔亦渐安，较之去年大有进步，但未能如愿所期耳"；"川滇黔湘形势已有七分把握，当维持现状，而加以指导，务求安定"。⑦ 不过，5 月 4 日，蒋又不无忧虑地说："四川经此次训练后其基础已定，将来抵御外侮，不得已开战时，其能否作为大后方之根据，尚当煞费心力也。"次日，他又在反复思考"川滇黔之军事政治整个整理方案"。⑧ 稍后，为了缓和与刘湘之间的紧张关系，蒋决定把康泽调往汉口。

---

① 《蒋介石日记》（手稿），1936 年 2 月 4 日、5 日、11 日，4 月 10 日，斯坦福大学胡佛研究所藏。
② 《蒋介石日记》（手稿），1936 年 4 月 14 日。
③ 《蒋介石日记》（手稿），1936 年 4 月 16 日。
④ 《蒋介石日记》（手稿），1936 年 4 月 18 日、20 日、30 日。
⑤ 《康泽自述及其下落》，传记文学出版社，1998，第 77 页。
⑥ 周琇环编注《蒋中正总统档案·事略稿本》（36），"国史馆"，2008，第 366~367 页。
⑦ 《蒋介石日记》（手稿），1936 年 4 月 25 日、5 月 2 日。
⑧ 周琇环编注《蒋中正总统档案·事略稿本》（36），第 514 页；《蒋介石日记》（手稿），1936 年 5 月 5 日。

康虽然不愿意，但在蒋的严令下，也不得不接受命令。

大约同时，刘湘派顾问张澜和桂系接洽，并在两广驻有特别使节，"小心翼翼地探索着同广东和广西不安于位的将领们联合反蒋的可能性"。刘湘采取的是两面手法，"表面敷衍蒋，暗中则加强防蒋的布置，对外切实联络两广、云南各反蒋派，以作声援"。① 两广"六一"事变爆发后，"李、白的一位代表在成都同刘湘会谈"。② 刘湘则"认为应响应两广，壮其声势，若不然，两广先败，四川更无法对付蒋"，③ 他密令所部军队夜里向成都、重庆两地集结。

而在"两广事变"爆发之初，蒋介石本来决定将在四川"剿共"的中央军薛岳部、周浑元部调入滇黔，并"移成都炮兵入黔"，意在威慑桂系。但是，稍后蒋发现刘湘与桂系之间来往密切，举止异常，又不得不于 7 月 2 日决定"重庆须驻两师"，"重庆驻军舰一艘"，以预防刘湘之"阴谋"。④ 7 月底，蒋介石召刘湘赴京，刘湘以生病为由拒绝，改派邓汉祥赴庐山请训。9 月中旬，两广事变和平解决；月底，蒋在日记中写道："六月一日以来，两粤谋叛称兵，全国动摇，华北冀鲁以及川湘几乎皆已响应，其态度与两粤完全一致，党国形势岌岌危殆。"⑤ 刘湘在此事件中的表现，让蒋介石"内心上对刘已结成不解之冤"。⑥ 随后，蒋积极筹思整理川局。

10 月中旬，蒋决定调川军出川。巧的是，此时四川也传言刘湘将被调出川，于是川军出现不稳迹象。由于蒋介石还没有做好周全的准备，他又不得不先安抚刘湘，稳住刘湘。10 月 21 日，他特致电重庆行营主任顾祝同，告以"川中谣传，切不可轻信，兄地位更应持重，免人讥议。最好兄能赴蓉访甫澄（即刘湘）病，使其安心也"。但蒋同时提醒顾祝同：

---

① 邓汉祥：《刘湘与蒋介石的勾心斗角》，全国政协文史资料研究委员会编《文史资料选辑》第 5 辑，中华书局，1960，第 61 页。
② 罗伯特·A. 柯白：《四川军阀与国民政府》，殷钟崃、李惟健译，四川人民出版社，1985，第 156 页。
③ 邓汉祥：《刘湘与蒋介石的勾心斗角》，《文史资料选辑》第 5 辑，第 61 页。
④ 叶健青编注《蒋中正总统档案·事略稿本》（37），"国史馆"，2009，第 224、328、329 页。
⑤ 《蒋介石日记》（手稿），1936 年 9 月 30 日。
⑥ 邓汉祥：《刘湘与蒋介石的勾心斗角》，《文史资料选辑》第 5 辑，第 62 页。

"贵阳有否藏储钞票之洞库，应即详查准备。无论如何，重庆对外非安全之地，不能不早为之所，但须极密为要。"① 因为刘湘有重兵驻守在重庆，所以蒋这时对重庆存放中央钞票都不放心，担心受到刘湘的攻击。

10月28日，蒋又叮嘱顾祝同："兄此次赴蓉与甫澄兄详商川军将来增防前方之办法，及其数目与指定之部队，以便先行整训，并望其旧直属各部择其较有战斗力者，亦能备调也。"② 可见蒋希望尽速调集川军出川，而且最好调派刘湘的直属部队。

此时，蒋认定今后政治重点为"先整理长江各省，确实掌握，而置北方于缓图，并加慰藉，以安其心"；而且，"为根本解决计，则先整川省"，只是，要西北剿共告一段落后，方得着手进行。蒋本来打算"调张学良部到豫皖"，"调刘湘任两湖绥靖主任"。③ 不过，因为刘湘这时的态度还比较良好，应允调军出川，所以蒋决定还是让刘湘主政四川，并于11月19日委任刘湘为川康绥靖主任，使其安心。同时又多次催促川军调鄂。面对蒋的催逼，刘湘再次使用"拖字诀"，于12月4日返老家大邑县养"病"，对蒋的命令置若罔闻。

而蒋打算调离东北军的计划，却在较大程度上促成了张学良发动西安事变，完全打乱了蒋的军政部署。西安事变爆发后，刘湘随即于12月13日返回成都，召集下属商讨时局，并致电何应钦，表示"川事湘当绝对负责，尽力防护，共维大局"。④ 同时，刘湘派赴南京的亲信刘航琛向何应钦等人提出，如果要用川军去打张学良，"应该沿江而下，用铁路把军队运到陕西边上，不应该让它走川北出去，自川北则不知要经几个月才能打到西安"。⑤ 事实上，刘航琛提议走川东出川，完全是缓不济急，而是

① 高素兰编注《蒋中正总统档案·事略稿本》（39），"国史馆"，2009，第39~40页。
② 吕芳上主编《蒋中正先生年谱长编》第5册，"国史馆"等，2014，第169~170页。
③ 《蒋介石日记》（手稿），1936年10月29日、11月2日；高素兰编注《蒋中正总统档案·事略稿本》（39），第107页。
④ 《刘湘致何应钦电》，西安事变研究会资料室编《西安事变电文选》，陕西师范大学出版社，1986，第100页。
⑤ 沈云龙、张朋园、刘凤翰访问，张朋园、刘凤翰纪录《刘航琛先生访问纪录》，第57页。

另有所图。刘航琛自己就说，如果"刘甫澄出兵东下，万一蒋先生在事变中发生了不幸，他个人接着便可以有非常之发展"。不过，刘湘的其他一些部下并不赞同此议，"认为东向必会引起中央的疑窦，大兵到了湖北，不见得能顺利通过，说不定会遭扣留"，① 所以刘湘军队并未出川。

12 月 18 日，刘湘通电各方，主张拥护中枢，抗御外侮，弭息内争，营救蒋介石。但这是不是刘湘的真意，颇让人怀疑。因为第二天，徐永昌就获知张学良的代表表示"广西一星期内必出兵响应张杨"，同时，刘湘也有"似赞成张汉卿之电"，且认为"如能取均权、共治途径，云贵桂粤皆所同情"。② 22 日，徐永昌又获悉"刘湘将有援张举动，中央人员之在川者已被监视"，乃慨叹曰："刘湘真人妖哉！"③ 24 日，徐永昌又感叹道："汉卿在军事上既积极布置，于西南各省亦谋得赞助，又多方运用赤色宣传，甚至由改组政府一事即能掀动中央内部之争，只要中央内部离散，地方大力者观望，小力者盲从，与日伪接壤者既不便轻动，惟看张杨川桂之横行，蒋先生手造之军队虽不免有一度向杨张进攻，要亦不能持久，设果如余之意度，国事尚堪问乎，奈何奈何？"④

值得注意的是，12 月 20 日，刘湘又正式就任川康绥靖主任，这已经是蒋介石同意任命之后一个月了。此前刘湘迟迟不就任意味着他对蒋递来的橄榄枝不感兴趣，而此时刘湘宣誓就职，很可能就是因为取得这一名义有利于他采取军事行动。

当时驻陕西的中央军将领万耀煌就说："刘湘在西安事变时，颇有与张、杨响应之势，以各方形式（势）不利张、杨，全国舆论即平时反对中央者亦无不指责张、杨，谋救委员长，刘湘乃不敢有所行动，但对中央在川人员颇有不容之势，对重庆行营所在地，亦调集重兵，形同威胁，成为对峙之局，故重庆谣言传闻，随时有开火之虞。"⑤ 同时，刘湘对成都

---

① 《刘航琛先生访问纪录》，第 175 页。
② 《徐永昌日记》（手稿本）第 3 册，第 509～510 页。
③ 《徐永昌日记》（手稿本）第 3 册，第 512 页。
④ 《徐永昌日记》（手稿本）第 3 册，第 513 页。
⑤ 《万耀煌将军日记》上册，湖北文献社，1978，第 339～340 页。

的中央军队（宪兵一个团）和中央军校也采取了措施。用刘航琛的话说，就是在蒋介石被劫持期间，刘湘理所当然地要对成都的中央军队"负责"。刘湘还要求"中央军退出四川，还要在中央占一个部长和两个次长（财政部和参谋本部的次长）的位置"，① 这或许就是响应张学良改组中央政府的主张。

由于刘湘没有快速地、明确地发表声明支持蒋介石，所以美国外交官佩克秘密断言，刘曾劝说张学良要毫不犹豫地把蒋干掉。佩克又说："刘湘准备采取行动的那一天蒋却被释放了。大错显然铸成，刘湘只得小心翼翼地回到家乡'休息'。"② 时任四川省政府秘书长邓汉祥回忆："刘湘虽然没有发动，但成、渝两地的特务曾借此事向蒋多方挑拨。蒋对刘的恶感，更如火上加油。"③ 刘航琛也认为："西安事变，刘甫澄没有行动上的表示，错了。落了个观望的罪名……因此，甚不得蒋先生之谅解。"④ 因此，蒋介石获释后，极想处置"显露不轨"的川军。

当然，蒋介石想彻底整理川军的另一原因是，西安事变后国民政府对日本的进一步侵略采取了越来越强硬的态度，而"在对日作战必须依靠四川之前，应该一劳永逸地解决四川问题"。⑤ 于是，围绕整军问题，蒋介石与刘湘之间又进行了一番较量，大规模的军事冲突几乎不可避免。

二 蒋介石与刘湘的冲突一触即发

蒋在制定1937年的大事表时，就列出了"统一川湘""川军之改造与统制"等项。他预定处理川局的具体办法有："刘系内部派员联络，晓以大义，动以利害"；"刘如受命，调其一部军队出川"；"各军人事照中央法规调整"；"各军之饷，直接公开发给"；"改组省府，任邓（锡侯）

① 《康泽自述及其下落》，第89页。
② 佩克（南京）寄华盛顿函件，1937年5月27日，美国国务院893.00/14137，转引自罗伯特·A.柯白《四川军阀与国民政府》，第156~157页。
③ 邓汉祥：《刘湘与蒋介石的勾心斗角》，《文史资料选辑》第5辑，第65页。
④ 《刘航琛先生访问纪录》，第175~176页。
⑤ 罗伯特·A.柯白：《四川军阀与国民政府》，第157页。

165

为主席"。① 可以说，蒋介石的计划非常详细。

但刘湘也在多方联络，反制蒋介石的进逼。西安事变之后，他即派代表张斯可去桂林，"探询桂系对于时局的态度"。② 1 月 11 日，刘湘致电何应钦提出西安事变善后之和平主张，建议中央军对东北军不要"逼之太剧"，否则东北军一旦铤险负隅，必致"内忧又起"。③ 15 日，刘湘、李宗仁、白崇禧通电"主用政治解决"西安事变善后问题，由刘湘领衔，随后杨虎城"以复电转达各方，以示其声气之盛"。④ 24 日，陈布雷得到情报，"知桂方仍谋策动平、津、冀、鲁之反中央工作，而川刘自发联名通电后，心亦不安，亟力以反对内战为标榜"。⑤ 刘湘几则电文发出后，引起了不少谣言。为此，贺国光致电蒋介石说，刘湘"尚无他图"，但"届时演变难测"。⑥

刘、李、白的一连串动作引起了蒋介石的密切注意。1 月初，他就在反复思考"对川桂之策动如何安定"。⑦ 1 月中下旬，他决定"对川事应积极注重进行布置"，将川中钞银全数运汉口、贵阳；同时，积极筹备"川东之部署"，筹建"重庆之防御工程"。⑧ 2 月 1 日，蒋致电滇黔绥靖公署副主任薛岳，询问"前定各地之防御工事，修筑至如何程度？务望加紧赶成并逐渐加强，重要处应用石筑为要。傅（立平）师应渐向川黔公路北段移防为要"。5 日，又叮嘱薛岳："陕事可和平解决，则川桂无机可乘，其阴谋当可由此打消，故我军在黔，此时切勿声张，应置若罔闻，以免其闹（恼）羞成怒。一面仍应秘密布置，如期完成各处工事，但对桂边及独山等处，勿多驻兵为宜。兄不必来京出席（五届三中）全会，

---

① 《蒋介石日记》（手稿），1937 年 1 月 1、2 日。
② 邓汉祥：《刘湘与蒋介石的勾心斗角》，《文史资料选辑》第 5 辑，第 63 页。
③ 周开庆编著《民国川事纪要（1937～1950）》，四川文献研究社，1972，第 1 页。
④ 《陈布雷先生从政日记稿样（1937～1939）》，东南印务出版社，第 189 页。
⑤ 《陈布雷先生从政日记稿样（1937～1939）》，第 191 页。
⑥ 《贺国光电蒋中正查刘湘等通电请中央入陕部队停止西进等情尚无他图惟平时虽咸遵钧训处理事务但届时演变难测请求如何因应为宜》（1937 年 1 月 19 日），蒋中正总统档案，"国史馆"藏，典藏号：002090300006171。转引自黎志辉《川谣・川灾・川政——抗战前夕四川的统一化进程》，《抗日战争研究》2009 年第 4 期，第 60 页。
⑦ 《蒋介石日记》（手稿），1937 年 1 月 4、8 日。
⑧ 《蒋介石日记》（手稿），1937 年 1 月 17、18、19、24 日。

以免疏懈为要。"①

2月1日，蒋在思考"对各省反动军阀之如何消弭"时，又把"川刘"列为首位。② 2月11日，旧历新年第一天，他又致电贺国光要求详报"四川各军师旅驻地"，而且以后每月一日，"须将全川各部队调防移动情形，列总表呈报为要"。③ 3月2日，蒋决定在沅陵、衡州、施南、汉中进驻重兵，对刘湘、李宗仁进一步施加压力。

大约同时，康泽又向蒋建议"彻底解决"刘湘，"先在陕南及川东控制强大兵力，并联络反刘各军，如邓（锡侯）、孙（震）、刘（文辉）等，及其内部将领，如王（缵绪）、范（绍增）等。然后通知刘湘，按照中央规定，整编部队。如接受则和平解决；如不接受，则以军事力量解决"。④ 蒋随即派康泽去和西安行营主任顾祝同合作，由顾在军事上做准备，由康泽和反对刘湘的四川军人联络，"传达蒋介石有解决刘湘决心的意思"。成都军分校主任李明灏也被顾祝同安排了相关任务。

3月15日，顾祝同报告说，邓锡侯、孙震、唐式遵、王缵绪、范绍增等密派代表来陕，迭经分别商谈，去刘湘之意志均甚坚决，且表示解决务须彻底，以免将来有反噬之祸。同时，薛岳亦密报蒋介石，建议以迅雷不及掩耳之动作，彻底解除刘湘军政权力，解决四川问题。⑤

此时，蒋向刘湘提出将其旧部第二十一军"改编为三个军"，"全军合编为五十六个团，军费照现有之数不减"，⑥ 几乎缩编一半，这肯定会遭到刘湘的拒绝。由于双方不能达成妥协，四川局势因此变得非常紧张，中央军与川军即将发生冲突的谣言层出不穷。据说，1937年春节期间，由于"成都的气氛是如此紧张，当局甚至禁止燃放爆竹，以免被误认为

---

① 吕芳上主编《蒋中正先生年谱长编》第5册，第237页。
② 《蒋介石日记》（手稿），1937年2月1日。
③ 吕芳上主编《蒋中正先生年谱长编》第5册，第242页。
④ 《康泽自述及其下落》，第91页。
⑤ 《康泽自述及其下落》，第77页。
⑥ 吕芳上主编《蒋中正先生年谱长编》第5册，第268页。

中央军和川军互相开火"。① 而整个春天，双方在重庆附近跃跃欲试，准备打仗。贺国光回忆说，中央部队与刘湘部队"双方对峙，重庆两岸一度构筑工事，戒备森严，李根固、范绍增、周孝臣等之部队，均已进入阵地，如临大敌"。②

最终，由于蒋介石的亲信、刘湘的同学贺国光居间协调，力主和平解决，所以双方并没有兵戎相见。3 月 3 日，贺国光同刘湘嫡系许绍宗共赴重庆两路口、浮图关一带，令双方将所筑工事一律铲除，以免民间发生误会。

3 月 11 日，蒋致电刘湘进行沟通，明白地说，刘虽然名义上接受整军方案，实际上"固拒之意不啻现于言表"，③ 可见蒋很清楚刘是不愿接受整军的；他向刘保证，只要刘执行中央提出的整军方案，仍然会让其主政四川。

3 月 18 日，刘湘的代表邓汉祥、四川省建设厅厅长卢作孚同贺国光一道赴京晋谒蒋介石。邓汉祥回忆说，他到南京后"飞机场有五、六十个新闻记者包围他，因当时特务散布谣言，说四川要造反，故记者特别注意。经邓负责声明四川很安静，记者始散去"。④

邓汉祥又说，临行前刘湘特别交代："无论蒋出什么题目，我们抱定一个'拖'字来应付，拖一天有一天的机会，总以避免和他冲突为上策。"与蒋介石见面后，蒋则直截了当地说："四川的军队太多，应该缩编。四川一省，相当于欧洲一个大国，甫澄身体多病，兼管军民两政，深恐他体力不逮。中央拟派能够同他合作的人去任省政府主席，甫澄专负绥靖地方的责任，使他便于休养，对地方和他个人都是有利的。"即蒋介石有意既整军又整政。邓汉祥却回应说，缩编军队和军民分治两件事"如果同时进行，难免不逼得狗急跳墙"；应该"先缩编军队，过一些时再提

---

① 佩克《穿过中国墙》，第 185 页，转引自罗伯特·A. 柯白：《四川军阀与国民政府》，第 157 页。
② 郭廷以校阅，王聿均访问，张朋园纪录《贺国光先生访问纪录》，《口述历史》第 7 期，1996 年 6 月，第 33 页。
③ 吕芳上主编《蒋中正先生年谱长编》第 5 册，第 267 页。
④ 邓汉祥：《刘湘与蒋介石的勾心斗角》，《文史资料选辑》第 5 辑，第 66 页。

出分治来"。① 于是蒋介石的态度有所软化。

稍后，何应钦奉命转告邓汉祥，在正式整军之前，务必要让刘湘的军队撤离重庆市，在邻近重庆的县份也不得再增加部队，而且，"最好甫澄自己做到川军要国军化，即军令军政交还中央，而中亦保障其现有军政地位，并赋予法定上之全权建设新四川"。② 接着，蒋派特使实业部长吴鼎昌飞蓉，与刘湘会商四川问题。经吴、刘会谈，双方同意"宜昌重庆以至黔边一带之中央军，今后将不再增加；驻渝川军除留驻两团外，余亦将全部调开。而刘湘以前派赴粤桂等地之代表，最近均将撤回"，③ 于是四川局势暂趋平静。

不过，紧张局势虽然暂时缓解了，但问题并没有解决，所以蒋依然在暗中进行军事部署，一方面对刘湘形成威慑，另一方面预备以军事解决作为最后的手段。4月1日，蒋决定仍然以薛岳代理贵州省主席，因为这样可以对刘湘形成一种压力。同时，顾祝同命令万耀煌指挥中央军第十三师、第六师、第五十一师入驻汉中，以备将来入川。不过，因为四川大旱灾的关系，不宜采取军事行动，所以蒋介石主张"在政治上采取主动，在军事上被动一点"，④ 让刘先发动。即利用政治攻势逼使刘湘接受整军，如果刘湘拒绝并采取军事行动，蒋就会趁机"解决"刘湘。本来，蒋有意调刘湘主政安徽，但4月8日他还是决定暂缓，因为"东北军未整理以前，川事不宜着手"。⑤

4月17日，刘湘电呈蒋介石表示将遵办中央之要求，并下令重庆附近所属部队移防永川一带。虽然如此，刘湘依然进行了军事部署，以对抗中央的威慑。万耀煌派赴四川的密使张季群就报告说，"刘湘表面似和缓，实则暗中利用政客煽动各军，以川人团结御外以免亡省，复以经济力量分化各军，积极整理民团，集中人力财力，图最后之冒险，成渝道上集

---

① 邓汉祥：《刘湘与蒋介石的勾心斗角》，《文史资料选辑》第5辑，第66页。
② 王正华编注《蒋中正总统档案·事略稿本》（40），"国史馆"，2010，第297~299页。
③ 《四川风云一扫而空》，《国闻周报》第14卷第14期，1937年，"一周间国内外大事述要"，第57~58页。
④ 《康泽自述及其下落》，第92页。
⑤ 《蒋介石日记》（手稿），1937年4月8日。

中一百团兵力准备与中央抗衡，这是一般人的看法说法，事实也是如此"。①

同样，中央军方面的态度也很强硬。万耀煌认为"须用压力（但决非打战）"，始能达成安川的目的。川康黔边区绥靖主任徐源泉也说，刘湘"以政治手腕缓和空气，以积极方法整理军事，待机而动，决无悔悟之心"，② 因此须用大力压迫刘湘接受整军。

由于双方都拒绝让步，所以四川局势再次骤然紧张起来，谣言也再次满天飞。5 月上中旬，成都"发生少数省军黑夜击毙防守飞机场中央特务团士兵二名之事实，省军方面认为系追匪流弹误伤之结果，而特务团方面则认为是袭取飞机场之尝试，此事使成都局面立刻严重"；"重庆方面则几于一日数警，米油盐等一致飞涨，谣言之重，直可以令通常观察家发生悲观，以为川省难免有事，三千余万灾民之外如再发生意外，将益不堪设想"。③ 外国人主办的报纸也报道，"四川大局，当五月十五日左右，最为吃紧，尔时两军几有一触即发之虞……中央军向重庆挺进，距川军扼守之前线，仅一里之遥，一弹之发，即可引起血战惨剧。成都方面，情势之危殆，亦不减重庆"。④

此时，依然是贺国光在竭力缓和气氛，力主和平解决。贺国光告诉蒋介石："刘湘本质上绝无背叛中央之意，种种备战行动，纯系自卫。"⑤ 贺国光并以性命担保刘湘不会造反。同时，贺国光又说服刘湘将兵工厂、造币厂送出来，将十余架飞机送归中央。由于贺国光的一再劝阻，中央军和川军并没有打起来。

同时，国民政府正在向英国争取借款，如果四川发生战争，可能直接影响英国借款的意愿。蒋介石意识到四川"应避免战事，不妨碍伦敦

---

① 《万耀煌将军日记》上册，第 343 页。
② 《万耀煌将军日记》上册，第 345 页。
③ 《川中谣诼近又转盛》，《国闻周报》第 14 卷第 20 期，1937 年，"一周间国内外大事述要"，第 48 ~ 49 页。
④ 《刘航琛谒蒋后川局已转危为安》，《外论通信稿》第 1842 期，1937 年 5 月 31 日，第 1 页。
⑤ 《贺国光先生访问纪录》，《口述历史》第 7 期，1996 年 6 月，第 33 页。

交涉之进行为要"。① 因此，蒋于 5 月 18 日特别告诫李明灏："务望沉着谦和，切勿慌张惊扰。与刘主席随时联络，以免误会。俾转换空气，协力救灾。有中在此，无论何人，不敢欺兄也。"② 此举是给李明灏壮胆，说刘湘不敢欺负他，同时也告诫李明灏不要惊慌失措，无故制造紧张空气。

事实上，李明灏确有过激行为，贺国光就回忆说："（李）小有才而不识大体，竟被流言煽动，擅作主张，在分校附近街口构筑工事，在城墙上建筑炮台，本来无事而庸人自扰，致引起刘部误会，态势顿形紧张。最不可思议者，彼居然一再请余发给步枪七千支，子弹三百万粒，炮弹三百颗，为作战准备。"③

5 月 19 日，蒋又告诫贺国光、李明灏等人："近日自川中回京及由川出来之商民等，对于中央军在渝蓉万一带各官兵气焰高张，令人难堪。……而且在蓉李主任慌张惊惶，动辄发射，夜间尤甚，以致人民怨恨。……希于电到之日，由贺代主任处理整顿，如有败坏纪律，骄横矜张，气焰万丈，不守军人读训信条者，无论其为官为兵为文为武，一律指名严惩，拿解法办。"④ 贺国光"将此电转送甫澄一阅，彼异常感动。且欣然言曰：'足证彼辈行为，并非中央授意，全系私人妄动！'"⑤ 可以说，蒋介石此举很大程度上是特意做给刘湘看的，主要是为了缓解紧张气氛。在蒋介石的眼中，很可能是贺国光和李明灏两个人一人唱白脸，一人唱红脸，贺国光力主调和，李明灏与顾祝同、薛岳、康泽、万耀煌、徐源泉等人一样，力主高压，对刘湘形成一种又打又拉的态势，逼迫刘湘接受中央的方案。

在蒋介石要求缓和局势后，贺国光下令"严缉造谣滋事奸人，连日

① 《蒋介石日记》（手稿），1937 年 5 月 16 日。
② 王正华编注《蒋中正总统档案·事略稿本》（40），第 385~386 页。
③ 湖北文献季刊资料室：《贺国光先生八十自述》，秦孝仪主编《革命人物志》第十六集，第 256 页。
④ 王正华编注《蒋中正总统档案·事略稿本》（40），第 387 页。
⑤ 湖北文献季刊资料室：《贺国光先生八十自述》，秦孝仪主编《革命人物志》第十六集，第 257 页。

竭力镇抑人心，平息谣言，布告安民，饬属撤除警戒后，省城情势渐趋安定，物价下落，人心亦安，谣诼已完全消灭"。同时，刘湘也特意接见《中央日报》记者聂世章、《中华日报》记者赵孟如等人，表示中央与地方意见一致，但同时指出，"京沪人士，每以裁军为当务之急，观点非常正确；但裁军方法则费踌躇。吾人负实际责任者，务作合理处理，不能为无计划之编裁。省政府正拟订计划，拟于三年内移兵垦边，当不能谓对裁军无诚意也"。① 可见在刘湘心目中，所谓整军就是蒋介石要裁减他的军队。而刘湘则想把多余的兵移垦四川边区，认为这才是对这些兵士的最好安排，不会引起四川动荡。虽然双方的分歧并未消除，但都释放善意，缓解了紧张局势。

三　日本对川局的"关注"与挑拨

四川局势持续紧张给日本人制造了挑拨离间的机会，他们还妄图介入川局，破坏蒋介石建设"民族复兴根据地"的计划。早在 1935 年蒋介石大力改造川局的时候，日本人就开始密切关注四川了。1935 年 9 月宪兵司令谷正伦报告说："日人对四川情形，极为注意，经常均有情报寄发各地日机关。"蒋认为日人之企图"颇堪注意"。②

1936 年 1 月，蒋介石又在演讲中说，川滇黔三省的统一和巩固，使得日本"从此不但三年亡不了中国，就是三十年也打不了中国"。而日本"总要想方法来打破我们统一川滇黔三省以奠定整个国家生存之基础的计划。他的手段，就是要使我不能安心驻在四川来指挥一切，而使三省仍然不能走上统一发展的道路。他为达到这个目的起见，所以借题发挥，使华北局势突然恶化，逼我离开四川，来应付华北的局势，以遂其破坏川滇黔

---

① 《川局彻底奠定方案》《刘湘对记者谈川局，川谣可望逐渐消散》，《大公报》1937 年 5 月 22 日，季啸风、沈友益主编《前日本末次研究所情报资料》第 49 册，第 17、22 页。
② 周美华编注《蒋中正总统档案·事略稿本》（32），"国史馆"，2008，第 411 页。

三省统一的阴谋"。[1]

1936 年夏，日本又试图强行在成都设立领事馆，结果引发打死两名日本人、打伤两名日本人的"成都事件"。日本欲在成都设领的图谋由来已久。1916 年，日本外务省曾在成都派有特派员，1918 年，日本未经北京政府外交部的同意，擅自在成都金河街 44 号设领事馆。"九一八"事变后，因成都人民的强烈反对，日本在成都的所谓领事馆被迫撤除。如今，在蒋介石大力经营四川的时候，本来在重庆有领事馆的日本又欲设立驻蓉领事馆，其意图确实让人怀疑。

1936 年六七月间，日本任命原驻华大使馆中国情报部部长岩井英一为成都代理领事，向中国政府申请在成都设馆，未得准允。但日本竟强行遣使入川。8 月 2 日，岩井由上海启程，18 日抵重庆，随即派渡边洸三郎（公开身份是大阪《每日新闻》上海特派员）、深川径二（公开身份是《每日新闻》驻沪记者）、田中武夫（公开身份是南满铁路上海事务所职员）、濑户尚（公开身份是汉口濑户洋行老板）四人先行赴蓉。24 日，田中等人到达成都。24 日下午，愤怒的成都民众包围了日本人下榻的大川饭店，并打死渡边和深川，打伤田中和濑户尚。

"成都事件"发生后不久，又发生一名日本人被打死的"北海事件"，日本试图以此为契机，迫使中国接受其强硬条件，扩大其在华利益，因此中日之间进行了七次调整国交谈判，直到 1936 年底，双方才达成了处理"成都事件"的办法：（1）道歉。张群照会川越表示歉意；刘湘致函岩井领事示歉，并保护将来。（2）处罚责任者。（3）严办犯人、关系者及煽动者。（4）赔偿四名受害日人共计 98571.1 元。

需要指出的是，在事件爆发之初，国民政府外交部长张群即坚决表示"成都因并非商埠，重设总领事馆则断然不能承认"。[2] 可是，据说在日本图谋设领之初，刘湘不但不表示反对，而且派亲信乔毅夫到天津

---

[1]　蒋介石：《政府与人民共同救国之要道》，秦孝仪主编《中华民国重要史料初编——对日抗战时期》绪编（一），中央党史委员会，1981，第 745 页。

[2]　《张外长对蓉事件表遗憾，今后将逮捕暴徒处罚，惟设领馆断不能承认》，《外论通信稿》第 1577 期，1936 年，第 1 页。

与日本密谈。① "成都事件" 处理之后，刘湘与日本人之间的关系同样是非常敏感的事情。1937 年 5 月上中旬，正当川局异常紧张之际，日本驻华使馆武官喜多诚一先后访问广州、昆明和成都。喜多一行是 19 日抵达成都的，当日即和刘湘进行了谈话。据公开发表的谈话记录，喜多提及上一年发生的 "成都事件"，又询问 "中央军军饷与川军是否一致"、"中央军驻川有多少"、川局是否动摇、四川灾情如何等问题。② 26 日，喜多诚一离蓉飞沪。

对此，有舆论专门评论道："喜多此行，究有何使命，外间无从得目，忆去岁西南异动，曾忙煞日人，现在以极活动之喜多，忽而粤，忽而滇，忽而蓉，若谓无特殊作用，其谁信之，盖侵略华南，日本却无一刻放松。"③

6 月 14 日，在未得国民政府同意的情况下，刘湘又主动邀请日本驻宜昌领事田中正一入川，由省府秘书长邓汉祥接见。据公开消息，日方请邓氏对成都设领问题表示意见，邓氏表示："此系外交问题，应归外交部办理，省府未便擅自表示任何意见。"④ 不过，蒋介石却获知，日方称是刘湘 "托办运输等事，并承刘主席优礼相待，甚表感快之意"。为此蒋特别吩咐张群 "详加注意，转询实情"。⑤ 在川局紧张之时，喜多诚一与田中正一先后拜访四川省当局，这在蒋看来，事情绝不简单。

虽然刘湘和日本人之间有无内幕无法证实，但可以肯定的是，日本人很清楚四川在蒋介石的抗日战略中占有重要的地位。6 月初，日文版上海《每日新闻》就准确地说出了蒋介石的战略构想："中央认四川在整备国防上甚为重要，希望将第一防卫地带置于湖南省株洲地方，第二防卫地置

---

① 详见张曙时《四川统战工作的经过》，原件存四川省档案馆，转引自肖志康、陈励冰《成都 "大川饭店事件" 纪实》，《成都现代革命史资料》1982 年第 5 期，第 2 页。
② 《刘湘喜多谈话》，《新四川月报》第 1 期，1937 年，第 6～9 页。
③ 《喜多武官的行踪》，《生存线》第 2 卷第 4 期，1937 年，第 33 页。
④ 《宜昌日领探询成都设领，川省当局拒绝发表意见》，《外论通信稿》第 1868 期，1937 年 6 月 26 日，封面。
⑤ 吕芳上主编《蒋中正先生年谱长编》，第 320 页。

于四川重庆附近，急于欲建筑堡垒及其他军事施设。"① 而日本人对四川局势也经常煽风点火，挑拨离间。6 月 10 日，日伪报纸《新兴报》发表社评称："喧嚣匝月之（豫皖苏）三省军整会议，只三日即已草草闭幕，各将领匆匆返防，其内容之空洞，仪式之惶惶，则可征其懦弱虚伪矣，前途尚堪闻问欤?"因此，即将召开的川康整军会议"究其前途之演进如何，恐亦无良好结果，只不过成一种惯套之仪式而已"。他们认为南京政府的整军是对地方势力的"宰割"，是"消灭异己"，很"毒险"，他们对此"深切齿"。② 虽然他们指出了整军问题中的实质困难，但很显然他们并不希望中国达成实质统一。

7 月初川康整军会议召开后不久，《创进》期刊发表评论说："日帝国主义者唯恐我国内部不乱，无时不伺机乘隙，施展其挑拨离间的阴谋，日使馆武官喜多不辞跋涉，入川访问刘湘，目的所在，是不待说的。然而全中国和平统一的浓厚空气之下，敌人促成四川内战的企图，终究破产，川康军整会议终于何应钦刘湘等主持之下告了一段落。同时充分证明了我国对内和平运动的又一胜利。"③ 而且，正如罗志田教授所指出："民元以后，每次中国比较趋于真正的统一（结果当然指向"统合"满洲）时，日本就会做出较大的举动。"④ 因此，日本有可能是有意选择在国民政府即将完全统一四川的时候发动七七事变的。

四 四川大旱灾不容内战爆发

蒋介石与刘湘之所以最终没有兵戎相见，除了贺国光的居间调解之外，另一个重要原因就是四川正遭受持续了一年多、遍及全省的大旱灾。这次旱灾从 1936 年夏开始爆发，到 1937 年 5 月初，四川省政府报告受灾

---

① 《中央整理川省军政计划》，《外论通信稿》第 1851 期，1937 年 6 月 9 日，第 1～2 页。
② 《川康整军问题》，《新兴报》1937 年 6 月 10 日，"社评"，季啸风、沈友益主编《前日本末次研究所情报资料》第 49 册，第 45 页。
③ 《川康整军又告段落》，《创进》新 2 卷第 3 期，1937 年，第 5 页。
④ 罗志田：《叩其两端：浅议抗战史研究》，《抗日战争研究》2016 年第 1 期，第 34 页。

县份已达 141 个，全省灾民 3000 万左右。当时四川共有 149 县 1 设治局，绝大部分都遭遇了旱灾。虽然 5 月底财政部特派查灾专员曹仲植在实际查勘灾情后估计，全川"真正的饿殍……至多不过二百万"。① 但当时四川及全国铺天盖地的报道都是灾情严重，全国舆论也因此出现一边倒的倾向，都大力呼吁四川应该趁机整编军队，缩减军费，体恤民生。

而且，灾情严重早就引起了蒋介石的密切关注。1936 年 5 月 8 日，蒋在日记中说："川省春荒甚重，已据正式报灾者有六七十县，……草根树皮早已食尽，继吞白泥，胀毙多人，甚有烹食死尸，易子而食者，其惨状难以尽述。"② 6 月 13 日，蒋又说，四川省"被灾县份计有通江、南江、巴中、剑阁……等三十县，连年匪旱地震诸灾，饥寒屠杀，厥状甚惨，颠连困苦者数百万人"。③ 1937 年 4 月 13 日，重庆行营参议萧杨年向蒋介石报告，受灾县份有 142 个，"占全省县份十分之八"，"灾区面积达全川总面积五分之四强"，"全川灾民为数不下三千万以上"。④

4 月 23 日，身在罗马的孔祥熙致电蒋介石，"谓四川旱象向所未有，……川省巨数军队如能按照国防计划，使节余军粮移供民食。并以工代赈，酌免灾区田赋，以轻负担，实属至要"。⑤ 孔祥熙也认为需要裁减军队，以拯救民生。

5 月 17 日，重庆市银行工会主席吴受彤、市商会主席温少鹤等商界领袖先后向贺国光、刘湘提出："第一、灾区甚广，灾民甚众，凡百问题，非各方通力合作，实无以救灾；不能救灾，亦即无以救民。第二、川省军政应速谋统一，即是说要在合理的条件下，向救民救国之途上走去"；"和平统一，乃川人一贯之希望"。⑥

《国闻周报》也刊文说："目下川灾之重，已非仅为一严重之灾患问

---

① 关于四川大旱灾，详见彭家贵、王玉娟《抗战前夕四川大旱灾的报灾与查灾》，《社会科学研究》2002 年第 2 期，相关史料也转引自该文。

② 周琇环编注《蒋中正总统档案·事略稿本》（36），第 563 页。

③ 叶健青编注《蒋中正总统档案·事略稿本》（37），第 220～221 页。

④ 王正华编注《蒋中正总统档案·事略稿本》（40），第 337～339 页。

⑤ 王正华编注《蒋中正总统档案·事略稿本》（40），第 349～350 页。

⑥ 周开庆编著《民国川事纪要（1937～1950）》，第 8 页。

题，将演成为不易收拾之政治问题。盖灾民多至二三千万，食及泥土，其不能久耐，乃为势所必至。且强派鸦片与强验地契，各地仍雷厉风行，各县各乡之因此被押被扣者，动以数十百人计；此事将加紧社会之崩溃，故救灾之前提为四川政治之合理的解决"，即需"能毫无隔阂的集中中央与地方之力量，有计划的救灾"。① 可见，社会各界迫切希望中央与地方实现和平统一，协力救灾。

可是，对于究竟该先救灾还是先整军，蒋、刘的认识并不一致。据说，四川"省府当局向南京请求财政援助和粮食供应，中央政府对刘湘的多次请求援助置之不理。最后中央政府在1937年4月同意贷款给四川，但是数目只是刘湘请求款项的一小部分。次月，这笔款没有了；当后来这笔款又出现时，刘湘却把它'扣下，并不把它花在预定的用途上'"。② 可见，刘湘希望中央先拨款赈灾，再谈整军事宜；蒋介石则担心刘湘把赈灾款项挪为军费，所以主张在刘湘答应先整军的情况下再救灾。

而大旱灾使得早已不堪重负的四川省财政更是雪上加霜，蒋介石却看准了这是刘湘的关键弱点，把控制四川财政预算作为制约刘湘的一个重要砝码。1936年夏，刘湘拟订的四川省预算是军政费支出1亿2000余万元，但陈布雷告诉四川省财政厅长刘航琛，中央只同意7000余万元。刘航琛认为"这笔钱连支应军费都不够"，"自然不敢接受"。在刘航琛反复申请下，蒋最终核定四川省预算为"军政费九千余万元"。但刘航琛深深感到，因为中央未能多给四川经费，所以"四川确实成为中华民国的一省，这个表现无法在当时实现"。要一直到1937年刘湘亲自率兵出川抗战，四川是中华民国的一省"方始为世人所知，也许在这不尽为世人所知的一年多时间内，耽误了委员长若干准备工作"。③ 此语甚是要紧，因为中央没有满足四川的经费要求，所以四川军政官僚就认为四川没有

---

① 《川局奠安商讨整军》，《国闻周报》第14卷第21期，1937年，"一周间国内外大事述要"，第47~48页。

② 佩克（南京）寄华盛顿函件，1937年5月27日，美国国务院893.00/14137，转引自罗伯特·A.柯白《四川军阀与国民政府》，第156页。

③ 刘航琛口述、章君毅执笔《戎幕半生》，文海出版社，1978，第151~152页。

"确实成为中华民国的一省"，可见双方的心理隔阂是相当深的。

1937 年 4 月初①，刘航琛和财政部特派员、重庆行营财政监理处长关吉玉又到南京请示当年四川财政预算问题，多次请示之后，6 月 1 日陈布雷仍然告诉关吉玉"川事复杂，变化难测，预算案之发布不得不出以审慎"。② 6 月 2 日，关吉玉、陈布雷获悉刘湘表示绝对接受川康整军方案，认为刘"转圜颇速，川局不致有问题"。③ 因此，6 月 4 日，陈布雷就发布了 1937 年度四川省国省联合预算，核定收支各 8630 万元，支出方面军务费依然占 4100 万元。

6 月 11 日，蒋在致刘湘的信函中又提醒说，只要刘按照中央的意愿进行整军，"所有今年因灾歉而短收之经费及所负债款，中央自可负责整理，不使匮乏"。如果刘湘不整军，四川财政困难将无法解决，因为四川财政"实欠之数已在二万万一千余万元。如此漫无底止，一无限制之状态，即使年无荒灾，亦必军民交困，其将何以为继?"一旦财政崩溃，"纵欲维持现状，亦不可能"。④

6 月 22 日，万耀煌向何应钦表示，当以军事压迫逼刘湘接受整军，何却表示"不必如此，以经济封锁即易成功"。⑤ 可见，蒋介石、何应钦等人认定刘湘的经济困难非常大，如不接受中央整军方案，就将自行崩溃。6 月 24 日，川康整军原则正式公布时，1200 万元四川省赈灾公债亦由国民政府公布发行。

---

① 刘航琛回忆说是 1937 年 3 月入京的，但 3 月刘湘派的是邓汉祥、卢作孚，3 月 29 日蒋介石给刘湘的电报中也只提到邓、卢二人，4 月 5 日贺国光由京返渝，很可能之后刘航琛才被派入京，陈布雷日记又载 4 月 13 日刘航琛、关吉玉来和他商议四川预算问题，据此可推知，刘航琛很可能是 4 月上中旬入京的。另外，黎志辉引用的《刘航琛先生自订年谱稿》中也并没有说具体的日子，所以黎志辉所说刘航琛是 5 月 20 日入京有误。详见王正华编注《蒋中正总统档案·事略稿本》（40），第 305 ~ 307 页；《陈布雷先生从政日记稿样（1937 ~ 1939）》，第 208 页；刘航琛口述、章君毅执笔《戎幕半生》附《刘航琛先生自订年谱稿》，第 47 页；黎志辉《川谣·川灾·川政——抗战前夕四川的统一化进程》，《抗日战争研究》2009 年第 4 期，第 68 页。
② 《陈布雷先生从政日记稿样（1937 ~ 1939）》，第 218 页。
③ 《陈布雷先生从政日记稿样（1937 ~ 1939）》，第 218 页。
④ 《1937 年蒋介石致刘湘函稿一件》，《档案与史学》1996 年第 2 期，第 3 ~ 4 页。
⑤ 《万耀煌将军日记》上册，第 347 页。

五　社会舆论强烈拥护和平统一

空前的大旱灾以及紧张的四川局势激起了省内外舆论的强烈关注，而主流民意一致呼吁四川要接受整军，双方要避免内战，实现和平统一，共同抗日。

民初以来川军频繁的内战，曾多次引起全国舆论的侧目，如今人们再次抨击川军是四川一切祸乱的根源。署名"常"的作者就说："二十余年之川局，本集混乱之大成，政治未上轨道，经济日趋紊乱，人民生活痛苦，不堪言状，推源祸始，实由军队之盲目的扩充，军令之不能趋于统一。"① 署名哲夫的人又说："四川一隅，二十年来，军队派别之繁，大小战乱之多，世无其匹"，"即以财政一端而论，舍整军与节饷而外，亦无丝毫出路"。② 很多人再次想起了那句著名的"天下未乱蜀先乱，天下已治蜀未治"。

1937 年 3 月 23 日，川局谣言四起之时，《成都快报》发表社论说："今日全国民众皆希望统一强化，要求统一强化，而国难迫切，亦不容统一之不强化。"③ 6 月 1 日，《成都快报》又分析道："因外患之日益迫切，军政军令之统一，益不能须臾缓。故四川军队之整理，实整个国家民族之迫切要求，而不可稍容其迟延也。""今日川灾之严重，虽曰天灾，亦由人灾之过久。因养兵之多，人民负担过重，尤为不可讳言之事实。……故整理川军，非仅为要求军队之彻底国军化，亦所以谋四川之福利也。"④ 7 月 21 日，《成都快报》又强调，所有川康将领必须"了解整军即所以抗日，了解迅速抗日必需迅速整军之本旨"。⑤

7 月 8 日，重庆的《国民公报》着重指出："就一部人类史来看，国

---

① 常：《川康整军》，《中兴周刊》（武昌）第 7 卷第 23 期，1937 年，第 3 页。
② 哲夫：《川康整军问题》，《中外月刊》第 2 卷第 7 期，1937 年，第 2~3 页。
③ 无吾：《中央与四川之关系》，《成都快报》1937 年 3 月 23 日，第 1 版，"社论"。
④ 《已无问题之川军国军化》，《成都快报》1937 年 6 月 1 日，第 1 版，"社论"。
⑤ 何鸿章：《抗敌战争发动中川康整军宜加速进行》，《成都快报》1937 年 7 月 21 日，第 1 版，"社论"。

强必先统一，统一必先整军，外国如此，中国亦然，日本维新完成始于废藩，德国维新，完成于大联邦，就我国几千年历史来看，凡国内四分五裂，未有不招致外侮，苟能统一，则外患皆可减轻，事例昭然，历历不爽。"①

不仅四川的报纸强烈关注川康整军事宜，全国的舆论也给予高度关注，不厌其烦地呼吁川康整军尽早实现。上海的《妇女生活》刊文说："在这全省人民被灾荒袭击，徘徊在死亡交界线的时候，中央和地方，应该集中一切力量，抢救灾民，而不应该因为双方互相摩擦，而延缓了赈灾。""在这国难严重，全国统一抗敌的时候，更不应发生任何内战，浪费国力，削弱抗敌的力量。"②《新西北》评论道："当三千万灾黎在饥饿线上争死活的时候，我们救死尚恐不及，谁还忍心重起干戈，躯（驱）川民入死途？尤其是当统一初定，抗日战争待机发动的前夜，我们一定要牺牲成见，同心协力的和衷共济来挽救民族的危难才对。"③

5 月中旬，《国闻周报》指出："西安事变后之新政治动向，中国已进入要求绝对统一军事政治之时期。"④ 6 月中下旬，《时论》半月刊刊文剖析道："连年帝国主义者，胆敢肆意侵略我国，推其原因，都由国内不能统一，各省当局各拥武力，各自为政，形成貌合神离的破碎局面，他们自己破坏了抗敌的力量，反责他人不能抗敌，阻碍了救国的步骤，反责他人不能救国"，如今，各省当局已"知道非精诚团结，非服从中央，不足以抗敌救亡"。⑤

6 月 5 日，《大公报》发表社评说，川康整军会议"视豫皖苏驻军之整编尤为重要，为四川并为大局，窃甚望中央地方关系各方面猛下决心，迅赴事功也"；"吾人认此次之事，在中央方面为解放川民，完成宿愿，于情于法，盖无可辞。在地方当局，为消灭危机，自救救乡，于理于势，

---

① 《最近日本的恐怖》，《国民公报》1937 年 7 月 8 日，第 2 版，"社论"。
② 罗琼：《川灾和川谣》，《妇女生活》第 4 卷第 10 期，1937 年，第 3～4 页。
③ 诚：《川灾与川谣》，《新西北》第 1 卷第 3 期，1937 年，第 2～3 页。
④ 《川中谣诼近又转盛》，《国闻周报》第 14 卷第 20 期，1937 年，"一周间国内外大事述要"，第 48～49 页。
⑤ 《川康整军问题》，《时论》（南京）第 53、54 期合刊，1937 年，第 1～2 页。

不容徘徊"。① 7月3日，《大公报》又强调："此次之军整会，不仅为川军国军化之重要阶段，抑且为真正建设新四川奠立中国复兴根据地之大关键也。"②

　　同时，《中华月报》也强调："自震撼全国的西安事变所掀起的危机彻底澄清以后，中央向心力益形稳固，和平统一成为了国民心理一致的期望"，因此，川康整军"奠定了国家民族复兴的基础，打破了分崩离析的局面，泯除了时虞掣肘的内忧"，"给予敌人的优越感和占有欲以严重的打击，……诚然是占中华民族复兴史上最重要的一页"。③

　　对支持统一、主张积极抗日的主流民意，蒋介石、何应钦是看得很清楚的。6月21日，何应钦就在中央纪念周上说："我们看一看现在全国上下所流露的民族复兴的意识，其浓厚与准确之强度，实足令人兴奋，舆论显露了空前正确的伟大力量，扫荡畸形的思想、越轨的企图，一般人的良知良能，都能尽量的发挥活动，全国国民对于国家民族，已有明确的认识，无形中成了一个最高的权威，足以督促一切，纠正一切。"④ 这样的主流民意形成了"一个最高的权威"，任何政治势力及个人都不敢轻易违背它。

六　川康整军会议召开与刘湘出川抗日

　　四川局势缓和之后，蒋介石再度打算既整军又整政，有意派何应钦和张群或吴鼎昌同时入川。他的谋士陈景韩就说："救灾的前提，为四川政治的合理的解决！"⑤ 6月10日，《益世报》又报道："张群、军何、实吴

---

①　《四川的整军问题》，《大公报》1937年6月5日，"社评"，季啸风、沈友益主编《前日本末次研究所情报资料》第49册，第35页。

②　《川康整军前途顺利》，《大公报》1937年7月3日，季啸风、沈友益主编《前日本末次研究所情报资料》第49册，第64页。

③　海流：《川康整军的前途》，《中华月报》第5卷第8期，1937年，第2页。

④　《刘湘接受整军办法》，《国闻周报》第14卷第25期，1937年，"一周间国内外大事述要"，第50~52页。

⑤　冷（陈景韩）：《川谣与川灾》，《半月评论》第1卷第8期，1937年，第1~2页。

均将入川，分别指导政治军事建设"；"政治整理方案正由中央规划与整军问题同时并进，梁漱溟在川除讲学外，将起草建设四川乡村方案，呈中央采择，晏阳初亦在草具计划，短期入川视察，将从根本作起，达到建设新四川目的"。① 晏阳初此前就是在蒋介石的推荐下入川协助刘湘进行四川乡村建设的，并被刘湘聘请为四川省政府设计委员会副委员长。梁漱溟应该也是在蒋介石、吴鼎昌等人推荐下入川推行乡建运动的，可见蒋介石有一个通盘的四川建设计划。

6 月 11 日，蒋特意致函刘湘，苦口婆心地劝诫刘湘接受由中央彻底整理川军，且将其旧部"与其他各军一律归中央整理"，然后中央再将"全川军事付托于"刘湘。② 6 月 17 日，刘湘复电表示接受中央的整军方案，但此电给蒋的印象则是，刘"怨恨之心见于言表"，蒋因此"愤愤不平，几乎欲与之比较长短"；而且满怀怨恨地说："川刘顽梗，非死自倒，何足计较，应沉着应之。"最终，蒋决定"对刘示之以优遇，但整军必须彻底，权限必须分明"。③

6 月 21 日，何应钦专门在中央纪念周报告整军问题，"以日本之废藩与中国之整军相比拟，以见其重要也。大意以整军为充实全国军备之必要的手段……亦免去割据的现象之存在"。听了何应钦的报告后，王子壮在日记中写道："当吾国军事诸待改进之际，为应付强敌之压迫，亦不能再容割据之存在，自广东问题于去岁解决，东北军又已加以整理"，④ 桂系、山西问题都有进步，如果此次川省问题解决，则统一问题进一大步也。

6 月 24 日，川康整军的具体原则公开发表，主要内容有：川康军队以军（或独立师旅）为单位，直隶于中央，由军委会直接指挥，但为绥靖之必要，川康绥靖主任得呈准军委会委员长，指拨军队归其指挥；军队经理以中央统一经理为原则；关于人之事项，依照陆军人事法规办理，直

---

① 《川省军政同时整理》，《益世报》1937 年 6 月 10 日，季啸风、沈友益主编《前日本末次研究所情报资料》第 49 册，第 47 页。

② 《1937 年蒋介石致刘湘函稿一件》，《档案与史学》1996 年第 2 期，第 3～4 页。

③ 《蒋介石日记》（手稿），1937 年 6 月 18、19 日。

④ 《王子壮日记》（手稿本）第 4 册，中研院近代史研究所，2001，第 172～174 页。

接军委会；军需工业及兵器制造事业，由中央统筹办理，所有制造修理各厂由中央接办。

6月29日，行政院会议正式决定派何应钦为川康军事整理委员会主任，贺国光和刘湘两人为副主任，邓锡侯、刘文辉、杨森、唐式遵、潘文华、王缵绪、孙震、李家钰、范绍增、徐源泉、夏斗寅、李抱冰、周浑元等中央军将领和川军高级将领为委员。

此时，蒋介石也打消了派大员入川整理政治的念头。6月30日，《大公报》就说："政治方面，大约仍本维持现状徐图改进之原则，故张群入川说已成过去。"① 即中央对整军前途表示乐观，川政将由刘湘继续主持。

不过，如果完全按照川康整军原则执行的话，"蒋介石（就）把川军的用人权、经济权都拿走了"，对此刘湘肯定是不愿意的。而且，对于即将召开的整军会议，刘湘"甚惧中央人员对其不利，颇为踌躇"。邓汉祥就回忆说："刘湘部下，大多阻止刘到重庆，并有三个旅长跪在地上痛哭，说到重庆非常危险，万一被扣，就毫无办法。"邓汉祥向刘湘建议，"最稳当的办法，是你坐汽车前往，我乘飞机先去"重庆侦察，"届时如果有顾虑，就以旧疾复发为借口，中途转回成都；倘无顾虑，便大大方方地进重庆"。② 刘湘采纳了邓汉祥的建议，坐汽车前往重庆。而贺国光"为表示中央坦诚相见"，"将中央人员交其下属李根固指挥，并严饬中央各级人员不得有反刘之标语"。③ 贺国光还让刘湘决定会议地点为刘湘部下范绍增的公馆，让刘放心。7月6日，川康整军会议在重庆开幕，何应钦等其他参会将领都身着戎装，以示隆重。"刘湘后至，独戴博士帽、穿长衫，当时各方认为刘有意闹考，印象极坏"。④

何应钦在开幕式上特别指出，川康军队"曾经呈报中央有案的，共为八个军，辖二十六个师，九个独立旅，总计步兵团一百七十一团。若以

---

① 《川康军整会将成立》，《大公报》1937年6月30日，季啸风、沈友益主编《前日本末次研究所情报资料》第49册，第60页。

② 邓汉祥：《刘湘与蒋介石的勾心斗角》，《文史资料选辑》第5辑，第66～67页。

③ 《贺国光先生访问纪录》，《口述历史》第7期，1996年6月，第34页。

④ 吴晋航：《1935年参谋团入川前后》，全国政协文史资料研究委员会编《文史资料选辑》第2辑，中华书局，1960，第120页。

团为基准来比较，竟有日本全国军队数量的二倍之多。以四川省来养这样
庞大的军队，自无怪乎质量之难于充实"。他强调："整军是要把过去粮
食不相同编制饷章不划一的各地方军队一律国军化，而不似如一般人所揣
测的编遣或裁兵，更不会由中央另派人员加入各部队去。"刘湘则重申接
受整军原则，但"最重要的是整军后的善后问题"，"编余官兵的安插问
题"，① 这和他此前所表达的观点是一致的，他更希望移兵实边，而不是
直接裁减。

刘湘所顾虑的善后问题也确实存在。刘湘的顾问、四川耆宿张澜就
说，"以军官言，此次被裁，当以万计，而士兵亦有三四万之谱。近闻各
军中下级干部，颇呈惴惴不安之象，咸感编余成为失业，复漂游于贫苦社
会中。揆之往事，年前以川军编遣一次，因而匪风大炽"，"故若对于被
裁者不给以谋生机会，则此辈当为未来地方祸乱之源"。② 可见，双方确
实需要商量出一个恰当的具体办法来。

然而，整军会议召开的第二天，七七事变就爆发了。7 月 9 日，川康
整军会议匆匆结束，7 月 10 日，何应钦紧急飞返南京。川康整军会议决
定：各军缩减十分之二；团长以上军官由中央直接委派；川军的军饷每月
由军政部派员点名发放；由中央派员实地点验各军整编情况，并限 8 月
15 日以前整编完成。

然而，由于蒋介石此时忙于应付中日战争的大问题，所以川康军队依
然没有按照中央的意图进行彻底的整编。7 月 27 日，李家钰、邓锡侯、
杨森、孙震四军的代表就告诉徐永昌，"刘甫澄未必遵令缩编"。③ 孙震后
来又回忆说，由于七七事变突然爆发，因此川军依然未能公平缩编，而且
"刘湘因辖有绥署关系，其直属各军每师三旅九团的编余部队，又改列绥
署直属师直属旅团，仍可保存，（其他）各军编余官兵，则归于裁汰"。④

---

① 《川康整军会议开幕》，《大公报》1937 年 7 月 7 日，季啸风、沈友益主编《前日本末次
　　研究所情报资料》第 49 册，第 68 页。
② 张澜：《希望于整军会议者》，谢增寿等编《张澜文集》上册，群言出版社，2014，第
　　139 页。
③ 《徐永昌日记》（手稿本）第 4 册，第 88 页。
④ 孙震：《八十年国事川事见闻录》，四川文献研究社，1979，第 199 页。

其实，蒋介石这时不仅希望川军整编，更希望川军快速出川抗日。七七事变爆发两天后，徐永昌就致函蒋介石，建议"收紧四川整军办法，或调某某部至苏皖，俾便使用"。① 此处的"某某部"应该就是指刘湘部。8月7日，刘湘接受蒋的号召，赴京参加国防会议。刘湘到达南京时，蒋专门给何应钦、顾祝同写了手谕，吩咐何、顾同刘湘"详商如何贯彻执行整军会议的决议案，以及四川出兵抗战共分几路，每路的人数和指挥人员如何决定"。邓汉祥看了后说："现在既决定抗战，何必还要说执行整军会议案呢？……川军官兵必然会因此发生一种误会，认为中央不相信四川将领，减少他们抗战的兴会和勇气。"稍后，刘湘不期而至，看了蒋的手谕之后，"沉不住气，当时脸色就变了"。但第二天，何应钦依然表示："蒋先生对整军会议案认为必须贯彻执行，意甚坚决。"刘湘得知后便说："我们想法子溜回四川再说。"邓汉祥提醒他："要溜也不要露马脚，不然就恐怕走不了。"②

同时，蒋仍然十分关注直接掌控四川的问题。八一三事变当天，蒋介石"仍极镇定，与邓（汉祥）秘书长谈川事，指示极详"；③ 晚上八时，蒋介石又约见刘湘，刘湘则向蒋建议中央迁川。八月十四日，刘湘又公开电请中央迁川，进行长期抗战。

然而刘湘却借口川军还在整理、缩编中，而且"枪不能用"，所以迟迟不出兵抗日，因此，徐永昌认为刘湘"是真别具肺腑者"。④ 8月29日，蒋介石致电贺国光，嘱其"速催刘湘部队提前出发"，⑤ 否则派邓锡侯、孙震各部先行开拔亦可。9月1日，川军先头部队终于开拔。由于川军迟迟没有出川，因此一位一直在观察重庆如何耍花招的老资格英国外交官对川军的作战计划抱持怀疑态度，他说："计划刚一宣布，就要进行修

---

① 《徐永昌日记》（手稿本）第4册，第73页。
② 邓汉祥：《刘湘与蒋介石的勾心斗角》，《文史资料选辑》第5辑，第68~69页。
③ 《陈布雷先生从政日记稿样（1937~1939）》，第233页。
④ 《徐永昌日记》（手稿本）第4册，第105页。
⑤ 吕芳上主编《蒋中正先生年谱长编》第5册，第393页。

改或干脆取消，看来显然只有一小部分四川部队才会派遣出川。"① 10 月 2 日，蒋介石也抱怨说："川滇各部至此方出动，何怪各国观望。"②

11 月 9 日，刘湘终于由蓉飞汉，12 日抵达南京。同日，蒋与林森"商迁都问题"。③ 次日，蒋即决定迁都重庆。11 月 16 日，国防最高会议正式决定迁都重庆。而蒋介石在刘湘离开四川之后才正式决定迁都重庆，似乎不仅仅是时间上的巧合，连刘湘自己也说，如果"我不出川，中央将以为我有盘踞地盘的心理，未必能够放心西迁"。④

12 月 2 日，蒋又在思考"对刘态度与行动"以及"四川问题解决之时期"。12 月 7 日，他致电贺国光询问："据报载甫澄有病，未知如何？"⑤ 12 月 25 日四川人吴虞在日记中说："省府有明年改组之说，刘某又有死耗，待证。"⑥ 可见，在刘湘出川之后，蒋介石一直想趁机掌控四川，且颇为关注刘湘的身体状况。

1938 年 1 月 20 日刘湘逝世之后，蒋介石表示："甫澄逝世，私情可痛，然从此四川得以统一于中央，抗战基础稳定，未始非国家之福"；"川刘病毙"是于国家有益的大事。⑦

结　语

1935 年，蒋介石帮助刘湘结束了四川军阀内战，实现了川政统一，同时借机深度介入四川，努力想把四川建设成为"民族复兴根据地"，却因此和刘湘产生了越来越严重的冲突。1936 年，对蒋介石心怀不满的刘

---

① 米尔斯（重庆）寄伦敦函电，1937 年 10 月 4 日，英国外交部档案 371/20985，转引自罗伯特·A. 柯白《四川军阀与国民政府》，第 167 页。
② 《蒋介石日记》（手稿），1937 年 10 月 2 日。
③ 《蒋介石日记》（手稿），1937 年 11 月 12 日。
④ 刘航琛口述、章君毅执笔《戎幕半生》，第 198 页。
⑤ 《蒋介石日记》（手稿），1937 年 12 月 2 日、7 日；高素兰编注《蒋中正总统档案·事略稿本》（39），第 390 页。
⑥ 中国革命博物馆整理、荣孟源审校《吴虞日记》，四川人民出版社，1986，第 757 页。
⑦ 叶健青编辑《蒋中正总统档案·事略稿本》（41），"国史馆"，2010，第 74、79~80 页；《蒋介石日记》（手稿），1938 年 12 月 30 日。

湘先后响应"两广事变"和"西安事变"，加剧了政局的动荡。可是，"西安事变"最终和平解决，蒋介石还因此获得超高的政治声望，在国人心目中的地位如日中天，甚至在有些人看来"远胜于中国现代史上任何一位领袖"。① 连美国驻华大使詹森都向国务院报告说：中国人"不问其个人或政治倾向如何"，普遍认为蒋氏继续在位，"是救国大业最需"。② 正是在抵抗日本侵略这一"救国大业"的需要下，蒋介石加快了统一全国的步伐，强势要求削减刘湘的权力，彻底掌控四川。蒋介石很清楚，只要先将四川军政与军令统一，解除了刘湘的军权，再决定刘湘政权之久暂，"则轻而易举也"。③ 因此，他决定彻底整理四川军队，并几度打算调刘湘到两湖或安徽任职，并进行了周密的军事部署。

而刘湘为了维护自己的既得利益，也积极进行备战，并与桂系联手反制中央的压迫。但由于四川遭遇空前大旱灾，救灾第一是全国的共识，同时拥护和平统一、一致对外也是全国的主流民意，这些都迫使双方最终妥协，达成川康整军的共识。谁知川康整军会议召开的第二天，七七事变即爆发，川康整军事宜又草草收场，蒋介石的目标依然没有完全达到。

不过，川康整军协议的达成也基本奠定了国民政府安川抗战的基础。因为，蒋介石始终占据道义的上风，他的坚决态度给了刘湘相当大的压力；而刘湘也很清楚蒋的战略意图，所以全面抗战爆发后，在国家民族大义的感召下，他主动出川，舍"小我"而成"大我"，使国民政府能够放心西迁。对此，全国舆论给予充分肯定，认为川康整军工作是"当前中国统一中最大工作之一"，是"中华民族复兴之大关键"。④ 同时，《成都快报》《国民公报》等地方报刊，以及吴受彤、温少鹤等四川社会名流对川康整军也予以大力支持，整军节饷、共同抗日成为四川社会的主流民意，这为国民政府迁都重庆营造了良好的社会氛围，为抗战的最终胜利奠

① Edgar Snow, *Red Star over China* (New York: Random House Modern Library, 1944), p. 471. 转引自陶涵《蒋介石与现代中国》，林添贵译，中信出版社，2012，第 102 页。
② *Foreign Relations of the United States, 1937*, Vol. 3: *The Far East*, . p. 87. 转引自陶涵《蒋介石与现代中国》，第 104 页。
③ 《蒋介石日记》（手稿），1937 年 5 月 26 日。
④ 俊德：《为川康整军会诸公进一言》，《康藏前锋》第 4 卷第 10 期，1937 年，第 1～2 页。

定了良好的政治基础。可以说，川康整军的基本实现正是国难严重情况下民族主义的国家建构（nation – building）一面的充分体现，① 促成了中国的进一步统一。

而在川康整军会议召开之前，刘湘一直与其他地方实力派联合，抵制中央势力对四川的侵蚀。这种局面使得日本人常常有机可乘，到处煽风点火，挑拨离间，甚至暗中给地方实力派武器援助，然后趁火打劫。在蒋介石即将顺利统一四川，更好地建设"国防唯一根据地"的时候，日本人却发动了七七事变，企图打断中国的统一进程。这似乎和 1935 年日本人发动华北事变，迫使蒋介石离开四川，"以遂其破坏川滇黔三省统一的阴谋"如出一辙。虽然，川康整军会议和七七事变一前一后紧接着发生，可能纯属巧合，但日本人制造事件所选择的时间点却是耐人寻味的。

同时，地方军人之所以敢于强硬地反抗中央政府，和他们的权力并非来源于中央政府有着密切关系。时人就评论说："中国现在之所以有军权旁落，军队私有的现象"，是因为这些地方有力者"是和中央政权差不多同时发生、同时存在的政权，即他们的权力，原来便是自己造成的，而不是从中央窃取的"。而地方军人"对于中央政府的不谅解和不满意"也是他们割据的主要原因之一。"地方实力派所撼以攻击中央的口实，是内而不能实行民治，外而不能抵御侵略。假使中央真能做到'民治'与'御侮'这两件事，则可以钳制他们的口，而全国军队的'国军化'，更易实现了。"的确，积极抵御日本侵略这个主流民意已经成为当时的"最高权威"，任何当政者都不敢轻拭其锋，背上破坏统一、破坏抵御外侮力量的罪名；如果中央政府能在这方面表现得更有力的话，地方军人应该会积极地配合中央政府。② 事实上，正是这股强大的民意推动蒋介石在还没有做好充分准备的情况下，毅然发动了全民族抗日战争。

〔黄天华，四川师范大学历史文化与旅游学院〕

---

① 详见罗志田《乱世潜流：民族主义与民国政治》，上海古籍出版社，2001，"自序"。
② 《川康整军及其前途》，《舆论周刊》第 1 卷第 14 号，1937 年，第 7～12 页。

通往"民主"之路？

——蒋介石的"五五宪草"指示与宪政的认识

萧李居

内容提要　国民政府于 1936 年 5 月公布的"五五宪草"，系由立法院长孙科自兼宪法起草委员会主任委员所主导。在宪草研拟与修改期间，蒋介石忙于"剿共"战役，表面上此事似与其无关，实际上蒋介石多次透过陈布雷对宪草内容提出个人看法，可谓涉入甚深。经由考察蒋介石对于宪草的意见可知，首先，其因国民党的执政立场，故而关注中央政制的设计，并特别在意总统职权与任期。其次，蒋介石对于议会与总统职权设计合乎权力制衡原则，但是二者在权力正当性基础上的失衡问题，导致其宪政构想未能符合真正的权力分立原理与目的。最后，蒋介石以武人出身且自读学习宪法知识的情形下，恐难以真正理解宪政运作的意义与民主内涵的真谛。即使其真的了解宪政内涵，但是对于宪草的主张显示蒋介石即将荣登总统大位之时，反而亟思扩张权力的私心自用态度。

关键词　"五五宪草"　权力分立　蒋介石　陈布雷

前　言

1931 年 6 月 1 日，国民政府公布《中华民国训政时期约法》（以下简称《训政时期约法》），作为训政时期的基本法。然而训政只是孙文建国理念的第二个阶段，最终仍要推动民主宪政，还政于民。胡适曾指出：

"国民党原来不认一党专政是永久的，党治的目标是训政，是训练民众作宪政的准备。"① 故而在训政期间国民政府曾于 1936 年 5 月 5 日拟定公布"五五宪草"，预备施行宪政。在严格定义下，民主与宪政是两个不同概念，但在 1930 年代中国自由主义知识分子的认知中，民主政治是要求国民党放弃党治，结束训政，由人民主导国家政治；宪政意指人民共同拟定宪法，是实现民主的必然过程与体现。民主与宪政是同一价值理念中的两个不同方面，是他们所追求的共同目标。② 罗隆基即于 1935 年为文呼吁国民党遵守承诺，结束训政，立即实施宪政。③ 因此，从另一个层面观之，"五五宪草"也可以说是国民党响应这些知识分子期待民主宪政的成果。若要考察战前蒋介石对民主宪政的认识，"五五宪草"是个可尝试探讨分析的标的，因为在宪草拟定的过程中，蒋介石多次对宪草内容提出个人意见，从中透露他的民主宪政观念。本文拟以"五五宪草"为例，以台北"国史馆"典藏"蒋中正总统文物"与"国民政府档案"，以及《总统蒋公思想言论总集》等出版品为主，辅以《蒋介石日记》与《陈布雷先生从政日记稿样》，尝试由权力分立原理的视角，考察战前蒋介石对于民主宪政真谛的认知与理解。

一　《训政时期约法》与蒋介石的民主宪政认识

有关蒋介石对于宪政看法的研究成果，以往多局限于二战结束后蒋介石对于召开政治协商会议与之后制定宪法的态度，甚少着墨于战前蒋介石对于宪政的理解。近年来有关探讨战前蒋介石对于民主宪政态度的研究成果，系以《训政时期约法》为例，透过分析蒋氏坚持推动制定训政约法的理由与信念，考察蒋介石"在 1930 年前后对走向民主宪政之路的理解"，指出"此际的蒋中正已能理解国家大法应奠基在民意基础上，对制

---

① 胡适：《从一党到无党的政党》，《独立评论》第 171 号，1935 年 10 月，第 11 页。
② 郑大华、禹江：《益世报与"九一八"后的宪政运动》，李金铨编著《文人论政：民国知识分子与报刊》，政大出版社，2008，第 191 页。
③ 罗隆基：《训政应该结束了》，《独立评论》第 171 号，1935 年 10 月，第 5~10 页。

定国家大法也有所坚持"。①

以《训政时期约法》来探究战前蒋介石对于民主宪政的认识,最大的问题在于此约法是否属于宪法,即该约法是否具有国家最高基本法的宪法特质。在此应先明白有宪法未必表示有施行民主制度,而且国民政府于1931年6月1日公布的《训政时期约法》是作为训政时期的基本法,并非民主宪法运作下的国家根本大法,它只是作为阶段性的过渡法条。其中关键问题在于约法虽然被称为国民政府实施"训政"的基本法,但在政府实际运作方面,国民政府的权力运作主要是以《国民政府组织法》为规范,而该组织法又经过十多次的修改,②从而多次抵触或冻结约法的部分条文,其中最重要一次当属1931年12月国民党四届一中全会的修正。

依据《训政时期约法》第73条"国民政府主席对内对外代表国民政府"与第74条"各院院长及各部会长,以国民政府主席之提请,由国民政府依法任免之"的规定,以及其他各条国民政府主席职权的规范,该约法可说"颇具总统制的色彩"。③1931年6月,国民党三届五中全会即依照约法的内涵修正《国民政府组织法》,明令规范国府主席对内对外代表国民政府,兼任陆海空军总司令,并得提请任免五院正副院长、陆海空军副司令及各部会长官。但同年12月,国民党再次修改组织法,修正后的第10条"各院设院长副院长各一人,由中国国民党中央执行委员会选任之"、第11条"国民政府主席为中华民国元首,对内对外代表国民政府,但不负实际政治责任",以及第12条"国民政府主席不得兼任其他官职"等规定,使得国府主席成为虚位元首,完全与规定国府主席具有实权的约法相抵触。加上《训政时期约法》第85条又规定"本约法之解释权,由中国国民党中央执行委员会行使之",对此王世杰直指:"党既有解释《约法》之权,则基于党权而颁布的法令,即显与《约法》相抵

① 吴淑凤:《走向"民主"之路:1930年前后蒋中正对实施训政的理解》,吕芳上主编《蒋介石日记与民国史研究》,世界大同出版社,2011,第403~416页。
② 有关《国民政府组织法》历次的修改时间与内容,请参阅许师慎编《国民政府建制职名录》,"国史馆",1984,第483~518页。
③ 缪全吉编著《中国制宪史资料汇编》,"国史馆",1989,第358页。

触，当仍可有效；只有党认为与《约法》抵触的法律，才是无效。""这
不特是当然的解释，数年来事实的表现正亦如此。"① 简而言之，"约法在
公布后的有效期间，始终并未能获得全部实行的机会"。②

可知，国民政府的组织与权力运作严重损害约法的尊严，使得约法完
全违反作为国家最高法规范所具有"根本性"与"最高性"的宪法特
质。③ 换言之，当约法的最高位阶被侵犯时，将其视为"固有意义下的宪
法"即会产生疑义。④ 因此，在严格的宪法定义下，以约法为例来探讨蒋
介石的宪政认知，在性质上仍有值得商榷之处。即使如此，假使仍拟以约
法之例来探讨，若由蒋介石对于约法条文内容、权力运作理论的意见等视
角进行考察，或许可深入明了他对于宪政的认识以及民主的理解。

至于"五五宪草"，则是国民政府时期唯一拟定的宪草，制定的背景
为 1931 年九一八事变，中国东北为日本关东军侵占，以及次年"一·二
八"事变淞沪战争爆发。在日军侵略，国难日深情况下，中国的世论多
认为唯有对内团结，方能抵抗外患，而促进内部团结的主要方法，即为实
行宪政。1932 年 4 月 7 日，国民政府在洛阳召开国难会议，会中多有呼
吁如期结束训政、召集国民大会与制定宪法等主张，结果会议议决国民政
府应如期结束训政、召集国民大会、制定宪法。⑤ 同时孙科也于 4 月 27
日在《时事新报》上发表《抗日救国纲领草案》，主张"为集中民族力
量，贯澈抗日救国之使命，于最近期间筹备宪政之开始"，要求"于本年
10 月由立法院起草宪政法案，提交国民代表大会议决"。⑥ 12 月 15 日，
孙科与伍朝枢等人进一步在国民党第四届中央执行委员会第三次全体会议

---

① 王世杰、钱端升：《比较宪法》，商务印书馆，2010，第 481 页。本书依据商务印书馆
1948 年版本排印出版。
② 缪全吉编著《中国制宪史资料汇编》，第 357 页。
③ 许庆雄：《宪法入门》，月旦出版社，1992，第 26～28 页。
④ "固有意义下的宪法"系指关于国家统治的基本规则，或关于立宪诸制度规则之"特别
内容"的法规，并不限于采用单一宪法典的形式，也有以不成文法或多种法律来制定。
请参阅芦部信喜『憲法学Ⅰ：憲法総論』東京、有斐閣、1995、4 頁。
⑤ 《汪兆铭致宋子文蒋介石电》（1932 年 4 月 12 日），"蒋中正总统文物"（以下简称蒋
档），"国史馆"藏，典藏号：002 - 090102 - 00007 - 002。
⑥ 孙科：《救国纲领草案》，胡春惠编《民国宪政运动》，正中书局，1978，第 662 页；吴
经熊、黄公觉：《中国制宪史》上册，商务印书馆，1937，第 86 页。

上提出《集中国力挽救危亡案》，指出“为集中民族力量澈底抵抗外患挽救危亡，应于最近期间，积极遵行建国大纲所规定之地方自治工作，以继续进行宪政开始之筹备”。该案于同月 20 日获得全会通过，决议为：“立法院应速起草宪法草案并发表之，以备国民之研讨。”[①]

孙科于 1933 年 1 月新任立法院长，依据国民党四届三中全会的决议以及国民政府于 1931 年 6 月 1 日公布的《训政时期约法》第 86 条“宪法草案当本于建国大纲，及训政与宪政两时期之成绩，由立法院议订，随时宣传于民众，以备到时采择施行”之规定，于 1 月下旬在立法院内组成宪法起草委员会，自兼主任委员，以吴经熊和张知本为副主任委员，开始着手拟定宪法草案。期间经过多次研究、初拟、评论及修改，最后于 1936 年 5 月 1 日在立法院完成三读程序，5 日由国民政府明令公布。

虽然“五五宪草”的拟定主要是由身为立法院长的孙科所主导，此时蒋介石正忙于“剿共”与经营西南，甚少在南京停留。表面上宪草的制定似乎与他无关，不过在宪草的拟定过程中，蒋介石对于宪草内容曾经多次提出其个人的看法，可知实际上他在宪草的制定过程中涉入甚深。因此，考察战前蒋介石对于民主宪政的认识，宪草案例将比约法之例更为适当。

二　北伐前后蒋介石对民主与自由的阐述

有关战前的宪政基本思潮，日本宪法学者美浓部达吉于 1920 年所著《宪法学原理》指出：“立宪政治的基本思潮可分为二。一为国民的自治的精神；一为自由及平等的理想。”前者意指“国民自己参与国家的政治，国政从国民的意思而行，这种思想首先依自然法学者成为国民主权说，把此说照样实现的，乃是近代的民主国。”就后者而言，立宪制度“从实质上说来，可以说是使国民从专制的权力解放出来，保障其自由及

---

① 中国国民党中央执行委员会训练委员会编《中国国民党历次会议宣言及重要决议案汇编》第二册，1941，第 556 页；《集中国力挽救危亡案》，秦孝仪主编《革命文献》第 79 辑，中国国民党中央委员会党史委员会，1979，第 300~306 页。

平等的制度。"因此对于"自由权之宪法上的保障，无论在那个国家里面，皆为宪法规定的主要部分。"① 此即为近代立宪主义的理念，以此理念为基础而建构的宪法，称为"立宪主义的宪法"，又谓"近代意义的宪法"。② 简言之，近代宪政的基本思潮意指民主的精神与自由的思想。

　　探讨战前蒋介石的宪政思想与态度，应回归当时的思潮与观念来考察，即前述所谓近代立宪主义理念，才不致陷入以今非古的谬误。依前人研究，可知 1930 年前后蒋介石对于制定《训政时期约法》的坚持与理念，但对于孙科在 1932 年 4 月强力倡导筹备宪政及拟定宪草一事，因囿于数据，尚不清楚当时蒋介石对孙科与此事的态度，而且在蒋介石的演讲与著作中，战前以宪政或民主、自由为主题的论述相当少。③ 不过，当国民政府开始施行训政后，国民党曾令"各级党部全力宣传五权宪法和权能区分，以及建国大纲等等，并曾昭告国人说：'五权宪法是世界上最优良的宪法设计，由此可以建设中国最完全的宪政制度'"。④ 加上蒋介石一直以孙文为师，遵循《建国大纲》第 1 条"国民政府本革命之三民主义、五权宪法，以建设中华民国"的规范，自 1924 年担任黄埔军校校长至 1936 年 5 月公布《五五宪法》期间，仍有少数以三民主义、五权宪法或《建国大纲》为主题的言论。本节即拟透过蒋介石的这几篇演讲，略论蒋介石在对三民主义与五权宪法的阐述中所透露的民主与自由思维。

　　在国民革命军进行北伐期间，蒋介石曾于 1927 年 2 月 9 日在江西教育讲习所演讲时指出，国民革命是为三民主义而革命，其中民权革命的对象就是军阀。因为"打倒军阀即是实现民权主义，为甚么呢？因为目前中国的民权，被万恶的军阀蹂躏剥削尽了，连起码的言论集会出版结社等

① 美浓部达吉：《宪法学原理》，欧宗佑、何作霖译，中国政法大学出版社，2003，第 307～308、339～340 页。本书依据 1927 年商务印书馆发行本重新编排出版。
② 许庆雄：《宪法入门》，第 33 页。
③ 学者对照《总统蒋公思想言论总集》与《蒋总统民主宪政讲词》一书，发现 1954 年之后蒋介石对于民主宪政的演讲次数大幅增加。请参阅吴淑凤《走向"民主"之路：1930 年前后蒋介石对实施训政的理解》，第 403～404 页。
④ 雷震著，薛化元主编《中华民国制宪史——制宪的历史轨迹（1912～1945）》，稻乡出版社，2010，第 ii 页。

自由权，都被剥夺无存，谈不到甚么民权"。"能够以我们的全副精神去把军阀打倒，则我们一切直接民权，和间接民权都可以伸张起来"。① 以孙文信徒自许的蒋介石认为民主就是要实施三民主义的民权主义，而且此时正逢在野的国民党以军事力量挑战北京政府，故而强调民权革命在于打倒军阀，伸张民权。

民权主义的内容在孙文的论述中包括选举、罢免、创制与复决四权，北伐前的 1924 年 10 月 10 日，蒋介石对黄埔军校学生的演讲中对于创制权的内容曾简明指出："就是人民有什么意见与才力，都可以依法集会，提出来交议会议决，议决后便可实行，这是使中华民国各个人都有自由发展的机会和独立的精神。"至于五权宪法的内容，蒋介石仅是简单说明孙文在行政、立法、司法三权上加上考试与监察，是"因为政府没有考试权，便不能援用真才"，而监察权"就是政府用以弹劾不良议员以及腐败官吏，要使他们议员官吏不至有法外行动"。②

透过前述演讲的内容可知，蒋介石在 1928 年底国民革命军完成北伐之前，即已认识到民权的基本原理就是人民自治与自由发展。至于分权的概念，似仍为中国历史上传统的御史弹劾观念。

北伐结束后，国民党按孙文《建国大纲》的规范于 1928 年 10 月通过《训政纲领》，1929 年 3 月，国民党三全大会通过《确定训政时期党、政府、人民行使政权、治权之分际及方略案》，6 月三届二中全会通过《训政时期之规定案》，明确开始实施训政。此时考察蒋介石的政治思想，可以蒋介石于 1935 年 9 月 15 日在第二期峨眉军官训练团演讲《国父遗教概要·第二讲：政治建设之要义》为标的，而且蒋介石本人也对于此篇演讲的内容甚感满意，认为"读此可得研究总理遗教之门径矣"。③

① 蒋介石：《三民主义要旨与三民主义教育之重要》（1927 年 2 月 9 日，在江西教育讲习所讲），秦孝仪主编《总统蒋公思想言论总集》卷十"演讲"，中国国民党中央委员会党史委员会编印，1984，第 250～252 页。
② 蒋介石：《三民主义与五权宪法概要》（1924 年 10 月 10 日，在黄埔军校校阅后讲），秦孝仪主编《总统蒋公思想言论总集》卷十"演讲"，第 100～103 页。
③ 周美华编《蒋中正总统档案·事略稿本》（以下简称《事略稿本》）第 33 册，"国史馆"，2008，第 4 页。

在该次演讲中，蒋介石对《建国大纲》内容与五权宪法的要旨进行解释。有关民权方面，蒋介石指出："民权不外四种，就是选举权、罢免权、创制权和复决权。必须人民能实行民权，然后可以建设真正的民主政治，才可以成功一个基础强固的真正的民国。"但因现在中国民众没有政治常识，因此孙文特别指示训导人民政治智识与能力之必要，并规定民权初步训练民众"能够了解运用民权的方法"。①

蒋介石强调"五权宪法的目的，就在于实行民权主义"，并认为孙文所讲的民权主义精义与五权宪法的原理包括：主张充分的民权、提倡合理的自由及要求真正的平等。蒋介石认同孙文在民权主义第一讲中"就历史上进化的道理说，民权不是天生出来的，是时势和潮流造就出来的"观点，指出民权是由人民奋斗求生存而演变出来，非如鲁索（卢梭）所谓"天赋"，因此国民党主张"革命民权"，而不是"天赋人权"。对此蒋介石认为孙文所主张的民权，"不能随便赋予于不了解革命主义以及没有誓行革命主义决心的一切人，这并不是国家对于民权有所靳而不予，乃是为实现真正的民权而设定此必要之条件以为之保障"。另外，蒋介石也指出孙文主张最充分彻底的民权，"特别发明五权宪法，要将我们造成一个真正实行全民政治的新国家"。②

蒋介石并依据民权主义第二讲阐述民权与自由的关系，认为孙文主张合理的自由，也就是"限制各人的自由，以保持人人之自由；牺牲个人的自由，以求得国家之自由"。因为"中国革命的目的，不是要争个人的自由，而是要牺牲个人的自由，来争团体的自由，国家的自由"。故而指出五权宪法"当然是提倡自由的，但是五权宪法所提倡的自由，不是个人的自由，而是整个国家的大自由，不是绝对无限制的自由，而是有限制的合理的自由"。③

---

① 蒋介石：《国父遗教概要·第二讲：政治建设之要义》（1935 年 9 月 15 日，在峨眉军训团讲），秦孝仪主编《总统蒋公思想言论总集》卷三"专著"，第 20 页。

② 蒋介石：《国父遗教概要·第二讲：政治建设之要义》，第 36～38 页。民权主义精义与五权宪法的原理除了这三点外，在演讲中还提到第四点"建设最新的国家"，不过并未纳入本文的探讨。

③ 蒋介石：《国父遗教概要·第二讲：政治建设之要义》，第 38～39 页。

至于平等的概念，蒋介石指出革命的目的是"要在政治地方上求立足点的真平等，更要从真平等的立足点上发挥各人的聪明才力来为众人服务，为国家造福"。蒋介石并引用民权主义第三讲"自然界既没有平等，人类又怎么有平等呢？"，以及"我们讲民权平等，是要世界有进步，是要人民在政治上的地位平等。因为平等是人为的，不是天生的，人造的平等，只有做到政治上的地位平等，故革命以后，必要各人在政治上的立足点都是平等"的论述来推崇孙文的五权宪法，其目的"就是要实现上面所说的真理而求得全体人民在政治地位上立足的真平等，从而造福众人之最彻底、最完全的新办法"。①

上述这些主张，透露了蒋介石具有社会达尔文主义的社会竞争与进化观念，因此，蒋介石主张民权来源于革命而非天赋。但是，此点其实是有违平等的基本核心概念。同时蒋介石又认为："民权的作用，也就是要使一般国民能够获得美满的生存。"然而，若是一般国民未能认同国民党的革命主义，因此无法拥有民权，在这种全国国民政治权力不均等的情况下，又如何能建立实行"全民政治"的新国家？由此也可知，蒋介石具有国家主义（statism）倾向，故有国家至上的观念，认为国家的重要性大于个人，为了国家可以牺牲个人，即一般国民的基本权利。

虽说前面提到蒋介石已认识到民权的基本原理就是人民自治与自由发展，但是，1928 年末北伐结束后，国民政府在名义上已经统一中国，1930 年代蒋介石身为国家政权内最有权势者，在掌控国家机器时，对于民权的立场与看法已经和北伐之前截然不同。

三　蒋介石对宪草的指示

1933 年 1 月，立法院长孙科依据国民党四届三中全会的决议与《训政时期约法》的规定组织宪法起草委员会，开始研拟宪法草案。1934 年 3 月 1 日，宪法起草委员会完成并公布《中华民国宪法草案初稿》，以征求

---

① 蒋介石：《国父遗教概要·第二讲：政治建设之要义》，第 39～43 页。

各方意见，表示："对于本案初稿如有意见，请于民国二十三年三月三十一日以前寄交南京立法院编译处。"① 孙科同时将宪法草案初稿寄送在江西"剿共"的蒋介石，并电告将与吴经熊前往面商。② 蒋介石特地邀约戴传贤与孙科共同前来南昌商议草案初稿，然而戴传贤因旧疾复发，在上海诊治休养，在 3 月 7 日致函孙科，另以书信方式对草案初稿提出意见。戴传贤在信中指出一国宪法应有其本国历史因缘与根据，"非可任意创治者"，对于草案初稿表示，"其根本认识，颇与贤（按：戴传贤自称）之希望相近，即不离却过去之因缘，不背乎已成之国宪是也"。最后并就人民权利义务、政治组织、公布施行与国民经济教育等四部分提出意见，请孙科参考并传达蒋介石。③ 不过戴传贤还是在 3 月 24 日将意见书抄誉一份寄送蒋介石参酌。④ 此外，蒋介石也电请行政院长汪精卫妥拟研讨宪法意见办法，俾得共同与孙科恳谈。⑤

立法院于 3 月 22 日令派傅秉常等 36 人为宪法草案初稿审查委员，汇整各方意见进行修改。在此期间孙科曾与傅秉常、林彬、陶履谦至上海与王宠惠交换宪草意见，再偕同汪精卫至庐山谒见蒋介石。由于蒋、汪、王三人都认为应将政权与治权划分清楚，因此审查委员对草案初稿第三章"国民大会"与第四章"中央政府"进行大幅度修改，修正拟订《中华民国宪法草案初稿审查修正案》，于 7 月 9 日公开征求意见，同时呈送立法院。⑥ 立法院于 9 月 21 日召开第 68 次院会开始审议初稿审查修正案，最后于 10 月 16 日三读通过，完成立法院第一次议定的宪法草案，并在 11

---

① 《立法院呈国民政府函》（1934 年 3 月 1 日），国民政府档案，"国史馆"藏，典藏号：001 - 011002 - 0002 - 002。
② 《孙科致蒋介石电》（1934 年 2 月 28 日），蒋档，"国史馆"藏，典藏号：002 - 090102 - 00007 - 004。
③ 《戴传贤致孙科信函》（1934 年 3 月 7 日），国民政府档案，"国史馆"藏，典藏号：001 - 011000 - 0008 - 002。
④ 《戴传贤致蒋介石信函》（1934 年 3 月 24 日），国民政府档案，"国史馆"藏，典藏号：001 - 011000 - 0008 - 002。
⑤ 《蒋介石致汪兆铭电》（1934 年 3 月 8 日），蒋档，"国史馆"藏，典藏号：002 - 090102 - 00007 - 005、002 - 090102 - 00010 - 081。
⑥ 《国民政府立法院第三届第六十九次会议速记录》，转引自吴经熊、黄公觉《中国制宪史》上册，第 489～490 页。

月 9 日呈送国民政府,咨送国民党中央政治会议审核。①

此期间蒋介石虽然在江西忙于"剿共"军事与推动新生活运动,但是,对于宪草一事仍保持高度关注。例如,对于 1934 年 3 月 1 日立法院公布草案初稿一事,就特地于日记中自记:"中央如常,宪法草案完成。"② 同时在 4 月 4 日晚上开始利用时间研究宪草内容。③ 同月 10 日,蒋介石首先考虑到施行宪法后的人事问题,提醒自己注意"如何安置汪(精卫)、胡(汉民)问题与本身何以自处"。次日,再关注总统的紧急命令权与议会解散权问题,认为"宪法以总统权限加大,有解散议会与紧急命令权",如此始足应付环境,于国有利。④ 另外,也于 6 月 12 日中午在大天池野餐时对陈布雷畅谈五权宪法的精神。⑤

1934 年 12 月 10 日,国民党四届五中全会在南京正式召开,11 日举行第一次会议时针对宪法草案议决:"推林森、蒋介石、汪兆铭、孙科、于右任、戴传贤、居正、丁惟纷等四十六名委员,组织宪法草案审查委员会,作初步审查。由林委员森召集,并由立法院立法委员傅秉常、吴经熊、林彬、马寅初等七人列席审查会,以备咨询。"⑥ 14 日,第五次会议进一步决议:"将宪法草案发交常务会议,组织宪法草案审查委员会,此会至少每星期开会一次,并得邀集立法委员及专家列席,以备咨询",并要求草案"应遵奉总理之三民主义,以期建立民有、民治、民享之国家,同时应审查中华民族目前所处之环境及其危险,斟酌实际政治经验,以造成运用灵敏,能集中国力之制度,本草案应交常会依此原则郑重核议"。⑦

国民党中常会延宕至 1935 年 10 月 17 日第 192 次会议始将宪法草案

---

① 《立法院呈国民政府函》(1934 年 11 月 9 日),国民政府档案,"国史馆"藏,典藏号:001 - 011002 - 0002 - 004。

② 《蒋介石日记》(手稿),1934 年 3 月 11 日,美国斯坦福大学胡佛研究所档案馆藏。

③ 《蒋介石日记》(手稿),1934 年 4 月 4、8、9、11 日,5 月 25 日。

④ 《蒋介石日记》(手稿),1934 年 4 月 10、11 日;王宇高、王宇正编辑《蒋中正总统五记·困勉记》上册,"国史馆",2011,第 414 页。

⑤ 《蒋介石日记》(手稿),1934 年 6 月 12 日。

⑥ 周美华编《事略稿本》第 28 册,"国史馆",2007,第 541~542 页。

⑦ 《中华民国宪法草案案》(1934 年 12 月 12、14 日通过),秦孝仪主编《革命文献》第 79 辑,第 334~335 页;周美华编《事略稿本》第 28 册,第 574~575 页。

审查完毕，审查议决五点宪法原则，交立法院参酌修正：

（一）为尊重革命之历史基础，应以三民主义、建国大纲及训政时期约法之精神，为宪法草案之所本。

（二）政府之组织，应斟酌实际政治经验，以造成运用灵敏，能集中国力之制度。行政权行使之限制，不宜有刚性之规定。

（三）中央政府及地方制度，在宪法草案内应予职权上为大体规定，其组织以法律定之。

（四）宪法草案中有必须规定之条文，而事实上有不能即时施行或不能施行于全国者，其实施程序应以法律定之。

（五）宪法条款不宜繁多，文字务求简明。[1]

立法院随即派傅秉常、吴经熊等 7 人依前述原则审查宪草，并拟就修正案，在 10 月 24 日提交立法院讨论。立法院当天下午开会审议，次日修正通过，为立法院第二次议定之宪法草案。

国民党中常会审议宪法草案主要是在 1935 年期间，但就在 1934 年 12 月，日本外务省、陆军省与海军省三省关系课长共同制定《关于对支政策之件》，确定日本此后的对华政策将以华北为中心，[2] 因此日本关外军人自 1935 年初开始借着察东事件、5 月河北事件及 6 月察哈尔事件，分别订立 "大滩口约"、《何梅协定》及《秦土协定》，达成将国民党势力驱出华北的目的。之后亦有同年 6 月 27 日暗助白坚武纠合流氓夜袭丰台车站，计划夺车进攻北平的 "丰台事件"，10 月间唆使香河县士绅武宜亭借反对田亩附加税，纠众要求县政府交出政权，实行自治的 "香河事件" 等，使得中国在 1935 年间发生一系列的华北危机。

在外患日亟情况下，蒋介石曾于 1935 年 7 月致电负责处理华北问题的何应钦，表示："本年依期召集五全大会，明年施行宪政，迭经宣告国

---

① 转引自吴经熊、黄公觉《中国制宪史》下册，第 577~578 页。
② 「对支政策に関する件」（1934 年 12 月 7 日）島田俊彦、稲葉正夫解說『現代史資料（8）·日中戦争（1）』東京、みすず書房、1964、22~24 頁。

人,虽无对外关系,亦应实施。"① 说明蒋介石对于次年将实行宪政已有相当的决心,而就目前已知资料,蒋介石对于宪法草案也是在国民党中常会于1935年审议期间开始有具体的意见与主张。

1935年8月26日,蒋介石电令在上海的陈布雷,速至南京请托友人研究起草宪法,同时也陈述其个人的意见,表示"中央组织以最近国情论,似以责任内阁制为宜,并须要议会,略采美国上议院为重性质,以上议员大多数由本党与总统推选之"。②

蒋介石提及之友人系指程天放、戴传贤、萨孟武及黄郛等人。③ 另外,蒋介石亦指出在五权宪法概念与架构下,立法与行政、司法、考试、监察五院同属于政府职权,为治权范围,立法院无法被视为民意机关的国会,政权属为国民大会所有。蒋介石特别指示"须要有议会",且要有上议院与下议院。其意思并非指立法院,似应是另组国会。虽说蒋介石于电文中自谦对于宪法"未有深刻之研究,不过贡献意见而已",但随即又于8月29日致电陈布雷补充宪法意见,重提政府采用内阁制,及议会职权以上议院为主,也注意到议会与立法院及监察院的关系,指出"立法院之立法权与监察院之监察权对于议会之立法与监察权及其职权之分别,应特别详明",并将五院简单化,同时首次明确指出总统要有紧急命令权与解散议会之权。④

但是,蒋介石在电告陈布雷之后,立即又想到"宪法总统职权,应有解散议会与任免五院院长之权",⑤ 因此于8月30日再度两次致电陈布雷,先是于中午简单指出,"五院院长应皆由总统提出国会通过,不必由国会选举",同时也重提总统解散众国会之权,并且首次提及总统的任期

① 周美华编《事略稿本》第32册,"国史馆",2008,第124页。
② 《蒋介石致陈布雷宥已电》(1935年8月26日),蒋档,"国史馆"藏,典藏号:002-020200-00032-037。
③ 陈布雷:《陈布雷先生从政日记稿样》,东南印务出版社,未刊行,第59、61页。
④ 《蒋介石致陈布雷艳申电》(1935年8月29日),蒋档,"国史馆"藏,典藏号:002-020200-00032-038。
⑤ 《蒋介石日记》(手稿),1934年8月29日。

定为 6 年。① 随即又于晚上再致电补充意见，首先，针对议员的产生与资格，表示上议院议员一半"由各省市区政府各推一人，其资格以职业团体中素有声望、曾任会长或大学毕业、年在四十岁以上者"，另一半"由总统在全国经济与学术界中有专门技能经验者，以及有功于民国者选任之"。其次，总统的权力包括对上下议院之决议案得提复议案、解散国会、统率全国陆海空军、提名任命五院院长，不必经由国会选举，任期定为 6 年。最后，则指出各院院长对总统负责，总统对议会负责。②

蒋介石在电文中指示："以上各项与以前各电请代整理一有系统之稿，再与各同志协商之可也。"但两天后，即 9 月 1 日蒋介石阅读政治学，自认为"研究总统制与内阁制及五权之运用，较有心得"，③ 因此再度致电陈布雷补述意见。在总统职权方面，除重申有紧急命令权与解散议会权，以及 6 年的任期之外，增加任免特任官和媾和、宣战与订立条约权，但行使增加的权力必须经上议院同意；上议院职权则有审判弹劾案权、任命官吏同意权、订立条约同意权与预算权；至于下议院的职权，蒋介石表示"无甚意见"，但指出"下议院每年召集一次，其期限为三星期"。最后，蒋介石指出"总统制与内阁制不必在宪法中明白规定"。④

综上可知，蒋介石在 1934 年 4 月开始研究宪草内容，并注意到总统的紧急命令权与议会解散权问题，1935 年 8 月 26 日至 9 月 1 日，蒋介石拍发 5 封电报给陈布雷，陈述个人的宪法意见，其中紧急命令权提到 2 次，议会解散权提了 4 次，对于总统 6 年任期也提及 3 次。说明他对于总统的这两项权力特别关注，似乎显示蒋介石在已逐步确定其国内最高领袖地位的时候，对于未来极有可能掌握的总统权力也积极表达个人看法，借以部署自身将来登任总统之位时所拥有的宪法权力。

---

① 《蒋介石致陈布雷卅午电》（1935 年 8 月 30 日），蒋档，"国史馆"藏，典藏号：002 - 080200 - 00247 - 061。
② 《蒋介石致陈布雷卅戌电》（1935 年 8 月 30 日），蒋档，"国史馆"藏，典藏号：002 - 080200 - 00247 - 063。
③ 《蒋介石日记》（手稿），1935 年 9 月 1 日。
④ 《蒋介石致陈布雷东申电》（1935 年 9 月 1 日），蒋档，"国史馆"藏，典藏号：002 - 080200 - 00248 - 014。

1935 年 8 月 19 日，陈布雷向蒋介石告假，当晚在江西九江搭乘楚有舰，20 日抵南京，21 日搭夜车返回上海。蒋介石于 8 月 26 日令其顺道先至南京处理宪草事宜后，再行回四川，并如上所述，连日拍发 5 封电报给陈布雷。陈布雷汇整蒋介石的意见，先于 9 月 3 日致函程天放与萨孟武，请其先行研究，次日再至莫干山访晤黄郛，商谈中央政制与宪法草案。黄郛对于宪草的主张为：（1）采两院制，两院议员来源不同。上院代表国家；下院代表地方。（2）中央宜用内阁制，但须以均权调和。（3）五院简单化，但审计应独立于行政院之外。9 月 8～9 日，陈布雷再至南京拜访戴传贤，详谈宪草意见。就戴传贤向陈布雷叙述的意见内容而言，与前述 1934 年 3 月 7 日致孙科信函的内容大致相同。陈布雷并于 9 月 8～14 日，每日与程天放、萨孟武及梅思平三人就各人研究原则与蒋介石来电意见商议宪草，研拟宪草修正案。之后同月 15～16 日两天，陈布雷再访晤戴传贤谈论宪草事之后，于 17 日乘船离开南京，19 日抵汉口，25 日搭飞机回至成都，当晚即向蒋介石报告在上海、南京与汉口的工作情形。①

9 月 28 日，由陈布雷拟稿，蒋介石致电孙科陈述宪法草案原则，以备国民党中常会审议宪草时参酌。身为中常委的孙科根据电文意思，拟定如前所述五点宪法原则，提送 10 月 17 日第 192 次中常会通过后，再咨送立法院按其原则修正宪法草案。② 可知，国民党中常会审查宪法所议决的五点原则，其实是来自蒋介石的主张与指示。

1935 年 11 月 1～6 日，国民党在南京举行四届六中全会，对于宪法草案问题，则于该月 2 日第一次大会，议决组织中华民国宪法草案审查委员会，审查该项草案。次日，该委员会举行集会，出席的审查委员有 47 名，另有列席者傅秉常、陶履谦、吴经熊、林彬 4 人，以孙科为主席，决议推定叶楚伧、陈布雷、甘乃光、罗家伦、梁寒操 5 位委员与傅秉常、吴经熊另开小组审查会，先行初步审查，拟具审查意见。4 日，审查委员会

① 陈布雷：《陈布雷先生从政日记稿样》，第 57～58、61～67 页；周美华编《事略稿本》第 33 册，第 464 页。
② 《蒋介石致孙科电》（1935 年 9 月 28 日），蒋档，"国史馆"藏，典藏号：002 - 020200 - 00032 - 040；陈布雷：《陈布雷先生从政日记稿样》，第 67、73 页。

修正通过小组审查会所拟审查意见，交大会讨论。① 5 日，第三次大会决议通过将宪法草案与审查意见送请第五次全国代表大会审查。②

同年 12 月 2～7 日，国民党在南京举行五届一中全会。有关召集国民大会与宣布宪法草案一事，在该月 4 日第二次大会议决设置宪法草案审议委员会，指定叶楚伧、李文范、周佛海、陈布雷、彭学沛等 19 位委员组织，"负责审议草案及经大会认为应予采纳之提案，于两个月内拟定修正案，呈由常会发交立法院迅速议决公布"。同时也决定于 1936 年 5 月 5 日宣布宪法草案，10 月 10 日之前办妥国民大会代表选举，11 月 12 日召开国民大会。③

身为宪法草案审议委员会委员之一的陈布雷因病于 12 月 14 日告假返回上海休养，直至 1936 年 2 月 9 日才返回南京办公，并自该月 12 日起陆续参与宪法草案审议委员会的讨论，不时与叶楚伧、周佛海等人商研宪法草案，至 4 月 18 日审议委员会通过 23 点审议意见。④ 在这期间，蒋介石于 1936 年 4 月 9 日针对宪法草案对陈布雷面授 8 点裁示，包括总统应有紧急命令权，任期定为 6 年；国民大会每 3 年召开一次，明定国民大会行使四权的范围、手续及提议议决的人数，并且不必另设议会等民意机关；立法与监察两院委员分由选举与政府提出各半数，并要注意五院的协调等。最后令陈布雷将这些决定致函告知王宠惠、孙科、戴传贤与叶楚伧。⑤

前述蒋介石的裁示显示其主张另设议会等民意机关的构想破坏五权宪法架构，似乎难被国民党内同志所接受，因此蒋介石对陈布雷的指示说明不必在国民大会之外另设议会等民意机关，改而要求立法与监察两院委员的产生，分别一半以选举方式选出，一半由政府提名。蒋介石并未说明选

---

① 王正华编《事略稿本》第 34 册，"国史馆"，2009，第 9～10、44～46 页。
② 《中华民国宪法草案案》（1935 年 11 月 5 日通过），秦孝仪主编《革命文献》第 79 辑，第 349 页。
③ 《关于召集国民大会及宣布宪法草案案》（1935 年 12 月 4 日通过），秦孝仪主编《革命文献》第 79 辑，第 386 页。
④ 陈布雷：《陈布雷先生从政日记稿样》，第 89～122 页。
⑤ 陈布雷：《陈布雷先生从政日记稿样》，第 120 页。

举方式，似应为宪法草案所规定由各省、蒙古、西藏及侨居国外之国民举行预选，再由国民大会选举之。

陈布雷于 4 月 14 日与 16 日分别将蒋介石的宪草指示面告孙科、叶楚伧与戴传贤等人，众人对其所提各点大致赞同，并逐项研究，最后于 18 日下午召开审议委员会，完成审议意见。①

4 月 23 日，审议委员会将审议意见提交国民党中常会议决通过，咨送立法院修正。立法院指派吴经熊、傅秉常、马寅初等 8 人先行整理，于 5 月 1 日呈交立法院第四届第五十九次会议讨论修正，当日即三读通过，为立法院第三次议定的宪法草案，并呈由国民政府于 5 月 5 日明令宣布。②

四　宪草构想中的权力分立问题

一个国家有无施行宪政，主要差别在于立宪政府的权力是否受到宪法限制，行使权力是否须按宪法规定的原则。而宪法对政府权力的限制在于两方面，一为人权的保障；一为规定政府各部门的职权与关系，限制其扩张权力。③ 1789 年法国《人权宣言》云："权利之保障未臻确实，权力分立制度未予厘定之社会，不能谓为有宪法之社会。"就是强调人权保障与权力分立二者均为宪法之本质要素，此即为近代意义下的宪法。而宪法设置政府机构，目的在实现权利典章中的人民权利，"因此权力分立被视为人权保障所不可欠缺之手段"。④ 美浓部达吉也曾指出："保障国民的自由之最有力的手段，为三权分立主义。其实行至如何程度，虽因国而有极大的差异，然于某种程度内，一切立宪国，皆采此种意趣。"⑤ 可知，宪政国家宪法共通的基本原理就是权力分立。

---

① 陈布雷：《陈布雷先生从政日记稿样》，第 121～122 页。
② 吴经熊、黄公觉：《中国制宪史》下册，第 584～596 页。
③ 吕亚力：《政治学》，三民书局，1995，第 176 页。
④ 许志雄：《宪法之基础理论》，稻禾出版社，1992，第 67 页。
⑤ 美浓部达吉：《宪法学原理》，第 340 页。

权力分立的理论对近代政治可说产生了实际且深远的影响，其原理源于洛克（John Locke，1632～1704）的主张，他将国家权力依性质区分为立法权、执行权与外交权三种。其中立法权是最高的权力，"指享有权利来指导如何运用国家的力量以保障这个社会及其成员的权力"。但立法机关并没有必要经常存在，因此执行权被分立出来是因"需要有一个经常存在的权力，负责执行被制定和继续有效的法律"。外交权则是处理"整个社会在与其他一切国家或这个社会以外的人们的关系"，"包括战争与和平、联合与联盟以及同国外一切人士和社会进行一切事务的权力"。①

洛克并未将司法权由立法权和执行权中区别出来，系因"立法权之作用，主要指司法法，特别是刑事法之制定；执行权之作用，主要指刑事法之适用"，因此"国家的主要作用，在本质上是司法性的，国家是自然状态中所欠缺之法官"。②

不过，权力分立理论的建构与倡导则是以孟德斯鸠（Montesquieu，1689～1755）为代表。孟氏指出："每一个国家有三种权力：①立法权力；②有关国际法事项的行政权力；③有关民政法规事项的行政权力。"一个公民要享受政治自由，"就必须建立一种政府，在它的统治下一个公民不惧怕另一个公民"。"当立法权和行政权集中在同一个人或同一个机关之手，自由便不复存在了，因为人们将害怕这个国王或议会制定暴虐的法律，并暴虐地执行这些法律。如果司法权不同立法权和行政权分立，自由也就不存在了。如果司法权同立法权合而为一，则将对公民的生命和自由施行专断的权力，因为法官就是立法者。如果司法权同行政权合而为一，法官便将握有压迫者的力量。如果同一个人或是由重要人物、贵族或平民组成的同一个机关行使这三种力，即制定法律权、执行公共决议权和裁判私人犯罪或争讼权，则一切都完了。"③ 简而言之，孟氏主张司法与立法及行政立于对等地位，把国家权力划分为现代所熟知的立法、行政与

---

① 洛克：《政府论次讲》，叶启芳、瞿菊农译，唐山出版社，1986，第 90～92 页。
② 许志雄：《宪法之基础理论》，第 79、81 页。
③ 孟德斯鸠：《论法的精神》，张雁深译，台湾商务印书馆，2006，第 154 页。

司法三权，确定近代三权分立的政治思想特征。①

如前节所述，蒋介石对于宪法草案多次的指示中，具体意见多是有关中央政制，即所谓国家权力的运作问题。本节拟以权力分立原理为视角，由职权与权力来源两方面尝试分析蒋介石的宪法构想。另外，有关宪草文本参考的范围，立法院宪草委员会于 1934 年 3 月 1 日完成并公布《中华民国宪法草案初稿》，4 月 4 日，蒋介石开始研究此草案初稿，10 月 16 日，立法院修正并三读通过第一次议定的宪法草案。1935 年 8 月末，蒋介石开始连续对宪法草案提出具体意见，之后立法院才分别于 1935 年 10 月 25 日与 1936 年 5 月 1 日修正通过第二次与第三次议订的宪法草案，4 天后再由国民政府正式公布《五五宪法》，表明蒋介石的意见基本上应是针对立法院第一次议定的宪法草案。因此，以下所指的宪法草案将以第一次议定的宪法草案为主，宪法草案初稿为辅。

就职权方面，蒋介石提出总统要有紧急命令权、解散议会权、五院院长提名权、特任官任免权、媾和宣战与订立条约权，以及对上下议院之决议案得提复议案等，任期为 6 年。蒋介石之所以多次要求总统任期定为 6 年，系因草案初稿原案定为 6 年，但后来宪法草案却将之缩短为 4 年，故而一再重申恢复原来总统任期的规定。

就国会而言，蒋介石知道在五权宪法架构下，立法与行政、司法、考试、监察五院同属于政府职权，为治权范围。因此，他在 1935 年 8 月 26 日的意见中特别要求"须要有议会"，且采用美国议会制，要有上议院与下议院，即所谓两院制，显示蒋介石受到美国政治制度的影响，对议会政治有一定的认识，认为应该有具民意机关的议会。关于上议院的职权，有弹劾案的审判权、任命官吏同意权、订立条约同意权与预算权，但未曾说明上议院的会期；关于下议院职权，蒋介石直接表明"无甚意见"，会期部分则指示每年召集一次，期限为三星期。另外，蒋介石曾指示："立法院之立法权与监察院之监察权，对于议会之立法与监察权及其职权之分别，应特别详明。"显示议会有立法及监察权，但如何与立法院及监察院

① 许志雄：《宪法之基础理论》，第 89 页。

的职权相区别则没有进一步说明。

虽然蒋介石一开始在 8 月 26 日曾表示："中央组织以最近国情论，似以责任内阁制为宜"，但之后却又相继提出"各院院长对总统负责任"、"总统对议会负责任"与"五院院长应皆由总统提出国会通过"，加上前述的总统职权，说明总统是行政部门的首长，而非虚位元首，故就其意见的内涵实质来说应为"总统制"。揆诸历史，1931 年蒋介石不惜与胡汉民决裂而执意推动制定《训政时期约法》，并依此约法修改《国民政府组织法》。如前所述，此约法"颇具总统制的色彩"，同时组织法的规定也使得国府主席成为具有实权的元首，而当时蒋介石身任国府主席兼行政院长，不可一世。直至同年 12 月蒋介石因九一八事变被国民党粤派逼退下野，辞去所有本兼各职，组织法被入主南京国民政府的国民党粤派再次修改，国府主席成为虚位元首。① 显示在蒋介石的认知中，元首应当具有实权，而非虚位的象征性元首，故而在 8 月 30 日两次致电陈布雷说明宪草上总统应有的实质权力。只是当蒋介石于 9 月 1 日阅读政治学，研究总统制与内阁制后，指示陈布雷"总统制与内阁制不必在宪法中明白规定"。这个指示透露了蒋介石似乎于此时才认真思考并明了这二者在制度上的差异，同时也发现所指示的总统权责与其初始以责任内阁制为宜的说法有矛盾，故而最后才会要求在宪法中无须载明采用何种制度。

一般而言，总统制下的行政与立法制衡原则，主要"呈现于总统对国会通过的法案之否决权，及总统之重要任命与条约必须获得参议院之同意"。② 以此宪政原则衡量，在蒋介石的构想中，单纯就总统与议会的职权而言确实有权力分立与制衡的要件。但下议院会期每年仅有三个星期，以一般而言两院应为同一会期的情况可知，议会并非常设机构。虽然蒋介石曾指出"总统对议会负责任"，但议会每年如此短促的会期，有何方法可以对总统的行政权加以监督与牵制。可以说议会根本就无法达成对行政

① 有关 1931 年间蒋介石与胡汉民由合作到决裂，以及《训政时期约法》的制定与《国民政府组织法》两次修订过程，请参阅金以林《国民党高层的派系政治：蒋介石"最高领袖"地位的确立》，社会科学文献出版社，2016。
② 吕亚力：《政治学》，第 177 页。

权进行制衡的目的，结果将造成行政权独大，形成体制失衡的现象，完全无权力分立的实质意义。

就权力的正当性基础方面，蒋介石先是在 1935 年 8 月 26 日表示上议院议员大多数由国民党与总统推选之，随即在 8 月 30 日补充说明半数由各省市区政府各推一人，资格方面包括以在职业团体有声望、曾任会长或大学毕业，年龄在 40 岁以上才能担任；另半数则由总统选任，资格限定为经济与学术界有专门技能经验者，或有功于民国者。至于下议院议员的产生，由国民代表大会代表每 25 人推选 1 人。在此并不清楚蒋介石所谓"国民代表大会"是否是指国民大会，但宪法草案确实有设置国民大会的规定，而蒋介石却要求另设议会，结果将造成两个民意机关存在，而且这两个民意机关并非一般认知的同一国会上下院关系，而是两个国会的现象。

在总统的产生方面，蒋介石并未曾对总统的产生方式提出意见，在草案初稿与宪法草案中，有关总统的选举与罢免均为国民大会的职权。至于国民大会代表的产生，草案初稿规定由每县市及其同等区域、蒙古与西藏以及侨胞分别选出，而宪法草案则取消侨选代表，表示总统系经由人民间接选举所产生。至于行政院长等五院院长，蒋介石认为应皆由总统提出国会通过，不必由国会选举。而属于特任官的行政官员也要求由总统任免，国会同意。

司法方面，草案初稿规定司法院长由国民大会选举罢免，宪法草案则改由总统经立法院同意任命之，罢免权则属于国民大会。然而，蒋介石认为"五院院长应皆由总统提出国会通过，不必由国会选举"，大幅扩大总统的人事任命权，同时五院对总统负责，显示司法独立性恐将受影响。

姑且先不论国民大会与蒋介石要求设置议会所造成的两个国会问题，就总统与议会的产生，总统由国民大会选出，可说具有间接的民意基础。上议院由总统选任与地方政府推任，表示一半的上议院由总统所掌握，而另一半代表地方政府，只能说具有地方官方基础，仍难以说是属于真正的民意。下议院由国民代表大会代表中再推选出来，其民意亦属间接，因此可以说真正具有民意基础来制衡行政权力量的就只有下议院。问题在于就整个议会而言，其民意基础明显薄弱，只有总统的一半，难以与总统抗衡。加上司法独立性亦受行政权影响，如前述孟德斯鸠所指出，"司法权同行政权合而为一，法官便将握有压迫者的力量"，说明在蒋介石的构想中，三权的权力正当性基础在体制上是不均衡的，形成行政权独大的现象。

综上所述，就职权而言，蒋介石的构想确实有权力分立与制衡的要件。然而，议会每年只有三个星期的会期，加上权力正当性基础上的失衡，即上议院有半数议员由总统任命，另一半代表地方政府，只有下议院议员由人民间接选举产生。在此种只有一半民意基础的议会制衡监督下，总统的任命、媾和宣战与订立条约等权并不会受到上议院的掣肘。简言之，即使在职权的设计上符合权力制衡原则，但由于总统与议会在权力正当性基础上明显失衡，立法权能否达到对行政权的制衡则有疑义。

可知，蒋介石因为逐步确立在国内最高领袖地位，已为行宪总统的不二人选，故而主要是以行政管理的角度来思考宪法的设计，因此采取极力扩张行政权与缩限议会监督权的方式。而设置议会的主张，显示蒋介石知道民主宪政中的议会政治与权力分立原则，然而，他是否真正理解其中的权力基础与制衡原理则可存疑。若其真正理解，在预定荣登总统大位的考虑之下，所主张的权力基础与制衡原理也因为私心自用，形成一种非常奇怪的畸形民意监督机构。事实上，此种体制根本不符合真正的权力分立原理与目的。

五　结语

孟德斯鸠以英国制度为根本，结合本身的学术主张、理想以及政治意图，在 18 世纪建构了三权分立理论。此后历经美国宪法及法国大革命的实践，成为近代西方民主宪政的基础。中国方面在 1840 年鸦片战争遭遇三千年未有的大变局后，清廷自 1861 年开始推行洋务运动，之后有关西方的器物、典章制度乃至思想理论等，不论是直接由西方或透过日本介译，均已分别陆续传入中国，在 1930 年代多已为当时世人所得知，当然也包括孟氏的三权分立理论。

有关国民党人对于权力分立原理的认识，孙文在推翻清朝统治的革命期间，最早于1906年东京《民报》一周年纪念会上演讲时已开始论述，并倡导五权分立。[①] 蒋介石以孙文为师，并多次阅读戴传贤于1925年所著《三民主义哲学基础》小册子，[②] 因此对于三民主义与五权宪法应有一定的理解。1928年末，国民革命军完成北伐之前，蒋介石已经认识到民权的基本原理就是人民自治与自由发展，但对于分权的概念，似仍停留在中国传统的御史弹劾观念。

北伐结束后，国民政府在名义上统一中国，开始实行训政，另外也在1933～1936年拟定宪法草案，为宪政预做准备。此时适逢蒋介石逐步爬上国民党最高领袖地位时期，由于执政的立场，他的自由与平等观念显示国家主义的倾向。在此情况下，蒋介石对于宪法草案的意见主要在于中央政制方面，特别在意总统的职权与任期。经由爬梳蒋介石的意见与主张，可知他已经知道议会政治与权力分立理论，因此要求设置议会，同时在议会与总统的职权设计上合乎权力制衡的原则。但是，因为他构想中的议会并非常设机构，加上议会与总统在权力正当性基础上的失衡，无法达到制衡效果，使得他的宪政构想并未能符合真正的权力分立原理与目的。上述情形，说明战前蒋介石已经知道权力分立原则，但以其武人出身且自读学习宪法知识的情形下，恐是难以真正理解宪政的运作意义与内涵。即使蒋介石真的认识到宪政内涵，其主张与指示却显示他于即将荣登大位之时反而亟思扩张权力的心态，可谓完全缺乏民主宪政涵养的素质。

中国民主社会党领袖张君劢曾云："现代的民主政治基础决不建筑在一个人身上。国家大政至少分在三个机关手上：（一）立法；（二）行政；（三）司法。因为有三个机关分担国事，所以能一而互相牵制，一而互相合作，既经由三机关分担国事，所以国事的处理不只靠一二个人，而是靠

---

① 孙文：《三民主义与中国民族之前途》（1906年祝民报纪元节之演说辞），胡汉民编《总理全集》（下），上海书店，出版时间不详，第79～81页。

② 汪朝光、王奇生、金以林：《天下得失：蒋介石的人生》，山西人民出版社，2012，第301页。

制度的。"① 因为政府的权力极为强大，若仅靠人治而没有一个规定政府权力分配与制衡的制度，非常有可能发生国家权力的专擅与滥用。

虽说以 1930 年代中国的人口普查、民众识字率以及智识水平要实施民主政治有其困难之处，但综观战前国民政府施行的训政，亦并无一套系统地训练人民学习民主政治的构想与措施。胡适即曾指责国民党："七、八年训政的经验，民众所得训练在那里？在这个时候，我们是不是应该想想：绝少数的人把持政治的权利是永不会使民众得着现代政治的训练的。"② 张君劢亦表示："所谓训政，只有从议会设立下手，方得到真训练。不然天天谈训政，而事实上永远学不到议会中之政治经验。"③ 事实上，民主政治并不需要政治强人，训练人民的民主政治知识、提高社会的民主素养，以及完善权力分立与制衡制度才是民主的基础，其前提是人民"对自己的权利有警觉性"，勇敢抗拒政府的侵犯人权行为，④ 以及当权者放弃对人民的父权观念与保姆心态，并怀有还政于民的胸襟与气魄。就前者而言，战前国民政府未曾有过系统的教育措施，以教导百姓认识与理解自由民主的原理和真谛。就后者而言，回首中国自辛亥革命以来，实施民主是中国追求近代化与富强的目标之一。只是其过程步履蹒跚，难说与历年来主政者不理解民主真谛，或者即使了解却只是一味扩张权力的心态无关。在此种情况下，奢望当权者主动制定一部保障人权及合乎权力分立意义的宪法，无异于缘木求鱼。

〔萧李居，"国史馆"〕

---

① 张君劢：《中华民国民主宪法十讲》，宇宙杂志社，1984，第 21 页。
② 胡适：《从一党到无党的政党》，《独立评论》第 171 号，1935 年 10 月，第 11 页。
③ 张君劢：《中华民国民主宪法十讲》，第 83 页。
④ 张君劢：《中华民国民主宪法十讲》，第 8 页。

抗战时期的后勤兵站与伤兵运输

杨善尧

内容提要 后勤为战争持续力之本源，所包含的不只有军事制度层面的建设，因为除了军队后勤制度的建立外，更重要的是要如何在制度建立后，有效地取得军事战略上所需的后勤补给，两个部分合起来，才是完整的军队后勤。抗战爆发之前的中国，由于国民政府经历过一段"较为"稳定的建设期，因此在关于如何配合军事后勤建设的相关规划、施作、产业经济上，均有初步的规模，以因应即将而来的这场全面性战争。综观整个抗战期间的后勤制度，归纳而言，可以"点、线、面"三要素来说明，以点而言，各战区或军、师等单位皆有独立的兵站点；在线而言，这些独立点的兵站单位，借由指挥系统串联成一条由上而下的命令体系；就面而言，以各战区乃至全国的规划，将其联结成一个面状的网络，形成整个抗战时期后勤兵站系统的规划，以因应战时后勤各种军事勤务所需。

关键词 后勤 兵站 补给 抗战

前 言

后勤为战争持续力之本源。孙子曰："军无辎重则亡，无粮食则亡，无委积则亡"；尉缭子曰："建城称地，以城称人，以人称粟，三相称，则内可以固守，外可以战胜"；约米尼（Antoine-Henri, Baron Jomini）曰："后勤已经不似过去行军宿营之细节，而将广泛及于战略之领域。倘无后勤，无论战争、战役、会战、决战均无以成立。"① 然有句军事古语

---

① "国防部"史政编译局编印《国军后勤史》第 1 册，1987，第 1~2 页。

云，"大军未动，粮草先行"，亦指军队作战在后勤部署上占有决定性的关键地位，但由于后勤所涵盖范围广泛，上至交通运补、医疗卫生、武器装备等规划施作，下至军用衣服、棉被、纱布、药品等微小之物，皆包含在所谓"后勤"的范围内，可谓无所不包。又过往在研究军事史时，研究者多注意战争序列与结果或战时体制等较为明确的军事主题；因此，关于后勤方面的研究，就成为研究者所忽略的领域。

后勤所包含的，不只军事层面的建设，因为除了军队后勤制度的建立外，更重要的是如何在制度建立后，有效地取得军事战略上所需的后勤补给，两个部分合起来，才是完整的军队后勤。在抗战爆发之前的中国，由于国民政府经历过一段"较为"稳定的建设期，因此在关于如何配合军事后勤建设的相关规划、施作、产业经济上，均有初步的规模，以因应即将到来的这场全面性战争。由于国民革命军自黄埔建军后，这场历时八年的全面性战争，不论是在规模或时间上，都是最为庞大的一场持久消耗性战争，因此军事后勤的考验显得更加重要。

目前有关抗战时期的后勤兵站或伤兵运输等相关议题之研究，最为全面性的一部史料汇编为"国防部"史政编译局自 1987 年逐步编辑出版之《国军后勤史》（一至六册）①，完整地从黄埔军校建军后至 1949 年来台初期之整体后勤规划，做了较为系列性的介绍。而在此以前，亦有数本关于国防后勤相关专著，旨在从后勤理论层面来看后勤相关议题。如李先庚之《国防后勤论》②、张载宇之《国防后勤概论》③、李启明之《中国后勤体制》④。在兵站相关部分仅见陈长河之《1926～1945 年国民政府的兵站组织》⑤

① 《国军后勤史》，1987～1992。
② 李先庚：《国防后勤论》，拔提书局，1958。
③ 张载宇：《国防后勤概论》，"国防研究院"，1969。
④ 李启明：《中国后勤体制》，中央文物供应社，1982。
⑤ 陈长河：《1926～1945 年国民政府的兵站组织》，《军事历史研究》第 2 期，1993 年 7 月，第 64～60 页。

《抗战期间国民党政府的兵站组织》① 《抗战时期的第二战区兵站总监部》② 等专文。在伤兵运输相关部分，则有李常宝之《抗战时期正面战场荣誉军人研究》③、杨善尧之《抗战时期的中国军医》④ 等专书之部分提出相关讨论。

上述相关研究为全面性或主题性的讲述关于后勤兵站与伤兵运输之相关议题研究，尚无将这两者合而为一的讨论，因此给予本文相当大的讨论空间。而有关军队后勤，概略包含了交通运输、医疗卫勤和补给保修三个部分，在讨论区域上若要更加细分，亦可以战时的某一阵营统治区、某一战区或某一战役等进行更细部的探讨，然如此并非单一文章可全面概括之。因此，本文仅就抗战时期兵站设置概况与伤兵输送及卫勤相互配合问题，以制度层面为主轴，提出相关论述。

一　战时的兵站配置

兵站，系指专为军队在作战区与非作战区内，所设置之提供军事需要的后勤单位，承担如伤兵转运、补给物资、装备保修、接待军事要员等任务。在现代战争前后方关系密不可分的情况下，后方勤务亦与近代战术同样繁重。而自黄埔建军后，在国民革命军北伐战役中，始见兵站组织的创设。⑤

1927～1937 年，虽主管后勤事务的军政部有数次组织变迁，但并未影响军政部及其辖下各署、局管辖全国后勤事务的统筹。事实上，在国民革命军北伐成功后，依照国民政府组织法的规定，参谋本部直隶于国民政府，

① 陈长河：《抗战期间国民党政府的兵站组织》，《历史档案》第 3 期，1993 年 10 月，第 123～125 页。
② 陈长河：《抗战时期的第二战区兵站总监部》，《军事历史研究》第 3 期，1994 年 8 月，第 61～68 页。
③ 李常宝：《抗战时期正面战场荣誉军人研究》，人民日报出版社，2014。
④ 杨善尧：《抗战时期的中国军医》，“国史馆”，2015。
⑤ 《兵站沿革史》，《国防部史政局和战史编纂委员会》，中国第二历史档案馆藏，微卷号：16J‑0085。

而参谋本部掌军令，军政部掌军政、训练总监部掌教育，军政部辖下之军需、军医、兵工等与后勤事务有关的各单位，须配合军令系统，供应战备之需要；在人力、物力、资财上的储备，有关军队保养、卫生、运输等筹划与供应，都是属于军政部后勤业务的范围。① 而此时的兵站组织，则是配合军事行动，在各集团军、各师或行营等体系内，直接设置各级后勤幕僚单位及兵站总监部、兵站支部、兵站（库）等单位，② 军政后勤与兵站两者间相互配合。简而言之，在抗战全面爆发之前的后勤兵站体系，是以各兵站独立运作，并与军政体系相互配合为主要的模式。

抗战全面爆发后，为因应战时需求，1938 年 1 月 17 日，国民政府公布了《修正军事委员会组织大纲》，③ 除修改原先的军事委员会内部组织与职掌外，更重要的是增设了后方勤务部，负责掌理各战区之兵站设施、粮弹油料之补给运输，以及卫生保健与伤病后送等事务。④ 此一规划，打破在此之前，兵站组织各自运作的模式，进而以一个全国的统一单位来管辖所有的后勤兵站组织。但观其《修正军事委员会组织大纲》，可以发现军政部与后方勤务部两个单位并无隶属，而是平行机关的关系，也就是说，在战时的后勤事务上，军政部、后方勤务部两者之间仍是保持相互配合的关系，因主要的生产或采购业务是属于军政部的职掌，而

---

① 李启明：《中国后勤体制》，第 306 页。
② 《国军后勤史》第 3 册，1989，第 49 页。
③ 此次国民政府颁布的《修正军事委员会组织大纲》，除涉及后方勤务部的职权外，其余内容主要为：

> 一、国民政府为战时统辖全国军民作战便利起见，特设军事委员会，直隶国民政府，并授权委员长执行国民政府组织法第三条所规定之职权。
> 二、军令部掌理动员作战及后方勤务之筹划运用等事项。
> 三、军政部设军务、军需、兵工、军医等署。掌理：
> 1. 陆海空之建设改进、人马之维持补充、交通通信之整备，及全国总动员之筹划。
> 2. 陆海军军费、粮秣、被服、装具、营缮及其他军需品之筹办分配、场厂仓库之建设管理，及民间有关工业资源之利用。
> 3. 军械弹药之筹办分配、场厂仓库之建设管理，及民间有关工业资源之利用。
> 4. 陆海军之卫生保健及卫生机关之筹划运用。
> 四、航空委员会，掌理空军之建设、保育、训练与指挥事宜。
> 五、铨叙厅，掌理陆海空军之铨衡考绩与恤掌事宜。

④ 《国军后勤史》第 4 册上，第 160 页。

如何运输与分配，则是后方勤务部的工作，但这两个单位除了各自运作外，亦须接受与配合军令部在战时动员作战的指导，方能形成一个完整的战时后勤体系。

至于在战时设置一个统辖全国兵站单位机关的构想，其实早在1935年就有准备。当时国民政府的军队一方面在各地进行"剿共"行动，另一方面亦鉴于日军在中国有越来越积极的行动态势，因此在军事委员会下，设置了一非公开的首都警卫执行部，其中第二组即主持全国后勤策划及一切储备设施。1937年7月7日卢沟桥事件爆发后，为因应全面战争的到来，随即调整军事机构，于同年8月以首都警卫执行部第二组为基础，扩编为后方勤务部，以俞飞鹏为首任部长，下辖各战区兵站总监部、各集团军兵站分监部等单位，形成一个完整的全国战区后勤体系，以实施网状补给与支持任务。[①] 此外，来年1月颁布的《修正军事委员会组织大纲》中，将后方勤务部正式纳入军事委员会下辖的一级单位。有关后方勤务部的组织系统，参见图1。

```
                        部长
                       副部长
                       参谋长
─────────────────────────────────────────────────────────

17      16      15      14   13   12   11   10   9    8    7       6       5         4         3    2      1
政      兵      军      卫   军   经   交   副   秘   参   公       铁       各         直         监   各      本
治      站      邮      生   械   理   通   官   书   谋   路       路       兵         属         护   种      部
部      史      督      处   处   处   处   处   处   处   线       运       站         兵         营   委      各
        料      察                                         区       输       统         站              员      办
        编      处                                         司       司       监         支              会      事
        辑                                                 令       令       部、        部、                     处
        会                                                 部       部       兵         兵
                                                                            站         站
                                                                            总         及
                                                                            监         派
                                                                            部         出
                                                                                       所
```

图1　后方勤务部组织系统

说明：本图为1942年2月之后方勤务部组织编制。
资料来源：《国军后勤史》第4册上。

自1937年8月后方勤务部于首都南京设立后，其机关位置随着战局的变化有所转移，自南京开始，经历了南昌、长沙、贵阳等地，最后于

────────────────

① 《国军后勤史》第4册上，第202页。

1939 年 5 月迁徙至重庆。①

至于抗战期间后勤兵站支持体系的发展，大致可分为前后两个阶段。第一阶段乃抗战爆发后，主要以"独立后勤型态"的运作模式为主。如图 2 所示，由军政部筹措支持后方勤务部，而后方勤务部则以所属兵站总监部分别支持各战区，对各战区分别成立一个兵站总监部；以一个兵站分监部支持一个集团军；一个兵站支部支持一个军或独立军；一个兵站分部支持一个师或独立师；一个兵站派出所支持一个独立旅等方式②，建构出一个全国的独立后勤兵站系统。各战区兵站业务机关配置如图 2 所示。

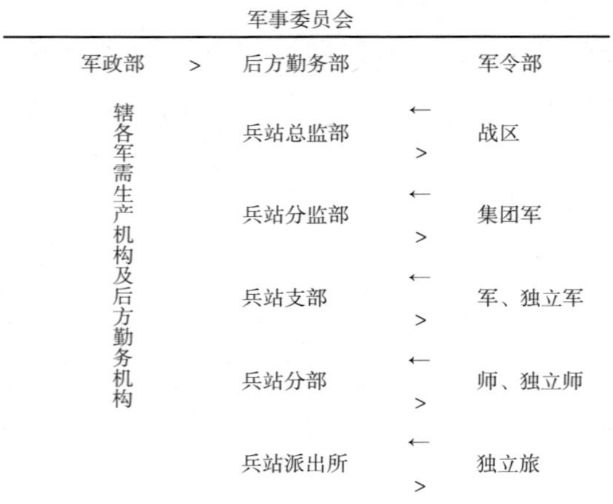

```
                        军事委员会
        ─────────────────────────────────────────
        军政部    >    后方勤务部         军令部
      辖
      各                          ←
      军          兵站总监部                战区
      需                          >
      生
      产                          ←
      机          兵站分监部                集团军
      构                          >
      及
      后                          ←
      方          兵站支部                 军、独立军
      勤                          >
      务
      机                          ←
      构          兵站分部                 师、独立师
                                  >

                                  ←
                  兵站派出所                独立旅
                                  >
```

图 2　抗战时期后勤支持体系关系

说明："＞"为支持线，"←"为督导管制线。
资料来源：《国军后勤史》第 4 册上。

甲、每战区配属战区兵站总监部一，统理该区兵站业务。

乙、每集团军指挥六个师以上者，配置兵站分监一，军团指挥四个师以上者，配置兵站支部一，掌理区内兵站业务。

---

① 《国军后勤史》第 4 册上，第 206 页。
② 《国军后勤史》第 4 册上，第 213 页。

丙、每师设师属分站一，掌理该师之补给运输业务。

丁、炮兵旅于必要时得设独立派出所。

戊、特种部队，如战车队、通信队、高射炮队、化学队等由所隶属之主管机关兵站代为办理。[1]

这样的形态，以横向关系而言，军政部、后方勤务部及军令部三者相互配合，由军令系统下达战略及战术指令后，军政、后方勤务两部在配合军令作战的前提下，由军政部负责生产、采购、储备、翻修等事宜，再将所得军用物资交由后方勤务部下辖的各级兵站负责运输、分配、补给物资，或者将须输送之伤病人员，借由各级兵站转运系统，进行后送事宜。[2] 如此，各级兵站皆具有独立运作的特性。

第二阶段乃中华民国正式加入盟军作战体系后，借由与美军合作的经验，加上1945年2月，后方勤务部改组为后方勤务总司令部后，将全国划分为西南、西北和东南三个补给区，以仓库补给网的方式，建立一个"从属后勤形态"的后勤补给体系，采用地区与部队后勤并用的方式进行补给。

两个阶段形态不同之处在于，第一阶段为兵站独立运作，各级兵站自成一套由上而下的独立命令模式，在不同的战场范围之下，设置不同等级的兵站，相互配合。然第二阶段的形态，则以范围式的补给运输形态为主，不以战区或军、师等军队编制进行后勤运输与补给，而是在补给区中，以网状面向的方式，进行区域性的补给，在每一补给区中，分别设置补给区司令部，进行统整业务。不过第二阶段的变革，主要是将原先以战区或军、师的补给方式进行统整后，将相近范围内的区域整合起来。其三大区域补给运输业务范围如表1所示。

---

[1] 《兵站沿革史》，《国防部史政局和战史编纂委员会》，中国第二历史档案馆藏，微卷号：16J-0085。

[2] 李启明：《中国后勤体制》，第308页。

表 1　第二阶段三大后勤补给运输区域整合

补给运输区司令部	所辖范围
西南补给区司令部	远征军战区、滇越边区、黔湘边区、第四战区
西北补给区司令部	第一、第二、第五、第八、第十战区
东南补给区司令部	第三、第七、第九战区

注：1. 第六战区兵站总监部直接承后方勤务总司令部之管辖。
2. 重庆卫戍区及川、康两省，直接由后方勤务总司令部所属各机关分别办理。
3. 新疆境内，由军政部驻新疆供应处办理。
资料来源：《国军后勤史》第 4 册上。

二　战时伤兵的输送

在讨论战时伤兵的输送问题之前，先来看一段当时伤兵的描述：

> 我是一个伤兵，现在要代替过半数不及救治的负伤同志们，向这四万万五千万的后方同胞们诉苦。现在一切的安全设备，多仿佛在离前线数百里之外，而军队本身的救护能力，只活动于火线十余里范围内，试问许多负重伤的同志，在交通阻断的战场里，有什么方法来渡过这长距离而到达安全地带？负伤初期，因流血过多，常失运动能力，且在敌空军活跃之下，困顿跋涉，多至一星期以上不得换药。虽伤创极轻，也迫得走上死路。这里我们负伤同志不得不提出抗议，只有当兵的在抗战，只有当兵的该死？最后，我们期望后方所有的同胞切实注意，这富有作战经验的伤兵，是占国军的大部数量，是充分有转移战局能力的。[①]

由上述这位伤兵的这段描述，大致可以看出以下几个战时的伤兵问题：
（1）保护或救治士兵的医疗场所距离战场太远；（2）受伤士兵因为交通运输的关系无法远离战场至安全地区；（3）军医的救治能力不良，有可

[①]　张研、孙燕京主编《民国史料丛刊》第 257 册，大象出版社，2009，第 219～220 页。

能小伤变大伤甚至阵亡。

前两个问题，基本上点出了战场伤兵与交通输送的关系。不论是野战部队内军医救治系统，或是后送的交通输送系统，在这位伤兵的描述中，都是值得提出讨论的关键。当时有关伤兵的交通输送相关规定，军队是有所设计的，详见图3。

图3是军队所规划的战时伤兵后送流程，并且清楚地指出一位军人因战争成为伤兵后，是如何借由这套后送流程来完成伤兵的医疗救治或是救治完成后的处置。在图3中可以清楚地看到，设计者将整个战场分为三大区域，分别是野战区、兵站区和后方区三个部分。

首先，野战区即为战争炮火最为猛烈的敌我热战区域，在野战区受伤的士兵，部队里的军医或是医疗人员①第一步先进行受伤程度的判定，如图3所示，在各级部队当中，原则上都设有医疗相关单位，如果经判定伤势不重或是可在战场医疗单位中即可处理完毕的伤员，就先依伤势送往团、师、军级的医疗所或野战医院进行处理。如果经军队医疗人员判定伤势过重，即进入后送的阶段。

其次，进入后送阶段后，伤兵会先被送往介于野战区与后方区的兵站区，此处是属于相对安全的地带，是战场后方补给运输的转运站，因此能提供给伤兵较好的医疗质量。兵站区所属的医疗院所等级亦较野战区高，可处理相对严重的伤病情况。而进入兵站区的运输，为因应战场地形地貌的变化，因此有了相应的交通运输设备，如担架、卫生车辆、卫生船舶、

---

① 并非所有军队中担任医疗任务的人都叫作军医，正式的军医必须是从军医学校或者战时设置的卫勤训练所毕业，或者是由一般医学院毕业后因战事征召入伍的医生，才能称为军医，也就是这些人是受过正式医学训练的人。但以当时军队人员与军医的数量比而言，正式军医数量仅占极少的比例，因此大概只有军级或师级以上的部队或是战区军事单位才有配置正式军医的可能。另在军队中从事医疗行为者，从较低层的连级部队开始，多为未受过正式训练的行伍人员充任，仅凭着从非正式医学训练得来的粗糙医疗技术来救治伤兵，这类型的医疗人员占了绝大多数，也因此才有第一线或是前方部队的军人受伤后，宁愿不进医疗单位，以免小伤变大伤，大伤变阵亡的情况出现。有关于此点，军队战事急遽扩大，士兵数量激增，导致军队医疗人员比例不足的问题，亦在战事全面爆发后有了相对的因应措施，即成立了医疗教育速成单位，以调训的方式，将军队现有未受过正规医疗教育的人，进行短期（数周或数月）的训练后，再使其返回原单位执行医疗任务，借以提升军队医疗人员的素质。

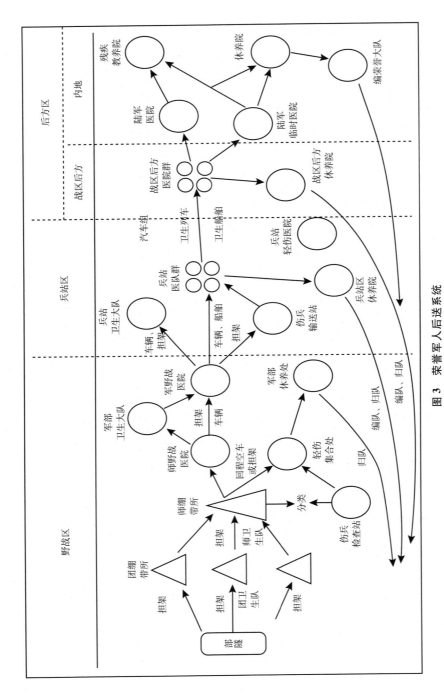

图 3　荣誉军人后送系统

资料来源：《军医业务革新建议》，《一般档案》，中国国民党党史馆藏，典藏号：一般 539/25。

卫生列车，甚至是飞机（见图4至图7）。原则上多数的伤兵，可以在兵站区内的医院进行救治以及后续的休养。

图4　"卫勤人员以担架搬运的方式，在战场上穿越铁丝网后送伤员"

资料来源：《中国国防军三十六年卫生业务概况摄影目录册》（1948年7月1日），《林可胜档案》，中研院近代史研究所档案馆藏，档案号：9011001。

最后，在整个后送流程中的后方区，即为已脱离战争地带的安全区域，但又可分为两个部分，一是各战区的后方，二是远离战区的内地。后方区的位置，多为城市或军政机关的所在地，因此拥有比前两区更好的医疗质量与补给。故经由交通后送系统送往后方区的伤兵，大致上会有两类，一类是前两区皆无法救治的重伤兵，另一类则是已造成永久性伤害且无法再返回战场执行任务的残废伤兵。军队为安置此类伤兵，亦设有相关的生产事业或训练班，如技术人员训练班、生产业务实验区、工厂及实验农场、垦殖团队等，并由军政部下辖的荣誉军人生产事业管理局负责管理，① 让这些被称为荣誉军人的伤兵，虽然无法再重返战场，但仍能以有限之驱为战争尽一份心力。至于在各区养复的士兵，经由各区医院到休养

---

① 《军政部荣誉军人生产事业管理处组织规程暨编制表》，《各管理处（局）组织法令案》，《国民政府档案》，"国史馆"藏，典藏号：001-012071-0145。

图 5　可放置四具担架的战地救护车

资料来源：《中国国防军三十六年卫生业务概况摄影目录册》（1948 年 7 月 1 日），《林可胜档案》，中研院近代史研究所档案馆藏，档案号：9011001。

图 6　卫生列车

资料来源：《中国国防军三十六年卫生业务概况摄影目录册》（1948 年 7 月 1 日），《林可胜档案》，中研院近代史研究所档案馆藏，档案号：9011001。

图 7　卫生列车内部设置情况

资料来源：《中国国防军三十六年卫生业务概况摄影目录册》（1948 年 7 月 1 日），《林可胜档案》，中研院近代史研究所档案馆藏，档案号：9011001。

处的伤愈过程后，亦同样借由兵站的交通运输系统返回原部队，无法返回原部队归建者，则为其重新编队。

　　然图 3 的军队伤兵后送系统设计，也非抗战爆发后才出现的规划，这套设计在战前就已被相关人士提出，并有清楚的各级区域设计概念想法，如表 2 所示。

　　另在此处亦要提到关于伤兵后送后，在医疗院所内的情况。基本上，在一名正常健康的军事人员成为伤病兵后，除了解除了战场作战的任务，成为另一种特殊身份的军人外，并非单纯的养伤工作。当时的伤兵，不论是在哪一级的医疗单位，都应施以特种教育，伤兵可依其伤势之重轻，酌为分组编队，而以院长或管理员为领队，施以特种训练，如此不仅使伤兵有所管束，且得利用病中之时间以充实伤兵之智识，且应于每三月考核一次，按其成绩之优劣予以赏罚。①

---

①　《蒋中正令军政部后方勤务部伤兵医院中之伤兵应施以特种教育》，《交拟稿件——民国三十年十一月至民国三十年十二月》，《蒋中正总统文物》，"国史馆"藏，典藏号：002 - 070200 - 00012 - 043。

表 2　战前各卫生勤务区域单位统辖

区域	所属统辖单位	该区最高卫生行政长官
野战区	1. 团卫生队 2. 师野战医院 3. 师军医处 4. 军军医处 5. 野战预备医院	军军医处长
兵站区	1. 兵站总监卫生处 2. 兵站监部卫生科 3. 各兵站医院 4. 兵站总监部附设卫生材料库 5. 兵站预备医院	兵站总监部卫生处长
后方区	1. 总司令部军医处 2. 各后方医院 3. 各陆军医院 4. 伤病员兵后方输送站	总司令部军医处长

资料来源：史国藩编著《卫生勤务》，《国民政府档案》，“国史馆”藏，典藏号：001-075715-0001。

而关于伤兵的地位或是称呼，政府军队相关要员亦有呼吁，如蒋中正在战时曾要求时任政治部部长的陈诚，对于战地的人民要以宣传和组织的手段，多鼓励各地方人民对伤病兵要有爱护的热忱。[1] 而抗战爆发后，伤残者日众，鉴于“伤兵”“残废”等名词会增加伤残者自卑心理以及影响社会人士对其崇敬的意义，故于 1940 年 5 月 1 日起，政府亦特颁令将伤兵改称为“荣誉军人”。[2]

三　后勤兵站与伤兵运输体制的成效考察

抗战期间所施行的后勤兵站体制，代表的是国民革命军自黄埔建军历

[1] 《蒋中正电示陈诚鼓励民众爱护伤兵及设法宣传组织战地人民》，《筹笔——抗战时期（十五）》，《蒋中正总统文物》，“国史馆”藏，典藏号：002-010300-00015-032。
[2] 王耀庭：《政府对荣誉军人管教实施及善后计划》，《残不废月刊》第 7 卷第 2 期，1947年 2 月，第 1 页。

经了数十年的发展后，所达到的一个形态。从抗战爆发后历经不同战争阶段的改变，虽至后期为因应与盟军的合作而有另一种区域式的后勤运补形态规划，但大体上，整个抗战阶段仍然是以独立兵站制度为主要的后勤运输补给方式。以战区兵站总监部建立兵站基地，各分监部在各兵站线建立兵站主地支持各集团军，各分站或支部则建立兵站末地支持各军师作战。在几个站区之上设立兵站总监部，隶属于后方勤务部。这种独立后勤体制，实施支持时，一是分别派遣兵站配属各部队支持之；二是指定兵站开设设施，建立地区后勤支持，各战区多半并用这两种方式，① 如此成为整个抗战期间的后勤兵站规划与施行。但这样的作业模式，在实施后的成效为何？

战时身为最高统帅的蒋中正，基于双重考核心态又或不完全相信正规体系所上呈报告的缘故，经常不定时地派出身边的专业幕僚或侍从等非常态性政府要员，前往各地战场或军队进行视察及慰问作业。事后由这些战地视察人员所提交给蒋中正的视察报告中，可以得知战地的实际运作情况，有时将视察报告与正规体系的上呈报告相比之后，甚至会出现落差的情况。以下就几个战地实际考察案例，来观其成效为何。

1938 年 12 月，由陈方之、李良荣、彭巩英三人所率领的湘、赣、鄂三省医务考察团所提交之报告中提道：

> 授命以来，以历半载，工作情形，曾列表七次，呈报在案，兹谨就全般之观感所及，综核医务不良之症结，拟具调整意见。
>
> 一、调整隶属及命令系统
>
> 1. 严分兵站与后方区之医院种别
>
> A. 过去情形：
>
> 各战区兵站卫生处，常控制重伤、陆军、后方、兵站等四种医院，空者空，满者满，综计其每月收容实数，不及容量之半，因之虚糜国币。
>
> B. 调整意见：

---

① 《国军后勤史》第 4 册下，第 1370～1371 页。

兵站区，只限于控制兵站医院，其他三种医院，归军医署直接指挥，庶可统筹整理，综覆优劣。

2. 限制颁发命令机关

A. 过去情形：

命令医院之机关甚多，如政治部、伤管处、兵站监、警备司令部等等，且邮电烦多，各相矛盾，使医院无法适从，因此减低医院效能。

B. 调整意见：

命令医院之上级机关，应限于隶属及指挥系统。

二、调整医务机构之办事方法

1. 对后方勤务卫生处与军医署之责任

A. 过去情形：

一切卫生机关（医院及卫生汽车船舶等）之组织及经费，均由军医署办理，拨交各兵站使用，而后勤部卫生处不负其责，故常遇控制现成医院，致演成割据局面。

B. 调整意见：

划分兵站区及后方区，使卫生处综辖兵站区，军医署综辖后方区一切经费与人事，各负其责，不得互相推诿。①

由以上的考察报告可知，抗战初期在兵站区与后方区的医院设置及运输指挥系统上，尚未有完整的指挥建立。而此次的考察报告在上呈给蒋中正之后，对于陈方之等人所提之建议，蒋中正则批示可照三人所拟意见进行。同样地在此数个月之前，由后方勤务部部长俞飞鹏所上呈的另一份报告中，亦提到了抗战爆发后的后勤概况。

查此次卫生状况之凌乱，固由于伤兵之数目过多，准备不及，而实际于抗日战争开始之时，未有整个计划，亦为其一大原因，兹遵照

---

① 《陈方之李良荣彭巩英呈蒋中正视察湘赣鄂医院慰问伤兵后拟具调整意见及统计表并请示尔后工作区域》，《一般数据——民国二十七年（七）》，《蒋中正总统文物》，"国史馆"藏，典藏号：002 - 080200 - 00287 - 001。

钧会前颁抗日卫生机关调整纲要关于后方勤务部署：（一）为应设各种医院及伤兵收容所卫生列车汽车船舶之数目与地点之决定。（二）所有伤兵之输送等项之规定，拟具抗日战役兵站区后勤区卫生勤务补充计划书，俾本部各级卫生机关，互相连系，各负职任，于卫生勤务上得一调整，除分令遵照实施外，理合检同拟具抗日战役兵站区后勤区卫生勤务补充计划书一份，备文报请。①

这份由后方勤务部所提之报告中，亦点出了在战争初期后勤输送的问题，因此进而就现况拟定了新的补充计划，其内容大致与上述所提之建议相似，此处即不再赘述。

1940 年，蒋中正又再度派了陈方之、金诵盘两人，就伤兵医院的实际情况进行视察。

一、令知各院督促给养委员会增加肉食每星期几次。

二、军医署对于各院治疗成绩，必须分伤病之类别，严格考察，以为奖惩之根据，并逐月详报本室视察委员会查核转呈。

三、各院办理归队，务求迅速，应规定期限，以归队之迟速为院长、政训员、管理员考绩主要事项之一。②

其视察的结果，两人提出了关于饮食、分伤输送类别和归队三个项目的考察事项，建议应将后勤医疗人员判定伤病类别及归队列为相关人员的考核项目，显示出关于这两个部分的业务，以当时的情况来看尚未完善。

这样的考察，当然可以用个案的方式来呈现实际的情况。但事实上，有关部队及兵站卫生机关相互联系合作的情况，战时卫生勤务纲要就有规

---

① 《兵站区后勤区卫生勤务补充计划》（民国 26 年 11 月），《国防部史政编译局》，台北档案管理局藏，档案号：B5018230601/0026/800.9/7280。

② 《陈方之金诵盘电蒋中正建议改善伤兵给养拟请每人每月加发三元期收实效等文电日报表》，《一般数据——呈表汇集（九十八）》，《蒋中正总统文物》，"国史馆"藏，典藏号：002 - 080200 - 00525 - 032。

定，战时分为三大区域，即野战、兵站、后方区，三区各有其指挥机关及指挥系统，必须有条不紊，不可逾越，各级卫生机关依其任务性质分别服役于前后方。但从上述特派要员的考察报告以及相关单位所上呈的报告中，可以看出因为指挥机关未能取得密切联系，以致后勤系统紊乱，工作力降低，许多下级机关对于"多头马车"的指挥命令常无所适从，有些部队长官迫于情势常直接指挥命令兵站卫生机关，但这些下级兵站机关又因为错过其直属上级兵站机关的命令，而有错乱现象。①

图 8 即可显示在后勤系统上，兵站区与后方区各单位之指挥联系网络：

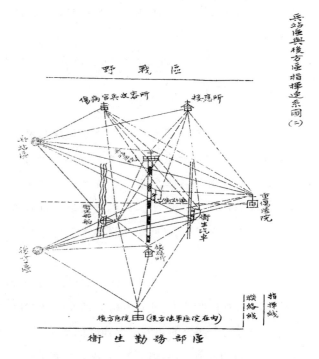

图 8　兵站区与后方区各单位之指挥联系网络

资料来源：《兵站区后勤区卫生勤务补充计划》（民国 26 年 11 月），《国防部史政编译局》，台北档案管理局藏，档案号：B5018230601/0026/800.9/7280。

---

① 《军委会参谋长会议有关卫生方面的提案》，《国防部史政局和战史编纂委员会》，中国第二历史档案馆藏，微卷号：16J－0167。

由于以上情况，当时在军事委员会参谋长会议上，亦曾有人提出为避免这种情况的重复发生，可于各战区设立伤兵救护联合办事处，并调派宪兵于水路交通要点协助相关检查作业。①

此建议后来虽未施行，但由以上这些相关人士所提之意见，可以看出战时后勤兵站与伤兵运输的相关事宜，经由不同年度的历次考察与上呈报告，呈现出在实际上与原规划仍有些许或相当的落差。

结　论

抗战期间，国军后勤体系内有两种单位是多得足以自豪的，一是兵站单位（包含站、库、所），二是医疗后送单位。② 此等描述，显示抗战时期为因应全国战场的军事需求，因而兵站这样具有联系、运补、保修功能和作用的单位，广为设置。这样的情况，虽然如上所言，让各级兵站成为后勤体系当中设置最多的单位，但由于执行者或者规划不周全的关系，导致这样的后勤规划出现了计划与施行上的落差。

由于这是国民革命军自黄埔建军后，第一次面对如此庞大的军事后勤规划，在时间上未能有充分的准备，在经验上未能有充足的参考，基本上一切仍是以且战且走的方式来规划、设计进行。因此在执行上，除执行人员的问题外，亦有另一个影响要素，即为运输的方式。在战时，人力运输及兽力运输占所有战地运输量的70%以上，优点是此种运输方式不受交通地形的影响，同时因为中国具有大量的人力，因此虽然原始，但成为最经济方便的运输模式。③ 此影响要素因所占分量亦重，故在本文内未做详细探讨，仅提出观点与线索，留待后续另文探讨。

综观整个抗战期间的后勤制度，此时的兵站补给与运输设计有其一套完整的独立运作体系。归纳而言，可以"点、线、面"三要素来说明，

---

① 《军委会参谋长会议有关卫生方面的提案》，《国防部史政局和战史编纂委员会》，中国第二历史档案馆藏，微卷号：16J-0167。
② 《国军后勤史》第4册下，第1376页。
③ 《国军后勤史》第4册下，第1375页。

如以点而言，各战区或军、师等单位皆有独立的兵站点；在线而言，这些独立点的兵站单位，借由指挥系统串联成一条由上而下的命令体系；就面而言，以各战区乃至全国的规划，将其联结成一个面状的网络，形成整个抗战时期后勤兵站系统的规划。这样的兵站规划体系，在执行上虽有若干瑕疵，但确也为战时后勤带来了相当的成效。

〔杨善尧，政治大学历史学系〕

思想与社会

"秦汉新儒学"与
近现代儒学之重建

张　凯

内容提要　重新梳理、评价周秦两汉儒学的流变是为民国学界超越经学今古文之争、重建中国文化的题中要义，儒道抉择与孟荀分野、今文学方士化与改制学说则成为各家判定秦汉新儒学"变质"抑或"发展"的关键。胡适认为秦汉新儒家是儒、墨、方士的"糅合物"，逐步宗教化，郭沫若视之为完全变质；钱穆着眼于宇宙论与人生论，认定秦汉新儒家融会儒、道，再整合诸子百家，批评董仲舒改制学说误入歧途；顾颉刚认为董仲舒沿袭阴阳家系统理论提倡公羊改制，旨在光耀汉家成功；蒙文通阐发秦汉新儒学，以孟子性善阐明内圣，以革命弘扬外王，以井田、辟雍、封禅、巡狩、明堂支撑今文学"革命"思想。在民国学界复杂的历史脉络中，考察各方学人阐释"秦汉新儒学"的分合，进一步揭示民国学术的多元流变与各派学人的学术旨趣，当可展现沟通中西新旧的多种取径，或能在现代知识与学科体系中建构中国文化义理、制度与历史事实的有机系统，以资实现"能尊而有立"的文明复兴。

关键词　秦汉新儒学　钱穆　顾颉刚　蒙文通　近代儒学

　　道咸以降，西力东侵，自强、自新、自主的诉求与焦虑缠绕交织，如何面对与诠释自身文化传统成为近代学人寻求中华文明出路的必由之路。"今""古"之变、经史消长、汉宋之争等学术典范转移，充分呈现近代学界各流派利用中西学术思想资源，以图应时而变的动态走向。近代学术，以复古求解放，经学的微言大义与理想社会之改造相贯通，牵涉近代政治、社会、思想、学术等诸多层面，"今古""汉宋"立场的分殊促使晚清民国学人转化传统学术、探寻中华文明出路的路径迥异。① 复古求解放的路径，其一是寻求孔学的嫡派。廖平门生蒙文通、李源澄由今古上溯周秦，认定鲁学是孔子的嫡派，《穀梁传》与《孟子》最得孔子真义。其二是突破儒学的范畴，实现古学复兴。邓实认为："学术至大，岂出一途，古学虽微，实吾国粹。孔子之学，其为吾旧社会所信仰者，固当发挥而光大之；诸子之学，湮殁既千余年，其有新理实用者，亦当勤求而搜讨之。"② 胡适在《先秦名学史》中，鲜明提出："中国哲学的将来，有赖于从儒学的道德伦理和理性的枷锁中得到解放"，"中国哲学的未来，似乎大有赖于那些伟大的哲学学派的恢复，这些学派在中国古代一度与儒家学派同时盛行"。③ 由源及流，新文化派倡导古学复兴，自然要斩断宗纲，质疑儒学一脉相承的历史叙述。钱玄同认为孔子学说历经汉、宋、晚清的解释，"三次增加，真相愈晦，（一）汉（妖灾、微言大义）（二）宋（专制、奴隶的道德）（三）晚清（新今文家，欧化）"④。重新梳理、评价周秦两汉儒学的流变成为民国学界重建中国文化的题中要义。在民国学界复杂的历史脉络中，考察各方学人阐释"秦汉新儒学"的分合，或可更准确地把握近代儒学流变的多重路径与复杂性。以此为凭借，上可探近代中西、新旧学术的纠葛，下可究当下学术的发展变迁。

---

① 相关研究可参见罗志田《清季民初经学的边缘化与史学的走向中心》《"新宋学"与民初考据史学》，皆收入《权势转移：近代中国的思想、社会与学术》，湖北人民出版社，1999；路新生《"义"、"事"之别与"今"、"古"之争及其现代学术意义》，《华东师范大学学报》2004 年第 3 期；王汎森《从经学向史学的过渡——廖平与蒙文通的例子》，《历史研究》2005 年第 5 期；郜积意《汉代今、古学的礼制之分——以廖平〈今古学考〉为讨论中心》，《中央研究院历史语言研究所集刊》第 77 卷第 1 册，2006 年 3 月；严寿澂《经通于史而经非史——蒙文通经学研究述评》，《中国文史论丛》2008 年第 4 期；张志强《经、史、儒关系的重构与"批判儒学"之建立——以〈儒学五论〉为中心试论蒙文通"儒学"观念的特质》，《中国哲学史》2009 年第 1 期。

② 邓实：《古学复兴论》，桑兵编《国学的历史》，国家图书馆出版社，2010，第 70 页。

③ 胡适：《先秦名学史》，欧阳哲生编《胡适文集》第 6 卷，北京大学出版社，2013，第 9 页。

④ 钱玄同：《钱玄同日记》第 6 册，1926 年 9 月 14 日，福建教育出版社，2004，第 3334 页。

一 "变质"抑或"发展"

整理国故运动之后，孔子与六经的传承关系受到普遍质疑。顾颉刚称："以今文说说孔子，以古文说说六经，洵其当矣。以古文说说孔子，则孔子过平常。以今文说说六经，则六经过荒渺"，"孔子非即六经，六经非即孔子，分而言之，乃两不相伤"。① 不过，孔子政治思想至关紧要，"内谈正名，外谈伯道，实是当前的大题目"。② 有一疑问自然出现："孔子只是旧文化的继续者，而非新时代的开创者。但秦汉以后是一新时代，何以孔子竟成了这个时代的中心人物？"其缘由在于孔子不全为继承旧文化，"多少含些新时代的理想"，经弟子们的宣传，适应于新时代的要求。傅斯年强调有一个"历史的积因"，不必有一个理性的因，"儒家到了汉朝统一中国，想是因为历史上一层一层积累到势必如此，不见得能求到一个汉朝与儒家直接相对的理性的对当"。③ 程憬认为春秋中期至秦代近三百年，旧社会逐渐毁坏而秦汉时的新社会逐渐形成。儒家的道德主张，启发于孔子，而大成于荀子，"能受秦汉以后的权力者的欢迎，能够维持这么久远，其理由便是因为他们的学说非常吻合这二千年的社会的权力派的需求"。④ 那么，秦汉之际，儒学演化成为学术史重构的重要环节。

儒家、方士、黄老为秦汉时期主要的学术流派。夏曾佑认为"一切学术均以此三者离合而成之"，黄老常与儒术为敌，而汉儒与方士则不可分，"其所以然之故，因儒家尊君，君者，王者之所喜也；方士长生，生者，亦王者之所喜也。二者既同为王者之所喜，则其势必相妒，于是各盗

---

① 顾颉刚：《敝帚集（三）》，《顾颉刚全集·顾颉刚读书笔记（十五）》，中华书局，2011，第 282 页。
② 傅斯年：《评〈春秋时的孔子和汉代的孔子〉》，《国立第一中山大学语言历史学研究所周刊》第 1 集第 7 期，1927 年 12 月 13 日，第 157 页。
③ 顾颉刚、傅斯年：《论孔子学说所以适应于秦汉以来的社会的缘故》，《国立第一中山大学语言历史学研究所周刊》第 1 集第 6 期，1927 年 12 月 6 日，第 125～126 页。
④ 程憬：《再论孔子学说所以适应于秦汉以来的社会的缘故》，《国立第一中山大学语言历史学研究所周刊》第 1 集第 15 期，1927 年 2 月 7 日，第 325～328 页。

敌之长技，以谋独擅，而二家之糅合成焉"，董仲舒学说"实合巫蛊厌胜神仙方士而一之，是治公羊春秋者合方士之说也"。① 整理国故运动兴起之初，胡适草拟中古哲学史，认定秦汉时期新儒教是儒、墨、方士的"糅合物"，"《郊祀志》可代表他的背景，《五行志》可代表他的神学，董仲舒可代表他的哲学"。② 今文家与古文家的新儒教有别，前者重在灾异，后者重在符谶，并"用《周礼》来讲古文家的新儒教"，刘歆与王莽是古文家的新儒教，董仲舒为今文家新儒教的代表。"新儒教完全是宗教的口气，它的根本目的，无论是有意还是无意，几乎全部是为政治服务的"，"宗教因素在当时是如此的突出和强有力，以致可以利用作为有成功前途的基础，在这基础上建立起一个在思想上和信仰上令人敬畏的政治宗教制度"。③ 郭沫若后来进一步主张秦汉儒家事实上完全变质，"秦以前的所谓'儒'和秦以后的所谓'儒'，虽然在其本身上也有传统上的关系，但那传统是完全混淆了的。所有先秦以前的诸子百家，差不多全都汇合到秦以后所谓儒家里面去了。打的虽然同是孔子的招牌，但有的是吃阴阳家的饭，有的是吃道家的饭，有的是吃法家的饭，近来也有人吃起名家的饭了"。④ 变质的关键集中于秦汉新儒学的儒道抉择与孟荀分野。

梁启超自称有别于康有为以神秘性说孔子，认为孟荀作为孔子后学，"荀传小康，孟传大同；汉代经师，不问为今文家、古文家，皆出荀卿；二千年间，宗教屡变，壹皆盘旋荀学肘下，孟学绝而孔学亦衰"。⑤ 夏曾佑认同秦汉儒学皆出自荀子，"必不容有非荀派者厕其间"，提倡"事君之宝而必无后患之术"，"既以固宠无患，崇美讳败为六经之微旨"，"此

① 夏曾佑：《中国古代史》，三联书店，1955，第 334~337 页。
② 曹伯言整理《胡适日记全编》，1922 年 3 月 29 日，安徽教育出版社，2001，第 595~596 页。
③ 胡适：《儒教在汉代被确立为国教论》，耿云志主编《胡适遗稿及秘藏书信》（8），黄山书社，1994，第 360 页。
④ 郭沫若：《秦汉之际的儒者》，《青铜时代》，《郭沫若全集·历史编》第 1 卷，人民文学出版社，1982，第 596~597 页。
⑤ 梁启超：《清代学术概论》，朱维铮校注《梁启超论清学史二种》，复旦大学出版社，1985，第 68~69 页。

亦孔子尊君重生之极致"。① 梁启超、夏曾佑遂"专以绌荀申孟为标帜",发起"排荀"运动。新文化运动与整理国故运动中,荀学逐渐被视作儒家知识论与中国科学精神的代表,以客观的史学研究去除中国传统的神秘化与伦理化成为新史学重镇中研院史语所的核心议题与价值取向。傅斯年认为荀子舍孟子之新路而返孔子之旧域,为儒家正传,立先王遗训,是圣人的典型。傅斯年清理汉朝儒生对先秦思想的儒化,力图以荀子与朱子寻求儒学理性思想流变。古史辨派后进陈槃在系统研究秦汉时期谶纬与符应学说后,认为秦汉之际方术士常以儒学为文饰,"即孔子一派之正统儒学者,以邹衍而与孟荀合传"。②

近代学界一般认为秦代统一后,春秋战国思想便告一段落,以下是脱空时期。冯友兰、张可为认为秦汉是中国政治与学术界大一统的时代,各学术流派均尝试"专门采各家之'长',舍各家之'短',以图融合各家为一",秦汉杂家依据"道术统一之理论以统一方术"。③ 李源澄指出调和孟荀、融合儒道为周秦学术演进的关键要素,以此建立"完美之新儒学","周末学术之所以辉光日新者,由其能信道笃而不固,不苟合而从善"。④ 晚周新儒学融合天人思想,为汉代今文学先驱,"虽巧拙不齐,其义一也",礼的含义"由春秋贤士之尊礼,变而为儒家之礼乐也。由人心之节文而转为孝之表征,此由前期儒家到后期儒家"。⑤ 六经之所以成为经学,源自汉初大儒将其思想托诸经文,演成经说,并非仅仅是注释经文。此后,钱穆、缪钺研究战国、秦汉间新儒家立论有别,其义相辅,二人往复论辩秦汉新儒学之于儒道、孟荀的传承关系。钱穆依据《易传》《戴记》考察战国秦汉间新儒家,"着眼于其新宇宙论之创立,又必着眼于其所采老庄道家之宇宙论而重加弥缝补缀以曲折会合于儒家人生观之旧

---

① 夏曾佑:《中国古代史》,第 337 ~ 338 页。
② 陈槃:《战国秦汉间方士考论》,《国立中央研究院历史语言研究所集刊》第 17 本,1948,第 36 页。
③ 冯友兰、张可为:《原杂家》,《三松堂全集》第 11 卷,河南人民出版社,2001,第 445 ~ 448 页。
④ 李源澄:《周秦儒学史论》,《论学》第 1 期,1937 年 1 月,第 26 ~ 34 页。
⑤ 李源澄:《礼之衍变》,《中央日报·文史周刊》第 17 期,1946 年 9 月 10 日,第 12 版。

传统"，熔铸老庄宇宙论与孔孟中和的人生论为一体，彰显秦汉新儒家在
中国学术思想史的枢纽作用。① 缪钺认为秦汉新儒家继承孔孟以来儒家传
统，受道家影响，赋予其形而上学的根据，思致精微，富于想象，是其所
长；又带有阴阳家色彩，"古代天人征应术数迷信观念又杂糅其间，至西
汉而其风大畅，此其弊也"。荀卿长于思辨，精于逻辑，学术纯重人本，
不言天道鬼神，"其言礼乐之原，能从社会学及心理学观点立论，颇有科
学精神"；若西汉儒学未熏染阴阳家思想，荀学能大行，"则后人思想必
能更为开明而澄洁"，论述古代学术流变，"于此事不能不认为遗憾"。②
钱穆认为《易传》《戴记》为秦汉间儒家著作，均出自荀卿之后，当时学
术界"调和融会之风方盛"，诸书"自以采道家言者为主，其于儒术亦孟
荀兼采，而实以偏于荀者为多"，缪钺"剖析道家阴阳家得失极是，而于
秦汉间诸儒，全以阴阳家迷信斥之，窃谓尚当细剖耳"。③ 缪钺侧重批评
西汉经生发扬天人相应思想流为后世之迷信，"并非中国文化之菁华"，
"荀卿为孔孟后儒学大师，博学精思，卓绝一代，西汉以降，荀学不彰，
故其要义多未能发扬，此亦中国学术史上一大问题"。④

　　蒙文通对近世孟荀之争深有体会，提出西汉儒者未必继承孔孟精微，
典型仍在，"未尝离孟孔之说而以异派之说参之，即荀卿性恶之说亦未见
有称引之者"，"汉儒之多出于孟子，而义高于董子者犹多，不徒公羊、
王制之说焉耳"。⑤ 秦汉新儒学为孔孟学说之嫡传，以孟子性善阐明内圣，
以革命弘扬外王，"内圣则性道之精微，外王则损益之恢宏"，迥异于公
羊改制学说。钱穆着眼于宇宙论与人生论，坚信秦汉新儒家先融会儒、
道，再融会百家，成就最大。近代儒学复兴，必须"会通天人，绾人文

① 钱穆：《〈易传〉与〈小戴礼记〉中之宇宙论》，《思想与时代》第 34 期，1944 年 5 月 1
　日。钱穆：《中国思想史》，九州出版社，2012，第 80 页。
② 缪钺：《论荀学》，《思想与时代》第 36 期，1944 年 9 月 1 日，第 19～22 页。
③ 钱穆：《论战国秦汉间新儒家·与缪彦威书》，《思想与时代》第 35 期，1944 年 6 月 1
　日，第 44～46 页。
④ 缪钺：《论战国秦汉间新儒家·再与钱宾四书》，《思想与时代》第 35 期，1944 年 6 月 1
　日，第 47～50 页。
⑤ 蒙文通：《儒家哲学思想之发展》，《论学》第 3 期，1937 年 3 月，第 18～19 页。

与自然而一之"。① 蒙文通立足于孔孟性善之旨与革命学说弘扬中华文明
内圣外王之道。欧阳竟无在逝世前两个月致信蒙文通，提出欲弘扬孔学以
正人心，势必"道定于孔孟一尊""学以性道文章而得其根本""研学必
革命"，复兴孔学"端在孟子"。② 蒙文通阐发秦汉新儒学，整合义理与经
史之学的志趣与欧阳竟无的嘱托若合符节，且进一步构建出义理、制度、
史事相配合的能动系统，折射出秦汉儒学发展与变质的价值判断恰源自民
国各派学人认知"改制与革命"的分歧。

二 改制与革命

清末民初的"国学"观超越儒学，甚至视儒学为君学，"夫国学者，
别乎君学而言之。吾神州之学术，自秦汉以来，一君学之天下而已"，
"知有君不知有国也"，"真儒之学，只知有国，伪儒之学，只知有君"。③
汉武帝罢黜百家，独尊儒术，儒家宗旨以求仕侍用为职志。康有为公羊改
制学说，含有政治革命、社会改造的意味，喜言通三统与张三世，"杂引
谶纬之言以实之"，其心目中的孔子，带有神秘性。④ 顾颉刚指出董仲舒
沿袭阴阳家系统理论提倡公羊改制，战国诸子改制目标在救民，董仲舒改
制则在光耀汉家成功。近代今文学的影响在学术上是深探孔子微言，在政
治上是提倡改制，在宗教上是建立孔教。⑤ 冯友兰认为春秋战国时代至汉
初是子学时代向经学时代的大过渡时期，阴阳五行学说与儒家合流，发展
至董仲舒时成为系统学说，"孔子变而为神，儒家变而为儒教"，直至古
文学说，"孔子始渐回复为人，儒教始渐回复为儒家"。⑥ 钱穆认为董仲舒

---

① 钱穆：《推止篇》，《中国学术思想史论丛》（2），东大图书有限公司，1977，第 471 页。
② 欧阳竟无：《复蒙文通书》，《孔学杂著》，山东人民出版社，1997，第 51~52 页。
③ 邓实：《国学真论》，《国粹学报》第 27 期，1907 年 4 月。
④ 梁启超：《清代学术概论》，朱维铮校注《梁启超论清学史二种》，第 65 页。
⑤ 顾颉刚：《中国近来学术思想界的变迁观》，《顾颉刚全集·宝树园文存（一）》，第131 页。
⑥ 冯友兰：《中国哲学史》（上），《三松堂全集》第 2 卷，河南人民出版社，2001，第270 页。

专据先秦经典立说，未有更高更新的创辟与发挥，后左右采获，调和折中，邹衍阴阳学说"更使仲舒思想，由附会而转入怪异，遂使此后的思想界中毒更深"。① 冯友兰也指出秦汉时期，阴阳学说几乎完全混入儒家，今文经学以此为可见，近代学人对秦汉儒学的批评集中在由今文学方士化而引发的改制学说。蒙文通指出康有为专讲《公羊传》仍有所欠缺，"尊崇董仲舒，也不是今文学的全面，所以他结果只能言变法，却不能从礼家研究一王大法的具体制度"，康有为"只能算是董仲舒派的今文学而已"。② 近代学人"仅止看到今文学与阴阳五行合在一起，似乎汉代的新儒家就是阴阳五行、谶纬神学与儒家思想相结合为特点，硬把今文家与欧洲中世纪的宗教神学相比傅"，这只抓住表面现象，不符合事实，"不正视今文学家的政治、哲学思想"，"是抓不住今文学的实质的。今文学别有个精神，就是'革命'"。③ 革命是孔子思想的根本、孔子学说的最高原则，秦汉新儒学正是以此衍生扩充。李源澄折中各家学说，提出董仲舒的改制运动是创造新儒学的另一种形式，"于阴阳五行之说取之最多，皆取以证明儒术而已，于道法两家，则取其权术以行其仁义，其根本精神仍在儒家"。④

革命论是儒家思想寄托于三代"殷革夏命""受命称王"的传统论述。古文学提出复三代之制，今文学侧重继周损益的制度革新。近代儒家革命论再起主要依托公羊学与《齐诗》《易传》。⑤ 近代系统论述公羊学革命论的当属陈柱。陈柱指出新周王鲁、革命之义是否为《公羊传》微旨与《春秋》条例，应当别论，但孔子与公羊学说富于革命思想显而易见。后世儒生不知革命之义，提倡"君父一体，天下无不是之君父之说"，"革命遂为学者所讳言"。孔子"制春秋之义以待后圣"，"欲以鲁化外，欲成其大一统者"；革命是一时之权，尊王为长久之经，"孔子所

---

① 钱穆：《中国思想史》，第 103 页。

② 蒙文通：《孔子与今文学》，《经史抉原》，巴蜀书社，1995，第 160 页。

③ 蒙文通：《治学杂语》，蒙默编《蒙文通学记》增补本，三联书店，2006，第 14 页。

④ 李源澄：《汉代大一统政治下之政治学说》，《真理杂志》第 1 卷第 1 期，1944 年 1 月，第 33 ~ 47 页。

⑤ 参见刘小枫《儒家革命精神源流考》，上海三联书店，2000，第 33 ~ 60 页。

以倡革命之说者，诚以当时之所谓王，已昏乱无道，不足以为天下之共主"，尊王旨在大一统，"王必有可尊之道而后尊"，"《春秋》假王鲁以见革命之义，以寒独夫之胆；著尊王以见大一统之道，以维天下之人心"。① 无独有偶，当学界宣扬今文学"余烈未已"之际，廖平曾"命次孙宗泽辑出《公羊补正》中有关革命文字，作为外编"。② 马裕藻长期在北平以今文家言讲授经学史，讲述孔子作经起源与历代传经的真相，希望求得孔子经旨，不为后世传经学家所混淆，始于"孔子作经之始末"，"以刘逢禄、龚自珍、邵懿辰、康有为、崔适诸家之说终焉"。③ 吉川幸次郎回忆马裕藻正是"把《公羊传》当作革命理论来讲的"。④ 同为太炎门生，马裕藻以《公羊》言革命，与钱玄同"超今文"的主张判若云泥。

《齐诗》有言"卯酉之际为改政，午亥之际为革命"，晚近公羊改制说多兼习《齐诗》。夏曾佑主《公羊传》《齐诗》之说，多有辩论，章太炎受其影响，戊戌前后"以革政挽革命"，即本于"《齐诗》五际之说"，"方今百年之际，其殆与之符合也哉？"引述"大一统""通三统"之说，"以教卫民，以民卫国，使自为守而已。变郊号，柴社稷，谓之革命，礼秀民，聚俊材，谓之革政。今之亟务，曰：以革政挽革命"。⑤ 吕思勉认为章太炎以革政挽革命，与康氏见解同类，"此文中亦以汉今文说立论"。⑥ 廖平治经，于《诗》主《齐诗》。四变之后，以纬候解释《齐诗》，详于天人之学，"至五变而更新，以诗为神游学，全说梦境"，"说诗在三家为齐学，然齐诗学今有四始五际六情之说，载在《续经解》中，尚无统系之可言"。不过，"六译于此等遗说，未见发明，则齐诗学仍未

---

① 陈柱：《公羊家哲学》，中华书局，1928，第1~8页。
② 廖幼平编《廖季平年谱》，巴蜀书社，1985，第80页。
③ 国立北京大学编《国立北京大学一览》，国立北京大学，1935，第172页。
④ 吉川幸次郎：《我的留学记》，钱婉约译，光明日报出版社，1999，第70~71页。
⑤ 章太炎：《论学会有大益于黄人亟宜保护》，汤志钧编《章太炎政论选集》上册，中华书局，1977，第13页。
⑥ 顾颉刚：《纯熙堂笔记·吕思勉评章炳麟》，《顾颉刚全集·顾颉刚读书笔记（四）》，第41页。

也"。① 蒙文通以《齐诗》《易传》发展公羊改制、革命论。在《经学抉原》中，蒙文通详论《毛诗》为鲁学，于《齐诗》未多涉及。此时由《齐诗》谈"革命"或有廖平的启发，与邵瑞彭的交往更不可忽略。1930年代初，蒙文通与邵瑞彭共事于河南大学，二人于经学与古史多有研讨。邵瑞彭认可蒙文通关于近代今文学的派分，认为以《公羊传》讲今文学与以家法条例治今文经二派有别，"庄、刘诸子，好言《公羊春秋》，则为今文之学，由是学者，始言门户"。陈寿祺、陈乔枞、陈硕甫、陈立，"接踵而作，大氐以寻绎师法，辩章条贯为主"。二派"趣舍不尽同，要之各能自名其家。咸同以降，风气益变矣"。龚自珍、魏源传庄、刘之学，皮锡瑞与廖平谨守四陈之法，"以董理旧义，区分家法为己任"。② 同时称赞蒙文通为廖平高足，又问学刘师培，"故其能通两家之邮"，"阅识博闻，有深湛之思"。③ 邵瑞彭精研《齐诗》学，作《齐诗矜》，深合齐学家法，"以明辨《齐诗》本真为主，使佚文碎义，皆有条贯可寻，见一斑而全豹可知"，"理董旧文，探究微旨，以明推数之法，上篡辖翼之绝学，下导来者之先路"。④ 蒙文通赞誉邵氏为"齐学大师"，"洞晓六历，于阴阳三五之故，穷源竟流"，迥异于近世"侈言《公羊》齐学者"。⑤

蒙文通治学未涉及推数之学，探究《齐诗》侧重"革命"微旨，"因齐诗之说推汉世一代之言，然后知其说之谛而皆源于孟氏也。荀氏性恶之说，在汉固无有主之者"，"孟氏所系之重而汉师之未可轻，则以相得而益彰也。昔之论今文者，徒知井地颁禄巡狩封建诸说。汉之今文悉源于孟氏而别有大义，犹未之及，则齐诗五际之义"，"以性善之说窥内圣之微，以革命之说明外王之极，知仲舒之未及翼氏而公羊之不敌齐诗，齐诗公羊

---

① 张鹏一：《读廖季平〈六译馆丛书〉评语》，《国立北平图书馆馆刊》第 7 卷第 2 期，1933 年 3、4 月。

② 邵瑞彭：《重刊皮氏〈驳五经异义疏证〉序》，《儒效月刊》，1935 年。

③ 邵瑞彭：《地幂古义》，《儒效月刊》第 2 卷第 1 期，1946 年，第 16～17 页。

④ 邵瑞彭：《齐诗钤》，《儒效月刊》第 2 卷第 5 期，1946 年，第 12～17 页。

⑤ 蒙文通：《井研廖季平师与近代今文学》，《经学抉原》，上海人民出版社，2006，第 97 页。

之傅，胥本之孟子，固无与于荀卿也"。① 庞俊是时作《齐诗为孟子遗学证》，主张"《齐诗》不传于荀卿"，"为孟子遗学"，"孟子传诗，假经设谊，依托象数，亦犹孟京卦气之候，公羊灾异之条，要为六艺之别传，而亦上皇之遗术"。② 蒙文通认为辕生传《齐诗》，"能守孟荀之统"，而"《京易》之传，犹《孟》、《荀》、《齐诗》之说"。今文学思想应当以《齐诗》《京易》《公羊春秋》的"革命""素王"学说为其中心，礼家制度为其辅翼。"《齐诗》言'五际'、言'四始'，以'改制'、'革命'为依归，而原本于孟、荀，舍是则'王鲁'、'素王'之说无所谓。"③ 汤武受命之说正和"五际""四始"说相一致。以"革命""改制"二义相比较，"晚清之学，急于变法，故奢谈《春秋》，张'改制'之说，而《公羊》之学，显于一世。然'改制'之义，才比于'五际'之'革政'"。晚近学人未能弘扬"五际""革命"之说。④ 是时钱穆亦感叹龚自珍治《春秋》，"知有变法，乃不知有夷夏"，"言尊史，乃知有乾嘉不知有顺康，故止于言《宾宾》而不敢言革命"。⑤

秦汉新儒学融合墨、道、法诸家，越出孔孟"偏于世族政治"之见，其学术根源仍在孔孟。董仲舒做了妥协，变汤武"革命"为三代"改制"，变"井田"为"限田"。坚守大义者或以身殉道，或秘密传授内学，"用阴阳五行为外衣当烟幕"，强调革命之义。今文学一分为二，一传微言大义，一为章句之学。微言根本于革命，易姓改代"是继周损益的一套创造性的革新的制度"，导源于孔子的"为兆民"以及孟子的民本主义，"这和宋儒所谓性命之道才是微言的意思全然不同"。"'革命'、'素王'二说，如车之两轮，相依为用，缺一不可"，然而，自从董仲舒"变'易姓'之事为'继体之君'，于'汤武革命'漫曰'三代改制'，则仅当于'五际''改政'之义"，于是"'改制'之说起，而'革命'之论

---

① 蒙文通：《汉儒之学源于孟子考》，《论学》第 3 期，1937 年 3 月。

② 庞俊：《齐诗为孟子遗学证》，《四川大学季刊》第 1 期，1935 年 7 月，第 1~5 页。

③ 蒙文通：《孔子和今文学》，《经学抉原》，第 215 页。

④ 蒙文通：《儒家政治思想之发展》，《儒学五论》，广西师范大学出版社，2008，第 34 页。

⑤ 钱穆：《中国近三百年学术史》，《中国现代学术经典·钱宾四卷》，河北教育出版社，1999，第 480 页。

涍，至晚近谈'变法'之旨益隘"。① 顾颉刚承认汉代还是托古改制者有思想，"训解诸家以下劣之才而得最长久的声望和崇拜，殊不可解"，汉代理想的政治观念，如"《周官》、《王制》、《月令》、《春秋繁露》皆出于此种思想"。② 蒙文通进一步指出今文家所言革命绝非仅政权易帜，而是另立一王大法，彻底推行社会政治改革，"革命"与"素王"思想一以贯之。汉儒托古保全了理想的制度设计，却混淆了真正的三代古制度，"我们就必须仔细分析汉代经师所讲的各种制度，清理出哪些制度是历史的陈迹，哪些制度是寄寓的理想，然后才能观察出理想制度所体现的思想实质，然后才能看出经学家思想的深远恢宏"。③

三 制度：理想与事实

近代西学东渐，一旦中学不能为"用"，中学之体、经学正统地位自然动摇。廖平、宋育仁一贯以"维新即复古"为宗旨，既坚守儒学义理，又阐发先王之政经世致用，讲人伦以封建、井田等古制为本，儒家义理之学必以制度为支撑。孙宝瑄首肯廖平说经者必精求制度的观念，指出"读史之要，必精求其制度"，"制度者，经史之枢纽，圣贤精理奥义之所由见，而世界盛衰治乱所从出"。④ 宋育仁认为研究经史，应当注重关系中国文化与礼制传承的重大问题。"今人不考据此等关系重大制度，而毛举细故，以为考据，号称经学家者之陋也。不知考经为何物，以为多读古书云尔，置之骨董之例，号称史学，自命文人，理学者之陋也。"⑤ 民国学人基于各自经学与史学背后义理之别，所认知中华文化的制度及其旨趣迥异。陈寅恪以实证虚，提出中国文化的抽象理想最高之境为《白虎通》三纲六纪说，此理想体现于有形的社会制度，"儒家《周官》之学

---

① 蒙文通：《儒家政治思想之发展》，《儒学五论》，第 38 页。
② 顾颉刚：《纂史随笔·汉代之改制派与训解派》，《顾颉刚全集·顾颉刚读书笔记（一）》，第 370 页。
③ 蒙文通：《孔子和今文学》，《经学抉原》，第 231 页。
④ 孙宝瑄：《忘山庐日记》（上），上海古籍出版社，1989，第 246 页。
⑤ 宋育仁：《共和沟沉平议示子书》，《国学月刊》第 16 期，1923 年 7 月，第 13～21 页。

说悉采入法典。夫政治社会一切公私行动，莫不与法典相关，而法典为儒家学说具体之实现"，① 以此为基础，揭示"吸收输入外来之学说"与"不忘本来民族之地位"的"相反而适相成"的文化出路。古史辨运动研究重点制度的传说及其演变，以此解构儒学的经典叙述。钱玄同公开指责汉儒对六经的研究，"不但没有把文句解释明白，他们自己的文理大都是不通的，无论今文家、古文家，都是'一丘之貉'。什么禘袷、明堂、封建、井田、宫室、祭器等等人各一说，而且一个人还要自相矛盾，这可见他们全是望文生训，闭眼胡说。"② 顾颉刚认为封禅、巡狩、分州、封国等制度，都经过无数次涂饰，"我们要用旧式整理法（例如阮元的《明堂论》），看他说的是哪个时代就算做哪个时代的史料，成立一个他们想象中的系统。我们还要用新式整理法（例如胡适之先生的《井田辨》），看他是哪个时代起来的便放在哪个时代，寻出它们变迁的历程"，以此恢复其真面目，考察其历史影响。③ 廖平门生以家法条例沟通考据与义理，虚实相济，贯通经史，经过分析、对比"经学"与"史学"，归纳出五种制度设计：井田、辟雍、封禅、巡狩、明堂。蒙文通以五种制度支撑今文学"革命"思想，构建"非常异义之政治学说"。

（1）井田。早在四川国学院时期，廖平、刘师培争辩今古，井田即是其中子题，刘师培为此特著《西汉周官师说考》和《王畿田制考》，蒙文通视"周官为阴谋之书"为廖、刘二师与并世学者论而未决之问题，对此他一直悬而未答。民初井田制之争是近代古史研究的焦点，胡适就曾大胆假设，井田论是孟子的凭空虚造，"非愚即诬"。顾颉刚认为礼制多由儒者推出，"今所存之古礼，一切都是战国、秦、汉的儒者推出来的"，④ "封建为古代实事，井田则多半出于儒者理想，在思想史上，井田

---

① 陈寅恪：《冯友兰中国哲学史下册审查报告》，《陈寅恪集·金明馆丛稿二编》，三联书店，2009，第 283 页。
② 钱玄同：《答顾颉刚先生书》，《读书杂志》第 10 期，1923 年 6 月。
③ 顾颉刚：《中国上古史讲义》，《顾颉刚全集》（三），第 70 页。
④ 顾颉刚：《沪楼日札·礼制多由儒者推出》，《顾颉刚全集·顾颉刚读书笔记（四）》，第 347 页。

固极有价值之一种理论，远高出于封建也"。① 社会性质大论战中，学界
讨论"井田论的理由既不充分，证据更皆系曲解，所以可以断定井田制
在周代不会存在的"，"两千年来争辩不决之井田制度，实在不过是一种
社会思想罢了"。② 蒙文通认为《周官》非系统完整之理想制度，"反映
之社会制度亦与战国以后之实况不合而颇与西周相符，皆可证其为就旧日
之档案整理而成者"。③ 孟子所言井田制是周代史实与汉代今文家理想之
间的过渡，就史事而言，"《周官》之制，阶级最为不平，不得谓为美
善"，"先儒不明周代事实之井田与今文家理想之井田绝不侔，而谓为太
平之治，又乃疑于周不得有井田，皆未深究于史者之过也。以"《周官》
为周公致太平之书，固不必然"，"明乎《周官》之井田，事至卑陋不足
观，而周公之处殷人，事至惨刻不足取，昔人以此为致太平之书诚为诬，
今人信此为太平之迹不应为周制更为愚，以愚诬之见衡《周官》之真伪，
事之可笑，宁过于斯！"④ 此论有意回应以《周官》为三代古史核心的信
古观念与整理国故运动中的疑古思潮。熊十力注重《周官》的经世价值，
认为其利于当下，其中教育制度可与当下社会借鉴，批评蒙文通"时下
习气过重"，"井田是否为普遍可行之制，吾总觉以缺疑为好"，"直以卑
陋轻之，似未见其可；制未尽善，时代所限"。⑤ 柳诒徵坚信"真读孔孟
书始能行真共和"，⑥ 更赞同熊十力所言《周官》蕴义，进而主张儒学
"非若梵学欧学，亦非如流俗所讥之道学"，若将"《周官》、《学》、《庸》
打成一片"，则儒学内圣外王之道"一一达到，非空言矣"。⑦ 蒙文通则批

---

① 顾颉刚：《沪楼日札·封建与井田之矛盾》，《顾颉刚全集·顾颉刚读书笔记（四）》，第
349 页。
② 高耘晖：《周代土地制度与井田》，《食货》第 1 卷第 7 期，1935 年 3 月，第 20 页。
③ 蒙文通：《治经杂语》，《经学抉原》，第 269 页。
④ 蒙文通：《从社会制度及政治制度论〈周官〉成书年代》，《图书集刊》第 1 期，1942 年
3 月。
⑤ 熊十力：《论〈周官〉成书年代》，《图书集刊》第 2 期，1942 年 6 月，第 98 页。
⑥ 《劬堂日记抄》，引自柳曾符《柳诒徵与王国维》，《劬堂学记》，上海书店出版社，
2002，第 186 页。
⑦ 柳诒徵：《劬堂遗札·致熊十力书》（二），《学术集林》（6），上海远东出版社，1995，
第 31 页。

评熊十力"不研史学，仍奉《周官》为经典，信井田为美制"，① 未能明了西周国野异制、彻助并行等制度的局限，今文家是以井田制落实"托古改制"的"一王大法"。

（2）辟雍、封禅与巡狩。廖平认为今学主张射义选贤为官，古学主张世袭为官，今学为孔子创作，为新制，古学从周，为旧规。② 蒙文通赞同"《射义》所陈为改制，《周礼》世官为史迹，如犀分水，泾渭判然"。《周官》中没有六遂设学的痕迹，六遂系统的官职中找不到教化的条文。《礼记·王制》提出乡之选秀，可升入国学，预于贵族之列，与《周官》所述截然不同。"《周官》所言，为贵族封建之制；《射义》、《王制》以下所言，为平等之民治，而实儒者之理想，非前代之史迹。"③ 何休把这一制度描述得更为全面，"结合着井田制度说明普遍设立学校，乡秀升入国学等情况，把问题说得更为明确具体"，"使得这一理想制度更加完美"。④

《礼运》大同、小康说是近代公羊学倡言孔子改制的依据。廖平以邹衍学说配合《礼运》言"大统""小统"："《礼运》以王为小康（小统），帝为大同（大统），为帝道王道之标目，殆已昭然若揭矣"，"由小以推大，则所云'大康'、'宏大'当与'小康'对文，则其为帝道，为大统，为海外可知"。⑤ 蒙文通认为秦汉新儒学的革命观必以封禅与巡狩等制度为依托，"大同""选贤"源自墨学选天子之说，儒家"素王"学说亦当源于墨家。伍非百认为："《礼运》一篇，全符墨子之义"，"《礼运》大同之说，颇与儒家言出入，学者或疑其非孔氏书，或以为学老、庄者渗入之，实则墨子之说而援之以入儒耳"，由此衍生"选天子"，"易

---

① 蒙默：《蒙文通先生年谱》，《蒙文通先生诞辰110周年纪念文集》，线装书局，2005，第427页。

② 廖平：《今古学考》，李耀仙主编《廖平选集》（上），巴蜀书社，1998，第103～104页。

③ 蒙文通：《儒家政治思想之发展》，《儒学五论》，第41～44页。

④ 蒙文通：《孔子与今文学》，《经学抉原》，第237页。

⑤ 廖平：《地球新义》卷上，转引自陈德述、黄开国、蔡方鹿《廖平学术思想研究》，四川省社会科学院出版社，1987，第127页。

姓受命"学说。① 蒙文通揭示封禅隐含禅让之说，废除"大人世及"制，"选贤与能"以"官天下"，此为秦汉间新儒学之新义。"今文学莫不用禅让解释封禅，禅让学说起于战国，当然不能说三古制度已是如此。"②

"封禅"和"巡狩"多同时进行，然历代文献所载虚实难辨。吕思勉就困惑于巡狩"谓其无之固不可，谓其有之又不可"，群经中所言制度与事实格不相入，"非制度与事实本相龃龉，乃由学者皆欲以邦畿千里之制，推之于九域一家之日"。③ 顾颉刚认为"巡狩、封禅"与"改历、服色"是一事，皆儒生最注意的问题，"大约即是假天命以改法度之意。方士的神仙与儒生的制度皆以巡狩、封禅为基本，由此搭连"。④ 若将巡狩制度贯彻实施，势必劳民伤财。蒙文通指出《礼记·王制》《白虎通义·巡狩》记载通过巡狩黜陟诸侯，均无史实为证，只是今文学家的理想，选贤立能与巡狩黜陟完全是相依而起，"今文学制度多托古，而古无郡县之制，且虽行封建而对诸侯有选贤和黜陟等制度，则使诸侯的废立已和郡县守令的任免相去无几，所以今文学虽主张行封建，但其所提倡的封建制已不同于周代的封建制"。⑤ 李源澄进而明确指出："西汉儒家上承周末儒家民本之义，言议政，承选贤之义言禅让，天下为公之理想遂为儒生所乐道。"⑥

（3）明堂。近人考辨明堂制度即有"义""制"两种思路，王国维曾指出："古制中之聚讼不决者，未有如明堂之甚者也。"⑦ 明堂制度不见于《穀梁传》《公羊传》，而存于古《周礼》、古《左传》，廖平认为"今文家间有说古礼者，旧颇难于统属。今立一法以明知，以为讲今学者时说古学，如《孟子》、《荀子》皆言明堂是也。此如《春秋》曲存时制之

① 伍非百：《墨子大义述》，国民印务局，1933，第 200 页。
② 蒙文通：《孔子与今文学》，《经学抉原》，第 241 页。
③ 吕思勉：《吕思勉读史札记》（上），上海古籍出版社，1982，第 255～257 页。
④ 顾颉刚：《淞上读书记·巡狩与封禅》，《顾颉刚全集·顾颉刚读书笔记（二）》，第 56 页。
⑤ 蒙文通：《孔子和今文学》，《经史抉原》，第 244 页。
⑥ 李源澄：《西汉思想之发展》，《图书集刊》第 2 期，1942 年 6 月，第 53～76 页。
⑦ 王国维：《明堂庙寝通考》，《观堂集林》，河北教育出版社，2003，第 59 页。

例"。① 刘师培与廖平争辩今古时，作《周明堂考》考察周明堂之规制镐、洛本来不同，但对于明堂之"义"，则言"明堂所以明道，明道惟法，法人惟重老，重老惟宝据前说，盖即朝廷从享之制"，"似明堂即为养老之所，古者养老必于学，此周初明堂庙学同处之征"。② 丁山等学人侧重考察明堂的起源流变与制度设计，指明历代学人"家为创说，人异其图，或曰五室，或曰九室，或曰十二堂，异说纷絮，莫衷一是"，王国维荟萃群言，别树新义。明堂形式"犹今日民间建筑之四合房，五室十二堂说皆不信"，"明堂五帝初为神帝，后代以人帝，当分别观之"。③ 李源澄曾质疑刘师培晚年的两汉古文学，接连发表《明堂制度论》与《读明堂位校记》，称："明堂为天子布政之宫，其来久矣"，汉人"不以明堂为明堂，而以为祀上帝之所，此明堂之所以分歧矣。异说纷纭，由不求其本，苟知明堂为布政之宫，辟雍、太庙、灵台皆为衍说，岂曰幽冥而莫知其源哉"。④ 蒙文通认为明堂制度基于孟子"民为贵"思想，"无明堂，则民贵徒虚说"。今文家"鉴周人之旧典，而别为一王之新法"，主张"致万民而询"，废除乡、遂差别，"外朝旧制，其与议者曰工商兵农，而地限于六乡。明堂新规，其与议者为乡学之秀，为智识分子，所选极于四海"，此即"今文家'新王大法'之进于周旧者"。⑤ 蒙季甫将蒙文通的观念条理化，指出儒家激于法家功利主义者之说，不满贵贱阶级之不合乎理性，"于是复倡大同选贤之治，尚称尧舜之禅让，而以前者为小康，然选贤禅让之义虽高，而实现愈难，故不得不更思其次，而为明堂之治，明堂有议事之制"，儒家以选贤不可尽得，"故以共议之公开政治，代君主之独裁政治，法治人治，两义具备，开政治思想上之新纪元，而后世之说明堂者，徒□□于堂室户牖之制，而于其所寄托之深意或昧焉，此不可不

① 廖平：《今古学考》，李耀仙主编《廖平选集》（上），第100页。
② 刘师培：《左盒外集·周明堂考》，《刘申叔先生遗书》，凤凰出版社，1997，第1314页。
③ 丁山：《五行考原与明堂五帝成因》，《丁山子学研究未刊稿》，凤凰出版社，2011，第71～135页。
④ 李源澄：《明堂制度论》，《学艺》第14卷第2期，1935年2月，第13～19页；《读明堂位校记》，《学艺》，第14卷第6期，1935年8月，第11～13页。
⑤ 蒙文通：《儒家政治思想之发展》，《儒学五论》，第50～53页。

为之说也"。①

革命不仅是"王者异姓受命"，更需要圣者改制立法，创立一套新的制度，"改正朔，易服色，殊徽号，异器械，别衣服"。井田、辟雍、封禅、巡狩、明堂诸制，"此皆今文学非常异义可怪之论，以其不敢显言，故辞多枝叶，实儒家精义所在，而不能见诸行事者也"。② 蒙文通认为"周之治为贵族，为封建，而贵贱之级严。秦之治为君权，为专制，而贫富之辨急。'素王革命'之说，为民治，为平等，其于前世贵贱贫富两阶级，殆一举而并绝之，是秦、汉之际，儒之为儒，视周孔之论，倜乎其有辨也"。③ 秦汉儒生总结诸子百家之学，融会百家而综其旨要衍化为新儒学。蒙氏有意发扬秦汉新儒学，"自孔孟以下，儒者也；今文章句之学，则经生也；古文训诂之事，则史学也；三变而儒道丧、微言绝、大义乖，皆汉师之罪"，今日讲学，"操经生之业以读诸子，固未若以诸子之学求儒者之旨而合之经生之业"，廖平"自谓为哲学非经学，盖非哲学固不足以尚论儒家，此井研之所以为先觉也"。④

四　和会与辩驳

国难之际，学界兴起一股"理学救国"的新潮流，贺麟疾呼中国不能失掉文化上的自主权，而沦于文化殖民地。贺麟尝试以独特的"新心学"系统融通中西文化、理学与心学，既吸收西洋文化的精华，实现儒家思想的新展开，又能使西方文化的"华化"成为可能，造就融汇理学、礼教、诗教为一体的新儒学。冯友兰"接着"宋明道学中理学一系，创造性地阐发理、气、道体、大全等逻辑观念，构建新形而上学体系，以"新理学"落实内圣外王之道，践履"极高明而道中庸"的人生境界，实

---

① 蒙季甫：《儒家政治思想之发展》，《史学季刊》第 1 卷第 1 期，1940 年 3 月；蒙季甫：《文通先兄论经学》，蒙默编《蒙文通学记》增补本，第 78 页。
② 李源澄：《西汉思想之发展》，《图书集刊》第 2 期，1942 年 6 月，第 53～76 页。
③ 蒙文通：《儒家政治思想之发展》，《儒学五论》，第 55 页。
④ 蒙文通：《论经学遗稿三篇》，《经学抉原》，第 207 页。

现儒学普遍性价值的现代转化。蒙文通力图以秦汉新儒学重塑立国精神与文化主体。科学史学派意在以史学建构内在的文化演化历程，建造中国文化史的骨架，而不囿于儒学再造中国本位文化。傅斯年主张理智比较、分析中西文明，"须知现在的世界，是不容许两种大不相同的文化同时存在的，这一点大家应该特别注意"。只有中西比较，客观分析中国传统文明之优劣，去伪存真，"必定要这样，然后我们的文化才能立足下去，我们的民族才能永久存续"。① 顾颉刚对于传统思想做探本穷源的工作，纠正盲从的传统思想，变经学为史学，判别中国文化"确实长处与短处"，延一线之传，以"实在的民族光荣史"，增加自信力，既激起爱国情怀，又揭示新时代文化"不能不改道而行"。② 研究中国古代文化史主要在于"打破分封而至统一，打破领主制而至法律上之比较平等，打破神权而至人治"。③ 研究经学今古文恰似"打破围墙之次第"，"我们的责任在把这最后的两道墙（西汉经师、战国诸子混杂一过）打破，于是中国的文化中心（孔子六经三代）是些什么东西可以明白知道。筑城的武器是信仰，拆城的武器是考证，筑城的目的是应时势的需要（伦理的），拆城的目的是明白文化中心的真相（历史的）"。④ 胡适晚年总结近代中国学术复兴使文化继续存在，孕育新生命，"尽管中国不能完全脱掉两千年信佛教与印度化的影响，中国总算能解决自己的文化问题，能继续建设一个在世的文化，一个基本上是'中国的'文化"。⑤

抗战时期，金毓黻倡导和而不同、求是为归的学术宗旨，赞誉章太炎、康有为、廖平及王国维四人为当世少有之"备有经师之规模，而兼具有人师之风范者"，廖平今文学"传授不若王氏之盛，而能绵延不绝，

---

① 傅斯年:《文明的估价》(手稿)，傅斯年档案，中研院史语所藏，档案号: I－706。
② 顾颉刚:《兰课杂记·研究古史意义》，《顾颉刚全集·顾颉刚读书笔记（三）》，第41页。
③ 顾颉刚:《兰课杂记·古代文化史之主要问题》，《顾颉刚全集·顾颉刚读书笔记（三）》，第43页。
④ 顾颉刚:《忍小斋笔记·打破围墙之次第》，《顾颉刚全集·顾颉刚读书笔记（三）》，第22～23页。
⑤ 胡适:《中国传统与将来》，收入欧阳哲生、刘红中编《中国的文艺复兴》，外语教学与研究出版社，2001，第465～476页。

以自张一军"，蒙文通正是廖平绝学之嫡传。① 程千帆敏锐察觉出蒙文通与廖平学术的传承关系，认为蒙文通"是把廖季平那些稀奇古怪的想法用现代学术加以表现出来的"。② 顾颉刚认可蒙文通以"撰述"之义研究中国史学史，基于蒙文通"能批判接受西洋史学史权威的方法"，视之为"治史学史最有成就"，并非赞同蒙文通创造性地以秦汉新儒学超越经学今古文之争。③ 顾颉刚坚持"我们今日研究古代学术，求是而已，绝不当谈致用"。④ 吴敬轩曾致信顾颉刚，提出："中国有经学，故学问不落于空谈；西洋有科学，故哲学、艺术亦能不蹈于玄虚"，"吾人今日治经，宜立新系统、新见解，以经说所得汇为各科知识之资料，构成中国文化史之主要内容，此或为现代学者治经之目的，而有异于昔日抱残守缺笃守家法之经生者"。战国、秦汉儒生转化古史料为经典，顾颉刚回应，今日学者的使命恰是将经典转化为古史料，"我辈生于今日，其所担之任务，乃经学之结束者而古史学之开创者"，"必将经典弄清，中国文化史方能写作，否则识其外层而不能解其核心，于事仍无益也"。⑤

以顾颉刚为代表的古史辨派顺乎经学史学化的潮流，提倡今日研究今文学"只应旁观，不当身入局内"，"汉代之今古文家，皆身入局内者"，清代今古文家"不能完全遵守旁观的规则，辄欲与局中人合伙，这是他们的误处"，现在则当"脱身是非之场而专观局中人的是非"。⑥ 顾颉刚将澄清经典所蕴含的古史实情视为中国文化的内层与核心，超越今文学应当吸收宋学的批评、清学的考证，今文经学则"取其早的材料"，"去其妖

① 金毓黻：《静晤室日记》，辽沈书社，1993，第 4653 ~ 4654、5278 页。
② 程千帆：《桑榆忆往》，上海古籍出版社，2000，第 157 页。
③ 蒋星煜：《顾颉刚论现代中国史学与史学家》，《文化先锋》第 6 卷第 16 期，1947 年 9 月。关于近代经史转型与民国学界中国史学史叙述的关系，参见张凯《经史分合：民国时期〈中国史学史〉的两种写法》，《社会科学战线》2012 年第 8 期。
④ 顾颉刚：《纯熙堂笔记·对于崔述、康有为之评价》，《顾颉刚全集·顾颉刚读书笔记（四）》，第 295 页。
⑤ 顾颉刚：《沪楼日札·经学之任务》，《顾颉刚全集·顾颉刚读书笔记（四）》，第 350 ~ 351 页。
⑥ 顾颉刚：《遂初室笔记·清代今文学》，《顾颉刚全集·顾颉刚读书笔记（三）》，第 51 页。

妄与伪造"。① 整理国故，以史代经，扬弃传统与引入新知成为突破经典意识形态桎梏的有效手段，应以之推陈出新，澄清中国历史文化流变的实情。钱穆从清代学术流变的内在理路，认为晚清今文学家走的是"一条夹缝中之死路，既非乾嘉学派所理想，亦非浙东史学派之意见。考据义理，两俱无当。心性身世，内外落空。既不能说是实事求是，亦不能说是经世致用。清儒到道咸以下，学术走入歧道，早无前程"。② 廖平、康有为皆为考证学中之陆王，"考证遂陷绝境，不得不坠地而尽矣"。③ 钱穆解决近代今古文之争，由子入经又归宗于史学，贯通义理与考据，以史事澄清秦汉学术演化轨迹。钱穆反对将中国历史视作先验普遍真理与意识形态的注脚，以温情与敬意体察中国文明展开的历史情境，在历史中理解文化价值，并为文明演化提供历史依据。蒙文通少好今文家言，提倡儒史相资，以儒学义理与历史演化的能动关系为基础，钩沉先秦各家义理，秦汉新儒学融汇百家，进而完善制度建构，"不究于义，安知制所由起；不求于制，安知义所以用。变衍虽繁，而其迹固若可察。故必义与制不相遗，而后学可明也"。④ 阐发秦汉新儒学的大义微言以资实践传统文化的现代转化，融会秦汉新儒学的革命精神与制度设计，当可预知儒者内圣外王之学不仅可行于今日中国，"以西方之学术趋势衡之，直可推之于全人类而以创造其将来"，"以不忍人之心，行不忍人之政，忠恕之道，固将推之四海而皆准"。⑤ 各家学术各有侧重，宗旨有别，共同营造出近代学人转化传统学术、寻求文明出路的多样图景。以现代科学体制为名的分科之学多以方法与材料为学，轻忽或教条化学术研究背后的文化关怀，难免画地为牢、妄生门户，纠结于中西新旧的扰攘纷争，无法将学术流变与文明走向有机关联。若贯通近代学术流变的多元路径与旨趣，平衡中国文化的守

---

① 顾颉刚：《忍小斋笔记·汉、宋、清学关系表》，《顾颉刚全集·顾颉刚读书笔记（三）》，第 30 页。
② 钱穆：《前期清儒思想之新天地》，《中国学术思想史论丛》（8），东大图书有限公司，1980，第 11 页。
③ 钱穆：《中国近三百年学术史》，《中国现代学术经典·钱宾四卷》，第 652 页。
④ 蒙文通：《自序》，《儒学五论》，第 154~155 页。
⑤ 蒙文通：《题辞》，《儒学五论》，第 14 页。

成与开新，或能"内而发挥国学之效用以养成东亚伟大文明之国民，外而欲使国学发扬为世界之学"。①

近代中国儒学面对千百年未有之大变局，学术流变展现了"和会与辩驳"之齐头并进，各派学说因时而兴起，依据各自传统、立场与义理关怀。融汇中西，沟通新旧，诚为学界共识与学术大势，然"学术之事，能立然后能行，有我而后有同，否则不立何行，无我何同"。确立文明主体性及其价值是中西之间"和会而融通""兼举而并包"的前提与基础，"苟有以异于我者，必辨之晰而争之明，斯所以尊我使有立"，"苟有以同于我者，必会其通而和其趣，斯所以大我使有行"。② 否则，以破旧为创新，中西学术格义附会，割裂文明传统与现实、价值与知识间的关联，必将难以摆脱文化殖民地的命运。综合比较、分析蒙文通、钱穆、冯友兰、贺麟等学人重建新儒学旨趣的分殊，考察民国学人围绕秦汉新儒学问题和会与辩驳的历史脉络，寻求各家学说会通的可行性方案，应是学界亟待处理的重要议题。限于篇幅，今后将专文探讨。本文初步考察秦汉新儒学与国难之际儒学重建的关联，意在揭示近代儒学转型过程中既有的丰富历史文化资源，供时下学界参考与讨论。综合各派方法与宗旨或能以现代知识和学术体系的方式承续与转化中国文化义理、制度与历史事实，进而构建文化精神、历史传统与文明走向之间的能动关联，实现"能尊而有立"的文明复兴。

〔张凯，浙江大学历史系〕

---

① 李源澄跋语，录自叶秉诚遗著《复宋芸子论国学学校书》，《重光》第 2 期，1938 年 1 月，第 47~49 页。
② 钱穆：《中国近代儒学之趋势》，《思想与时代》第 33 期，1944 年 4 月 1 日，第 12~13 页。

五四运动的"下行"

瞿　骏

内容提要　五四运动一如天上大风，吹掠各处，深入各个孔窍，各地的读书人亦深受其影响，可谓之五四运动的"下行"。在这一过程中，五四运动传播到地方的渠道与方式，地方上接受五四新文化的基础和在地的五四新文化所呈现的内容，五四新文化与地方读书人生活世界的种种关联和反五四新文化的那些地方读书人如何抗拒的种种，都值得加以关注和讨论。

关键词　五四运动　下行　地方读书人

如何考察全国性大事件与地方的联结？或许研究者要试着像法国大革命时的外省人那样注视着巴黎，"好像什么都知道，但其实很多都不清楚"。① 清末浙江海宁的一个读书人记"庚申之变"事，正表现出与法国外省人类似的"好像什么都知道，但其实很多都不清楚"的情形。他说：

> 时闻红毛贼陷天津，僧王竭力捍御，贼不能逞，遂通贿于某王，果朝廷召回僧王，贼于是自山海关陷圆明园，今上离宫在焉，宝藏名迹，尽被毁掳（今上蒙尘沈阳）。后仍差僧王征剿，累打胜仗，俱克复。然贼势尤甚，议和，许前所要挟条款，贼始息。条款：通商、设官等项。②

---

① 此点蒙王汎森教授提示，特此致谢。关于法国大革命时期的外省民众可参见 Maurice Agulhon，*The Republic in the Village*：*The People of the Var from the French Revolution to the Second Republic*，translated by Janet Lloyd（Cambridge：Cambridge University Press，1982）。

② 管庭芬撰，虞坤林整理《澹溪日记（外三种）》，中华书局，2013，第 118 页。

　　这段引文从后建的史实链条来看，几近全错。但如果把既有史实链条统统打散，我们会发现它很值得回味。仅就一个个史料的讯息点来看，其所述的僧王御敌、圆明园被陷、咸丰蒙尘、议和订约等大致不差。那么这些讯息是如何一步步传递到远在千里之外的浙江海宁的？是谁把点点讯息这样串联，并加以褒贬与再创造的？史实链条的错误是传递中的走形，还是故意为之？在这段历史叙述背后，这个读书人乃至其周边的一群读书人是想达到何种目的？这就回到了著名思想史家昆廷·斯金纳经常会问的："有人说出这段话时，他在做什么，他所打算的又是什么？"① 这些都是研究者应该去认真面对的。同样的问题在五四运动的研究中也值得加以重视。

　　五四运动有些问题或许连基本史事都没有厘清。在这些问题中，地方上的五四运动的厘清尤为薄弱。因此本文将考察五四运动如何"下行"到地方，希望能围绕以下问题做一些粗浅讨论：

　　第一，新文化从中心城市下行至各个地方的过程中，其受众为谁？新文化通过哪些渠道和方式让他们知晓？第二，新文化如何与地方读书人的生活互动？第三，在知晓和互动之后，地方读书人与新文化之间究竟是何关系？他们又怎样利用其理解的"新文化"来争夺地方权势？

　　对于上述问题，不少学者都已做出了颇值得参考的精彩成果。② 本文希望在他们研究的基础上，通过一些以往利用较少的地方读书人的资料，来进一步揭示上述问题中值得继续注意的一些面相。

　　在此需要对三个重要概念"五四运动"、"地方"和"地方读书人"

---

① 昆丁·斯金纳（即昆廷·斯金纳）著，萧高彦编《政治价值的系谱》，联经出版事业股份有限公司，2014，第 29～30 页。

② 参看王汎森《五四运动与生活世界的变化》，《二十一世纪》2009 年 6 月号；王汎森《中国近代思想文化史研究的若干思考》，《新史学》第 14 卷第 4 期，2003 年；罗志田《近代中国社会权势的转移：知识分子的边缘化与边缘知识分子的兴起》，收入氏著《权势转移：近代中国的思想与社会》，北京师范大学出版社，2014；许纪霖《重建社会重心——现代中国的知识分子社会》，收入氏著《大时代中的知识人（增订本）》，中华书局，2012；章清《五四思想界：中心与边缘——新青年及新文化运动的阅读个案》，《近代史研究》2010 年第 3 期；张仲民《舒新城与五四新文化运动》，牛大勇、欧阳哲生主编《五四的历史与历史中的五四——北京大学纪念五四运动 90 周年国际学术研讨会论文集》，北京大学出版社，2010。

做一些界定。

"五四运动"大致等于余英时所说的广义的"五四"。它指的是1919年前后若干年内进行的一种文化运动或思想运动。这一文化或思想运动的上限至少可以追溯至1917年的文学革命,其下限则大抵可以1927年的北伐为界。[①]

"地方"这一概念自然非常复杂,其既可以对应于"中央",又可以对应于"国家",更可以在各种中心—边缘的层次关系转换中不断调整其所指。又可以自为一种中心。[②] 不过本文的"地方"大致是一个区域性概念,指的是江浙地区县城以下的广大地域社会,特别是各个市镇与乡村。基于此,"地方读书人"则指的是生活在此地域社会内,至少有最低级科举功名和进过最初级学堂的那些读书人。

一 "下行"的受众

五四运动"下行"至地方不是一个自然而然和一帆风顺的过程。"下行"能否成功首先取决于当地的世风开放程度和交通便利程度。1920年瞿秋白就发现哈尔滨书铺里除了《七侠五义》《水浒》外,竟没有别的书,商务印书馆也只有几本教科书。外埠的报纸来得少,只有个人单定的,街上要想买一份上海报或北京报都没有,各种新杂志就更少。[③] 1924年舒新城则说:湖南溆浦一地,长沙报纸寄到要十五日以上,上海报纸则

---

① 余英时:《五四运动与中国传统》,收入氏著《现代危机与思想人物》,生活·读书·新知三联书店,2005,第59页。

② 如叶文心即指出:"杭州之于北京,并不是省会之对中枢、边陲之于核心,杭州新文化运动的内涵,并不为北京五四运动所涵盖。五四运动在杭州,比较之于北京,本身便代表了另一种截然不同的求变的讯息。这个讯息来自中国内地乡镇社会,而不来自通都大邑对外开放的口岸。正因为它源生于对日常现实的不满,而不只是对抽象理想的憧憬,所以表现出来的反传统性尤具激情。"叶文心:《保守与激进——试论五四运动在杭州》,汪熙、魏斐德主编《中国现代化问题——一个多方位的历史探索》,复旦大学出版社,1994,第200、201页。

③ 瞿秋白:《哈尔滨四日之闻见》(1920年10月22日),《瞿秋白文集·政治理论编》第1卷,人民出版社,2013,第88页。

需二十日甚至一个月。当"报纸到时，一切记载均成过去，阅者不感兴味"。[1]

因此在这些地方，五四运动的"下行"大概会遭遇不少瓶颈。浙江定海的金性尧（1916～2007）就回忆 1925 年左右他"根本不知道世上有什么'新文化'。'五四运动'则连影子都没有见过"。[2]

在世风是否开放与交通是否便利的基础上，什么样的地方读书人在接受和传播五四新文化，即"下行"的受众值得我们来特别关注。大致来说五四新文化最符合民初那些介于上层读书人和不识字者之间，但又想上升到精英层次的边缘知识分子或青年的需要。[3] 自清末到 1920 年代，地方上生产边缘知识青年的土壤发生了重大变化。庄俞就发现："民国成立，国事尚在争执之秋，独小学教育骤见发达。有一校学生数倍于旧额者，一地学校十数倍于原数者。南北各省，大都如是。"[4] 像江苏昆山，1912 年城镇乡学堂（都为小学）总计 45 所。校长、教员、技师合计 127 人，因有不少教师同时在几所学校兼职，因此可提供的教职约有 150 个。而到了 1925 年，当地城镇乡学堂增加至 115 所（其中中学 1 所），教职员增加到 376 位；[5] 另据统计，1918 年 5 月江苏省县立学校已"多至六千三百余所"，[6] 可证明庄俞之言虽可能有所夸张，但增量确实相当大。

这种地方上新学校大幅度增加的情形推动着知识青年在江浙基层地区的数量膨胀，但这种"膨胀"却未必是地方的福音。因为学校与科举大有不同。科举不得上进还有塾师、儒医等"权路走得"。[7] 若能得一举人、秀才则因"为数究竟还少"，在家也够"鱼肉乡里的了"。但进了学校，

---

① 舒新城：《教育丛稿》，中华书局，1925，第 279 页。

② 金性尧著，金文男编《星屋杂忆》，上海辞书出版社，2008，第 189 页。

③ 罗志田：《近代中国社会权势的转移：知识分子的边缘化与边缘知识分子的兴起》，收入氏著《权势转移：近代中国的思想与社会》，第 140 页。

④ 庄俞：《小学教育现状论》，《教育杂志》第 5 卷第 3 号，1913 年 6 月 10 日，第 33 页。

⑤ 参见拙作《入城又回乡——清末民初江南读书人社会流动的再考察》，《华东师范大学学报（哲学社会科学版）》2014 年第 5 期，第 30～32 页。

⑥ 云窝：《江苏教育进行之商榷》，《时事新报》副刊《学灯》1918 年 5 月 9 日，第 3 张第 1 版。

⑦ 周作人著，止庵校订《知堂回想录》（上），河北教育出版社，2002，第 62 页。

毕业后若未觅得继续"升学之地",就成了"坐耗居诸,销磨志气"的"游手"。① 尤其是地方读书人,昂贵的学费、来去学校的路费和各种杂费都让他们读了中学或初级师范后就难以继续升学。沈定一就指出:"在从前科举时代,'穷读书'也还有万一的希望,如今无产阶级底儿童连不出学费的学校都断了念,还希望甚么高等、专门、大学,出洋留学呢。"② 乡村里的贫寒子弟更是读完初小或高小后就不能再继续学业。钱穆就注意到"乡里初小毕业生,除士绅子弟多远出升学外,余多镇上小商人家子弟,毕业即留家,在商店中服务……极少再升学者"。③

由此不难想见这些人念过些书,开眼看了世界,但又被囿于地方的失落心态。即使努力"远出升学"的"士绅子弟"亦有不少因为城市居大不易而返回了家乡,不过活跃的大城市与闭塞的老家乡之间的对比与落差很多时候让他们倍感挫折、失望甚至于愤怒。④

因此当新文化为这些在乡的和"入城又回乡"的青年带来了个人解放的理想和社会上升的可能性时,这一群体就成为五四运动在地方上最大的受众,进而又成为五四新文化的积极传播者。

以上说的是五四运动"下行"时其受众的群体特色,若具体到每一个读书人,则无论其是否为边缘知识青年,其知晓五四新文化的速度和程度与他在城还是居乡、好友圈子的构成和其本人的心态都有密切关系。以具有标志性意义的五四学潮为例。1919 年 5 月 5 日晚,在上海的白坚武(1886~1937)大概是有好友李大钊的消息渠道,已经"闻北京学界全体以国权丧失,联合游行街市作示威运动,焚卖国党曹汝霖宅,殴章宗祥几

---

① 杨昌济:《论湖南创设省立大学之必要》(1917~1918 年),收入《杨昌济集》(一),湖南教育出版社,2008,第 230 页。
② 《衙前农村小学校宣言》(1921 年 9 月 26 日),《新青年》第 9 卷第 4 号,1921 年 9 月,"附录",第 4 页。
③ 钱穆:《八十忆双亲·师友杂忆》,生活·读书·新知三联书店,2005 年第 2 版,第 115 页。
④ 叶文心就以浙江省会城市杭州为个案,以浙北与浙南的对比为分析径路,对浙江的新文化运动做了精彩剖析。叶文心:《保守与激进——试论五四运动在杭州》,汪熙、魏斐德主编《中国现代化问题——一个多方位的历史探索》,第 213 页。

毙"。① 在杭州浙江一师上学的陈范予（1900～1941）则是在 5 月 6 日看《时报》知道五四学潮的发生，相隔只有两天，报道颇详细，不过也因追求讯息的及时而不乏错误、传闻和谣言。②

相较白坚武和陈范予，其他数位江浙地区不在城的读书人知道五四学潮的速度就要慢一些，方式亦有差异。常熟桂村的前清进士徐兆玮（1867～1940）5 月 7 日接在京老友孙雄（师郑）（1866～1935）来函云："京师大学校及法政诸校学生因青岛事，有示威举动，焚曹汝霖屋，殴章宗祥几毙，惟陆宗舆得免。"③ 到 5 月 13 日温州瑞安的前清廪贡生张棡（1860～1942）才知道这件大事。但他知晓的方式不是电报、电话，也不是报纸、杂志、信件往来，而是听朋友说起，大致为：

> 近日内北京大学大闹风潮，盖即为章宗祥、曹汝霖、陆宗舆三卖国贼，私与日本缔卖中国要约，被中国留学生所泄露，章氏不得安于日本，急急归国，甫到，北京大学诸生竟全体数千人齐赴曹汝霖家大闹，以章正在汝霖宅作秘密之议故也。曹氏知事不得了，纵火自焚其屋四十余间，学生愈聚愈多，章宗祥被击重伤，曹亦击伤头面。④

这四位读书人中离五四运动主潮最远，各类消息渠道最少的应是张棡，因此他知道的五四学潮情形实在与五六十年前太平天国时期的海宁读书人基本无差，也是讯息大体上了解，但细节有不少失真。五人中只有他提到了曹汝霖"纵火自焚其屋"一事。这一讯息大概是张氏基于各种小道消息和社会传言的"添油加醋"，判定章、曹、陆等为"卖国贼"。这或可看出无论当时北洋外交有多么的"成功"，外交的实际运作是一回事，而民众（其范围远远大于学生）如何认知北洋外交的成败则是另一回事。

---

① 《白坚武日记》第一册，1919 年 5 月 5 日条，江苏古籍出版社，1992，第 194 页。
② 坂井洋史整理《陈范予日记》，学林出版社，1997，第 85 页。
③ 徐兆玮著，李向东等标点《徐兆玮日记》第三册，1919 年 5 月 7 日条，第 1982 页。
④ 《张棡日记》，1919 年 5 月 13 日条，俞雄选编，上海社会科学院出版社，2003，第 260 页。

在了解了五四运动"下行"的受众后，这些地方读书人通过哪些渠道来接触、获得和理解五四新文化也需要更细致地考察。简单来说最重要的渠道有三个：第一个是阅报刊，第二个是听演说，第三个是读新书。这些渠道自然都曾为以往研究所揭示，但落实到地方层面，则仍有相当可继续讨论之处。

二 "下行"的渠道

报刊是江浙地区读书人接触五四新文化的重要渠道，对于五四时期的报刊前人已有大量精细出色的研究。不过当报刊流布至地方，其作为五四新文化的媒介呈现怎样的特质仍可做进一步分析。

大致来说当时主流新文化报刊之间的"互联"已是相当紧密，形成了中心和中心，中心和地方间互做广告，互帮宣传的舆论网络。像《北京高师教育丛刊》第一、第二期中就出现了《新青年》（北京）、《新潮》（北京）、《时事新报》（上海）、《解放与改造》（上海）、《黑潮》（上海）、《新教育》（上海）、《心声》（河南）、《江西教育行政月报》、《湖南教育月刊》等全国或地方性新文化报刊的广告。《新潮》《少年中国》等亦是如此。各种地方性报刊联结、代派的网络也在其中时有显现，如《浙江新潮》的代派处有30多个，其中有湖南长沙马王街修业学校毛泽东君处和南京高等师范学校杨贤江君处。①

此外，尽管存在着新文化报刊间互联、代派的网络，但从它们的发行渠道看，若无大出版机构的支持，其深入地方社会的能力恐怕有限。像《建设》杂志尽管与亚东图书馆关系紧密，但1919年7月左右它在江浙地区的代派处只有两个，一个是由杭州浙江一师施存统代派，另一个是由绍兴教育馆代派。② 《少年中国》的代派处也只有杭州《教育潮》杂志

---

① 转见《俞秀松传》编委会编《俞秀松传》，浙江人民出版社，2012，第46页。
② 《少年中国》第1卷第1期，1919年7月15日，广告页。到1920年2月，《建设》在江浙地区的代派处，杭州浙江一师由施存统变为陈祖虞，增加了有正书局，但绍兴教育馆就未见踪影了。《少年中国》第1卷第8期，1920年2月15日。

社、嘉兴乌镇西市徐第健文图书馆和绍兴教育馆等三处。虽然报刊的阅读量不完全由代派处的数量来决定，但这些新文化报刊的代派人员和地点基本都呈现雷同单一的特质。① 反之，若报刊有上海大出版机构和那些报刊联手，则其深入地方的能力可能会有相当程度的增强。

如商务与中华这两大书局在江浙地区（其他地区或也有相似性）的影响力可以说是"深入到地方的每一个毛孔"，因此它们旗下的那些杂志就会特别容易到达地方读书人的手中。在五四运动"下行"的过程中，它们的影响有时恐怕不小于《新青年》等刊物。

以《东方杂志》为例，从 1917 年起它就常遭到新文化主流人物的攻击，以致"颇不为社会所重"。② 但《东方杂志》有两个优势却是那些新兴报刊无法撼动的：一个是"资本雄厚，报酬丰润，为他处所不及，学人士夫多乐往就"。③ 另一个是"新发刊杂志不下百余种，而今逐渐停版矣。人有讥《东方杂志》陈腐者，然求之国内，运命之长则无与之相等者"。④

因此地方读书人在读《新青年》的同时也读《东方杂志》，并会对《东方杂志》在五四运动推进中的变化特别敏感。金毓黻即说："第十七卷《东方杂志》极进步，杨端六君尤为是志之健将。闻今年之《小说月报》稿件完全由文学研究会担任，会员多为国内有名文学家，是亦有彻底之改革矣。学术以有比较而进步，商务印书馆比年鉴于新闻界之日新月异，为争存竞进计，不得不力求改良。"⑤

而当 1923 年温州府城书业格局发生变化，原来占霸主地位的日新、维新、新新三大书坊合并为中华分局和商务分局后，⑥ 张棡就更能方便地买到《东方杂志》和由中华书局委托出版的《学衡》杂志，这让他不由得比较起了两种刊物，进而和金毓黻一样看出了《东方杂志》向"新文

---

① 《少年中国》第 1 卷第 3 期，1919 年 9 月 15 日；第 4 期，1919 年 10 月 15 日。
② 金毓黻：《静晤室日记》第 1 册，1921 年 1 月 19 日条，第 217 页。
③ 金毓黻：《静晤室日记》第 1 册，1921 年 1 月 19 日条，第 217 页。
④ 金毓黻：《静晤室日记》第 1 册，1921 年 1 月 15 日条，第 214 页。
⑤ 金毓黻：《静晤室日记》第 1 册，1921 年 1 月 19 日条，第 217 页。
⑥ 《张棡日记》，1923 年 8 月 7 日条。

化"主流的大幅度靠拢。他说:"读《学衡杂志·新文学之痼疾篇》,指驳《东方文库》中所引诸谬说,极其痛快。按《东方文库》即商务印书馆《东方杂志》之汇编。盖五六年前之杂志编辑尚有价值,至近来以白话为宗旨,所辑者皆浪漫恶派,予久不欲观之,宜其为《学衡》所纠也。"①

第二种重要渠道是听演说。20 世纪初的中国已成为一个"有声的中国"。在五四时期,一方面,杜威、胡适、蒋梦麟等新文化著名人物常到苏州、杭州等地发表演讲。比如 1921 年 7 月胡适到江苏第一师范(苏州)演讲,演讲题目为《小学教师的修养》,这次演讲的内容,胡适临场时的表现和诸多江浙地方读书人对胡适演讲的期待与反应等都被叶圣陶以小说的形式异常完整地留了下来。

另一方面自 1915 年起,特别是 1919 年后地方上反日爱国的集体行动此起彼伏,江浙地区各处的市镇、乡村学校受到上海等大城市罢学、罢市、罢工的影响,也纷纷组织各种演讲团赴村镇演讲。这类演讲团多由学校教师、学生充当讲者,聆听演讲者少则数十众,多的往往能至三四百众。叶圣陶就回忆说:"五四运动发生的时候,我在苏州角直镇任吴县第五高等小学教员。角直是水乡,在苏州东南,距离三十六里,只有水路可通,遇到逆风,船要划一天。上海的报纸要第二天晚上才能看到。教师们从报纸上看到了北京和各地集会游行和罢课罢市的情形,当然很激奋,大家说应该唤起民众,于是在学校门前开了一个会。这样的事在角直还是第一次,镇上的人来的不少。后来下了一场雨,大家就散了。"② 当天叶圣陶演讲的题目是《独立和互助》,叶氏好友王伯祥演讲的题目则是《社会的国家和官僚的国家有什么分别》。在顾颉刚看来,"角直镇中亏得你们几位唤起自觉心和爱国的作业……我那天到旧皇宫听演说,都是些浮末枝叶——上海罢市怎样,北京学生受苦怎样——对于所以有此次风潮之故反而搁置一旁,这样的收效只有鼓动一时的感情,仍是虚伪而非真实。你们

---

① 《张棡日记》,1926 年 11 月 27 日条。
② 吴泰昌:《忆"五四",访叶老》,《文艺报》1979 年第 5 期,收入《叶圣陶研究资料》,北京十月文艺出版社,1988,第 157 页。

选择的题目……都是在根本上说话，所得效果定自不同"。①

最后则是新书的阅读。在五四运动"下行"的视野里，我们要讨论地方读书人究竟在读什么样的"新书"，从这些新书中他们接受和理解的是怎样的"新文化"。胡适在为其《文选》作的序言中曾说：

> 我在这十年之中，出版了三集《胡适文存》，约计有一百四五十万字。我希望少年学生能读我的书，故用报纸印刷，要使定价不贵。但现在三集的书价已在七元以上，贫寒的中学生已无力全买了。字数近百五十万，也不是中学生能全读的了。所以我现在从这三集里选出了二十二篇论文，印作一册，预备给国内的少年朋友们做一种课外读物。②

这段史料告诉我们当时集新文化领军人物——胡适之言论思想大成的《胡适文存》无论是其阅读的量（百多万字）还是其定价（七元以上），均可能不是地方读书人所容易承受的。而且中学生在胡适眼中已属"不能全读"之列，更遑论地方上那些高小或初小毕业的青年。他们一定有"其它读物"来接触新文化。

在这些"其他读物"中有新人物自己创作的小册子和小丛书。茅盾在给周作人的信中就说："赶快我们把文学小丛书编几种出来，青年有简明的系统的书可读，当不至再信梅（光迪）君等的'诡辩'了。我觉得自己出货，赶先宣传，倒很要紧。"③ 谢六逸则认为"出版物宜先从小册子入手……容字二三万，其价值不得过二角，且必须为系统的。……若经过了小丛书的传播或浸润，然后使他们阅高深的书才不至于无从措手。我

---

① 《顾颉刚致叶圣陶》（1919 年 5 月 9 日、6 月 14 日），《顾颉刚书信集》卷 1，第 62、63 页。

② 胡适：《介绍我自己的思想——〈胡适文选〉自序》，季羡林主编《胡适全集》第 4 卷，安徽教育出版社，2003，第 657 页。

③ 《茅盾致周作人（1922 年 2 月 9 日）》，中国现代文学馆编《茅盾书信集》，百花文艺出版社，1987，第 435 页。

们的第一个目的是要他们懂得，是要他们喜欢看"。①

亦有那些跟随时风的出版机构匆忙"合成"的出版物。周作人指出："中国出版界的习惯，专会趁时风，每遇一种新题目的发现，大家还在着手研究的时候，上海滩上却产出了许多书本，东一本大观，西一本全书，名目未始不好看，其实多是杜撰杂凑的东西。"②

那么这些出版机构主要有哪些呢？像新文化书社、亚东书局、大东书局、泰东图书局、中华书局、商务印书馆均是善于"趁时风"的出版机构，正是它们大量出版了胡适、陈独秀、钱玄同、刘半农、鲁迅、周作人、康白情等"新文化"大家作品的选本、编本、辑本和节本。

在大量选本、编本、辑本和节本出版的同时。北京政府也在为新文化运动的"下行"推波助澜。1920 年 1 月 12 日教育部通令全国国民学校一、二年级国文教材改语体文，两年内小学全部教科书改为语体文，同年又令至 1922 年中学文言教科书一律废止。③ 这些通令的意义按照胡适的说法是，"把中国教育的革新至少提早了二十年"。④

北京政府强令推动语体文、国语、国音等"新文化"，但语体文、国语、国音等"到底是什么"其实漫无标准。在此情形下，前述机构亦出版了诸如《白话文范》《近世文选》《国语文选》《国语文类选》《白话文做法》《白话文轨范》等适应政府"部令"需要之书。这些出版物很多都是由江浙地区地方上的读书人撰写、选编。

如《近世文选》《国语文选》的辑者是吴兴沈镕（伯经，1886~1949），清末他就在家乡南浔编白话报，也是南社的成员。《白话文轨范》和《国语问题讨论集》的编选者朱麟公是常熟人。⑤《国语文类选》的选

---

① 谢六逸：《文化与出版物》，原载《觉悟》，收入沈镕辑《国语文选》第 3 集，大东书局，1929，第 120 页。

② 周作人：《读各省童谣集》，《歌谣》第 20 号，1923 年 5 月 27 日，钟叔河编订《周作人散文全集》（3），广西师范大学出版社，2009，第 144 页。

③ 转引自陈文新主编《中国文学编年史》（现代卷），湖南人民出版社，2006，第 97 页。

④ 胡适：《〈国语讲习所同学录〉序》，季羡林主编《胡适全集》第 1 卷，第 224 页。

⑤ 朱麟公等：《白话文轨范》，大东书局，1920；朱麟公编《国语问题讨论集》，中国书局，1921。

辑者是桐乡朱毓魁（文叔）（1895～1966），他是浙江第一师范学校的毕业生。《白话文做法》更是一本由江浙地方读书人联合炮制的典型出版品。

1920年3月，由上海太平洋学社发行，亚东图书馆代派的《白话文做法》出版，定价六角。它的广告说：

> 两三年来，新文化运动的怒潮，振荡得一天高似一天；白话文是新文化运动的开路先锋，……不可不去研究白话文。诸君！你们喜做白话文么？做白话文的时候觉得有不合语法，不合论理的地方么？你们要解决这种种困难，这本书就可以帮助你们。凡事有破坏须有建设；现在文学革命，破坏的成绩已不少，建设的成绩，却还一些没有。这本书是要预备建设新文学的，大家不可不看。内容如白话文的意义，白话文的变迁，白话文的条件，白话文的种类，白话文和国音字母，白话文和语言学，白话文和标准语，白话文和文言文，白话文的用词，白话文的用语，白话文的句法，白话文的构造，白话文的修辞，白话文的句读记号，附白话诗的做法，释理却很明白的。[1]

后来此书又和《白话信大全》《白话短篇写实小说》并称为"新文化书社出版的三大教科书"[2]，到1933年已出至第20版，可见相当畅销。它的作者吕云彪（嘉定）、戴渭清（常熟）和陆友白（嘉定）若放在《新青年》同人的标准上，他们既非大学教授，又非社会名流，均是名不见经传的人物。但他们却合写了这本畅销的《白话文做法》。吕氏与戴氏还一起编写过另一套两册的《新文学研究法》。[3] 正是这些地方上的读书人既是新文化主流报刊的阅读者，同时又充当了新文化畅销书的作者，将其浅近直白地推向了更低层级的地方知识青年。

如果说上述的选本、节本、改编本、浅易本尚是把新文化的主体打

---

① 《北京高师教育丛刊》第二集，1920年3月，广告，无页码。
② 张九如：《白话短篇写实小说》，新文化书社，1926，广告页。
③ 吕云彪等：《新文学研究法》，大东书局，1920。

散，难度降低，以令地方上的读书人更易接受的话，那么还有一些出版品则是打着"新文化"旗号的速成品乃至滥造品。像刘贞晦、茅盾合著，上海新文化书社出版的《中国文学变迁史》就是一例。

在这本书里刘贞晦的头衔是"北京大学教授"，其实他压根就没在北京大学教过一天书。① 更奇特的是一本《中国文学变迁史》里还有谈外国文学的部分，这部分说是茅盾所作。但茅盾却说这并非他原创，而是他翻译西书时选摘的一些"札记"，就是这样一部被拼凑出来的"新文化书"也堂而皇之地出版了。②

还有一些书籍本和京沪两地新文化主流的关系极浅，甚至压根没有关系，但地方上的读书人却以自己所理解的"新文化"概念，将这些作品囫囵吞枣地全都认作"新文化"。

1924 年在浙江南浔精勤学塾，作家徐迟的国文教员王剑鸣仍在用林纾翻译的《块肉余生述》作教材，但徐迟已认为这学校是"大胆地采用了新学制和新教材"，"实在是很了不起的一件事"。③ 几乎同时金性尧指出："我们对于新文艺和古文艺的界限是这样的：凡是加新式标点，对白用括号，行数分开来写的就全是新文艺。"按照这个标准，他在当地书局里找到了几本世界书局出版的红皮丛书，著者有徐卓呆、张慧剑、陈霭麓等近于鸳鸯蝴蝶派的诸君。金氏马上买了一套，以为"这就是新文艺著作了，和郭沫若、张资平等都是一样的性质"。④ 可见在引领新文化运动诸巨子眼中的那些新文化的派别和层次在地方读书人那里大概是不加区分的。

从此现象出发提示了一个有趣的悖论，即新文化巨子们经常对何谓新文化做严格的区分，提出更高一级的标准。1919 年李大钊就特别指出："我的意思以为刚是用白话作的文章，算不得新文学；刚是介绍点新学说，新事实，叙述点新人物，罗列点新名词，也算不得新文学"；又说：

① 刘贞晦、茅盾：《中国文学变迁史》，新文化书社，1921，第 1 页。
② 《茅盾致周作人（1922 年 9 月 20 日）》，《茅盾书信集》，第 437 页。
③ 徐迟：《我的文学生涯》，百花文艺出版社，2006，第 33 页。
④ 金性尧：《星屋杂忆》，第 191 页。

"现在的新文学作品中，合于我们这种要求的，固然也有，但是终占少数。一般最流行的文学中，实含有很多缺点。概括讲来，就是浅薄，没有真爱、真美的质素。不过撷拾了几点新知新物，用白话文写出来，作者的心理中，还含着科举的、商贾的旧毒、新毒，不知不觉地造出一种广告的文学。试把现在流行的新文学的大部分解剖来看，字里行间，映出许多恶劣心理的斑点，来托在新思潮、新文艺的里边"。①

但若能用白话作文，对新学说、新事实、新人物、新名词有所涉及仍嫌其不足，那么地方上的那些读书人该如何适从呢？这就要继续讨论五四运动的"下行"是如何与地方读书人的生活相关联的。

三 "下行"与地方读书人之生活

五四运动"下行"与地方读书人生活世界的关联概要来说体现在三个方面：一个是五四新文化冲击和再塑了地方读书人的思想观念；另一个是五四新文化渐渐成为地方读书人"合群辨类"的重要变量；最后一个是五四新文化直接开始影响地方读书人的社会流动。

从思想观念的冲击和再塑来看，五四运动推向地方后，边缘知识青年们如饥似渴地阅读和践行从中心区域传播而来的种种新思想和新观念。柳亚子之子柳无忌曾做过一个形象的比喻说："在一九一八年左右，新潮流已自北京、上海，滚滚而来，流入了（苏州）黎里镇的市河内。"② 几乎同时，在江南古镇里教书的钱穆说他是"逐月看《新青年》杂志"，新思想、新潮流"坌至涌来"。③ 这种"逐月看《新青年》"的情形在钱穆挚友朱怀天（约 1897～1920）的日记里我们可以看到更具体的描述。④

以上大致可以说明新文化对于地方读书人的启蒙发聩作用，但需要注

① 李大钊：《什么是新文学》，《星期日》社会问题号（1919 年 12 月 8 日），收入《文学运动史料选》第 1 册，上海教育出版社，1979，第 165 页。
② 柳无忌：《古稀人话青少年》，《柳无忌散文选》，中国友谊出版公司，1984，第 79 页。
③ 钱穆：《八十忆双亲·师友杂忆》，第 93 页。
④ 《朱怀天日记》，民国八年一月、六月、九月，收入《松江朱怀天先生遗稿》，第 22、28、32 页。

意所谓"启蒙"并不是一个单向纯粹的过程，而是一个曲折繁复的双向乃至多向的互动过程。对地方读书人而言，由于种种讯息在五四运动"下行"过程中的走形和消散，他们所理解的"新文化"大概结构不那么清楚，条缕不怎样分明。正如瞿秋白所说："我那时的思想是紊乱的：十六七岁时开始读了些老庄之类的子书，随后是宋儒语录，随后是佛经、《大乘起信论》——直到胡适之的《哲学史大纲》，梁濑漠［漱溟］的印度哲学，还有当时出版的一些科学理论，文艺评论。"①

瞿秋白所言大概是当时地方读书人的普遍状态，像朱怀天的思想结构就和瞿秋白很有相似之处。约 1920 年初，他为了向学生传递他所认知的新文化，就独立编写过国文课本。从课本目录看，他当时的思想很混成多元②：课本的主体部分"多选兼爱、平等、清心、悟道、克己之文，以及墨、老、庄、列诸子之书，至若东坡、渊明之文，先生亦未尝不择一二也"。③ 课本的"附篇"名为《新文采》，分两个部分：第一部分朱氏着意于五四新文化的标志之一——新式标点，"将西洋最通行的符号，另外斟酌中国的需要，变通一二种，并加入一二种，共得十二种。并附一段英文为例"。第二部分是"白话文"，文本选择了"真知识"（摘抄胡适《中国哲学史大纲》）、"行为论"（抄《中国哲学史大纲》）、"各人的各自革命"（抄《时事新报》）等内容。

朱怀天思想结构的"多元"与其周边人物对他的混杂影响有关。朱氏在江苏第二师范读书时，特别崇拜一位名叫吴在的老师。吴氏爱读诸子之书与佛学之书，朱怀天受其影响非常倾向于老庄式的"无政府主义"，同时对释家也下过功夫。在这样的思想理路下，他一方面如前文所引在态度上对胡适哲学史的体例、写法和视野相当赞赏，但另一方面若具体到他熟读的《庄子》，朱氏就相当不满于胡适对庄子的看法。④

同时因为经常与挚友钱穆论学的关系，朱怀天的思想中又掺杂了理学

① 瞿秋白：《多余的话》，江西教育出版社，2009，第 14 页。
② 朱怀天编《无锡县立第四高等小学三年级国文课本》，目录抄本。
③ 《朱怀天先生事略》，《松江朱怀天先生遗稿》，第 3 页。
④ 《朱怀天日记》，民国八年九月，收入《松江朱怀天先生遗稿》，第 33 页。

的一些因子。在他编写的小学课本中就有来自《朱晦翁语录》《王阳明语录》《德育鉴》等理学书的内容。正因注意到朱怀天思想中的"理学因子"，钱穆评价友人是"论学时虽有偏激，然其本源皆发自内心深处。惟当以一字形容曰'爱'，爱国家，爱民族。虽言佛法，然绝无离亲逃俗之隐遁意。他日学问所至，必归中正可知"。①

因此我们可以看到当五四运动"下行"时，其对地方读书人思想观念的影响实如巨涛拍石，虽然到月圆星稀时候会潮涨岸没，临海无涯，但巨涛击打每一块礁石时所溅起的朵朵浪花却是形态万状，变化多端。这种形态万状和变化多端则源自地方读书人思想观念的改变和他过往经历、固有学养和即时生活有着非常密切的联系。

朱怀天的身世是"早孤，独一母。家贫，有一弟，不能养，乃由相识家领养，已易姓"。这样的经历据钱穆形容是"其家庭具体之凄苦，实不足当其心中伤痛之万一也"②。朱氏的婚姻生活似乎也不和睦，未"经过恋爱一个路程"。③ 因此他会认为"家室之累，人生之大痛矣。必非男女有相痛之道，必如世之所谓男女成室家，则可痛也"；又说："旧式家庭总是束缚自由的利器，妻子也是，金钱也是，国家也是。"④

正是因为有着非常多的"家庭苦趣"，朱氏对虽出身巨宦之家，却也身世凄苦的谭嗣同所撰《仁学》会特别有共鸣，认为"末篇得大同之理，以治天下为有国，在宥天下为无国，在宥即自由之转音云"。⑤ 同时也很能够接受"无国家、无家庭、无宗教"的激烈思想。他说其坚持"三无"是因为"斯民之憔悴疾苦久矣！"⑥ 而在"斯民之憔悴疾苦"中或正包含着朱怀天本人甚深的憔悴与疾苦。

与朱氏对比，顾颉刚、叶圣陶等一样是新青年，也一样曾加入社会

---

① 钱穆：《八十忆双亲·师友杂忆》，第 96 页。
② 钱穆：《八十忆双亲·师友杂忆》，第 94 页。
③ 《朱怀天致祖康（民国九年五月二十五日）》，《松江朱怀天先生遗稿》，第 6 页。
④ 《朱怀天日记》，民国八年七月、民国九年一月廿三日，《松江朱怀天先生遗稿》，第 29、37 页。
⑤ 《朱怀天日记》，民国七年七月，《松江朱怀天先生遗稿》，第 8 页。
⑥ 朱怀天：《广宥言序》，《松江朱怀天先生遗稿》，第 1 页。

党，受到过"三无"思想的吸引，但他们的父母对其"爱惜备至"，所以顾颉刚会说："自入社会党后，于家庭多所杅凿。彼时自谓真理，腾而狂赴，至今思之，罪恶莫甚。"叶圣陶也认为："吾当时亦主张无家庭谓为真理，而尚无自行之之念，及今回想，真已下愚之弗如矣。"①

就新文化如何改变读书人之间的"合群辨类"来说，清末在地方社会已出现了各种因新学传播而起的读书人社群。到五四运动时期伴随着各种各样地方性学会的兴起，地方上多种宣扬新文化的报刊以及学堂中的各类大小学生组织出现。无论是读书人与大众还是读书人彼此之间，所谓"我们"与"他们"的区别也愈加明显。1920 年周维垣就指出："现在从事教育者有新旧两派，新者主自动，取民治主义，旧者重服从，采严格主义，旧者视新者如过激派，新者视旧者如腐物，二者同处一堂，势如'冰炭同炉'，各不相容。同学中因头脑新颖见绝于人者，不知凡几。"②郭廷以则说：当时凡以"新青年"自居的一定要买几本新书和新杂志，"以表示学问的渊博，而借以结交新朋友"。③ 钱穆则在回忆录里写过与朱怀天如何结识的故事。当时钱穆告诉朱氏"出校门有两路，一左向，过小桥，即市区，可吃馄饨饮绍兴酒，佐以花生塘里鱼，课毕，同事皆往"；"一右向，越围墙田野村庄散步睦间，仰天俯地，畅怀悦目，余一人率右行"。接着问朱"愿仍左行，抑改右行"。朱立刻回答说"愿改右行"。二人相视而笑，遂为友。④

这些例子均说明新青年因新文化的共鸣而变得彼此有认同感，但钱穆故事里"同事皆往左"，二人独向右的格局亦说明新青年之间的认同感和其他读书人乃至大众的某种格格不入，此实为新文化在地方社会散布的一大困局。

而且钱、朱二人主义虽然不合（钱氏大致已近儒家，朱怀天近无政府），却能成为时常争论而不生嫌隙的挚友。与其相似的还有"白屋诗

---

① 《叶圣陶日记》，1914 年 5 月 20 日，转见《叶圣陶年谱长编》第 1 卷，第 153 页。
② 周维垣：《服务上各种报告》，《北京高师教育丛刊》第四集，1920 年 12 月，无页码。
③ 《郭廷以先生访问记录》，第 106 页。
④ 钱穆：《八十忆双亲·师友杂忆》，第 94 页。

人"吴芳吉（1896~1932）。他描述其友和"主义"之关系以及他对不同"主义"的认识是：

> 雨僧则主国家主义，子俊诸友则主极端的社会主义，子一则主实得主义，只要可以进身，虽卑以下人而不顾。鹤琴、醒华辈，则主得过且过、放荡不羁之主义，如善波等则主致人于我之主义，爱众则主厌世主义。虽各各不同，然各有见地，不可是非。一一而研求之，开人神智不少矣。而正当之主张，何者适于今日，何者通于将来，何者可施于一身，何者可施及于人，吾可以默识之也。①

能这样平和畅达地看待"主义"分歧之人在五四运动初起时或还不少，但随着运动之深入，不少读书人因五四新文化带来的主义而聚合，随即又因为主义之争而深深地分裂。1921 年谢觉哉记载新民学会开会，"关于主义争辩甚厉"。因此他希望"同一学会，则以奉同一主义为宜"。② 不过这种期望到 20 世纪 20 年代初基本已属不能实现，当时不要说截然不同的主义，即使是类似主义互不认同的也非常多。

最后新文化影响地方读书人生活最剧烈之处恐怕在其对于读书人社会流动的帮助或限制。明清时代读书人的社会流动以功名之高低为基础，以家族之护荫为凭借，以科举同年及其座师、房师的社会网络为依托，并以此基础、凭借和依托向上攀升。这种社会流动与民初情形最大的区别是中心散处，立足地方。即使是一穷乡僻壤之地，若能凭借自身努力获得较高级的功名，回乡或做一立足公益之士绅，或做一学界领袖，主持书院，教授生徒，再进一步与在京之同年好友同气相求，则大致能在读书人的社会流动上获得较高的阶位。但到民初，随着科举制的废除，这样的上升型流动方式已渐渐发生了变化。

一方面读书人仍要依靠传统的血缘、学缘、地缘的关系来获得上升的

---

① 《吴芳吉日记》，民国四年五月初二日条，收入吴芳吉著，傅宏星编校《吴芳吉全集》（下），华东师范大学出版社，2014，第 1034 页。
② 谢觉哉：《谢觉哉日记》上卷，1921 年 1 月 3 日条，第 26、27 页。

机会和通道。① 1917 年舒新城指出学生师范学校毕业后"各奔前程"之方式有六种：席父兄之余荫、恃亲故之引援、赖母校之发展或收容、家境富裕再谋深造、凭偶然之特殊技能、捧教育司和学校的介绍书，各处沿门托钵。相较前几种依赖人情的方式，最后一种方式往往结果最坏。② 1922 年张宗祥（1882～1965）主持浙江教育，亦回忆当时浙省考选清华学生，来托关系之人是"函电纷纭，积之数寸!"③ 这些都可看出固有的关系网络对于读书人上升的极大助力。

另一方面，新的求学方式和新的报刊则为地方读书人提供了另一种形式的通路，而这些"新"通路的基础都和五四新文化大有关系。

以新的求学方式而论，不同学校之出身在 1920 年代成为读书人结成网络，挤压他群的重要依据。1921 年安徽即有所谓"高等系""南高系""北大系""两江系""湖北高师系"等。④ 顾颉刚则对其父亲说："现在通例，好结朋党。北大师生数千，声气颇广，虽未标明党会，而实际趋势确有如此。故男欲得一职事，不必在上海，即远至粤、蜀，亦未尝不可请校中介绍。如舍此他谋，则他人之藩篱甚固，非我所能插足；即使勉强谋得一事，而根基不牢，亦终是旋得旋失耳。"⑤

相较大学生和高等师范生，留学生的头衔当时更成为"金字招牌"。1919 年胡先骕（1894～1968）就指出："自陈独秀、胡适之创中国文学革命之说，而盲从者风靡一时。"这些人之所以盲从是为"彼等外国毕业博士等头衔所震"。因此胡先骕在与胡适的辩论文章中特别要说明自己"亦曾留学外国，寝馈于英国文学，略知世界文学之源流"，非如此说似就无

---

① 许纪霖：《重建社会重心——现代中国的知识分子社会》，收入氏著《大时代中的知识人（增订本）》，第 69 页。

② 舒新城著，文明国编《舒新城自述》，安徽文艺出版社，2013，第 107、108 页。

③ 张宗祥：《冷僧自编年谱》，浙江省文史研究馆编《张宗祥文集》第 3 册，上海古籍出版社，2013，第 472 页。

④ 《胡适日记》，1921 年 8 月 6 日条，第 419 页。

⑤ 《顾颉刚禀父（1922 年 12 月 2 日）》，《顾颉刚书信集》卷 4，中华书局，2011，第 20 页。

资格来与胡适们讨论文学革命。① 1922 年吴宓在《中华新报》上发表《新文化运动之反应》一文，其介绍也强调吴氏是"美国哈佛大学硕士，现为国立东南大学西洋文学教授"；"既精通西洋文学，得其神髓，而国学复涵养甚深，近主撰《学衡》杂志，以提倡实学为任，时论崇之"。② 这样的介绍在当时一般是很能压其他读书人一头的，郭沫若就曾悻悻地说："跑到美国去鬼混了两三年，一回国来便是甚么'博士'、'硕士'，巍然泰然地便做起了甚么机关的委员，甚么大学的教授，甚么印书馆的编辑。"③

这些留学、大学、高师和师范、中学、小学毕业生来到地方上会具体展现为外来新学生与本地新学生，本地不同学校的新学生，新学生与"科举老派"之间的竞争。

在江苏，顾颉刚有一"男同学汪君"，"毕业后借教厅长之力，得苏州师范教席。乃以非师范一系之故，每星期只四小时，月薪只十六元；犹复排之不遗余力"，因此当有人劝顾氏在本地谋事，顾氏"每笑谢之，以明知站不住也"。④ 在浙江则有杭州"第一师范派"和绍兴"第五师范派"的激烈角逐。⑤

新学生间的竞争已然激烈，新学生与"科举老派"之争也不遑多让。1920 年已有人说：各地现有一班"好名慕利的革新家"，遇着这次潮流的好机会，怎能不利用。于是借着革新的名义，倾轧旧党，一方面逞一己的私欲，一方面可以讨好新党。⑥ 1922 年蔡元培在给李石曾的信中特别强调要让城、镇、乡的教育会不再为"旧派塾师所蟠踞"。⑦ 在新学生的步步

---

① 胡先骕：《中国文学改良论》，转引自胡宗刚编《胡先骕先生年谱长编》，江西教育出版社，2008，第 69、70 页。

② 转见风声（鲁迅）：《一是之学说》，《晨报副刊》1922 年 11 月 3 日，第 3 版。

③ 郭沫若：《反正前后》，《郭沫若全集文学编》第 11 卷，第 186 页。

④ 《顾颉刚禀父（1922 年 12 月 2 日）》，《顾颉刚书信集》卷 4，第 20 页。

⑤ 徐懋庸就回忆在他任职的小学里总共七个教师，其中六个是浙江第一师范毕业的，"他们的派性很强，在一起总是谈杭州，谈第一师范的事"。《徐懋庸选集》第 3 卷，第 240、245 页。

⑥ 丁晓先：《新时代的危机》，《时事新报》副刊《学灯》1920 年 1 月 4 日，第 4 张第 1 版。

⑦ 《蔡元培致李石曾（1922 年 2 月 22 日）》，《蔡元培全集》第 11 卷，第 61 页。

紧逼下，1924 年张㭎已发现近时趋势："科举老派近已一落千丈，万不能与诸少年竞争，故老朽如鄙人等只得知难而退。"①

以新报刊提供了社会上升的机会而论，1919 年顾颉刚在给妻子的信中就直接说老友叶圣陶虽然现在仅是苏州甪直小镇上的一名高小教师，但他在《新潮》上著作较多，"谋事是很有希望的"。② 果然不几年叶圣陶在不少人眼中已是"鼎鼎大名"。③ 顾颉刚自己也在依靠报刊弘扬声名，1922 年他就发现自己在《新潮》上有一篇文字，"未做完，且未署真名，而大家已颇注意，到处拉拢"。④ 此时在无锡后宅镇第一小学教书的钱穆也经常给著名的《时事新报》副刊《学灯》投稿。当钱氏文章被登在大一号字的首幅时，同事们无不"大加揄扬"，并催促他继续投稿。第二篇又如此时，同事们"倍加兴奋"，促其"撰第三文"。当《学灯》登载一条消息让钱穆告知通讯地址，同事之兴奋情绪达于顶点，对钱穆说"兄自此获知于当代哲人，通讯久，当有前途可期"。钱穆的一位同事更直接说如果自己的名字能以"大标题刊报端，作第一条新闻，则我愿足矣!"⑤

上面的这些故事告诉我们在地方读书人的经历和认知里，文章若能够登上具有全国影响力的报刊，更进一步通过文字吸引全国性精英的注意对他们来说有多么重要。而熟悉新文化大概是那个时代地方读书人的文章能登上全国性报刊的一个重要前提，刘半农就是这样的地方读书人。他肄业于常州府中学堂，本混迹于上海的鸳鸯蝴蝶派圈子里，后来因陈独秀的缘故进入《新青年》作者群，顺利地登上全国舞台，但因为上升太快，学历不足，而常遭人不服与诟病。

---

① 《张㭎日记》，1924 年 8 月 11 日条。
② 《顾颉刚致殷履安（1919 年 9 月 28 日）》，《顾颉刚书信集》卷 4，第 99 页。
③ 郭沫若：《学生时代》，人民文学出版社，1979，第 90 页。巴人：《旅广手记》，人民文学出版社，1981，第 18 页。
④ 顾颉刚：《顾颉刚日记》第 1 卷，1922 年 9 月 17 日条，联经出版事业股份有限公司，2007，第 274 页。
⑤ 钱穆：《八十忆双亲·师友杂忆》，第 116 页。

四　余论

　　五四运动之影响"一如天上大风吹掠各处，深入各个孔窍"。[①] 其深入程度不仅体现在北京、上海等大城市，在各地的县城、市镇里，趋新氛围也已渐渐形成，并且深刻改变着在地人群源远流长的各种惯习。1919年左右钱穆发现无锡荡口镇上社会风气"群趋西化"，"离婚再娶，乃人生正轨，被认为开通前进。有妻纳妾，则是顽固守旧，封建遗毒作祟，乃伤情违理之事"，因此其好友须沛若纳妾就"颇受外界之讥讽"。[②] 1923年温州平阳的刘绍宽也说："中国现时礼教尽失，士大夫言'礼教'二字，即为人所嗤。丧婚一切随用俗礼，全失礼意，诸异教起而搭之。如填主、迎主、候土、选日等事，皆可谓无理之尤，于是诸异教自用其仪式，而中礼遂不可问矣，呜呼！" 1930 年他追叙往事时亦感慨："是年（1926）前后皆课徒，颇欲为后进造就几人，而竟无专心向学者。习俗移人，实由新说之烈于洪猛！"[③]

　　五四运动的强烈风势还表现在地方上即使是对五四新文化反感的读书人也不能不受其影响，并对它做出一定呼应。不过这批读书人虽然在态度和行动上相当排拒五四新文化，但并不妨碍他们利用五四运动来争夺地方上的权势。

　　像张棡民初数年在温州浙江省立第十师范任国文教员。1918 年 7 月，浙江台州籍的新校长王镇雄拒绝续聘张氏，他失业了。此后一年，张棡到处请托，希望能找到一个啖饭之所，甚至考虑过大把年纪背井离乡，赴上海求职。由此不难想见他对于王镇雄这一外地人把持本地学务，导致自己失业的一腔怨毒。因此从张棡的日记中我们可以发现：他自从丢了饭碗

---

① 王汎森：《执拗的低音：一些历史思考方式的反思》，生活·读书·新知三联书店，2014，第 202 页。
② 钱穆：《八十忆双亲·师友杂忆》，第 102 页。
③ 刘绍宽：《厚庄日记》，1923 年 5 月 16 日条，庚午（1930）冬追叙 1926 年事，未刊打印稿，温州图书馆藏。

后，除了寻觅工作外，最着力事就是积极与各处的反王人物信札往还，联络沟通，以期倒之而后快，因为在张棡看来只有更换了校长，他才有可能重新复职。

到1919年5月底，由五四运动带来的"倒王"机会终于出现了。此时温州当地呼应五四运动开始大规模排日，各校学生纷纷罢课。张棡遂试图利用此事来"倒王"。6月初他以"温属全学界代表"的名义给浙江省教育厅发公函要求罢免王氏，同时又写一封私信给温州教育界名流木干斋说：

> 今日教育有江河日下之势，观于抵日风潮，全国学界已一律停课，则莘莘学子殆无求学思想，更遑论校长之腐败不腐败耶！然单就吾温而论，以素来整饬之师校，一旦被贪婪小人无端破坏，绝非学界幸福，则吾辈之责实无可稍诿。尤望阁下在省与同志极力推行，至嘱！至嘱！①

张棡等虽然耗费心机地将全国性的风潮与地方上的人事结合起来，但王镇雄亦是有老辣手段之人，而且他在浙江省内奥援甚多，扳倒他谈何容易。此事一直拖到1919年底，虽然在张棡等人的运动下各处对王氏的指控连连，风波不断，但王氏仍占据十师校长之位而不倒。不过五四运动引发的学生潮不是一波，而是持续不断，连绵不绝。对张棡来说，王镇雄的去职仍大有希望。

1919年12月15日，有十师学生来拜访张棡，问他在温州本地人中是否"有与'台州王'（按：王镇雄）反者"，以便其联络。19日又有十师学生来寻张棡，求其主稿《讨王镇雄宣告文》，张棡自然求之不得，午后用两个小时完成了"千七八字"的文章，命学生誊去，转示木干斋"斟酌"。当晚八点，该学生又来，说木干斋看后"犹嫌条件太少，不足以动人耳目"，请张棡继续修改，就这样写到晚上十点

---

① 《张棡日记》，1919年6月8日条。

方才完成。第二天一早，张棡又将通告文字"斟酌数行"，才将定稿交给学生。七日后，张棡听人谈起第十师范大起风潮，学生齐不上课。他马上寻《大公报》来看，发现自己所撰的宣言书已经刊发，"中间略有变易"。同时王镇雄的"劝诫学生文"被痛加驳斥。张棡立即感到"经此一番摧折，台州蛮（按：王镇雄）决不能再安其位矣……阅竟为之一快！"

　　不久浙江省果然发出公令说："第十师范校长王某、学监蔡某于风潮后不能到校认识指导，实属有乖职守，宜分别免职查办。一面着教育厅长另遴校长任事"。王氏遂卸任，新校长就职，张棡终获机会重新回校任教。①

　　正因为很多地方读书人其实是利用五四新文化来做事，所以若将他们的清末之表现、新文化运动中之反应和日后之行为相联系，我们又看到所谓新文化（当然不仅是五四时期的，亦包括清末和民初的）在这些人身上大多时候实不曾入脑，更无法入心，不过是收拾不起来的"一地碎散的文辞"罢了。②

　　像朱怀天的老师吴在，他的著作曾经激烈到要"辟孟""崇庄""不经""不史"。③ 但到 20 世纪 40 年代他会应"中国孔圣学会"邀请做"圣学讲座"，讲题竟然是《圣学精微》。④ 吴在的龙门师范同事贾丰臻（1880～?）也是如此。贾氏在清末曾激烈地要求中小学废止读经，并在中央教育会会议上与林传甲发生过争论。⑤ 至民初为迎合上峰，又提出习国文一科能多读多作"新闻、杂志、广告、发票、收据、契纸、借据、书信、邮片、公文、告示"，同时提倡多作"短篇之记事文"，以避免学生仅能作策论，撰诗词，却拙于"家常信札、便条、婚丧喜庆往来颂

---

① 《张棡日记》，1919 年 12 月 15、19、20、27 日条，1920 年 1 月 30 日、4 月 19 日条。
② 杨国强：《论清末知识人的反满意识》，收入氏著《晚清的士人与世相》，生活·读书·新知三联书店，2008，第 344 页。
③ 这些都是吴在所著《宥言》的篇目。
④ 《第六期圣学讲座》，《申报》1943 年 6 月 28 日，"简讯"，第 4 版。
⑤ 《中央教育会第十四次大会纪》，《申报》1911 年 8 月 16 日，第 1 张第 6 版。

辞",因此他其实一直是个很能趋新的人物。① 但在 1937 年出版的《中国理学史》中他却说:

> 我敢大胆地说:中国以前只有理学,没有什么叫做哲学。……宗教派、神秘学派、经验派、形而上学派、观念论派、实在论派、直觉论派、功利论派、进化论派、无论怎样说法,天道和人道终究说成两撅,不能合拢一起,怎能和中国理学相提并论呢? 我又敢大胆地说中国以前只有理学,没有什么叫做科学。……总而言之,中国人和西洋各国人不同,中国人看见乌反哺,羊跪乳,而想到怎样事亲;看见鸿雁行列,而想到怎样敬兄;看见鸳鸯交颈,而想到夫妇爱情怎样;看到迅雷烈风,而想到怎样敬天之怒;看到地震山崩,而想到怎样修省斋戒;他的"格物致知",是属于理学的。②

这些话虽未必有大见识,但可以看出几乎句句都是在针对五四新文化的一些最基本命题如"中国究竟有没有哲学""科学的人生观应该是什么"等在发言,且对所谓"中国哲学"或"科学的人生观"云云甚不以为然。上述吴在和贾丰臻的表现或能名之为一种读书人趋向新文化后,又再度向传统的"回归",但究其实质亦不过是又一波潮流(如新生活运动、复古读经运动、抗日战争等)袭来后,不少地方读书人的另一次"趋时"之举罢了。

这种读书人的"趋时"说明了现代中国经历了从帝制向共和的两千年未有之重大转变,又受到五四运动的"洗礼",从而进入一个"纲纪荡然"而不得不将一切都"问题化"的年代。③ 在这样的年代里,读书人因为政治、社会、人生的不断"问题化"而或能经常开启新的应对时代问

---

① 贾丰臻:《今后小学教科之商榷》(1917 年),中国第二历史档案馆编《北洋政府档案》第 93 册,中国档案出版社,2010,第 500 页。
② 贾丰臻:《中国理学史》,上海三联书店,2014 年复版版,"代序",第 1~5 页。
③ 关于此可参见王汎森《烦闷的本质是什么——"主义"与中国近代私人领域的政治化》,《思想史》创刊号,联经出版事业股份有限公司,2013。

题之门，但同时他们"借新文明之名以大遂其私欲"，① 或利用时代潮流的名义来"自遂其趋避之私"的现象亦愈演愈烈，② 进而造成清末以降一代又一代士风、学风的表面转移和内在相似，这种现象实在让人感慨系之。

〔瞿骏，华东师范大学中国现代思想文化研究所暨历史系〕

---

① 迅行（鲁迅）：《文化偏至论》，《河南》第 7 期，1908 年 8 月，中央编译出版社，2014 年影印本，第 4 页。
② 张其淦撰，祁正注《元八百遗民诗咏》，周俊富辑《明代传记丛刊》第 71 种，明文书局，1991，第 11 页。

南京国民政府对《清史稿》的审查及其社会因应

周海建

内容提要 南京国民政府查禁《清史稿》是民国史上一桩有名的公案，在当时社会上引起了广泛争议。容庚等争议者反对国民政府对《清史稿》的禁售政策，甚至因此质疑国民政府的威望。这些争议促使国民政府重新组织了对《清史稿》的审查，以期弥合政府与社会、政治与学术之间的分歧。行政院长汪精卫在前期的《清史稿》审查中扮演了重要角色，党史会主任邵元冲则是后期审查修订的负责人。但是，他们的审查计划都没有对《清史稿》解禁产生实质影响，反而引发了更多争论。对《清史稿》的审查和争论不完全是学术的，其中既有清末革命党人历史记忆的持续影响，也存在与现实政治的互动。

关键词 国民政府 《清史稿》 图书审查 汪精卫 吴宗慈 邵元冲

南京国民政府查禁《清史稿》是民国史上一桩有名的公案。① 该事件不仅成为社会舆论聚讼争持的焦点，在国民党人内部也存在着不同声音。这种情况促使国民政府在发布禁售令后又对《清史稿》启动了官方的审

---

① 国民政府查禁《清史稿》的始末缘由相当复杂，个中详情可参见周海建《南京国民政府时期的〈清史稿〉审查及其反响》（硕士学位论文，清华大学历史系，2013）第二章"故宫博物院时期的《清史稿》审查"，第 28 ~ 45 页。

查和订正，以期弥合政府与社会、政治与学术之间的分歧。① 寻绎其过程，显然有助于我们了解国民政府时期政治与学术互动的具体情形。另外，国民政府审查《清史稿》的同时，中研院史语所的傅斯年等人倡导的新史学革命正如火如荼地展开，国民政府的审查工作也曾向他们寻求意见。但在他们那辈人看来，传统纪传或编年的历史学已然成为过去时，任何修补弥缝工作都无济于事。他们提倡的新史学则既要回应和解决现实中的问题，还要重新教会人们"如何研究历史"和"怎样解释历史"。这种新旧史学观念的碰撞，又会给国民政府的审查工作和社会上对《清史稿》的定位带来何种契机和影响，需要我们予以特别的注意。可以说，这也是认识民国时期历史学领域新旧思想关系脉络的一个有趣案例。

一 《清史稿》被禁后的舆论反应

根据第 63 次国务会议决议，国民政府于 1930 年 2 月 19 日训令行政院，"查《清史稿》纰缪百出"，"除派员前赴北平将故宫博物院现存之该项史稿，悉数运京永禁流传外，所有从前已经发行者，应一律严禁出售，仰该院转饬所属一体遵照办理"。② 该训令下达后，上海、天津、江西、江苏、河南、河北和浙江等省市的民政、教育负责人公开饬令所属一体遵行，严禁《清史稿》在辖区内出售流传。然而，值得注意的是，此前贩售《清史稿》的"重灾区"——辽宁省，其行政和教育官长却并未对这一指令做出积极回应。③ 组织刊发《清史稿》的袁金铠等人不仅没有受到

---

① 到目前为止，已刊文章中似只有彭国栋的《清史稿之查禁》对国民政府查禁《清史稿》一事进行了专门论述。但该文具有明显的现实目的（提倡重纂清史），侧重于描述基本史事，且主要强调"禁"，基本忽视了"查"，对审查过程中政府与社会之间的互动关系也没有给予充分研究。参见彭国栋《清史稿之查禁》，《文艺复兴》第 95 期，1978 年，第 17~25 页。

② 《国民政府训令行政院：清史稿严禁出售》，许师慎编《有关清史稿编印经过及各方意见汇编》上册，"中华民国史科研究中心"，1979，第 238 页。

③ 奉天省公署对国民政府内政部咨请查禁《清史稿》出售案的批示是"不行"。《辽宁省政府为内政部咨请查禁清史稿出售事》（1930 年 3 月），民国档案，辽宁省档案馆藏，档案号：JC010-01-002980。另案，1929 年张学良将奉天省改称"辽宁省"，但民间多习称"奉天省"，内政部咨请查禁《清史稿》时，该省公文用笺也仍使用"奉天省公署"一称。

官方申斥，还在东北担任要职。更有甚者，溥仪的亲信佟楫先（济煦）还函告袁"史稿告成厥功甚伟，上赏匾额一方，圈出'弥纶彝宪'四字"。① 同时，袁氏携往辽宁的数百部史稿则为书估高其价值，"居奇出售，而外人之预订者，亦大都据理争到"。相比之下，反而是在《清史稿》刊印之前就已预购该书的国内读者"化冤钱而呼告无门"。② 这样一来，国民政府以"纰缪百出"为由严禁《清史稿》出售，显然很难敉平求书者的不满情绪。

事实上，在国民政府正式宣布禁售《清史稿》之前，坊间业已传闻称《清史稿》可能会被当局搁置。故宫博物院院长易培基于 1929 年 12 月 16 日请求行政院禁止发行《清史稿》的呈文，经报纸刊发后，也为不少读书人所知晓。不过，仍然有相当多的人设法购取该书。以清遗老自居的汪兆镛就曾多次请托张元济为其购买《清史稿》，最后购得书价连同邮费共大洋二百六十余元，加之"粤市大洋银水日昂，折合现毫三百二十余元"，这在当时是一笔不小的花费。汪氏并代番禺县图书馆请求再买一部，可见该书需求之殷。有意思的是，汪在信中特别提出，他收到的史稿与张那里的版本"稍有不同"。"尊处本列传末是张勋、康有为两传，敝处无之，增入劳玉初、沈子培两传"；"尊处本卷首有金梁叙记一篇（记不清是金梁抑是袁金铠），载某人纂某篇，敝处本亦无之"，"可否请代觅钞胥录康传金记两篇寄下？"③ 根据汪兆镛的描述，他在张元济处看到的版本应该是袁金铠等人携往东北的"关外本"，而他收到的则是经朱师辙等人抽换过的"关内本"。厥后不久，因商务印书馆沈阳分馆为番禺县图书馆续购史稿中恰好有张康两传，而该图书馆主任却以为"张康传中字句恐有干碍"，于是汪氏以自己手中的书稿与之互易，"深以为快"。汪氏并称"此书删去张康两传自较纯净，不致纪传参差，于史例为合，而读史者则不厌其

---

① 袁金铠：《傭庐日记语存》第 2 册，1941 年铅印本，第 8 页，国家图书馆古籍馆藏。
② 空山：《清史稿之谜》，天津《大公报》1929 年 7 月 15 日，第 4 张第 13 版。
③ 《汪兆镛致张元济》（1929 年 10 月 24 日），张树年编《张元济友朋书札》，上海古籍出版社，1987，第 71~73 页。

详也"。① 这表明，一些国民党人认为可能会成为"问题"的内容，在汪兆镛辈看来则不以为意。

但是，汪兆镛汲汲于《清史稿》不单纯是因为自身的清遗民认同。他在读过"关外本"康有为传后甚而感慨："康传内评识数语尤佩。其门人张大厥词，史馆不加考核，删正后将此篇汰去极是。"② 对他而言，购买《清史稿》很大程度上在于该书对读史确实"有用"，这也是当时不少求购者的共识。因此，国民政府的禁令并未阻碍《清史稿》的流传。黄侃就从其同乡方觉慧处获得《清史稿》一部，"亲抱以归，清理至丑正乃眠"。③ 黄焯对黄侃说，"《清史稿》之遭禁也，白〔自〕故都运以南来，藏之于其公廨文书处，一箱盛一卷。有某君积半岁之力，于每箱抽取一册，始得成帙。胡衍鸿、戴传贤皆求见此书而不能也。可以知得之者之非易也"。④ 其中，胡衍鸿即胡汉民，他和戴传贤（字季陶）均曾参与此前国府处理《清史稿》的国务会议讨论，胡更是直接推动了禁售《清史稿》的决议。⑤ 如此，更加彰显了《清史稿》的重要性。

而且，像黄侃这样的人对国民政府查禁《清史稿》的理由也不以为然。据日本学者吉川幸次郎回忆，他与吴梅在 1931 年 2 月 22 日曾应黄氏邀约在其家中小酌，"话题谈及当时民国政府将《清史稿》列为禁书的事。因为执笔者大多数都是清朝遗老，有回护清朝、微词民国之处，故要禁止。黄先生是章太炎门下的革命党，自不必说，吴先生也是在清末灭满兴汉风气中成长起来的人，但对政府的这一行动，都表示非常的不满"。他们认为"那是历来史书中应取的'书法'"，黄侃"还举了一例，选出

---

① 《汪兆镛致张元济》（1929 年 10 月 31 日），张树年编《张元济友朋书札》，第 69～70 页。
② 《汪兆镛致张元济》（1929 年 11 月 23 日），张树年编《张元济友朋书札》，第 74～75 页。
③ 《黄侃日记》下册，1930 年 10 月 28 日，中华书局，2007，第 678 页。方觉慧时任国民党中执会委员，他的《清史稿》申领自国民政府文官处。《方觉慧函》（1930 年 9 月 16 日），国民政府档案"清史馆史稿书籍接收案"档，"国史馆"藏，档案号：001－015020－0003。
④ 《黄侃日记》下册，1930 年 11 月 5 日，第 679 页。
⑤ 《国民政府第六十三次国务会议速记录》（1930 年 2 月 14 日），国民政府档案"国民政府国务会议速记录"档，"国史馆"藏，档案号：001－046100－0136。

了某篇传记，或是某篇本纪中相当于论赞的一节，放声朗读。吴先生则举起拳头，然而却是以苏州人的彬彬有礼轻击着桌面，对我微微而笑"。① 可见，即使是黄侃和吴梅等与清遗民站在不同政治立场的学者，对国民政府查禁《清史稿》的做法也不无微词。

或许是受这一时期东三省时局的影响，孟森于1931年10月发表《清史稿中建州卫考辨》一文，专文考辨了清代官书记载中的满洲在明朝时的归属问题。他在文中指出，"建州卫"三字虽然为有清一代所讳，然而"顾自清史开馆，禁书已日出，清之先为建州卫，国人无不知之。《清史稿》本以清代官书为根据，不欲采及清室所禁之文辞，但于建州卫之名，又不能讳为不知，以贻缺漏之诮，于是下笔之法，颇费斟酌"。② 而他写作此文即是要廓清建州卫及清朝先世对明朝的附属关系。结合当时的语境，孟氏对这一问题的考辨应该具有相当的现实关怀。一方面，《清史稿》虽然被南京国民政府通令禁售，但这项政令未能阻止该书在东三省的流通，日本侵占东北前后也一直试图借"满洲"之名将东三省从中国的领土中剥离出去；③ 另一方面，自清末以降，中国人"习而不察"，对"满洲"和"建州卫"的说法缺少清晰的辨别，这样《清史稿》中的"书法"不免就容易授日本人以侵略口实。所以，对当时的中国学者来说，能够历史地论证东三省的归属显得尤为重要。

不过，当时有关《清史稿》的议论中亦不乏对国民政府查禁理由的同情者。傅振伦在他的《清史稿之评论》一文中即指出，《清史稿》的一个重要问题就在于"不奉民国正朔"，该书"自入民国以后只用干支或用《尚书》越若干日之笔法，叙事既不显明，复有反民国之嫌"。傅文倾向

---

① 吉川幸次郎：《我的留学记》，钱婉约译，中华书局，2008，第123~124页。
② 孟森：《清史稿中建州卫考辨》，《中央研究院历史语言研究所集刊》第3卷第3期，1931年，第331~344页。
③ 傅斯年在当时赶制的《东北史纲》中就特别点出，日本及西洋人图籍中称东三省为"满洲"是一至为浅显的"错误"，而"致此错误之用心则益深"，"此名词之通行，本凭借侵略中国以造'势力范围'之风气而起，其'南满'、'北满'、'东蒙'等名词，尤为专图侵略或瓜分中国而造之名词，毫无民族的、地理的、政治的、经济的根据"。参见傅斯年：《东北史纲》，载欧阳哲生主编《傅斯年全集》第2卷，湖南教育出版社，2000，第376页。

于认为，民国正朔等同于革命党人的正朔，《清史稿》中只要意存对革命党人的负面表述，就是反对民国的证据。以至于该书王国维传云"丁卯春夏间时局益危，国维悲不能制，自沉于颐和园"，作者也认为"是唯恐民国民主势力之伸张澎湃。反革命、反民治之意显然可见"。而且，该文还接受了清末民初革命党人建构起来的关于清朝的诸多历史记忆，指出《清史稿》对清朝廷倾轧汉人的"残忍变乱之实"多削而不录，"凡汉族之革命均不加表扬，削之惟尽，殆所以灭吾先民伟烈之迹也"，而对太后下嫁、高宗相传为汉族之裔等"既不载其事，复不存其疑"，则是违背了修史者"信以传信，疑以传疑"的常识。①

有意思的是，傅振伦对《清史稿》中建州卫的"笔法"问题似乎不像孟森那样敏感。而且，他认为《清史稿》"于清初之受明职、于其金之国号及入贡明朝诸事并不忌讳，尚不失厥真"，是"史法谨严，颇有良直之风"的表现。② 可以肯定，傅氏同样认同东北地区历来属于中国这一事实，但比较孟森而言，他在当时可能缺少了对学术细节的现实关怀。1932年底，孟森再次就《清史稿》问题发表《清史稿应否禁锢之商榷》一文，其中就提出了与傅的看法颇为不同的观点。他认为，《清史稿》的纂修者利用修史报答故君确系实情，但"意主表扬清室与敢于触犯民国并非一事"，该书是否可疑应当根据内容而定，"不当以揣测之故，湮没甚富之史料"。他还特别针对《清史稿》中可能会与民国相接触的文字进行了辨析，指出《清史稿》"或有可嫌之处"，但无谤史之价值，"当指明其应酌正之体例，并出党史以供参照，为据稿修为正史时之标准，无毁弃此大宗史料之必要"。孟森同时提出，如果就抵触民国的嫌疑而论，关外本尤重于关内本，"然令关外本捆载以入异邦，竟为毁禁之所不及"，导致"所锢者国人之耳目，而为异国添研究我国史书之资料，使我学术界，欲广佚闻，恒裨贩于异国史学之著述，心知其可耻，而无如之何"。因而，他希

① 傅振伦：《清史稿之评论（上）》，《史学年报》1931年第3期，第203~205页。
② 傅振伦：《清史稿之评论（上）》，《史学年报》1931年第3期，第206页。

望政府可以"弛其购买或翻印之禁也"。①

孟森的主张得到了容庚的呼应。1934 年 9 月，容庚在天津《大公报》撰文指出，中国以往的纪传之史如《旧唐书》、《新唐书》和《旧五代史》等也多有舛误，但却未闻有史学家因此请求专制政府将它们废置；"而《清史稿》独遭禁锢，以专制朝廷与国民政府较，何度量相去之远耶？"而且，他认为，"欲知中华民国肇建之由，不能废清代二百六十八年之历史而不讲，即不能废此一百册《清史稿》而不用，使政府果有改编之志，国人犹可少忍须臾，今改编既无其期，而研究历史者不能蔽聪塞明，则政府之威令有不暇顾者矣"。另外，容庚称，政府的禁售令也未能很好地发挥作用，关外之本更是捆载入关，"每部索价五六百元"，以致"政府之禁令，徒为奸人牟利之具"。故而他建议国民政府解禁《清史稿》，"使人民得自由翻印"；即使书中确实有当政者不能容忍的字句或篇章，也可以"仿清高宗四库馆之例，分别抽毁或涂改，毋禁全书"。②

相比于黄侃和孟森等人而言，容庚的上述言论更为激进，甚至藉《清史稿》被禁质疑国民政府的威望和理性。这在当时可谓触到了国民政府的痛处，也间接促成了国民政府行政院对《清史稿》的审查。

二 国民政府行政院与《清史稿》的审查

容庚提议《清史稿》解禁的文章发表后，引起了行政院长汪精卫的注意。1934 年 11 月 23 日，行政院向国民政府呈称，《清史稿》"现在市肆既间有私售，馆库亦容参阅"，如果不及时进行纠正工作，"不特难餍学术界之望，亦恐国外莠徒，私自翻印，贻笑传讹，影响更大"。因此，行政院请求国府将《清史稿》发交若干部，由该院派员负责"专任检讨

---

① 孟森：《清史稿应否禁锢之商榷》，《国立北京大学国学季刊》第 4 期，1932 年，第 691、696 ~ 697 页。

② 容庚：《清史稿解禁议》，转引自朱师辙《清史述闻》，上海书店出版社，2009，第 320 ~ 321 页。

纰漏各点，并签注改正意见"。①

除此以外，这一时期以研究名义向国民政府请领《清史稿》的其他机构和个人也不在少数，他们大都强调"该项史稿既多纰缪，正应及时研究，考其内容如何，以备纠正"。② 其中不乏一些政府机关和省市图书馆。这一点使得国民政府陷入了尴尬的处境。1934 年 1 月，国民政府委员会第 10 次会议对相关议题的讨论颇能说明问题：

> 主席（林森）：请大家讨论。此书前本由府禁售，后因各机关来府请领者甚多，曾发出五十余部。
>
> 张委员继：此书现时北平民间还有些，东三省也有，从前康有为曾秘售些，此亦无大关系，书是禁不住的。
>
> 主席（林森）：我看图书馆或机关具函来府请领者，即可发给。
>
> 张委员继：私人请领者，不必再发，此可以图书馆为限。
>
> 主席（林森）：现在个人请领者，政府未准，那即以图书馆为限。
>
> 叶委员楚伧：图书馆也要有一限制，至少要省立以上图书馆，呈由教育部转请具领，方可发给。
>
> 主席（林森）：此书现时还存二百余部，可否如此决定，即图书馆请领者，须省立以上之图书馆呈由教育部转请，机关请领者须其主管长官为选任或特任长官（仍要他严密保管），如无异议，即如此通过。
>
> 陈委员立夫：最好留存若干部，如将来中山图书馆落成，一定要来领的。
>
> 主席（林森）：那留存二三十部。③

---

① 《行政院呈国民政府：请发清史稿由院派员检讨并签注改正意见》，许师慎编《有关清史稿编印经过及各方意见汇编》上册，第 240 页。

② 洪喜美编《国民政府委员会会议记录汇编》（三），"国史馆"，1999，第 189～190 页。

③ 《国民政府委员会第十次会议速记录》（1934 年 1 月 13 日），国民政府档案"国民政府委员会会议速记录"档，"国史馆"藏，档案号：001 - 046100 - 0023。

林森等人的讨论表明，国民政府禁锢《清史稿》的态度虽然没有发生根本转变，但从其允许省立以上图书馆和选任、特任长官请领来看，其禁锢政策已经出现了一定程度的松动。而张继所言"书是禁不住的"，则等于承认了此前禁售令的失败。

然而，不久之后国民政府委员会发现，即使将请领者限制在一定范围内，国府文官处存有的《清史稿》在数量上仍然难以敷用。于是，当行政院请求由该院派员检校《清史稿》并签注修改意见时，国民政府委员会即于 11 月 24 日召开的第 13 次会议上通过了行政院的呈请。① 得悉这项决议后，汪精卫旋即致函吴宗慈，请其代行政院主持《清史稿》的检阅和校订。

吴宗慈，字蔼林，别号哀灵子，辛亥革命后长期追随孙中山奔走革命，出任过国会议员、广东军政府秘书等职。受任检校《清史稿》之前，吴曾倡议组织重修《庐山志》，但他并非清史研究专家，也不以学术名世，汪精卫在此时予以吴氏这项任命可能是因为看重他的革命资历和文化事业能力。汪在给吴的信中则说，《清史稿》事"兹事体大，自非通才闳识如先生者，不足以典其成"，"唯近事无一不限于经费，稍有制置便有外张皇而内束缚之苦"，所以行政院拟不设名义，而由吴氏"总其全责，一切缮校杂用则由院供之"。至于具体考订工作，汪精卫也希望吴"约三五友好足胜此任者共襄之"。②

根据汪精卫的解释，由吴宗慈总揽检校《清史稿》的全责是因为"专则有功，简则易举"。这种说法固然有其道理，但其醉翁之意恐怕在于，汪氏希望检校事宜尽快奏功，进而缓和因《清史稿》导致的政府与学界之间的紧张，为自己捞取一笔可观的政治资本。吴氏似乎也敏锐地捕捉到这一点信息，他在呈递给汪的初步审查报告中就格外注重解决《清史稿》中与现实政治密切相关的问题，称其对故宫博物院原呈《清史稿》

---

① 《国民政府委员会第十三次会议速记录》（1934 年 11 月 24 日），国民政府档案"国民政府委员会会议速记录"档，"国史馆"藏，档案号：001-046100-0023。

② 《汪院长关于检校清史稿之函件第一函》，吴宗慈：《检校清史稿初步述略》，1935，第 22 页，国家图书馆古籍馆藏。

十九项错误，"计已改正者，曰反革命、曰藐视先烈、曰不奉民国正朔、曰例书伪谥、曰反对汉族、曰一人两传、曰目录与书不合、曰人名错误，计为八项"。① 汪对此初步审查结果甚为满意，并提出，接下来的检校工作可以根据缓急先后分为"悖谬之纠正"、"错误之订正"和"疏漏之补正"三个步骤。在他看来，赵尔巽"受中华民国之命以修清史，而于清末革命事件一概以乱臣贼子之名号污之，巨谬极戾，莫此为甚"，故而对此类"悖谬"的纠正"最为先务"；在这一步骤完成后即可"报告公之于世，平海内之气，则《清史稿》第一次修正本不妨付之刊行矣"。然后，可以再与海内学人"治旧闻者"共事探讨第二和第三步骤，最后由吴综合各方面意见，"则最后定本之出世可计日而待也"。②

行政院检校《清史稿》的消息披露后，引起了不少社会关注。1935年 1 月 3 日，天津《大公报》即刊登消息云，行政院长汪精卫以《清史稿》关系学术甚巨为由，呈请国民政府对其进行检校，"正其谬误"，但"国家财力既不许其重设史馆，亦不能旷日持久"，所以决定"先事检校，着手勘正，俟勘正编订后，再予印行，加于《清史稿》之前或后，然后呈请国府解禁"，并认为此举"当获学术界之好评也"。③ 容庚获悉后再度撰文，公开向检校《清史稿》者"进一解"。他指出，检校《清史稿》的程度太宽或太严均不合适，太宽则"虑无以塞反对者之口"，太严则"非仓卒所能竟功"，且他认为行政院聘请的检校者"大抵皆有相当职务，未必专从事于此"。所以，他建议检校者一面检校，一面请政府将《清史稿》解禁，以半年为期征求批评意见，然后酌取公论作为检校依据，加以整理便可成书，"即有检校不周，国人亦当少分其责"。他还提出，《清史稿》检校成书应该允许各书局照定本翻印，"如二十四史之例，不收版税"。这样既可以降低书价，嘉惠学子，"毋使一书局得专其利"，也可以

---

① 吴宗慈：《检校清史稿初步述略》，第 1 页。
② 《汪院长关于检校清史稿之函件第二函》，吴宗慈：《检校清史稿初步述略》，第 22 ~ 23 页。
③ 《封存已久之清史稿解禁讯》，转引自《浙江图书馆馆刊》第 4 卷第 1 期，1935 年，第 13 页。

"示政府之宽大，杜奸民之觊觎"。①

容庚的建议颇有道理，但很难被检校《清史稿》的吴宗慈等人所接受。首先，从吴的视角来看，《清史稿》中的"悖谬"事关清末革命事件的"历史清白"，倘若不加以纠正，国民政府对该书的解禁便无从谈起。其次，即使官方解禁《清史稿》，也应该先刊行纠正"悖谬"的检正表。但当时拥有《清史稿》的人毕竟是少数，仅刊行检正表显然无所"附丽"；若将其与《清史稿》原本一并付印，则"印费极巨，排印需时"，且"最后之定本出，此检正复印本即成废弃"，更何况"检正付印本应印若干部始敷海内学人共同讨论之用尤费踌躇"。再者，检正工作虽可将"显然悖谬处"纠正补辑，但时间所限，"只能从段落字句间增删"，全篇文义可能无法融会贯通，况且志表之错谬仍然存在，"仓猝即将全书依检正表刊印，以文章大体论，实不成其为史书"。与此同时，吴也向汪精卫提出了实现检校《清史稿》第二步计划的三项办法：甲项办法为先编清代通鉴长编，然后以《清史稿》为基础再开史馆重修清史；乙项办法为一面刊印检正表，"备已有史稿正本者索阅，其无史稿正本不来索阅者听之"，一面继续对《清史稿》进行全面整理；丙项办法则是在现有基础上继续检校《清史稿》，以最少经费和时间完成全稿检校工作，"何敢遽期私衷，所企补苴罅漏足供将来传信之取材而已"。不难看出，三种办法中以丙项最为简便速成，乙项其次，甲项则最是艰巨。但从长远来看，乙、丙两项办法又如吴宗慈所言，"皆所谓趁体裁衣者"。因此，要从根本上解决问题，并且禁阻国门以外谬史流布（时有传言称伪满洲国有将《清史稿》作为正史刊行之议论），仍以采用甲项办法为上上之策。②

同时，吴宗慈还将一部分检正表送交汪精卫审阅，汪表示"至佩介识"，深服其检校之精详，并于9月17日在第230次行政院会议上报告了《清史稿》的检校情况，经会议议决："交教育部于两个月内提出意见。"然而，11月1日，汪精卫在国民党四届六中全会上遇刺，此后较长时间

---

① 容庚：《为检校清史稿者进一解》，转引自朱师辙《清史述闻》，第 321 ~ 322 页。
② 吴宗慈：《检校清史稿第二步计划书》，《检校清史稿初步述略》，第 23 ~ 30 页。

都无法正常视事，也就很难再为吴宗慈等人的工作提供幕后支持。23 日，行政院按照一般程序将吴的检校意见呈候国府裁决①，这意味着对《清史稿》的处理问题重新回到原点。稍后，教育部长王世杰呈文行政院，提议在《清史稿》未修正以前，似不妨允准国内书店印行，"惟须责令附印吴氏之检校述略或检正表"，以资纠正。②

该提议在一定程度上也得到了史语所所长傅斯年的支持，认为这是"最易办之法"。傅在呈给教育部的意见中指出，吴宗慈所拟重修清史的甲项"完善办法"并不可行，不仅此时国家力量无法顾及，"且十年来史料之大批发现，史学之长足进步，皆使重修一事，更感困难"。而按照乙项办法也不过是使《清史稿》"化为一部差强人意之书"，因为他认为：

> 欲作此事，则当前有一大问题在：所谓重修《清史稿》者，别据更广之史料，以作更密之研究，而称一代之信史乎？抑重修之功，大体上不出微变体例，稍益史实、删除其违碍字样乎？由前一法，诚恐下笔之后不能自休，一经纂研，势必走上重修之路，与《清史稿》无多关涉矣。由后一法，进无论于修史之盛业，退无补于解禁之速行。故愚见以为可不必也。③

由此可见，在傅氏看来，《清史稿》该书本身基本已经没有"完善"的可能，甚至以后重修清史也与《清史稿》一书"无多关涉"，明显透露出一位新史学家对旧史学的摒弃态度。

但傅斯年也提出，政府对《清史稿》"似不可忽主流通"，否则"吾辈携有此书者几专利学界，而关外日本乃人手此书以傲我国人，可耻甚矣"。这实际反映出，《清史稿》尽管存在种种问题，在当时学术界却仍

---

① 《行政院提：检校清史稿报告案》，许师慎编《有关清史稿编印经过及各方意见汇编》上册，第 242~244 页。
② 《教育部呈行政院》，许师慎编《有关清史稿编印经过及各方意见汇编》上册，第 244 页。
③ 傅斯年：《关于清史稿敬述所见》，许师慎编《有关清史稿编印经过及各方意见汇编》上册，第 245~247 页。

然不失其价值。而此语由傅氏说出，或亦暗示出他所提倡的新史学在当时影响还很有限。不过，考虑到维护政府声望的需要，傅斯年又主张，将《清史稿》"付诸学界之公评"，但要"特指明清史馆食民国之禄，而以遗老自居，未免自丧品节，非政府所欲与较而已"。① 这样，政府既可以不着痕迹地坐收渔利，也能够避免因禁锢该书而导致外界舆论对国民政府的诸多揣测。

遗憾的是，无论是吴宗慈的检正意见，还是傅斯年等人的提议，都没有得到国民政府的正面回应。某种程度上，此前汪精卫的遇刺几乎意味着这一时期由行政院主导的《清史稿》审查已经告一段落。教育部长王世杰在向行政院呈递该部对吴宗慈检校述略的意见时，也提出该案"俟经钩院议定后，应否送请中央政治会议予以核定"。言下之意说明，此时行政院即使"议定"，国民政府对《清史稿》的处理也不会就此盖棺论定。

三 审查余波

1936 年 1 月 8 日，国民政府行政院向国民党中央政治会议呈报修订《清史稿》办法。经该会议讨论，决议先交党史史料编纂委员会核议。② 而该委员会审核《清史稿》修订办法的工作则主要由主任委员邵元冲负责。事实上，邵氏早在 1932 年前后就已经注意到了《清史稿》，后来更时断时续地翻阅该书，并留意时人有关《清史稿》的评论。③ 但他对汪精卫组织的检校工作颇有微词，并在日记中写道："何其草率至此，拟函正之。"④ 嗣后，其更勤于阅读《清史稿》，意欲有所作为。《清史稿》修订办法移交党史史料编纂委员会以后，邵则先后拜访柳诒徵，约请吴宗慈，谈论清史修订事宜，拟设立专门的清史修订机关，从事清史整理与

---

① 傅斯年：《〈检校清史稿初步述略〉眉识》，转引自冯明珠《故宫博物院与〈清史稿〉》，《故宫学术季刊》第 23 卷第 1 期，2005 年，第 624 页。

② 王仰清、许映湖标注《邵元冲日记》，上海人民出版社，1990，第 1355 页。

③ 《邵元冲日记》，第 737、891、1089、1168 页。

④ 《邵元冲日记》，第 1199 页。

修订。①

以难易程度而论，设立清史修订机关与吴宗慈所拟甲项办法类似，都需要大量人力、时间和物力，这显然是当时的国民党高层比较难接受的。2 月 17 日，邵元冲向中政会内政、教育联组会议说明《清史稿》审查意见，该次会议即讨论决定，清史应该进行编订，但"原有之《清史稿》，不能解禁"；"中央应设国史馆，负责整理编辑国史，并以编订清史事隶属之"。② 这种看似"一举两得"的决议也寓示，清史编订已被国民党人提升到"国是"和"党是"的范畴，《清史稿》更加难以摆脱其禁书的命运。

另一方面，由于中日矛盾的升级，国民党人塑造历史记忆的做法也受到了一些学者的瞩目。朱希祖就私下向邵元冲建言说，"窃谓今之党史实不亚于国史，罗致材料，必先弘立规模。国民政府为［未］成立前，固多党史；训政时代未完成之前，亦属党史。则北伐之伟烈，戡乱之鸿谟，以及肆应内外，一切史料皆当搜辑，然后可以发扬一党完成一代信史弘业"。他希望邵氏于党史、国史都能竭力提倡，即使以为"国府成立以前为党史，国府成立以后为国史"，"今之国史亦不宜从缓"。朱还特别指出，中国历史上虽屡有"外族猾夏，国祚再亡"，然而"终能光复者"，实仰赖于一朝之国史"以维系民族"。而他之进言既不是想要厕身于党史编纂，也不是为了谋求国史纂修之职，"惟因国史之事，民族国祚胥将利赖，关系之重，匪可言宣"。他建议邵元冲"以党史继之国史，国难既宁，则重修清史"。③ 可见，在朱氏看来，国史事业隐然已与国家命运系于一线，重修清史则是国难平息之后的事了。

事不孤起。章太炎在 1934 年 2 月写给邓之诚的信中也说，"鄙人提倡读史之志，本为忧患而作"。因为"顷世学校授课，于史学最疏，学者讳其俭陋，转作妄谈，以史为不足读，其祸遂中于国家"，以至于"不知辽

---

① 《邵元冲日记》，第 1355～1356 页。
② 《邵元冲日记》，第 1366 页。
③ 《致邵翼如》（1936 年 2 月 26 日），朱元曙整理《朱希祖书信集·郦亭诗稿》，中华书局，2012，第 302 页。

东玄菟为汉郡，故以东北为绝域；不知汉之右北平郡领县多在热河，故以热河为塞外，乃至在官文牍，亦称东三省为满洲，竟不知满洲之盛，始于明代"。① 对于当时流传的《清史稿》，章则认为其体例存在严重问题，"最大之病在不列世纪，纪清太祖之初起，一似草泽英雄，有乖实录甚矣"，"清之初起，世受明封，非草泽英雄可比"，所以《清史稿》以"本纪"开篇是不符合"史法"的。而且，"清室遗老秉笔修史，是非必不公允。即如皇太后下嫁一事，证据确凿，无可讳饰，今一概抹杀，何以传信？"他还一再强调，"史之错误有二。小节出入，错误之微末者也，不难加以修正。大体乖违，则错误之深重者也，非更张不可"，否则就无法取信今人、传之后世。②

颇具吊诡意味的是，曾与章太炎交好的金梁这一时期却撰文回忆称，当他负责刊刻《清史稿》时，"同人意见不免参差"，但他"一切不问，遇事但以史例衡之，有合史例者用之，不合史例者舍之"。而国民党人举出的十九项《清史稿》谬误则"多以违制为辞"，自己不能予以负责。"盖论史必以史学史例为本，《春秋》、《史记》，言史者之所本也，岂可以时制为衡乎？"金表示，《清史稿》刊行后，他曾根据史学、史例审核该书，认为"惟列传可存，纪、志皆应改，而表尚可"，力主重修清史，"屡商之袁洁珊（袁金铠）"。但袁氏谓"我辈但修史稿耳，应否重修，待诸当世，何必定出我手耶？"他的这一想法最终作罢。另外，金氏针锋相对地指出，孝庄下嫁、世祖逃禅等事均系野史谣传，以此指责《清史稿》者是"信野史而不信正史"，不足为意。③ 至于"建州创业"和"太祖为虏"等，则在《清史稿》中都有明载，并不存在修史者为尊者讳的情况。④

通过比较不难发现，金梁与章太炎对《清史稿》中建州卫和清太祖

① 章太炎：《与邓之诚论史书》，《制言》第51期，1939年，第1页（文页）。
② 章太炎：《略论读史之法》，《制言》第53期，1939年，第3、7~8页（文页）。另可见《章太炎国学讲演录》，中华书局，2013，第102、107页。
③ 金梁：《清史稿回忆录》，《逸经》第10期，1936年，第6~7页。
④ 前人：《清史稿回忆补录》，《逸经》第10期，1936年，第7页。

身份的看法，实际上反映了两种不同的政治文化关怀。金梁虽然肯定建州卫和清太祖对明朝的附属为真，但他所谓"建州创业"和"太祖为虏"的"书法"实际上模糊了清朝先世与明朝之间的联系，"太祖为虏"在某种角度上更是对其臣属明朝的否定。而章太炎强调的则是清朝先世与明朝不可分割的关系，意在从历史的角度来论证东北地区属于中国的事实。这种由不同政治文化导致的对历史叙事的理解差异，正是《清史稿》的审查者与该书之间的根本矛盾所在。

因此，金梁的文章发表后很快就遭到了吴宗慈的批评。吴氏指出，《清史稿》既云"建州创业"，但"建州创业何以不光明磊落，仿照前史例撰一前纪，令后人阅清史者，得知其创业之所由"；而本纪中对"太祖为虏"虽有一鳞半爪的记载，却并不指明他"何以被虏"。其立论旨趣正与章太炎相合。然而，吴尽管声明"论学论事，初无成见存焉"，却仍未放弃从金所谓"时制"的角度批评《清史稿》的治学取向。在他看来，《清史稿》"用民国名义，耗民国金钱"，却"处处表现反对民国之精神"，就是不可取的。"欲人之无言，其又得乎？"[①] 但金梁则对此不以为然。他不仅认为，清史馆在官修清史的十余年间，"实未成书，及议校刻，实临时集款，皆出私人捐助，购稿分印，未用官款一文，不宜以官修官书为衡也"。[②] 更专门回应说，吴氏所言《清史稿》"表现反对民国之精神"，是"明知无可指摘，而曰精神，其罪且甚于腹诽矣"。[③] 并不接受吴的批评。

不仅如此，吴宗慈的《清史稿》"表现反对民国之精神"思维，似也未能在国民党内部引起普遍共鸣。相反，《清史稿》在这一时期仍是许多国民党人尽力搜求的重要文献。广西省政府主席黄旭初即以广西"僻处边陲，图书贫啬"为由，向国民政府文官处请领《清史稿》三部，以便

---

① 哀灵：《读清史稿回忆补录书后》，《逸经》第 13 期，1936 年，第 9～10 页。
② 金梁：《瓜园述异》，沈云龙主编《近代中国史料丛刊续编》第 238 册，文海出版社，1975，第 409 页。
③ 金梁：《答哀灵君论清史稿》，《逸经》第 15 期，1936 年，第 10 页。

该省各省立图书馆"增厚庋藏"。① 全国经济委员会也致函国民政府文官处，表示他们因治理黄河，"对于前代治河设施，实有借鉴之必要"，而"有清盛时，治河之成绩甚著，一切方略，备载《清史稿》中"，所以该会有必要请领《清史稿》一部。② 《清史稿》的编订审核交由党史史料编纂委员会以后，国民党中执会委员周佛海、居正、邹鲁等人，亦以参考《清史稿》为由分别致函文官处请领该书。不过，此时文官处从故宫博物院收缴的《清史稿》所剩无几，而国民政府又不便"开源"，所以通过官方途径获得书稿者应只是极少数人，"供需矛盾"仍相当尖锐。

然则，国民政府审查修订《清史稿》的工作却没有取得明显进展。1936 年 12 月，邵元冲又在西安事变中不幸殒命，由他提挈组织的清史修订事宜随之中断。或是以为国民政府对《清史稿》的禁令已经松弛，1937 年 1 月 17 日，北平文奎堂书店在天津《大公报》刊登广告，公开发售《清史稿》下半部，"全部二百元，开春即增价，有藏旧半部者速函文奎堂再议配补，十日为限"。③ 此消息一出，使得之前订购《清史稿》的人再起烦言，并寄望于政府的开禁。前北洋政府官员邢端即以个人名义致书文官处处长魏怀，云：

> （《清史稿》）既经售卖，是以前禁令早已无形取消，政府修正之书又难计日刊布，前此捆载而南之数百十卷既已视同废纸，何妨暂开文网，俾弟等所获者得成完璧。与其以一纸空令而惠及市井之小人，何若以半部残编得令全国人士之论定。④

为避免给政府造成麻烦，邢氏还提出，可以由订购者向政府提供邮寄

---

① 《广西省政府主席黄旭初函》（1935 年 4 月 9 日），国民政府档案"清史稿分赠"档，"国史馆"藏，档案号：001 - 097112 - 0001。

② 《全国经济委员会公函：请颁发清史稿一部以资参考希查照见复》（1936 年 1 月 4 日），国民政府档案"清史稿分赠"档，"国史馆"藏，档案号：001 - 097112 - 0001。

③ 《半部清史稿》，天津《大公报》1937 年 1 月 17 日，第 2 版。

④ 《邢端函国民政府文官处》（1937 年 1 月 26 日），国民政府档案"清史馆史稿书籍接收案"档，"国史馆"藏，档案号：001 - 015020 - 0003/50046311。

费用，解决该书下半部的寄送问题。但国民政府却没有因此而宽禁《清史稿》，而是训令行政院重申禁令。[①] 行政院则转令北平、天津和上海三市政府查明情况后予以禁止，然后由内政、教育两部具文呈复。[②] 再次打消了私人申领《清史稿》的可能。

直到抗战前，国民政府对《清史稿》采取的处理措施依然限于行政层面的禁令，官方对该书的勘正和修订则始终没有达成统一结果。1939年12月26日，国民政府在重庆召开委员会临时会议，通过了国民党中执会五届六次全体会议"设立国史馆筹备处"的决议。国民政府主席林森则在会上提出，《清史稿》"内容纰缪很多，对于本党，亦多诬诟"，应该把勘正该书的工作也交与国史馆筹委会，将其"不合之处签注出来，以备删除"。[③] 该提议虽然得以通过，但在此后相当长的一段时间内，国民政府抗战求存尚且力有未逮，就更谈不上认真执行对一部禁书的审查与勘正了。

余　论

尽管这一时期《清史稿》的读者与审查者曾从不同层面上对该书内容提出过批评，但是他们基本上都希望可以通过官方的审查或修订，使该书逐渐趋于"完善"，然后在国民政府统治下解禁发行。从孟森、容庚到汪精卫、吴宗慈，再到后来的傅斯年和邵元冲，都曾关注到这一点。另外，清末革命党人宣传种族革命时大量使用的清初野史佚闻，在此时《清史稿》的讨论中也被不少国民党人沿用，有关"太后下嫁"等传言真伪的辩争大致仍不出这种思想的"范式"。孟森更将之延伸到传言与历史之间的差异，认为"无一字可据，仅凭口耳相传，直至改革以后，随排

---

① 《国民政府令行政院：天津大公报载：发售清史稿广告令转饬查明禁止》，许师慎编《有关清史稿编印经过及各方意见汇编》上册，第248页。

② 《行政院呈国民政府》（1937年2月11日），国民政府档案"清史馆史稿书籍接收案"档，"国史馆"藏，档案号：001-015020-0003/50046314。

③ 《国民政府委员会临时会议速记录》（1939年12月26日），国民政府档案"国民政府委员会会议速记录"档，"国史馆"藏，档案号：001-046100-0025。

满思潮以俱出者，岂可阑入补史之文耶？"① 然而其关注问题的起因与国民党人相似，均体现出清季革命党人历史记忆的持续影响。

其实，孟森所谓"可以兴到挥洒，不负传信之责"的"苍水诗"之流，恰恰成为当时一些趋新史家眼中的"新材料"。顾颉刚早在 1922 年就提出，研究历史"应当看谚语比圣贤的经训要紧；看歌谣比名家的诗词要紧；看野史笔记比正史官书要紧"，因为"谣谚野史等出于民众，他们肯说出民众社会的实话，不比正史、官书、贤人、君子的话，主于敷衍门面"。② 而先入为主地认定"正史官书"不可靠，当"别据更广之史料，以作更密之研究"，或也是傅斯年不怎么看得上《清史稿》的一个重要原因。

但"正史官书"在政治和社会层面的影响力却不可低估。国民党人陈济棠即以广州绥靖公署主任的名义致函行政院，称"《清史稿》一书，其典章法则及各国交涉事项，悉取裁于官书档案，纪载较为精确，敝部刻需此书参考，闻钧院秘书处尚有储存，拟恳颁两部，俾资考证"。③ 协助吴宗慈检校的陈仲骞在其官方工作中止后，还曾对吴梅说，"近取《清史稿》，逐句细勘，凡语气中不合体制者，为易一二字。如太宗纪中，往往言'上举大军讨明'，则改为'帝攻明'；仁宗纪中补载诛灭和珅各上谕，期与民国不相抵触，而又得实事为旨，此后刊行，可无忌讳矣"。④ 其勘正方式实际上更接近于"正史官书"的取向。

以弟子自命的黄杰在追溯邵元冲思想时也提到，邵氏认为，二十四史"皆重编年志表，虽多可议之处，然取舍抉择，在于学人，故主张亟行修正清史，增益柯凤荪《新元史》二百五十七卷，以合成二十六史，使断代旧史作一结束，而以民国史为新体之创制"。⑤ 黄氏回忆中的"师说"

---

① 孟森：《太后下嫁考实》，氏著《心史丛刊（外一种）》，岳麓书社，1986，第 240 页。
② 顾颉刚：《中学校本国史教科书编纂法的商榷》，《教育杂志》第 14 卷第 4 号，1922 年，第 4 页。
③ 《行政院密呈据广州绥靖公署主任陈济棠江电请发清史稿两部转请鉴核颁给俾便转发由》（1935 年 10 月 8 日），国民政府档案"清史稿分赠"档，"国史馆"藏，档案号：001 - 097112 - 0001。
④ 《吴梅全集》日记卷下册，1936 年 4 月 24 日，河北教育出版社，2002，第 713 页。
⑤ 黄杰：《黄序》，邵元冲：《玄圃遗书》，正中书局，1954，第 3 页。

虽然未必面面俱到，但明显可见正史体例对邵元冲审订《清史稿》的影响。倘若考虑到邵氏的学术交际网络，则他"以民国史为新体之创制"的想法在"新"的层面上可能要打一些折扣。至少其"新体"与傅斯年等人提倡的新史学应存在一定距离。

　　具体到章太炎等一再讨论的建州卫与清朝先世对明朝的臣属问题，则带有强烈的现实指向。事实上，《清史稿》中对相关问题模棱两可的表述并不是该书纂修者的"发明"，而是基本沿袭了清代官书实录中的记载。如果在其他时期，类似做法可能也会引起一些学术争议，但或许不会产生如是社会反响。然而日本侵占中国东北以及伪满洲国的成立，却在相当程度上放大了《清史稿》中的叙述，扭转了不少学者对此学术问题的认知态度，进而波及了国民政府对该书的审查和解禁。前述傅斯年向国民政府提议对《清史稿》"似不可忽主流通"，大抵即具有这种民族主义的心态。这一点也使得《清史稿》的审查问题变得更为复杂。

　　此外，特别需要注意的是蒋介石在官方审查和编订《清史稿》问题上的态度。种种迹象表明，蒋对该书被禁和审查的情形应该有着颇为深入的了解；[1] 但是，从其同时期的公私记录来看，却很难发现他对这一事件的积极回应。若从官方审查和修订《清史稿》的主要内容来看，汪精卫提出重点纠谬的对象——清末革命事件，实际上正是蒋对汪和胡汉民等人讳莫如深的问题。由政府组织纠谬就意味着为胡、汪等人的革命历史进行官方宣传，无异于为自己的政治对手作嫁衣，这大概是此时刚刚稳固最高领袖地位的蒋介石所不愿意看到的。[2]

〔周海建，中国社会科学院研究生院近代史系〕

---

① 邵元冲就曾致函蒋介石说明设立清史机关的必要性。参见《邵元冲日记》，第 1356 页。

② 关于蒋介石在确立"最高领袖"地位过程中与胡、汪等人的争斗，参见金以林《国民党高层的派系政治（修订本）》，社会科学文献出版社，2016。有意思的是，国民党退据台湾后，经蒋介石批准，由张其昀主持纂修成书的《清史》仍是以《清史稿》为蓝本，"妥慎修订，正其谬误，补其缺憾"（张其昀：《序》，《清史》第 1 册，"国防研究院"，1961，第 1 页）。彼时，通过纂修清史来宣扬国民党的"革命历史"，则成为他们对共产党进行"政治战、文化战"的一种手段。

王府井与天桥：民国北京的双面叙事

王建伟

内容提要 作为民国北京两处重要的城市空间与商品交易场所，王府井大街与天桥地区代表不同的商业形态，同时也是城市风貌与社会生活的典型展示。不同的空间内部，分布着类型不同、等级不同的商品经营者以及面目不同、阶层不同的各种消费人群。如果说，王府井大街已经成为民国时期现代资本主义商业体系在北京的集中展示地，而距此不远的天桥则仍容纳着众多传统社会的流动性摊商、回收旧货的二手市场、经营劣质食品的饭铺、茶楼，以及形形色色的卖艺者与手艺人。王府井与天桥既代表着民国北京，又都不是民国北京的全部，如果只关注一点而忽视其余，犹如盲人摸象，只有将双方平等置放在同一个观察平台，兼顾两者的显著区别，才能对民国北京的时代面相有一个更加全面而深刻的体认。

关键词 民国北京　王府井大街　天桥　摩登　粗鄙

多元性与异质性是现代城市最本质的特征之一，亦是城市研究的基础性问题。城市发展程度越高，内部的差异越大，这种区别通过行政管理、市政设施、建筑景观以及商业网点分布等多种因素表现出来。民国北京正经历从传统国都到近代城市的转型过程，城市形态与功能发生历史性变革，其空间结构、社会结构等亦发生深刻变化。在城市内部，不同群体、不同阶层因经济地位、社会地位等方面的差异，呈现不同的生活方式与生存状态，由此生成迥异的城市记忆与城市意象。①

一 作为都市新景观的王府井

清代前中期的北京内城是一个政治之城、军事之城，政治属性压倒一切。由于受到政治制度、城市布局以及交通条件的限制，呈现出绝对封闭性的特点。内城中形成了诸多禁令，如不准经营商业、不准有娱乐场所等，绝大多数普通居民只能居住在外城，商业区也多集中于南城，尤其是前三门（即崇文门、正阳门和宣武门）地区，由于地处北京内外城的连接带，地理位置适中，沟通内外城居民的往来，周边地区聚集大量工匠作坊、茶楼和戏园等，形成专门街市，商贸十分繁盛。

民国时期是近几百年间北京城市政治性色彩相对淡化的阶段，是政治性因素不断从中心向边缘退却的过程。从空间维度考察，以往以帝王宫殿为中心的空间结构逐步转向以商业为中心，城市布局的主导因素从权力转向经济。曾经作为帝都象征的帝王宫殿、皇家园林、坛庙，或丧失原有功能而退居幕后，或转换相关用途，成为凭吊或游赏之处。而一些新兴商业场所借助于资本的力量，开始跃居城市的中心位置。

王府井大街作为近代北京一处新式商业空间的兴起，既是一个官方主导、规划的过程，也是一个符合市场规律的自发过程。该街本为旗人驻扎之地，原名王福晋大街，位于紫禁城东华门外南北走向，南达东长安街，

---

① 董玥在《民国北京城·历史与怀旧》（三联书店，2014）中专门设有一章，探讨了民国北京不同消费空间与市场等级的对应关系，以及由消费行为所构建的社会阶层划分等问题，重点涉及王府井与天桥。岳永逸在《空间、自我与社会：天桥街头艺人的生成与系谱》（中央编译出版社，2006）中，多次触及天桥作为城市边缘地带所具有的"贱""脏""穷""乱"等典型的社会特征。陈平原曾提出，以胡同为代表的老北京与以大院为代表的新北京，存在着裂缝；紫禁城的皇家政治与宣南的士大夫文化之间，也有巨大的差异，王公贵族与平民百姓并不分享共同的城市记忆（《北京记忆与记忆北京》，《北京社会科学》2005 年第 1 期）。相关研究还可参见王均《现象与意象：近现代时期北京城市的文学感知》，《中国历史地理论丛》2002 年第 2 期；王升远《"文明"的耻部——侵华时期日本文化人的北京天桥体验》，《外国文学评论》2014 年第 2 期。

北达东四西大街。清代中期之后，随着旗、民分城而居制度的日渐松弛，京师内城不得经商、娱乐的禁令逐渐名存实亡，东四、西单、地安门、鼓楼、北新桥等地出现了一批地点相对固定、时间上具有连续性的商品集市。由于地处出入皇城的重要通道，内务府采购物资也多经过于此，至清后期，王府井地区商业属性开始凸显，不仅有流动性摊商，也有一些固定商铺、饭庄出现，一些昔日王府临街房屋开始经营商业。

东安市场的建成是王府井大街兴起的标志性事件。庚子事件之后，清政府开始在京师地区推进近代市政，王府井所处的东安门外区域成为北京最早进行道路建设的地方之一，"迨光绪末季，值肃王善耆司警政，始以其地改建市场。最初因陋就简，仅具雏形而已"。① 由于庚子之前，这一带已经形成了一定规模的街市，因此，在整修道路过程中官方拆除了商贩沿街搭建的一些棚障，选中位于王府井大街北端的原八旗神机营操场，划出部分区域，将东安门外两旁的铺户迁至此地继续营业，逐渐形成了一处每日营业的固定商业场所，得名东安市场。

东安市场是北京城最早的由官方所设的综合性定期集市，采取官商合办的经营模式。《东安市场现办章程》规定，商人任庆泰"禀请工巡总局准其租领立案，发给凭单，官不出款，该商自筹资本建房招商"，"自行筹款先行开沟筑路，次第建造房屋，既建之后，永为己业，不准拆去"，"招至各商在彼营业，既遵警察章程办理。其该商应受保护之利益，工巡局均可承认"。② 东安市场经营范围覆盖到日用百货、饮食、娱乐等与民众日常生活相关的各个方面。在这个固定的商业空间中，商户不再像以往一样在街道上随意经营，开始遵循既定的社会秩序，服从市场的统一规划和管理。1906年，东安市场北部建立了吉祥茶园，园内每晚有京戏演出，这是北京内城的第一家。内城的人们不用再绕道至前门，可以在此购物、娱乐。随后，东安电影院、会贤球社等娱乐设施在此纷纷开办，进一步增加了王府井地区的客流。宣统年间竹枝词形容："新开各处市场宽，买物

---

① 马芷庠编著、张恨水审定《北平旅行指南》，经济新闻社，1937，第331页。
② 《东安市场现办章程》，中国第一历史档案馆编《光绪三十二年创办东安市场史料》，《历史档案》2000年第1期。

随心不费难。若论繁华首一指，请君城内赴东安。"① 民初《京师街巷记》记载："其地址广袤宽敞，初为空场，蓬蒿没人，倾圮渣土，凸凹不平，自前清光绪三十年，改建市场，始惟有百般杂技戏场各浮摊商业等，旋经建筑铺面房屋，其内之街市为十字形，两旁商肆相对峙，曾经壬子兵燹所及，市肆墟毁，不数月，从事建筑，规模较前尤宏阔矣，商肆栉比，货无不备。"② 东安市场的出现具有开创意义，预示着北京城市化进程中消费革命的兴起。

东安市场建成之后几次失火，屡次重建，规模都有所扩大，商业益见发达。至 1920 年代初期，茶楼、酒馆、饭店、戏园、电影、球房以及各种技场、商店无不具备，"比年蒸蒸日上，几为全城之精华所萃矣"：

> 东安市场为京师市场之冠，开辟最先，在王府井大街路东，地址宽广，街衢纵横，商肆栉比，百货杂陈。……该场屡经失火，建筑数四，近皆添筑楼房，大加扩充，其中街市共计有四。南北一，东西三。商廛对列，街中羼以货摊，食品用器，莫不具备。四街市外，又有广春园商场、中华商场、同义商场、丹桂商场，及东安楼、畅观楼、青莲阁等，其中亦系各种商店、茶楼、饭馆，又各成一小市场矣。场中东部为杂技场，弹唱歌舞，医卜星象，皆在其中。南部为花园，罗列奇花异葩，供人购取。园之南舍，为球房、棋社，幽雅宜人，洵热闹场中之清静处所也。③

至 1930 年代初期，东安市场摊商总计已达 350 余家，其中以书籍、玩具、杂货、糕点、糖果为最多，以社会中上层为主要服务对象，"就是

---

① 兰陵忧患生：《京华百二竹枝词》，路工编选《清代北京竹枝词（十三种）》，北京古籍出版社，1982，第 129 页。
② 郭海：《东安市场记》，林传甲编纂《京师街巷记》，武学书馆，1919，"内左一区卷三"，第 1~2 页。
③ 徐珂：《增订实用北京指南》，商务印书馆，1923，"第一编：地理"，第 5 页；"第八编：食宿游览"，第 22~23 页。

那些水果摊、香烟铺，都带有华丽气派"。① 铺商共计 240 余家，其中以布店、鞋铺、西装服、洋广杂货商店为最多，"各该铺商之内外一切布置，均极美丽，游人顾客亦均中上级人士，故每日营业尚属发达"。② 由北平市社会局组织编写的《北平市工商业概况》称东安市场在全市所有官办及商办商城中"规模最大，商业亦最为发达"。③ 一直致力于收集旧京故闻的瞿宣颖在上海的《申报月刊》上介绍这一时期东安市场的日常状态：

> 东安市场，当王府大街之中段，距东交民巷甚近，庚子以后所开，其法长街列肆，租以营业，百货无不具备，旁及球场、饭店、茶馆、饮食、游艺之所，乃至命相奇门堪舆奏技之流，皆可按图以索。街之中复列浮摊，以售零星食物花果书籍文玩者为最多，以其排比稠密，人烟繁杂，屡屡失慎重修，最后一次迄今亦逾十年矣。其包罗宏富，位置适宜，有似港沪之大百货商店，而能供日用价廉之物，则又过之。居旧都者，莫不称便。浮薄少年，涉足其中，可以流连竟日，因为猎艳之游，目挑心招，辄复遇之。④

以东安市场的兴起为发端，王府井逐渐发展成为北京城内最重要的商业中心。由于地处皇城主要进出口的东安门外，靠近东交民巷使馆区，这里成为北京最早开启市政建设的区域之一，1914 年京都市政公所成立之后，首先选择了以王府井大街所在的内城左一区为示范区域，开始道路改造工程，包括拓宽道路、测量房屋基准线、整修明沟、铺装工事，修筑沥青道路等。1915 年，美国石油大王洛克菲勒在豫王府旧址上建起协和医院，1917 年，中法实业银行在王府井南口建成七层楼高的北京饭店，"道中宽阔清洁，车马行人，络绎不绝。……车马云集，人声喧填，为京师最

① 《平市人心渐趋安定 将重觅享乐生活》，《世界日报》1933 年 6 月 2 日。
② 马芷庠编著《北平旅行指南》，第 331～332 页。
③ 娄学熙编《北平市工商业概况》，北平市社会局印，1932，第 684 页。
④ 铢庵（瞿宣颖）：《东安市场》，《申报月刊》第 2 卷第 10 号，1933 年。

繁华之区也"。① 1920 年代之后，王府井地区开始设立有轨电车车站，1928 年，王府井大街修建柏油马路，交通条件进一步改善。

良好的硬件设施提供了区域发展所需的重要基础，对外国侨民和本地上层人物形成了强大的吸引力，一批高档洋行以及商业店铺纷纷进驻，如经营橡胶制品的英商邓禄普洋行、经营电器的德商西门子洋行、经营福特汽车的美商美丰洋行、经营印度绸缎的英商力古洋行、经营煤油的美商德士古洋行，以及经营钟表、钻石、金银器皿的法商利威洋行等。外资金融机构如美国花旗银行、法国东方汇理银行、华俄道胜银行等在此开设代理处。

在东安市场的示范作用下，原本繁盛的正阳门外一批店铺纷纷迁入王府井大街。即使在 1928 年国都南迁，北平消费市场陷入低迷之时，王府井借助于独一无二的区位优势仍能保持相当景况，"东单崇文门一带地方，距东交民巷甚近，外商林立，各国侨民杂居是处，东城繁荣，乃集于斯。加之东安市场，年来扩充，王府井大街，遂成东城荟萃之地。其富庶情况，不减于昔日之前门大街"。② 1936 年，上海《申报》特派记者在北平观察到，"前门外商铺以资厚牌老胜，所谓北京老住户之购货（尤其衣料），恒以该处购获者为讲究。近年世事推移，此辈老住户大半衰落，前门外之商业已大呈颓势"。而王府井大街则"富丽堂皇"，"其在平市观瞻上几可媲美上海之南京路。东安市场以小巧玲珑胜，摊肆夹道，百货杂陈，诱惑性且较王府井为甚。故一般顾客，尤其摩登男女，多喜出入其间，外国人之来北平观光者，亦必以市场巡礼为必要之游程"。③ 这一时期，王府井所在的东城已经取代南城，成为北京商贸最为繁盛的区域，《北平旅行指南》对此载："目前王府井大街、东安市场、西单北大街、西单牌楼，西单商场一带，商业似有蒸蒸日上之势，崇内大街之光陆影院，灯市口之飞仙影院，西长安街新建之新新、长安两戏院，均见活泼气象，较诸前外大街、大栅栏、观音寺渐有起色。各银行并在东四西四西单

---

① 崇普：《王府井大街记》，林传甲编纂《京师街巷记》，"内左一区卷三"，第 5～6 页。
② 《北平市况：南城的繁荣已被东西城所夺》，《大公报》1933 年 3 月 2 日。
③ 赓雅：《北上观感·自治风云中之惨象》，《申报》1936 年 2 月 9 日。

及王府井大街，设办事处二十三所，以资吸收储户款项，而便商民。平市繁华重心，又由南城转移至东西城矣。"①

由于地处北京传统的达官显贵聚居地，且靠近东交民巷使馆区与西交民巷银行区，周边富户集中，还有一批外交使节及在京侨民，为王府井的商业发展提供了重要的目标客户与消费支撑，这一群体的消费品位与消费习惯对王府井的商业业态具有重要影响，呈现出高端、洋气的特点，与北京传统的商业面貌形成了明显差异。王府井经营范围上涵盖汽车、钟表、电器、钻石、西装等西洋色彩浓厚的商品，在经营模式上亦不断探索，商铺内外装潢高档，商品陈列炫目、考究。1924 年，一五一百货公司在王府井大街开业。营业员以女性为主，统一着浅蓝制服、佩公司徽章，新颖的经营形式引发了大众的关注。1930 年开业的亨得利钟表眼镜店，店面用大玻璃橱窗装饰，大门采用玻璃门，货架也采用玻璃货架，店员必须容貌端庄，统一衣着，西装、皮鞋、领带。在一段相当长的时期内，王府井大街都是北京城内最为知名的商业中心之一，引领时尚消费潮流，承担着古都"摩登代言人"的特殊身份。

二　作为平民社会缩影的天桥

元、明时期，处于北京正阳门外的天桥一带视野空旷，环境清幽，是京城人士重要的郊野游玩之地。清朝定都北京之后，限令内城汉人及商贩迁往城外，正阳门外商业日益繁华，成为全城重要的商业、娱乐中心。至道咸年间，天桥地区陆续出现茶馆、鸟市，一些梨园行人士在此喊嗓、练把式，但尚未形成很大规模。此时，天桥仍是一派田园景色。据曾亲历天桥变迁的齐如山描述："当光绪十余年间，桥之南，因旷无屋舍，官道之旁，惟树木荷塘而已。即桥北大街两侧，亦仅有广大之空场各一，场北酒楼茶肆在焉。登楼南望，绿波涟漪，杂以芰荷芦苇，杨柳梢头，烟云笼

---

① 马芷庠编著《北平旅行指南》，第 10 ~ 11 页。

罩，飞鸟起灭。"① 场中虽有估衣摊、饭市及说书、杂耍等，但为数不多。

天桥商业的日渐兴起与清末民初北京城市空间结构变动与市场体系的兴衰密切相关。当地安门、东四、崇文门、花市等曾一度繁盛的商业区域相继衰落之时，天桥则借助于靠近正阳门的区位优势，逐渐吸引一批摊贩以及曲艺、杂技卖艺者，"天桥南北，地最宏敞，贾人趁墟之货，每日云集"。②"正阳门街衢窄狭，浮摊杂耍场莫能容纳。而南抵天桥，酒楼茶楼林立，又有映日荷花，拂风杨柳，点缀其间。旷然空场，尤为浮摊杂耍适当之地。于是正阳门大街，应有而未能有之浮摊杂耍，遂咸集于此，此天桥初有杂耍之原因。"天桥市场粗具雏形，但"未至十分发达"，"又以京津车站设于马家铺，京汉车站设于卢沟桥，往来旅客，出入永定门，均以天桥为绾毂。而居民往游马家铺者甚多，亦于此要约期会，此天桥发达最早之因"。③ 庚子年间，天桥地区的商业受到一定冲击，但旋即恢复。

民国建立之后，天桥地区的商业功能更加丰富，除众多摊商之外，新增了戏园、落子馆等娱乐场所。"民国元年一月，厂甸改建街道，工程未竣，堆积砖瓦，无隙设摊，当局为谋维持摊贩利益，曾将厂甸年例集会，暂移香厂。时伶人俞振庭者，乘闲于厂北支一棚，演奏成班大戏，并约女伶孙一清串演，原定一月为期。期满，有人援例，移至金鱼池南岸上，赓续其业，未几，再由金鱼池迁至天桥，此实天桥有戏园之始，而同时继起者，亦比比矣。"④

1914 年京都市政公所建立之后对正阳门实施改造，督修工程处把围绕正阳门月墙的东西荷包巷各商铺房屋以及公私民房 60 多处作价收购拆毁，这些工作至 1915 年基本完成。"而瓮城内两荷包巷商民，则合议将所拆存之木石砖瓦，移天桥西，建立天桥巷，凡七开，设酒饭镶牙各馆，并清唱茶社，暨各色商肆，以售百货，居百工，此又天桥渐成正

---

① 张次溪编《天桥一览·齐序》，中华印书局，1936，第 1 页。
② 震钧：《天咫偶闻》，北京古籍出版社，1982，第 135 页。
③ 张次溪编《天桥一览·齐序》，第 3 页。
④ 张次溪编著《天桥丛谈》，中国人民大学出版社，2006，第 8 页。

式商场之始。"①

不过，天桥在日渐繁盛的同时，区域内环境也在恶化，"地势略洼，夏季积水，雨后敷以炉灰秽土，北隅又有明沟，秽水常溢，臭气冲天，货摊杂陈，游人拥挤。……由彼往西，地名香厂，夏季芦苇甚多。常年不断秽臭之气，所有商业者皆为臭皮局、臭胶厂，天桥臭沟泄其臭水，与香厂之名实决不相符"。② 与前文齐如山所述之光绪年代景色已决然不同。

京都市政公所建立之后，平垫香厂，修成经纬六条大街，如华仁路、万明路等，开启了香厂新市区建设，很大程度上改善了天桥周边区域的环境：

> 六年，高尔禄长外右五区。督清道队削平其地，筑土路，析以经纬。同时是区居民卜荷泉诸人，复捐资于先农坛之东坛根下，凿池引水，种稻栽莲，辟水心亭商场，招商营业。茶社如环翠轩、香园；杂耍馆如天外天、藕香榭；饭馆如厚德福，皆美善。沿河筑长堤，夹岸植杨柳。其西南，各启一门，皆跨有木桥。河置小艇，每届炎夏，则红莲碧稻，四望无涯。一舸嬉游，有足乐者。③

新世界商场、城南游艺园在香厂地区先后建成，也为天桥带来了大量客流，天桥的经营面积大大扩张，"香厂由草昧慢慢的开化，连带着天桥的面目也渐渐改变起来"。1924 年电车开通后，天桥成为通往东西城的第一、二路电车总站，"东自北新桥，西自西直门，东西亘十余里，瞬息可至"，"交通既便，游人愈夥，而天桥遂极一时之盛矣"。④

天桥地区基本可以分为娱乐场和市场两部分，一般以一、二路电车总站为标志。"在东则率多布摊及旧货摊、估衣棚，北连草市，东至金鱼池。善于谋生之经济家，每年多取材于此。至其西面，则较东为繁盛，戏棚、落子馆为多，售卖货物者殊少。""其北建有天桥市场，内多酒饭店、

---

① 张次溪：《人民首都的天桥》，修绠堂书店，1951，第 12 页。
② 秋生：《天桥商场社会调查》，《北平日报》1930 年 2 月 16、17 日。
③ 张次溪编著《天桥丛谈》，第 11 页。
④ 张次溪编《天桥一览·齐序》，第 4、1、3 页。

茶馆之属，其他营业总难持久，颇呈寥落状况。惟此处收买当票及占算星命者异常之多，亦殊为市场中之特色。""天桥迤西，先农坛以东，近日成为最繁盛之区域，且自电车路兴修以后，天桥之电车站，更为东西两路之汇总，交通便利，游人益繁"，"即现在该处所有戏棚，已有五、六处之多，落子馆亦称是，茶肆酒馆尤所在多有"。"由此迤西，沿途均为市肆，茶馆为最多，饭铺次之，杂耍场与售卖货摊亦排列而下，洵为繁多之市廛。"①

至 1930 年代以后，北平因国都南迁而市面空虚、百业萧条，天桥地区则因定位低端、消费廉价而迎合了特定的消费群体未受太多影响，"近两年平市繁荣顿减，惟天桥依然繁荣异常，各地商业不振，惟天桥商业发达"。②"而往游者非完全下层市民，至中上级亦有涉足其间者。因之艺人如蚁，游人如鲫，虽在此平市百业萧条、市面空虚中，而天桥之荣华反日见繁盛。"③ 当时的《北平日报》有详细介绍：

> 天桥地基既然扩大十倍，商业亦已是日增多。近由该管外五区详查，即天桥西隅已有商店二百余家，并有浮摊四百三十余家，每日以天桥求生活者，当在数千人之上，天桥地方又岂可轻视哉。据对天桥商摊统计，布业七十九家，饭业三十七家，估衣八十三家，戏园大小九家，坤书馆七家，木器店二十一家，杂货店二十四家，煤商九家，茶馆三十家，镶牙馆八家，卜相棚十九家，席箔店三家，洋货店七家，酒店三家，纸烟铺四家，钟表店三家，茶叶店一家，以上皆为纳月捐领商照之正式商店。其余各项货摊二百九十一家，食品摊四十九家，游艺杂技摊六十二家，卦摊、药摊等三十七家云。大致分布情况是：天桥东为纯粹商场。天桥西夹杂游艺，桥西有魁华、振仙、升平、吉祥等戏园，有振华、安乐、中华、合意等坤书馆，有忠义、宴乐、宾众、振兴等茶楼，又有先农、惠民等商场。上地各项杂技俱

---

① 陈宗藩：《燕都丛考》，北京古籍出版社，1991，第 641 页。
② 秋生：《天桥商场社会调查》，《北平日报》1930 年 2 月 16、17 日。
③ 马芷庠编著《北平旅行指南》，第 260～261 页。

全，更有酒馆、饭馆等设备。而桥东除歌舞、燕舞、乐舞三家戏园外，即是估衣、布匹、木器以及各项货摊云。①

如果说，王府井大街代表了民国北京新兴的商业形态，天桥地区则是另外一种传统模式。此地虽号称繁盛，商家众多，但都为临时性摊贩，设施简陋。民国初年的《天桥临时市场暂行简明章程》规定，天桥市场以维持小本经营为宗旨，"在本市场租地营业者，只准支搭棚屋、板棚，不得建盖房屋"。② 区域内的所谓"建筑"低矮而杂乱无章，小贩遍地铺陈。在众多来源不同的材料中，对天桥日常形态的描述都是雷同的，呈现出基本一致的面目：

> 天桥一带非仅为娱乐之地，亦属平民最大之商场。每日最盛时为午后，若至夕阳西下，则已无人问津。以露天地摊及估衣棚占大多数。有城中之沿街打鼓商贩，买来旧物，在此设摊转卖以博微利。故今日所见之物，明日购买即无。其中铺商则系沿北街一带，有估衣、古玩铺数家。其余均系摊商，计有估衣、布匹、鞋袜、书籍、玩具、瓷器、家具、化妆及碎烂钢铁零星物品等。此外尚有诸多细碎手艺人，如刷洗旧帽，收拾钟表，擦铜，抹油，殊为收容落魄者之深渊云。③

1930 年代中期北平的《市政评论》对天桥的素描为：

> 站在天桥西头，朝东望，一片高低不平，处处掺杂着碎砖烂瓦的地上，黑丛丛摆着无数荒似的一堆堆一堆堆的地摊，破铜烂铁，零碎家具，古董玩器，以及一切叫不出名目的东西，可是这里的东西虽多，但能够卖上一元的东西，却是凤毛麟角了，在这儿，有许多摆摊的，一见到警察的影子，便眼疾手快，溜之大吉，当然啰，这么着，

---

① 秋生：《天桥商场社会调查》，《北平日报》1930 年 2 月 16、17 日。
② 黄宗汉主编《天桥往事录》，北京出版社，1995，第 43 ~ 44 页。
③ 马芷庠编著《北平旅行指南》，第 332 页。

便可免掏两大枚的摊捐啊。在有摆花生摊的先农市场门前两边，搭着许多补着补丁的破布棚，里面是满塞着现成的衣服，男的，女的，大人的孩子的，以及单的棉的，买估衣的伙计们，不嫌麻烦的，一件件提抖着。①

作家姚克观察到的天桥为：

> 高低不平的土道旁，连绵地都是"地摊"，穿的、用的，甚至于旧书和古董，色色都有。我跟着蚂蚁似的群众在这土道上挤向前去；前面密密层层排着小店铺，露天的小食摊，茶店，小戏馆，芦席棚，木架，和医卜星相的小摊，胡琴、锣鼓、歌唱、吆喝的声音，在我耳鼓上交响着。②

天桥是专属中下层社会的消费空间与娱乐空间，"正阳门外天桥，向为游人麋集之处，一般小商业，及低级生涯，均在该处辟地为业，故有平民市场之称"。③ 那里"游人如蚁"，但"窶人居多"。④ "很少有绅士气度的大人先生，在此高瞻阔步，到这里来玩的人，多半是以体力和血汗换得食料的劳苦的人们。他们在每天疲倦以后，因为这里不需要高贵的费用，便可以到这里来，做一个暂时的有闲阶级，听听玩艺儿，看看杂耍，忘却了终日的疲劳，精神上得受了无限的慰藉。"⑤ 各种对天桥那些黑压压的人群的描述也呈现出基本一致的面部特征与精神状态：

> 天桥是个贫民窟，同时也像一个各种人型的容受湖。四下的人行道上黑压压的头，潮浪般的向这里流，流来的并不静止下来，仍是打

---

① 慈：《天桥素描》，《市政评论》第 3 卷第 16 期，1935 年。
② 姚克：《天桥风景线》，姜德明编《北京乎：现代作家笔下的北京（1919～1949）》（上），三联书店，1992，第 353～357 页。
③ 马芷庠编著《北平旅行指南》，第 10 页。
④ 易顺鼎：《天桥曲》，转引自张次溪编著《天桥丛谈》，第 35 页。
⑤ 张次溪编《天桥一览》，第 12 页。

这湖的此岸流向彼岸。真的，如果你能在天桥蹓跶一个下午，保管你会遇到这样的情形，同一张脸，刚打你跟前溜走了，一会儿又流了来。在这形形色色的一群中，看出了有的是因了家庭破产，而失了学的流浪青年，有的是因为受不了官家的横征暴敛，纳不起苛捐杂税，缴不起租价，被生活迫害着不得不放下锄头，打穷乡僻野里，跑到繁华的都市来找活作，而又失望的庄稼人。有的是曾在没落途中用过死劲，想还有那些逃灾逃难，无家可归，已沦落成叫花子的男人女人，更有不少的受了掌柜的嘱咐，出来取送货物，而偷着来玩会的小伙计们，那些腰间系着条皮带，毫没杀气的武夫们，也不时的流来流去，偶而也看到几个碧眼黄发的外国人，大概是为了适应环境起见，把"握手礼"，换了"打恭""作揖"，把老粗们听不懂的洋话，也改成了地道的中国腔：先生，费心，破费破费吧。一尾随着人讨铜子，还有些娘儿们，小脚的，大脚的，穿红戴绿，脸上抹着一层厚胭脂，不害臊的跟着人挤来挤去，眉来眼去的向人调情诱惑，……在这群各具其面，异声异气的人的脸上，都是深深的刻画着一个在饥饿线上挣扎的创痕，并且表现着无聊，枯寂，不安，忧愁的姿态。①

对于众多卖艺者而言，天桥是他们重要的谋生之所，"三教九流无奇不有，百业杂陈无所不备，凡欲维持临时生活者，苟有一技特长，能博观者之欢乐，亦可借此糊口"。② 但是，穷人的消费者仍然是穷人，非常有限的铜板基本上仍在这个封闭的空间中实现着内循环，"自前清以来，京师穷民，生计日艰，游民亦日众，贫人鬻技营业之场，为富人所不至，而贫人鬻技营业以得者，仍皆贫人之财。余既睹惊鸿，复睹哀鸿，然惊鸿皆哀鸿也。余与游者，亦哀鸿也"。③ 那些贫困的卖艺者在这里赚取一家人一天的吃食，并在这里消费，然后所剩无几。对于他们而言，"天桥是一部活动电影，是一部沉痛人生的悲剧，虽然，你从他们的脸上，可以看到

---

① 慈：《天桥素描》，《市政评论》第 3 卷第 16 期，1935 年。
② 马芷庠编著《北平旅行指南》，第 260~261 页。
③ 易顺鼎：《天桥曲》，转引自张次溪编著《天桥丛谈》，第 35~36 页。

他们都有笑容。这笑容，是从他们铁压下的心上和身上榨出来的。为了生活，他们便把自己的悲剧来反串喜剧，把自己的眼泪滴成歌曲，自己的技术作为商品，自己的精力变成娱乐。……下层群众的集体，天桥写出了这社会穷苦者的真实面目，匍匐人生道上，流血出汗洒泪珠，是为了生活，是为了应付不断抽上身来的铁鞭，每个人，在这把生命渐渐支还上帝去，他不会知道自己一生是为着什么，也不知道自己为什么要这样生活。他承认命运，那人骗人的荒谬的语言，使他们不作声息过下这一生"。①

天桥既为人烟稠密之地，秩序混乱，往来人员复杂，多有作奸犯科者藏匿其中，"据说侦缉总队是派有很多人，天天化装在这里采访、侦视，做办案的工作。他们自己说，这里是藏污纳秽的所在。一般下层社会的人，多要在闲暇的时候到这里来玩。凡是做案的人，多不是什么高尚有知识的人。在他们没见过多大世面的人，陡然的得了意外的财富，自然免不了挥霍和夸耀，因此在娼窑和天桥是很好的办案的处所。他们得着这妙诀，所以在这里很破过许多惊人的奇案。还有其他机关，也派有相当的密探"。② 北京大学社会学教授严景耀通过调查得出结论："北京四分之一以上的窃盗罪是在前门外（包括东西车站）及天桥犯的。"③

此外，天桥还一直被视为"有伤风化"之地，"顾往游者品类不齐，售技者为迎合观众心理，举动亦往往儇佻，益以脂粉为生之游娼，复假此地为勾引浮薄之所。职是之故，天桥乃不见齿于士林"。④ 在众多知识群体的描述中，天桥代表着粗鄙、杂乱、底层，甚至污秽、肮脏，他们普遍表现出高高在上的心态。

三 摩登与粗鄙：一座城市的两种书写

1918 年，李大钊根据他在北京的生活体验描述了当时社会的新旧并存：

---

① 衷若霞：《天桥》，《宇宙风》第 21 期，1936 年 7 月 16 日。
② 张次溪编《天桥一览》，第 13 页。
③ 严景耀：《北京犯罪之社会分析》，《社会学界》第 2 期，1928 年。
④ 张次溪编《天桥一览·王序》，第 1 页。

　　中国今日生活现象矛盾的原因，全在新旧的性质相差太远，活动又相邻太近。换句话说，就是新旧之间，纵的距离太远，横的距离太近，时间的性质差的太多，空间的接触逼的太紧。同时同地不容并有的人物、事实、思想、议论，走来走去，竟不能不走在一路来碰头，呈出两两配映、两两对立的奇观。①

　　与此类似的是，瞿宣颖如此概括庚子之后三十年中的北京：

　　自庚子以至戊辰，这将近三十年中，北京是个新旧交争的时代。旧的一切还不肯完全降服，而对于新的也不能不酌量的接收。譬如拿些新衣服勉强装在旧骨骼之上，新衣服本不是上等的，而旧骨骼也不免失去原有的形状。②

　　沈从文对民国北京的印象就是在不断变化，"正把附属于近八百年建都积累的一切，在加速处理过程中"。③ 正是在一个极短的时间内，社会发生剧变，由此在一个有限的城市空间中表现出诸多冲突与对峙，正如诗人钱歌川在1930年代看到的那样，北平"真是一个怪地方，新的新到裸腿露臂，旧的旧到结幕而居"。④ 无独有偶，同时期的另一位观察者也注意于此："赤着大腿的姑娘，和缠着小脚的女人并排的立着走着，各行其是，谁也不妨碍谁。圣人一般的学者，和目不识丁的村氓可以在一块儿喝茶，而各不以为耻，如同电灯和菜油灯同在一个房间一样，各自放着各自的光。"以至于作者不得不感叹："北平有海一般的伟大，似乎没有空间与时间的划分。他能古今并容，新旧兼收，极冲突，极矛盾的现象，在他是受之泰然，半点不调和也没有。"⑤ 朱自清也曾对此总结："北平之所以

<hr>

① 李大钊：《新的！旧的！》，《新青年》第4卷第5号，1918年5月15日。
② 铢庵（瞿宣颖）：《北游录话（七）》，《宇宙风》第26期，1936年11月1日。
③ 沈从文：《二十年代的中国新文学》，《沈从文全集》第12卷，北岳文艺出版社，2002，第377页。
④ 昧橅（钱歌川）：《游牧遗风》，收入氏著《北平夜话》，中华书局，1936，第99页。
⑤ 老向：《难认识的北平》，《宇宙风》第19期，1936年6月16日。

大，因为它做了几百年的首都；它的怀抱里拥有各地各国的人，各色各样的人，更因为这些人合力创造或输入的文化。"① 后来，作家林语堂也用写实的笔调，概括了民国北京的多元与包容：

> 满洲人来了，去了，老北京不在乎；欧洲的白种人来了，以优势的武力洗劫过北京城，老北京不在乎；现代穿西服的留学生，现代卷曲头发的女人来了，带着新式样，带着新的消遣娱乐，老北京也不在乎；现代十层高的大饭店和北京的平房并排而立，老北京也不在乎；壮丽的现代医院和几百年的中国老药铺兼存并列，现代的女学生和赤背的老拳术师同住一个院子，老北京也不在乎；和尚、道士、太监，都来承受老北京的阳光，老北京对他们一律欢迎。②

作为长期的国都，北京一直是五方杂处之地，新旧、中西、贫富、高低同时存在，从而也比其他城市能够容纳更多如此对立的事物。以王府井与天桥为例，两者作为民国北京非常重要的商品消费与大众娱乐空间，虽然相距不远，但呈现出完全不同的城市样貌以及区域内人群典型的生命体群像。在王府井大街，已经是一派现代都市气象，一位游客回忆他在1933年游览的感受：

> 一下车，也许会使你吃一惊，以为刚出了东交民巷，怎么又来到租界地。不然何以这么多的洋大人？商店楼房，南北耸立，有的广告招牌上，竟全是些 ABC。来往的行人自然是些大摩登、小摩登、男摩登、女摩登之类，到夏天她们都是袒胸露臂，在马路上挤来挤去，实在有点那个。再向前走，到了东安市场，一进大门，便有一种莫名其妙的香气，沁人心脾，会使你陶醉，陶醉在这纸醉金迷的市场里。到晚上，电光争明，游人拥挤，谁初次来临不感到头晕目眩、眼花缭

---

① 朱自清：《南行通信》，《骆驼草》第12期，1930年7月28日。
② 林语堂：《京华烟云》（下），《林语堂名著全集》第2卷，东北师范大学出版社，1994，第420页。

乱呢？①

1933 年，《北平晨报》发表了一篇《东安市场巡礼》，呈现的面目与
上文如出一辙：

> 在王府井大街是看不到什么不景气现象的。……北京唯一的销金
> 窟——东安市场也就建筑在这条街上。一进了东安市场的门，就感觉
> 到一种特别的滋味。在这里好像是不分春夏秋冬似的，摩登的密斯们
> 已经都穿上了隐露肌肤的夏衣，老太太们却还穿着扎脚的棉裤。……
> 一走到正街，便拥挤起来了，一个紧挨着一个，往来如梭。商店是一
> 家连着一家，卖的东西，都是最时髦的衣料、高等化妆品，就是日用
> 杂货也都是极考究的。②

而夜色下的东安市场则呈现出另一种异常暧昧的情调。

被时尚、洋气氛围包围的王府井俨然已经成为北京都市景观与摩登生
活的"代言人"。而反观离此并不太远的天桥，则呈现出似另一个世界的
粗鄙景象，飞扬的尘土与污浊的气味给天桥的不同游览者留下了共同的
印记。

> 天桥每块地方，都有没胫的灰土，没有刮风的时候，灰土也会随
> 行人的脚步飞扬，笼罩了天桥的面目。③
> 天桥的暴土永远是飞扬着，尤其是在游人拥挤的时候。虽然也有
> 时，暴土会稍为灭迹，然而这也只是在黄昏的一刹那，是极短暂的时
> 间。在午间，游人们是兴奋的来到这里。同时，暴土也飞扬起来。汗
> 的臭味、薰人的气息，还有脏水被日光所蒸就兴奋的发的恶味，是一
> 阵阵的随着风飘过来，送到每个人的鼻孔里。这气味的难闻，会使人

---

① 孟起：《蹓跶》，《宇宙风》第 23 期，1936 年 8 月 16 日。
② 忆永：《东安市场巡礼》，《北平晨报》1933 年 5 月 19 日。
③ 衷若霞：《天桥》，《宇宙风》第 21 期，1936 年 7 月 16 日。

呼吸都感觉着窒塞。①

同样，"一股葱蒜和油的气息"出现在了作家姚克对于天桥的描述文字中，他称天桥为"高等华人所不去""北平下层阶级的乐园"。②"除却了一般失业的工人、退伍的士兵、劳苦大众及小商人等，摩登男女是绝少往游的。"③ 当时《世界日报》也介绍说天桥"地方虽然大，空气颇不好"。④ 因此，这里很难发现"绅士的少爷小姐们"的足迹，"他们怕灰土的污染，怕臭气的难闻，怕嘈杂的侵扰，他们是不愿看这些贱民，这些低级的艺术，这些缺少甜蜜味的剧本"。⑤ 民国时期，天桥一直被视为北京城内贫贱、卑微与肮脏的符号，是"下等人"的聚集之地，是自恃为"上等人"不愿去的地方，"天桥也就和伦敦的东区（East End）一样，是北平的贫民窟"。⑥ 那里的世界由许多散落着的布棚组合起来，那里的人群脸色多是"焦黑"或是"菜黄色"，他们从天桥中走出就像从"垃圾堆里""魔窟里"走出来一样。对于那些"美国绅士化的先生"和"擦巴黎香粉的小姐们"而言，天桥就像"谜一样"!⑦《大公报》则直接对比了东安市场与天桥。

市场是有钱人们的消闲地，和天桥正是分道扬镳，各不相犯。从平常你可以听到"天桥地方太脏""市场东西特贵"这一类的话就可以证明。东安市场，那里有西服装、咖啡馆、画片摊、台球社，说不出颜色的蒙头纱，不带中国字样的糖果。⑧

---

① 张次溪编《天桥一览》，第 12～13 页。
② 姚克：《天桥风景线》，姜德明编《北京乎：现代作家笔下的北京（1919～1949）》（上），第 353～357 页。
③ 程文蔼：《北平社会经济的一瞥（续）》，《申报》1933 年 7 月 24 日。
④ 《平市人心渐趋安定　将重觅享乐生活》，《世界日报》1933 年 6 月 2 日。
⑤ 袁若霞：《天桥》，《宇宙风》第 21 期，1936 年 7 月 16 日。
⑥ 味橄（钱歌川）：《游牧遗风》，《北平夜话》，第 102～103 页。
⑦ 文：《天桥印象记》，《老实话》第 6 期，1933 年。
⑧ 卡员：《故都印象》，《大公报》1932 年 10 月 15 日。

东安市场作为"畅销洋货大本营"，确实实至名归，处处弥漫着"洋味"和"贵族化"。

> 东安市场在东城，多异邦街房，所以处处都带出点洋味来（素称东城洋化，西城学生化，南城娼寮化，北城旗人化），因为他处在一个洋化区域之地，所以就得受洋化的传染，市场里的买卖，有的是专为买卖外国人而设的（如古玩玉器等），商人们也都能说两句洋话，来来往往的洋主顾，可占全市场内三分之一，逛市场的中国人，也以西服哥儿，洋式的小姐太太为最多，看来东安市场真是有点洋味和贵族化。①

> 市场正门两旁壁上，有各种商店的广告牌子，都钉得满满的。一进商场门，路的两旁，楼房并立，大的玻璃窗橱中，都装满西洋皮鞋，东洋衣料，……五光十色，掩映成趣，照耀得使你眼睛发花。路中摊贩，陈列到也整齐；叫卖的声音，非常乱杂——有的卖日用品，有的卖装饰品，大都是些洋货，足可表示出来中国人不抵抗劣货的诚心，唉！什么市场，简直是洋货推销场罢了，有的是成群结队的男男女女，穿着奇装异服，携手搅腕，他们都是些提倡洋货的忠实同志。②

不过，在许多人的认知中，带有现代气息的王府井、东长安街并不能够代表北京的城市底色。1936年，一位作者在《宇宙风》杂志上称："我总以为北平的地道精神不在东交民巷、东安市场、大学、电影院，这些在地道北平精神上讲起来只能算左道。摩登，北平容纳而不受其化，任你有跳舞场，她仍保存茶馆；任你有球场，她仍保存鸟市；任你有百货公司，她仍保存庙会。"③ 社会学家李景汉在1951年为张次溪出版的《人民首都

---

① 云：《东安与西单商场》，《市政评论》第3卷第15期，1935年。
② 王天又：《北平东安市场》，《同钟》第1卷第11期，1935年。
③ 张玄：《北平的庙会》，《宇宙风》第19期，1936年6月16日。

的天桥》所作的长序中也提及："真北京人不是住在皇宫里面的，不是住在六国饭店的，不是住在交民巷的，不是住在高楼大厦的，不是住在那些公馆的，也不是常到大栅栏买东西的士女，或常光顾八大胡同的大人先生们。"①

而天桥则一直被视为北京底层社会百相的重要展示地。《北平旅行指南》称："天桥为一完全平民化之娱乐场所，亦即为北平社会之缩影。"②更有称天桥为北平大众的"情人"：

> 天桥是大众的情人，虽然脸子丑，可动摇不了爱者心。……在大众的眼里，这情人是金子，是宝贝。丽颜解不开恋结，装帧治不饱饥饿。只要她小心儿公平，大众就安慰。被生活压扁了的人，满怀着需求温暖，这情人正不羞涩地张开手臂，让那些粗野的魂灵拥抱；这情人正不吝啬抛洒着爱露，使那些污秽的口齿芬馨。柔情惑住了一头头的豹，你说卑弱的大众，不爱她，又爱谁？天桥便是以圣处女博爱的姿态，给你一个烈火似的照面。不论春花或秋月，不计清晨与黄昏，无一日，这儿不是一对挤，无一时，这儿不是一片嚷！估衣摊、京戏园、坤书馆、把戏场，声的嘈杂与人的喧嚣，整个暴露小世界的混乱，也整个暴露了这民族依旧是一盘沙。③

王伯龙在为张次溪《天桥一览》所作序言中曾言："天桥者，固北平下级民众会合游息之所也。入其中，而北平之社会风俗，一斑可见。……四郊人民，遂以逛天桥为惟一快事。"齐如山在为此书所作的序言中也强调了这一点："今日之天桥，为北平下级社会聚集娱乐之所，以其可充分表现民间之风俗，于是外人游历，亦多注意于此，乃与宫殿园囿，等量齐观，其重要从可知矣。"为此，他建议："有市政之责者，固应因势利导，推行改进。举凡卫生风化诸大端，若者取缔，若者改良，使下级民众，奔

---

① 张次溪：《人民首都的天桥》，修绠堂书店，1951，第 2 页。
② 马芷庠编著《北平旅行指南》，第 260 页。
③ 刘芳楝：《天桥：北平大众的情人》，《中央日报》1936 年 7 月 7 日。

走终日，借此乐园，得少游息，以调整其身心，节宣其劳苦，可为施政布化之助，毋为游情淫逸养成之所，以贻讥于外人。"① 北平市社会局确也曾有在此设立民众乐园的计划，通过政治与教育双管齐下，以期改进区域秩序与市容观瞻。②

不过，天桥地区的基本情况一直没有得到太多改善，日军占领北平之后，一些日本文人陆续来到这里。他们多次探访天桥一带，在他们的笔下，天桥区域仍然是"脏""穷""乱""俗"集中的地方，作家小田岳夫的《紫禁城与天桥》集中代表了这批日本文人对天桥的观察与体验：

> 与紫金城的庄严、华丽相比，这里是到处是污秽、卑俗，……其他地方随着文明的推移多少呈现出一些变迁，而与之相比，好像只有这里未被时代大潮所冲刷，保存着许多昔时的模样。事实上，这里处于没有电灯设备、开场只限于白天的状态，不论是杂耍的性质，还是胳膊纹着刺青、目光怪僻的无赖流氓之戏法、杂技演员仿佛从《三国志》中走出之感，都让人不由得产生一种地球虽在横向转动，我们却在纵向意义上逆时而生的奇异之感。……北京内城区之美与民众实际生活水平之低乃是大相径庭。说到如梦如诗般的北京城，有人也许会将生活其中的人也加以诗化想象。诚然，北京民众与其他城市的人比较起来，沉稳大方，但满街上来往的是破衣车夫，居民就像所有中国人一样，是彻底的实利主义者。我又想到了杭州西湖等巧妙利用了自然而造就的风景、上海租界等在社会生活的基础上形成的城市，感觉北京城之美是与民众生活、自然毫无关系的、尚未从古时王者之梦的遗迹中迈出一步的、幻影般虚幻之美。我想，这里有着北京的巨大矛盾。③

① 张次溪编《天桥一览》，第1、3~4页。
② 《北平市社会局关于呈送设立民众乐园计划草案、经费预算给市政府的签呈及第一区民众教育馆的训令》，J2全宗3目录621卷，转引自岳永逸《近代都市社会的一个底边阶级——北京天桥艺人的来源、认同与译写》，《民俗研究》2007年第1期。
③ 小田岳夫：《紫禁城与天桥》，竹山书房，1942，第50~52页。转引自王升远《"文明"的耻部——侵华时期日本文化人的北京天桥体验》，《外国文学评论》2014年第2期。

小田岳夫与齐如山都同时提到了北京的宫殿与天桥，两者的巨大对比呈现出的是北京城深刻的矛盾性，然而，这又是无法否认的真实，它们在两个相距并不远的城市空间内部彼此独立而鲜活地存在着，二者都是北京，城市内部的割裂性在王府井与天桥的对比中表现得最为直观。

民国时期，基于较低的社会经济发展水平，北京的城市建设在空间上存在着明显的不均衡性，不同区域之间的城市景观形成鲜明对比。王府井周边的东长安街地区是北京最早开启城市化进程的区域，也是最能体现民国初年北京都市繁华的典型区域，"街道宽阔，清洁异常。若远立南端，遥望北瞻，则楼房林立，高耸霄汉，树路花草，云错其间。夜晚电灯悉明，照耀有如白昼，直有欧风美景。不若他处房屋矮小，街道污秽，人声嘈杂，一种腐败现象也"。① 与此邻近的崇文门一带"楼阁雄壮，街衢整洁"，②"行人拥挤，买卖发达，晚间电灯悉明，照耀如同白昼，夏间凉棚阴密，且多系楼房，一洗前清之旧观也"。③

到了 1930 年代中期，随着都市的进化，"王府井大街及东西单牌楼一带则完全向于立体派与现代都市派的设备了"，"东长安街多少是带有几分外国风味的，因为在它的附近的环境完全是洋味的，像东交民巷使馆区的墙界，近代化建筑的北京饭店，中央、长安等大饭店，所以这里修建得很整齐的，将来要等东长安街的牌楼改建好了，怕是会更美观！""在傍晚或者是清晨，人们总可看见些本国与外国的男女人士在长安街上的；人行道的树荫底下慢步的踱着，长安街的街景是诗意的，没有偌大的商店，没有都市的热狂，虽然电车与公共汽车是不断的，来回的奔驰，但是他们都有着固定的轨线，所以并不会因它来减少了长安街上的街景。"④

1927 年，北京大学政治学教授彭学沛在一个黄昏时分驱车经过东长安街：

---

① 宋世斌：《东长安街记》，林传甲编纂《京师街巷记》，"内左一区卷二"，第 6 ~ 7 页。
② 徐珂：《增订实用北京指南》，第 4 ~ 5 页。
③ 崔扬名：《崇文门大街记》，林传甲编纂《京师街巷记》，"内左一区卷二"，第 4 页。
④ 张麦珈：《北平的新姿态与动向》，《市政评论》第 3 卷第 20 期，1935 年。

　　左边是一座摩天的高楼，无数的光明映照着满天的星斗。绿窗里，望得见金发的美人，想必是，坐对着盈盈的红樽。可是呀，千万别望到视平线以下！

　　右边是异邦人的管区，鳞列栉比的都是琼楼玉宇，青青的，回环蔓延的藤萝，细细地，传出悠扬宛转的清歌。可是呀，仍然别望到视平线以下！①

　　在那些摩天高楼、金发美人、宛转清歌之外，仍有一处"视平线以下"的那个我们没有看到的世界，作者虽未明确言及，但想必与眼前呈现的景象存在着巨大反差。

　　民国北京是一个异常纷繁与复杂的城市个体，不同群体并不能够共同分享同一座城市的相同记忆。对于王府井与天桥而言，二者都是外人认知民国北京的重要载体与媒介，如果只以一点观察北京，必然影响人们对城市的基本感知。1924年，林语堂就提醒那些"凡留美留欧新回国的人，特别那些有高尚理想者，不可不到哈德门外走一走"，因为一出哈德门外便可领略到"土气"。这种"土气"足可以"使他对于他在外国时想到的一切理想计划稍有戒心，不要把在中国做事看得太容易"。② 1927年，从上海来的作家叶灵凤对北京发出感叹："当我从东交民巷光泽平坦的柏油大道上走回了我们泥深三尺的中国地时，我又不知道那一个是该咒诅的了。"③ 几年之后，另一位从南方来到北京的作家钱歌川也有如此感受：

　　惯在北平王府井大街或东交民巷一带走动的人，他们是不会知道人间有地狱的。一朝走到天桥，也许他们要惊讶那是另外一个世界。殊不知那正是我们这个世界的基础，我们这个人间组织的最大的成分呢。④

---

① 彭学沛：《黄昏驱车过东长安街》，《现代评论》第4卷第84期，1926年。
② 林语堂：《论土气与思想界之关系》，《语丝》第3期，1924年12月。
③ 叶灵凤：《北游漫笔》，《天竹》，上海现代书局，1931，第49~61页。
④ 味橄（钱歌川）：《游牧遗风》，《北平夜话》，第105页。

然而，情况似乎没有太大改善，十几年之后的 1948 年，当一位刚刚见识到王府井、东交民巷那样街道的游客来到天桥周边时，所见所感与钱歌川如出一辙：

> 我真是一个天大的傻瓜，我原先以为北京城只有像王府井东交民巷那样的街道，很替我们的文明感到荣耀，想到自己能生活在这样清洁高贵的城市里，不禁有些飘飘然了。现在却忽然从半空中跌下来；这算是什么都市！这样肮脏破烂的地方，连我们的乡下都不如呢。[①]

需要指出的是，王府井与天桥的区域环境差异巨大，但并非没有交集，商业场所的开放性与流动性仍然在这两个截然不同的消费空间中部分存在。在天桥，虽然少见所谓的上等阶级，但并非绝迹。进入 1930 年代之后，天桥的规模不断扩大，经营环境也有改良，一些演出场所"渐趋文明"，"非复昔时之简陋矣"，"而往游者非完全下层市民，至中上级亦有涉足其间者"。[②] 张恨水小说《啼笑因缘》中很会游历的富家子弟樊家树，因为玩遍了北京的名胜古迹，于是"转而到下层人士常去的天桥游玩"，由此还发展出一段凄婉的爱情故事。[③]

同样，在消费主义大潮兴起的过程中，王府井地区经过不断发展，已经不仅是一个单一的消费场所，而逐渐演化为外人到京后争相浏览、参观的一处都市标志性新景观。以东安市场为例，虽然其以"高端"为定位，但来此游逛者也包含了其他阶层的人群，"上中下三等俱全，而其中尤以学生为最多，所以一到放假的日子，人便会多得拥挤不动。远道来京的人们，因为震于'市场'的大名，也一定要去观观光"。[④] 作为不同类型、不同层次的商业街区，二者并非彼此排斥，而是非竞争性并存。

---

① 青苗：《陶然亭访墓记》（1948 年），姜德明编《如梦令——文人笔下的旧京》，北京出版社，1997，第 589 页。
② 马芷庠编著《北平旅行指南》，第 260～261 页。
③ 张恨水：《啼笑因缘》，安徽文艺出版社，1985，第 1 页。
④ 太白：《北平的市场》，《宇宙风》第 21 期，1936 年 7 月 16 日。

余 论

王府井与天桥两种城市景观的生成，实际上也是近代北京城市空间结构演变的一种历史表现。清代北京内城代表着权力、等级与秩序，外城则容纳了更多民间市井社会的生活内容，"内外城之间的城垣分辨出两个城区，造就两类城市社会，外城的存在，调整、缓和了京师的森严气氛，增加了京师城市社会的世俗性、丰富性"。① 进入民国之后，皇权解体，北京内外城显性的地理边界逐渐被打破，但自明清以来一直存在的隐性的城市空间的等级差异沿袭了下来，内外城在社会结构意义上的等级区分仍未有根本性改变，官方的主导、资本的驱动以及财富的聚集效应仍然维持着内城在北京城市格局中的核心地位。王府井大街地处京城传统的达官显贵聚居之地，且比邻东交民巷使馆区，集聚众多高档洋行与外资金融机构，诸多因素决定了其"高端""洋化"的商业形态。而天桥地区作为北京的外城，缺乏近代化的市政基础设施，地价与房租明显低于内城。这里三教九流、贩夫走卒、倡优皂隶，无所不包，成为城市贫民的主要聚居地。

王府井与天桥的差异并不仅是两个商业街区、两种商业模式或城市景观的差异，背后折射出的是民国北京城市化进程中的巨大鸿沟以及社会阶层难以弥合的裂痕。因此，表现城市内部的多样性，是城市史研究的基本任务。只有兼顾不同来源渠道、不同类型的史料并加以综合辨析，才能在一定程度上避免后来者对城市书写的主观选择。

近年来，"民国热"不断升温，"民国范"被不断提及，浓重的怀旧气息与个体化的私人叙述构筑了民国的"黄金时代"。实际上，这种现象主要是当代人对逝去岁月的一种"记忆投射"，是借助历史资源对现实社会诸多现象进行的一种"柔性反抗"。他们通过选择性收集相关史料文字，构建了一个主观性很强的"想象世界"。以北京为例，当时大量文

---

① 唐晓峰：《明代北京外城修建的社会意义》，复旦大学文史研究院编《都市繁华——一千五百年来的东亚城市生活史》，中华书局，2010，第138页。

人、知识分子借助于文字表达方面的优势，他们的相关记忆与感性描述成为构建"民国北京"的重要史料来源。但是，这类群体当时无论在经济地位还是在社会地位上，都属中上层群体，不仅在地域文化背景上与传统北京的普通平民有很大隔膜，在日常生活经验上也有诸多差异。他们那些带有浓重个人化色彩的散文性文字往往容易放大民国北京古朴、诗意的一面，对大部分底层群体的生存状态"视而不见"或"选择性失明"，这也反映出文学作品作为史料的使用限度，它们还不能代替当时官方以及一些社会学家所开展的各种社会调查数据。

　　并不存在一个统一的"民国北京"，任何建立在单一史料来源基础上的城市叙事模式如同盲人摸象，都需要进行系统反思。城市史研究有多重内容、多重路径，城市阅读、城市书写是城市史研究中一种非常重要的表现方式，因阶级、种族、性别、年龄及文化水准等方面的差异，不同的观察视野，呈现民国北京不同的城市面孔。从这个意义上说，只有真正进入城市内部，将那些被掩盖在统一表面之下的矛盾性与割裂性更多地表现出现，才可能更加符合逝去时代的基本特征，亦是城市史研究的应有之义。正是不同叙述中的差异甚至矛盾构建了民国北京的多维面相，这几乎适用于所有城市。

　　民国北京，既是传统的，又是现代的；既是古朴的，又是欧化的；既是贵族的，又是平民的；既是高尚的，又是卑微的。具有巨大矛盾性的不同事物彼此共存于同一个城市空间中，这不仅适用于民国北京，而且在不同的历史阶段、不同的地域范围内，同样如此。

〔王建伟，北京市社会科学院历史研究所〕

水域政区化的设想

——民国时期洪泽湖的水县之案及其流产 *

内容提要 民国时期，洪泽湖界在苏皖之间，湖之西、南分属安徽省泗县、盱眙县，湖之北、东分属江苏省泗阳县与淮阴县。洪泽湖既为两省之界湖，又为四县共管之水域，由于水面辽阔，盗匪横行，成为危害苏皖各县治安甚巨的匪区。晚清咸丰以降，随着黄河北徙，滨湖地区逐渐淤出大片湖滩，环湖各县纷纷放领垦殖，造成苏皖两省边界局势骤然紧张。治安与垦殖，双重考量之下，遂有 1934 年 5 月洪泽湖的水县之案，拟将湖区作为一整体政区化，但由于地缘政治的影响，这一提案最终流产。

关键词 民国 洪泽湖 湖区 政区 水县

在传统的政治地理认识中，具有相当长度或面积的水域一般是以"山川形便"的原则应用于政区间的分界，这在《禹贡》关于九州的分界中早已有之，所谓"济、河惟兖州""黑水、西河惟雍州"，都有以水为界的区划意识。在欧洲，类似的观念也同样根深蒂固，莱茵河被视为一条线性的边界自《高卢战记》以来就长期存在，非洲的尼日尔河在欧洲人的认知中也莫不如此。① 不过这种将水域"根据地图只是将其想象成一条线"的观念，在 20 世纪初遭到了法国年鉴学派学者费弗尔的强烈质疑，

---

* 本文系江苏省社会科学基金项目"清代以来江苏水上社会的研究"（立项号：16LSD002）阶段性研究成果。另本文日文史料得日本早稻田大学小二田章博士襄助，特此致谢！

① 吕西安·费弗尔：《莱茵河：历史、神话和现实》，许明龙译，辽宁教育出版社，2003，第 14 ~ 15 页。

费弗尔认为河流本身存在着一个"河边社会"，进而提出用"边疆地带"取代"线状边界"的研究理路。[①] 21 世纪以后，国内学者在对水域的研究中也出现了类似的研究取向。如胡英泽在对传统时期陕西与山西间作为界的黄河的研究中指出了其宽度问题；徐建平则注意到湖泊作为边界由模糊的界限划定成精确的几何界线的动态变迁过程。[②]

民国时期，洪泽湖界在苏皖之间，湖之西、南分属安徽省泗县、盱眙县，湖之北、东分属江苏省泗阳县与淮阴县。洪泽湖既为两省之界湖，又为四县共管之水域，由于水面辽阔，盗匪横行，成为危害苏皖各县治安甚巨的匪区。晚清咸丰以降，随着黄河北徙，滨湖地区逐渐淤出大片湖滩，环湖各县纷纷放领垦殖，造成苏皖两省边界局势骤然紧张。1934 年 5 月，在治安与滩地问题的刺激下，安徽省第六行政督察专员鲁佩璋向蒋介石提出借鉴日本琵琶湖"水县"的范例，将洪泽湖区作为一整体政区化，设置洪泽县。揆诸史实，一湖水面单独设置一县是中国行政区划史上从未有过之举，这一设想代表了水域从边界向政区转变的一种政治尝试，而这一点与以往学者聚焦于水域作为界的性质的讨论有根本不同。

一 水涯利薮：洪泽湖的滩地纠纷

洪泽湖区在宋以前只存在人工修筑的如白水陂、破斧塘一类的零星湖泊，并非大湖。黄河夺淮入海后淮河水系逐渐紊乱；明后期，潘季驯为了治河，在黄河两岸大修堤防，将其固定在今废黄河道上，受此影响淮河下游河道迅速淤高，淮水东去受阻，不断扩散，"零星小湖和洼地连成一

---

① 吕西安·费弗尔：《大地与人类演进：地理学视野下的史学引论》，高福进、任玉雪、侯洪颖译，上海三联书店，2012，第 335～346 页。

② 参见胡英泽《河道变动与界的表达——以清代至民国的山、陕滩案为中心》，常建华主编《中国社会历史评论》第七卷，天津古籍出版社，2006，第 199～218 页；胡英泽《流动的土地——明清以来黄河小北干流区域社会研究》，北京大学出版社，2012，第 309～368 页；徐建平《从界限到界线：湖界开发与省界成型——以丹阳湖为例》，《史林》2008 年第 3 期；徐建平《湖滩争夺与省界成型——以皖北青冢湖为例》，《中国历史地理论丛》2008 年第 3 期。

片，遂形成了洪泽湖"。为"蓄清刷黄"，隆庆、万历年间官府在湖东修筑高家堰，又人为地抬高了洪泽湖水位，湖水不断向西、北扩展，遂成巨浸大泽。① 由于湖水弥漫，湖区"水沉抛荒田地"日益增多，在枯水季虽间有滩地淤出，但数百年间湖面总体呈扩大趋势，"水患频仍，久沉田亩，旋涸旋没"，② 滩地问题并不显著。

咸丰五年（1855）黄河改道北徙，这一重大变动是湖区滩地生成的重要转折点。"黄不逼淮，虽值甚涝，而湖水不致弥漫宅宅田田"，③ 洪泽湖滩日益淤出。据民国时期张煦侯实地调查，淮阴沿湖滩地多于咸丰五年后承领，时河道总督放领招垦，"一时官绅承垦如狂"；④ 湖西泗县也不甘人后，在光绪三十二年（1906）"设局清丈，逐段招领"。⑤

毫无疑问，各县争先垦占皆因利益驱动。据称，地主之有力者在芦苇初生及枯后专门卖"票"才许贫民采割，有所谓"放草飞子"之收入；水巡队则将水面菱茨之利垄断专享；一些大族亦直接在滩地种植落花生、豆类等五谷杂粮，再运销扬州、江南等地，实行产销一体经营。还有一点很重要，由于滩地性质不同于普通农田，很多滩地开垦成熟后，往往拖延改赋，并未升科大粮田亩，赋税较轻，⑥ 性价比更高。

新涸滩地获利颇丰自然多受觊觎，但是由于界址不明，往往频生事端：

> 然湖旷无垠，水面尤多变迁，沙岸毗连，占有之家最易互起争执。或伐其茭蒲，或夺其柴柳，或竟捏名蒙领其滩，或兴械斗，则杀人盈野，或兴诉讼，则用钱如洒，甚不惜也。沿湖各县居民因此时遭惨祸，沙田官署，足不涉湖河之大，听其蒙混，坐收渔人之利，以致

---

① 参见邹逸麟主编《黄淮海平原历史地理》，安徽教育出版社，1993，第 204 页。
② 光绪《泗虹合志》卷五《田赋》，《中国地方志集成·安徽府县志辑》第 30 册，江苏古籍出版社，1998 年影印本，第 431～432 页。
③ 光绪《泗虹合志》卷五《田赋》，《中国地方志集成·安徽府县志辑》第 30 册，第 428 页。
④ 张煦侯著，方宏伟、王信波整理《淮阴风土记》，淮安市地方志办公室编《淮安文献丛刻》第 9 册，方志出版社，2008，第 446 页。
⑤ 沈君豹：《洪泽湖》，《运工周刊》第 11 期，1932 年。
⑥ 《令淮阴查复洪湖滩地应升亩数》，《江苏省政府公报》1931 年 4 月 1 日。

滩上累滩者有之，一地两领者有之，指鹿为马者有之，设官至此不徒无益于民，而又害之！①

利益之下湖区充斥着暴力、强权与血腥。张煦侯《淮阴风土记》称"小有不和，挥拳取决；甚有清早纠众，各执武器，围攻敌人之门者，谓之打闪仗"，② 对此种械斗张氏的概括一针见血——"力大为雄"，可见湖区暴力之盛行。

围绕洪泽湖湖滩，苏皖两省的关系也渐趋紧张，特别在盱眙和淮阴老子山交界的泰安七乡滩田（见图 1），双方势同水火。此事《淮阴风土记》载之较详：

> 缘此间一带滩田，旧亦曾报永沉，同治放领，除砂礓、水塘、官路、黄冈不计外，凡得游滩草田二百九十二顷六十八亩，南界直抵盱眙之都灌塘。原领花户，各有清册。中有三十二户，因地多在水，不便耕植，先后退出地九十六顷。光绪年间，拨为犹龙书院学田。滩田有界碑，学田亦有勒石两方。徒以地处荒僻，无人经理，致被附近盱眙人民逐渐盗占至一百二十七顷之多。民国五年，盱人邹骥昌又肆意北占，当被我县拘押，退出侵地，建立封墩，而久占之一百二十七顷，则仍被占如故。民国十八年，经两县依界碑形势会勘，甫丈出二十余顷，界碑南之百余顷尚未丈及。而骥昌兄弟有邹俊昌者，竟不服勘丈，擅自割麦。山民前往理论，邹突出男妇二百余人，拳械交加，当下砍伤李排长，架去民夫丁祖道、刘得标二名，邹子亦中流弹殒命。自此次血案之后，至今无明确之划界，以证据言，在我虽视我铁案，在事实上已成悬案矣。③

引文显示，围绕泰安七乡曾有民国五年（1916）和十八年两次纠纷，

---

① 高天：《洪泽湖老子山实录（下）》，《江苏研究》第 2 卷第 11 期，1936 年。
② 张煦侯：《淮阴风土记》，第 462 页。
③ 张煦侯：《淮阴风土记》，第 422 页。

其中民国十八年尤为严重，光盱眙一方就出动了二百余人，按常理推断暗中应有相当的组织调度。因张煦侯是淮阴人，语涉淮阴之处较轻描淡写，但从淮阴方面有李排长被砍伤事情看，淮阴方面是出动了军队，而邹俊昌之子"中流弹殒命"，可知淮阴方面是开枪了，场面显然相当失控。另外，从张文来看，淮阴县在清代可能已经先行垦殖泰安七乡滩田，并曾单方面竖立过界碑和勒石，在盱眙邹骥昌垦占后，又有封墩划界之举，但在湖滩利益面前，盱眙人显然并不承认。

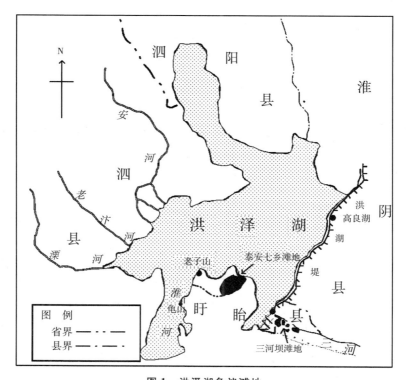

图 1　洪泽湖争议滩地

说明：据沈君豹《洪泽湖》附图改绘。

资料来源：《运工周刊》第 11 期，1932 年。

冲突发生之后，民国十九年五月，苏皖两省、县代表十一人曾前往勘丈，但江苏"主解决省界，皖方则谓先决问题在刑事，划界当留为第二步。议论不合，终于流产"。此后皖省提出了高妙的釜底抽薪之案——将老子山乡改隶盱眙县。对此，苏省淮阴人大为不满，认为皖方"耽耽于涸滩之利薮，欲划老子山而利得之"，并指出"倘能将老子山划归盱眙，不但学地纠纷从此胜利；而导淮成功，涸出良田，盱人亦得坐享其利"。①不过皖省的如意算盘并未得到国民政府的批复，两省省界仍然维持现状。虽然提案被中央搁置，但从实际得利来看，安徽省和盱眙县还是赢家，因为争议滩田仍在其实际控制之下。

围绕滩地，诱发出的水利纠纷也是苏皖两省矛盾所在。高家堰三河坝为淮水入运的第一重门户，是控制里运河水量之关键，此处盱眙县有河滩若干顷，"水涨则没，水涸则现"。1914 年 6 月，盱眙蒋坝清乡局局长刘永泰曾欲将此滩地丈量放领，但江苏省以湖防为由交涉；1915 年 8 月，安徽省财政厅委丈官产委员方国治又前去丈量放领，苏方再次咨行盱眙县，"声明该项滩地性质与别项滩地不同"，希望免予放领，但"当时未能解决，后此纠纷益繁"；1919 年 7 月，江苏省省长齐令开据情转咨安徽省省长请查核办理，但安徽省未有明文判决，遂拖成悬案；1928 年 10 月，江苏省建设厅再次"转呈江苏省政府函请安徽省政府令行盱眙县垦务专局将洪湖、新旧义河及仁河淤滩免予放领以维湖防"。② 皖省态度不明。

到了 1929 年 7 月南京国民政府成立导淮委员会整治淮河后，形势发生了重大变化。因缺乏经费及综合整治的考虑，国民政府以中央政府的名义将黄、淮、运及洪泽湖新涸滩地收归国有，充作导淮经费，洪泽湖滩地渐渐从局部地区斤斤计较的蝇蝇之利转变成统一规划的全湖性的丰腴利源。导淮委员会曾有一个毛估，"谓淮河下游疏浚后，洪泽湖即失蓄潴之效，中部即无泛滥之虞，洪泽湖滩自然出现，而两岸湖滩至少可获四百七十万亩，均系极肥沃之土地，尤适宜于稻作，生产额将三倍于其他水田"。③ 对此，安徽方面自然不会无动于衷，在 1934 年 5 月提交水县方案

---

① 高天：《洪泽湖老子山实录（下）》，《江苏研究》第 2 卷第 11 期，1936 年。
② 《呈江苏建设厅为据情呈报盱眙县垦务专局放领洪湖滩地拟请转呈省府函请皖省政府令饬免于丈放以维湖防仰祈鉴核文》，《江北运河工程局丛刊》第 3 期，1929 年。
③ 《导淮垦殖计划》，《地政月报》第 1 卷第 4 期，1933 年。

前，安徽省民政厅已经派人"详细查勘全湖面积，湖滨滩地及沿湖陆地之处理"，① 显然谋划在胸。

二 湖区与匪区：匪患丛生的洪泽湖

洪泽湖的匪患由来已久。清陶澍改革盐法前，由于"洪泽湖为淮北拨盐总汇，而枭匪每易出没"，② 已引起时人注意。道光十二年（1832），票运准行，私枭失利，流为剽劫，渡洪泽湖视为畏途。道光十三年，陶澍因"匪徒出没湖中，往往有乘机纠抢之案"，且江苏、安徽"两省营汛鸳远，声气未能联络，此拿彼窜，稽查难周"，③ 为查禁私枭，于洪泽湖老子山特设洪泽湖水师营都司，专司缉捕湖匪，绥靖水面。营中设都司、千总、把总、外委、额外等官，辖马步战守兵一百四十名；后因全湖水面太过辽阔，道光十四年增兵至 220 名，"分驻弹压"。④ 至此，洪泽湖始有专门、统一的水面治安组织。

同治以后，为节省饷银，清廷裁撤淮军营勇，"其所裁之勇或习于行伍不愿回里营生，或孑然一身无家可归，游荡江湖，遂不免流为匪类"，洪泽湖即为其巢穴之一，据称"船艇既多，枪械尤利，横行无忌，出没不常"，一旦"遇有官兵兜拿，则公然拒捕，炮火轰天，如临大敌"，而"涣散之兵卒不敌亡命之悍党，非死即伤，时受惩创，故地方官吏皆畏之如虎，莫敢谁何"。⑤ 显然，时局的动荡已使得洪泽湖的水面治安变得相当严峻。

入民国，洪泽湖水师营曾一度改组为江北湖河水巡团第三营，但旋复

---

① 《安徽省政府民政厅二十三年五月份行政报告》，《安徽民政公报》第 4 卷第 5 期，1934 年。
② 乾隆《泗州志》卷五《盐策》，《中国地方志集成·安徽府县志辑》第 30 册，第 233 页。
③ 《洪泽湖移设都司折子》，《陶文毅公全集》卷 22《奏疏》，《续修四库全书》第 1503 册，上海古籍出版社，2002，第 158 页。
④ 《新设洪湖营地方辽阔酌请添设弁兵以重巡防折子》，《陶文毅公全集》卷 22《奏疏》，第 160 页。
⑤ 《论洪泽湖盐枭之蠢动》，《申报》1905 年 4 月 17 日，第 1 版。

裁撤，洪泽湖的水面治安更迅速恶化。时人注意到以前"淮盐出湖与皖米运苏（红米）往来船只，尚无障碍"，但"顷据最近经过该湖来苏米船称说，沿湖各处股匪甚多，大股数百，小股数十，各据地段，遇船则抢，其较大船只苟无军队保护，即不能行驶自由云云"。[1]

水面不宁，滨湖地区也多受波及。1932 年扬州人李伯通出版的小说《丛菊泪》在记洪泽湖事情时，除了讲高家堰就是讲"哨风的帮匪"，[2] 讲前者是因为该地有着历史上著名的俗语——"倒了高家堰，淮扬两府不见面"，讲后者则是暗示现实治安状况的不良。据报道，由于湖匪的猖獗，沿湖乡民不敢下湖割麦，因公欲往湖滩者也都裹足不前，滨湖集市的生意也非常冷淡，时人哀叹"萑苻满目，民不安枕"。[3] 今据上海《申报》材料，举其剧者，列表于下（见表 1），以窥一斑。

需要说明的是，表 1 所列匪徒"不仅刀、棒之类早已弃置不用，便是老式毛瑟枪也不屑一顾，人人尽有来复枪、手枪等"，[4] 武器精良，实力不容小觑。每年青纱帐未起时此类强人就已在滨湖一带"聚众会议，筹画分区劫扰等事"，[5] 具有高度的组织性与危害性，绝非一般毛贼可比。据称光湖中枭匪就有土帮、红帮、河南帮等十余帮之多。[6] 军阀混战后，一些"散兵游勇乃又结伙为匪"，[7] 也往往在此落草为寇，其组织更是照搬军队"凡大小头目，仍称为营连长等名目……所用旗帜，仍沿其旧"，故时人感觉"与官兵仿佛"。[8] 据称洪泽湖最大的土匪魏友三其"部下约有 60% 是退役士兵"，[9] 加上收罗的各处强匪，鼎盛时据说可达万人。

---

① 《洪湖匪讯一斑》，《申报》1923 年 9 月 18 日，第 10 版。
② 李伯通：《丛菊泪》中册，江苏广陵古籍刻印社，1998，第 37~38 页。
③ 《淮扬杂讯》，《申报》1926 年 6 月 16 日，第 9 版。
④ 陈经山编著《盛世说湖匪——洪泽湖匪事调查与研究》，中国戏剧出版社，2006，第 27 页。
⑤ 《清江》，《申报》1926 年 4 月 24 日，第 10 版。
⑥ 《洪泽匪势复张》，《申报》1918 年 1 月 4 日，第 7 版。
⑦ 孙天骥：《江苏省第七行政区清乡纪要》，台北市淮阴同乡会编印《淮阴文献》，1984，第 37 页。
⑧ 《宝应》，《申报》1927 年 11 月 1 日，第 9 版。
⑨ 陈经山编著《盛世说湖匪——洪泽湖匪事调查与研究》，第 7 页。

表 1   1911～1934 年洪泽湖地区的匪患事件

年份	匪徒情况	劫掠地点	事件经过	出处
1914	徐老五、方老三、马学仁等聚集党羽数百人	盱眙县洪泽湖附近	肆行抢劫，烧杀淫掳，无所不为	《呈请都督剿匪》，(上海)《申报》1914 年 1 月 20 日，第 6 版
1917	王小秃子、唐三嘲、裴俊六等各带数百名	苏皖交界地方洪泽湖边	架人勒索	《南京快讯》，(上海)《申报》1917 年 9 月 8 日，第 7 版
1918	大帮枭匪	洪泽湖盱眙、天长等县	骚扰	《镇江》，(上海)《申报》1918 年 1 月 25 日，第 7 版
1921	魏六率股匪一百余人	淮阴赵家集	致伤数命	《赵集又来股匪》，(上海)《申报》1921 年 8 月 4 日，第 11 版
1925	匪徒二百人	淮阴洪泽湖地区	被杀者八十人，受伤者甚多，全村遭劫，房屋被焚，产业被毁	《洪泽湖匪之残酷》，(上海)《申报》1925 年 1 月 19 日，第 6 版
1926	大股土匪七八百名	苏皖交界洪泽湖湖套一带	被苏军及民团击溃	《滁州快信》，(上海)《申报》1926 年 2 月 7 日，第 9 版
1926	股匪约五百人	由洪泽湖窜入睢宁	肆行骚扰	《徐州快信》，(上海)《申报》1926 年 8 月 17 日，第 9 版
1926	股匪数百名	泗县洪桥	陆军连阵亡排长一员，中士二名，伤兵士五名	《蚌埠》，(上海)《申报》1926 年 11 月 3 日，第 9 版
1928	积匪刘五捻，率匪徒数百名	洪泽湖	抢劫商船，架人勒赎	《淮北人民请兵剿匪》，(上海)《申报》1928 年 10 月 29 日，第 7 版
1930	三条腿之蒋国常，啸聚千余人	盱眙、泗县	劫掠焚杀	《皖苏边界之匪氛》，(上海)《申报》1930 年 10 月 16 日，第 8 版
1931	盱东著匪裴四、陈五、韩杰臣、吴其林、王学诗等股，纠集千余人	洪泽湖老子山、盱眙、宝应	前后数役，警团阵亡兵士六名，伤四名	《明光》，(上海)《申报》1931 年 10 月 28 日，第 10 版
1932	魏友三、左良风等股匪近五百人	洪泽湖、泗阳	绑架肉票二百余	《梁冠英剿匪报捷》，(上海)《申报》1932 年 4 月 3 日，第 8 版
1932	魏友三、高元龙等	洪泽湖滨归仁集等处	绑架肉票七十余	《江北匪窜扰洪泽湖》，(上海)《申报》1932 年 5 月 22 日，第 8 版

另外可以想见，表 1 中《申报》所报新闻要少于实际发生的事件数量。从现有的地方文献来看，洪泽湖区还曾发生过两次规模浩大的匪祸——老子山的"四二七惨祸"和"一六四八浩劫"，淮阴人每每提及，言称"痛史"。

"四二七惨祸"乃 1925 年 4 月 27 日盱眙匪徒涂二瘌嘴洗劫老子山之事件。当日，老子山水巡队杨姓连长召集地方绅耆于犹龙书院商议御匪之策，突遭匪徒入室偷袭，全体遇难；水巡队营房亦被"分批登岸"的匪徒攻击，死伤十八人，余皆逃散。匪徒破营后杀人劫市，恣其所取，后虑有援兵才裹挟"男女肉票及所掠财物，入湖张帆而去"。① 此次事件有两点值得注意：一是匪徒先破营后劫市，其气焰之嚣张，筹划之严密，组织之有序，祸害之严重，令人震惊；二是匪徒先"分批登岸"，再"入湖张帆而去"，其进进出出如此从容，视洪泽湖有如自家院落。显然，政府对湖区的控制力是极度薄弱的。

"一六四八浩劫"也是指洪泽湖老子山乡被洗劫之事，时在民国十六年四月八日，故有此称。1927 年初，匪首高八在洪泽湖"聚众千人，依滩结寨，凭水为险，杀人越货，莫敢谁何"，② 后高部被两度招抚，暂时安稳。时年三月，因国民革命军北伐，孙传芳在苏皖势力瓦解，高部饷源断绝，遂盘踞洪泽湖边龟山叛乱，"一月之间，百里之内，焚劫一空"。老子山在四月八日也惨遭蹂躏，乱后"阴气森森，俨如鬼域"。当地人对此乱有两点认识：第一，地理上，洪泽湖边"荒滩水浒，柳苇丛生，数十里不见天日，尤为天然藏匿之渊薮"；第二，政治上，安徽"地方长官，力不能制，舍剿尚抚，苟安旦夕，遗祸邻境，尤属不关痛痒"，这一点既表明了苏人对皖人的不满，也凸显出湖分两省管制上的尴尬。二者统而观之，即为洪泽湖的政治地理形势。

更令人心惊的是，一些湖匪甚至想到了占湖自立。1924 年 3 月，土匪魏友三曾经在江苏睢宁县王官集召开了一次大型的秘密会议，与众头

---

① 此次事件详见张煦侯《淮阴风土记》，第 411~412 页。
② 高天：《洪泽湖老子山实录（下）》，《江苏研究》第 2 卷第 11 期，1936 年。

目商讨是开展游击战还是在熟悉的洪泽湖区建立一个永久性根据地。[①]
会后魏帮匪徒流窜洪泽湖烧杀劫掠,魏友三则成了湖区谈之色变的"上
下湖总瓢把"(上湖指骆马湖,下湖指洪泽湖)。此后,随着环湖各县匪
祸愈演愈烈,洪泽湖最终成了名副其实的盗贼渊薮,时人称"每届青纱
帐起,顿成恐怖世界,'匪区'之称,已被举国公认"。[②] 湖区几等于
匪区。

南京国民政府成立后,苏皖两省都有水警之建制,江苏省将水上公安
队按次第分,安徽省则按地域分,[③] 二者于洪泽湖都有鞭长莫及之势。如
皖属洪泽湖隶长淮水上公安局洪湖区水巡大队管辖,水警仅三十二人,钢
板划船也仅三艘,[④] 相较于湖面之辽阔,匪盗之烦剧,其管理几乎可用形
同虚设概之。

三 洪泽湖面的界线表述

滩地与治安问题皆与湖面界线息息相关。自清代江南省分治以来,在
行政区划上洪泽湖长期为江苏、安徽两省的界湖,但沿湖州县对该湖如何
划分却一直没有定说。乾隆《江南通志》云泗州州界时,称"东接淮安,
南连六合,西通灵璧,北抵下邳,为水陆都会,与淮郡以洪泽湖为界",[⑤]
虽然说了该州的四至,但对湖面上与其他州县间的分界并无任何说明。同
书云桃源县(即泗阳县)界时则称"东四十里至高家湾清河县界,西六
十里至白洋河徐州府宿迁县界,南四十里至洪泽湖心泗州界"。[⑥] 此处清
河县大致相当于民国时的淮阴县。该条记载笼统地提到了桃源县南界在洪

---

① 陈经山编著《盛世说湖匪——洪泽湖匪事调查与研究》,第 25 页。
② 范成林著,毛立发等整理《淮阴区乡土史地》,淮安市地方志办公室编《淮安文献丛
  刻》第 9 册,第 220 页。
③ 内政部第一期民政会议秘书处编《内政部第一期民政会议纪要》,沈云龙主编《近代中
  国史料丛刊三编》第 53 册,文海出版社,1989,第 158 页。
④ 《拟呈洪泽湖设立水警方案》,《安徽民政公报》第 4 卷第 4 期,1934 年。
⑤ 乾隆《江南通志》卷 2《泗州图说》。
⑥ 乾隆《江南通志》卷 10《舆地志》。

泽湖的中心，即所谓的"以湖心分界"，相较前者虽已有所交代，但具体
如何划分依然语焉不详。

乾隆《盱眙县志》凡例载有一幅洪泽湖图（见图 2），图中用文字
的形式对湖上的界限进行过一番说明，主要有以下几条："泗州西岸自
临淮口北行水面六十里至胡家牌楼与桃源县交界"，交代了泗州与桃源
的水面界限；"泗州长河二十里与清河县老子山交界"，交代了泗州与
清河的水面界限；"其东沿石工一带，自武家墩至三滚坝、南坝之南，
系山阳县境与盱眙交界"，交代了山阳与盱眙的水面界限；"洪泽滩起
至河口三十里系清河县地方"，交代了清河与桃源的水面界限；此外在
该图右下方杨家皋下方水面另标出了"桃泗交界"，算是对两县在该处
分界的说明。且不论这几条说明是否可信，单就图说本身而言，可以肯
定沿湖州县间形成的只是笼统、粗略的大致界限，绝非精确的几何界
线，故图上没有用线条划分湖面的此疆彼界，这一做法实是当时情形的
真实反映。

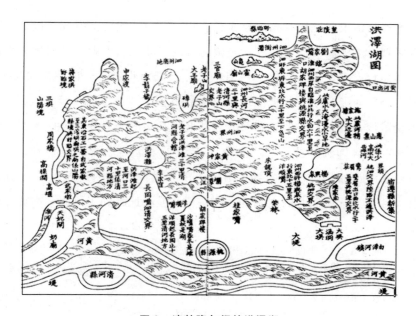

图 2　清乾隆年间的洪泽湖

资料来源：乾隆《盱眙县志》凡例《洪泽湖图》。

光绪二十二年刊印的《江南安徽全图》曾收有泗州直隶州图一幅，对湖面划分也有一说。该图在洪泽湖面上划有两条界线，正中间一条将全湖一分为二，洪泽湖西半部圈入泗州境内。东半部沿湖岸另划有一U形界线，开口朝西，与中线形成闭合，闭合区中的一大片水域被划入盱眙县境，江苏淮安府仅有线外一点寡水。依该图，洪泽湖几乎全入皖境，显然这种画法是站在安徽立场上所作。该图由刘筹纂修，而刘氏为安徽"候补知县"，曾参与过安徽巡抚沈秉成主持的安徽舆图测绘，为总纂，地位很高；[1] 该图完竣后刘氏又因安徽巡抚保举，受到过清廷"奖叙"。[2] 了解到这一层背景，图上的画法就不足为奇。

民国时，时人对洪泽湖面上的界线划分也没有什么"定于一"的认识。1926年的《泗阳县志》所附的洪泽湖图在湖面上有三条界线，中间一刀切，湖西划入泗县；在湖东另作两条"三家分晋"，西北部水面划入自家，东北部水面划入淮阴县，南部水面则划入淮安县界，盱眙县几乎完全不占水面（见图3）。这张图带有着明显的政治倾向，代表的主要是泗阳县的利益。最为夸张的是该图将泗阳该县拥有的湖面一直划到了最南端淮阴县家门口的老子山附近，明显违背客观现实。此外，该图另有一明显讹误：1926年淮安县并不临湖，不占任何湖面，该图却划给淮安县洪泽湖东南方向如此份额的水域，实在是张冠李戴。综上可见，该图虽有精确界线，但不过是单方面的主张而已，没有任何历史或现实依据，不能视为实际界线。

同为苏属的淮阴人对湖面划分也有看法，认为："以政治区域言，苏、皖二省各有其半；在苏境者，泗阳、淮阴又二分之。"[3] 此外，淮阴方面还有更为极端的说法，认为洪泽湖面大部分属于江苏省，苏省占水域80%，皖省只占20%。[4] 此二说都不足为凭。

[1] 中国第一历史档案馆：《清光绪朝各省绘呈〈会典·舆图〉史料》，《历史档案》2003年第2期，第43页。
[2] 《光绪朝实录》卷380，光绪二十一年十一月丙辰条。
[3] 张煦侯：《淮阴风土记》，第396页。
[4] 邢祖援：《淮阴地形及沿革概况》，《淮阴文献》，第21~22页。

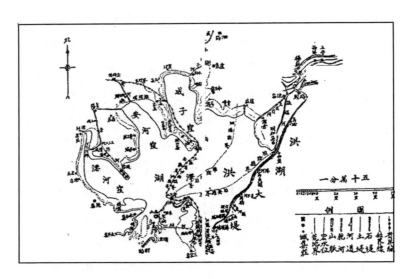

图 3 1926 年的洪泽湖

资料来源：民国《泗阳县志》卷 1《洪泽湖图》。

安徽方面，民国《泗县志略》在涉及本县县境时只有"东接苏省泗阳、淮阴两县，南接五河、盱眙两县"寥寥数语，[1] 并不涉及湖面界线如何。采用这一笔法的还有《江苏省地志》，言淮阴县时称"县境南北狭长，北界沭阳，东界涟水、淮安，西界泗阳，南跨洪泽湖，含有湖南岸之老子山地，与安徽之盱眙接界"，[2] 也巧妙地回避了这一问题。

从对清代以来历史资料的梳理来看，无论是文献记载，还是地图区划，江苏、安徽两省都说法不一，但都没有足够说服力的强证来证明自己能多划一片水，实际的情形是洪泽湖面上是没有界线可言的，即使粗略的界限也非常含混。而且尤其需要强调的是，水位对界线亦有很大影响。由于汛期和枯水期的差异，湖区水位会呈现季节性的变化，而这自然会使得洪泽湖面呈现出一定幅度的自然盈缩，直接导致作为"边疆地带"水界的变动不居。其实早在康熙六年（1667），两江总督麻勒吉在查勘洪泽湖区抛荒田地时就已注意到这一现象，"又勘水沉处，所见一片汪洋，不分

---

[1]　鲁佩璋修《泗县志略·形势》，民国二十五年铅印本，第 2 页。

[2]　李长传：《江苏省地志》第四编《地方志》，民国二十五年铅印本，第 334 页。

亩畔，昔日新耕之地，今皆泛舟而行"。① 显然，对领有湖区水陆的政区而言，湖面的盈缩不仅会影响境内水陆的消长，而且会模糊政区之间的界线。入民国，安徽方面曾有一种说法是"一湖之水，划分苏皖，既无天然形势之可分，又无人工界限之可据，是苏是皖，虽湖中土著莫得其详"，② 就是考虑到水位变动的重大影响。

湖面界线不明，体现在方志或图集中就是各执一词，诸方嘴头和笔头上"公说公有理，婆说婆有理"倒也无妨，但具体到政府的行政管理上就难免出现诸多漏洞，而这种漏洞在前两节所述湖区治安与滩地问题上表现得尤为明显。

民国时，苏皖边界地带匪患丛生，一直是两省行政力量薄弱的地区，在画地为牢的行政管理体制下，作为两省界湖的洪泽湖实际为四县共管的水域，但由于湖面辽阔却无界线可分，遇有匪患，各县多持"遗祸邻境，尤属不关痛痒"③ 的心态，湖区遂逐渐沦为令人谈之色变的匪区。

相对治安问题放任自流，水涯滩地则成为两省都意图染指的利薮。由于水面本无界线可言，水退之后形成的浅水滩地也多是无主之地，经济利益驱动之下，环湖各县自然纷纷争占，占有之家从具体的势家到乡、县直至行政督察专区、省。时人在言苏皖边界滩地纠纷时称："迄今三年，地方人士，历次抗争，虽本县人士，不无愤慨。"④ 可见苏皖边界矛盾已不断激化。

四 水警还是水县？

1934 年 5 月，安徽省政府向国民政府军事委员会委员长蒋介石提交了《拟呈洪泽湖设立水警方案》，⑤ 方案共九条：首述陶澍所设洪泽湖水师营之历史与"盗匪遂复啸聚"之现状；次叙现有兵力、形势；再提新

---

① 光绪《泗虹合志》卷 17《艺文》，第 620 页。
② 《拟呈洪泽湖设立水警方案》，《安徽民政公报》第 4 卷第 4 期，1934 年。
③ 《呈请都督剿匪》，《申报》1914 年 1 月 20 日，第 6 版。
④ 高天：《洪泽湖老子山实录（下）》，《江苏研究》第 2 卷第 11 期，1936 年。
⑤ 提案全文见《拟呈洪泽湖设立水警方案》，《安徽民政公报》第 4 卷第 4 期，1934 年。

设水警之编制、管辖区域、指挥权、经费诸项；最后提出"欲求根本一劳永逸计"，请蒋同意增设水县。

全案九条立足于盗匪问题立案。案首便铺陈背景："洪泽湖地跨苏皖，广饶数百里，港汊纷奇，芦苇密布，久为盗匪渊薮，吾皖直接受其害者为泗、盱二县；间接受其害者为灵、宿、凤、嘉、来、天等县。"前文已证湖区匪患确属危害甚深，皖省并无夸大之嫌，其祸害区域实际远过皖省所言己方县份。

毫无疑问，在辽阔的湖面缉拿盗匪需要统筹兼顾，但实际状况是"洪泽湖治安之责，由苏皖两省分任之"，已有畛域之分，且湖面界线双方又各执一词，权责并不清晰。

另外，老子山乡的地理位置也让苏皖双方管理为难。此乡紧扼洪泽湖南沙嘴，与盱眙县比邻相依却属水陆隔绝的淮阴县管辖，故淮阴县以苏省之飞地视之，单列为直属乡。由于此乡水陆之间，去苏去皖较为灵便，盗匪多取道于此。泰安七乡滩地纠纷械斗后，据高天《洪泽湖老子山实录》言，安徽为划老子山属皖通过报纸造势时，理由就是"老子山为两省交界之地，盱眙常遭匪祸，每次剿匪，匪必退至老子山，泛湖而散，甚至诬为捕逃之渊薮"；而高氏站在淮阴立场反唇相讥："盱眙县内深山大泽素称多匪之区，加以颖、亳、寿、灵一带豪强之徒，或盘踞大滩，或潜踪山野，杀人越货，吾人以毗连盱境，每受盱匪波及。"[1] 洪泽湖的盗匪问题很难说非此即彼，苏皖双方意气之争显然都有推诿之嫌，但边界地带管理为难却是实实在在的。

故四年后皖省方案第六条再次提出"将老子山划归管辖，以一事权"，并进一步强调"洪湖之管辖区宜合不宜分也明甚，即洪湖区域可以统一，不可划分明甚"，建议在全湖设立跨越苏皖两省的统一水警营，"以其面积之防务情形预计，可分三中队，队设官兵一百十七员名，以湖水深浅之需要，须特制装甲、浅水、平底明轮汽油艇三艘"。其管辖权则隶属于军事委员会或"鄂豫皖三省剿匪总司令部"总部之下，意在如两

---

① 　高天：《洪泽湖老子山实录（下）》，《江苏研究》第 2 卷第 11 期，1936 年。

江总督般可调动两省警力。

不过，通览全案，方案虽言水警，但醉翁之意却落在第九条水县上：

> 九、拟增设水县。中国水面向无设县之治，设立水县诚属创举，而日本则恒有之，以其为岛国也。考日本设立水县，县治则设于坐船之上，一切行政皆在船上行之，非常便利。洪泽湖设立水警，以苏皖分界之故，一时权宜之计则可，究非根本办法。欲求根本一劳永逸计，惟有参照日本水县之法，设立洪湖水县；但在中国殊觉新奇，可将洪湖附近伸入湖中之陆地，及湖中之洲渚，均划为该县县境，县治即设于老子山，并于平底汽油艇上分治，湖中水陆其领土也，湖中船户其居民也，所养水警其保安团队也，水上收入其田赋也，其一切行政与陆地无大差异，诚属万年安谧之大计矣。①

方案中所言日本水县是指本州岛中部的滋贺县，因滋贺县以琵琶湖立县，故皖省引为理论依据，而借鉴于洪泽湖管理上。琵琶湖是日本的第一大淡水湖，面积约 700 平方千米，相当于洪泽湖面积的 1/3，在明治维新前为近江国的藩地。明治四年（1871）废藩置县，11 月 22 日近江国被一分为二，其西南部设大津县，管辖高岛、滋贺、栗太、野洲、甲贺、蒲生等地；东北部则设长滨县，管辖神崎、爱智、犬上、阪田、东浅井、伊香诸地，两县分湖而治。明治五年 1 月 19 日，大津县改称滋贺县，长滨县改称犬上县，同年 9 月 28 日犬上县废入滋贺县，自此琵琶湖又成为一县之内湖。② 近江国与滋贺县皆因湖而显，在日本享有"湖国"之美誉，提案中称水县在"日本则恒有之"，恐怕语出于此。

不过仔细查阅滋贺县史及相关地图后，笔者发现安徽省对日本滋贺县的实际情形存在明显的误读。滋贺县虽拥有琵琶湖，但其水域面积并不占县的绝对比例，与洪泽湖水县几乎完全以水为境的设计相差甚大，而鲁氏

---

① 《拟呈洪泽湖设立水警方案》，《安徽民政公报》第 4 卷第 4 期，1934 年。
② 『滋賀縣史』卷四「最近世」、昭和三年三月刊行、1～3 頁。

所谓"考日本设立水县，县治则设于坐船之上，一切行政皆在船上行之"也并非事实，滋贺县县治定于琵琶湖西南大津市，未有设于坐船之事①。另外两国"县"之含义有本质区别，中国的县是基层政区，日本之县则相当于中国的高层政区，直属中央，二者名同实异。

据当时记者访谈，提出水县计划的是安徽省第六行政督察专员鲁佩璋。② 鲁佩璋为民国《泗县志略》的编撰者，其志有鲁氏自撰简历：

> 兼泗县县长鲁佩璋，现年四十六岁（1889 年生——笔者注），籍隶和县国民党党员。南京金陵大学校农学院林科毕业，得林学士学位。民国九年一月，充山西公立农林专门学校林科教授……二十年三月任实业部渔牧司司长……二十一年十月任豫鄂皖三省剿匪司令部上校秘书。……（二十二年）十一月任安徽第六区行政督察专员，兼保安司令及军法官。二十五年五月奉令兼泗县专管区司令，泗县为专员驻在地，兼任县长，土地呈报处成立，兼任处长。任事以来，对于县政，锐意刷新。二十三年度安徽省政府考核各县成绩，列为甲等，颁给奖状。③

考水县方案提交前鲁氏经历：安徽人，名校毕业，由学者而从政，实业部渔牧司司长、豫鄂皖三省剿匪司令部上校秘书、行政督察专员、保安司令、军法官，鲁氏之仕途可谓平步青云。其背景中渔与军二点尤可注意，皖省调其于湖西泗县可能有选贤任能，对症下药之考虑。鲁氏自称"对于县政，锐意刷新"，《泗县志略》载其政绩较详，可资佐证，1934 年皖省考核获甲等也可说明其绝非碌碌之辈。鲁氏提出水县之案很难说其学、政、军哪一种经历促之产生，但在湖区管理上，以水为县确实别出心裁。

鲁佩璋曾向记者言及其水县计划，"该县包括洪泽湖沿岸各陆地及全部湖面，县政府建筑于巨舰之上，另于半城（现属泗县第五区）、蒋坝（属淮阴）两地设置办事处，以利工作"，而"新县县政，将注重渔民教

---

① 『滋賀縣史』卷四「最近世」、3 頁。
② 《洪泽湖水上新县》，《安徽政务月刊》第 4 期，1935 年。
③ 鲁佩璋修《泗县志略·现任县长略历》，第 41~42 页。

育、湖面绥靖，及滩地湖套之整理云"。① 显然，鲁氏设水县并非仅出于剿匪之一端，而有较系统、长远之规划。

揆诸史实，民国以前中国行政区划确无以水面为县境主体，以船艇为分治所，以船户为主体居民之事，所谓"中国水面向无设县之治，设立水县诚属创举"，绝非虚言。《申报》就曾对此连续关注。② 虽然案中未提及水县设立后归苏、归皖的问题，但安徽的如意算盘是归皖。③

五 水利、财政与改隶：水县方案的流产

将一湖划为安徽单独管辖，是鲁佩璋或有意或无意解读日本范例提出水县计划的兴奋点。如果准行，不难推测，县政专司绥靖，湖区治安应该会有明显的改观。但治本仍需清源，不解决江淮地区的民生问题，匪患总会以此起彼伏的状态呈现。另外，水县对于洪泽湖滩地纠纷解决的意义，站在皖省的立场上才能是最优的方案。因为水县即使实行，洪泽湖滩地的争占也绝不会消歇，但它可以通过行政区划的手段将原来两省间的纠纷消解到一省的内部矛盾，协调处理总会易于省际纠缠。况环湖湖田利益之大，水县是最好的独占形式。皖省所谓"盖因县治设立，政治能力集中于该湖，消极的，可消弭该湖数十年未除之匪患，积极的，可振兴该湖数百里未垦之利源"，④ 也确是有的放矢。

应该讲，由于湖区特殊下垫面的存在，水县在理论上是可以成立的，以水为县能保留湖区独立地理单元的完整性；政区设立的主观性

---

① 《洪泽湖水上新县》，《安徽政务月刊》第4期，1935年。

② 参见《皖省府将在洪泽湖设水县》，《申报》1934年6月15日，第10版；《洪泽湖新县区划归皖省管辖》，《申报》1935年2月7日，第11版；《皖省请就洪泽湖内设水上县》，《申报》1935年4月8日，第3版；《洪泽湖设县暂难实现》，《申报》1935年5月25日，第8版。

③ 《洪泽新县归皖省管辖》，《中央日报》1935年2月8日。

④ 《呈军委会南昌行营奉电饬筹议洪泽湖设立水警等因经派员会勘兹据呈复拟增设水县可否呈请示遵由》，《安徽民政公报》第4卷第4期，1934年。

也允许政府有这样的操作手法。^① 一旦成形，政府将职能管理聚焦于水域，在统一组织渔业生产、渔民生活及滩地垦殖方面都可以做到"以一事权"，对振兴湖区经济民生大有裨益，这也就是鲁佩璋所云"新县县政，将注重渔民教育、湖面绥靖，及滩地湖套之整理云"之设想。

水域政区化的设想虽妙，但阻力重重。水县方案提交后，南昌行营曾派员会同苏皖两省官员迭经查勘在案，^② 但蒋介石最终并未批准设立水县。现有材料显示，主要有三点反对理由：

第一，导淮计划之影响。国民政府认为在导淮计划成功前，水县之案应从缓。^③ 这中间考量的主要是水利和滩地收益两大问题。整个民国时期，淮河的治理一直是困扰南京国民政府的重要问题，1929 年后虽有导淮委员会统筹协调，但苏皖两省因利益攸关，在导淮工程计划上存在巨大争议。对于导淮关键的洪泽湖，安徽省"反对继续把洪泽湖作为蓄洪区"，认为"在江苏洪泽湖东岸兴建大型水利防御工程就是要牺牲洪泽湖西岸的安徽省的利益"，^④ 而与江苏省走得很近的导淮委员会却希望扩大洪泽湖的蓄洪能力，这就意味着洪泽湖西岸的安徽地区可能成为泄洪区，对此安徽代表曾痛陈此举"直置我皖于万劫不复之境矣！"。^⑤

此外在淮河入海水道上，安徽省也有着自己的如意算盘，"希望采纳一个涸湖增垦的入海河道计划"，而江苏省在河道选址上存在着地区差异。^⑥ 导淮计划本来就是在地方矛盾重重的背景下实施的，此时若安徽的水县计划准行，洪泽湖完全圈入皖境，无疑是横生枝节，削弱导淮委员会

① 关于政区设立的主观性，参见张伟然《归属、表达、调整：小尺度区域的政治命运——以"南湾事件"为例》，《历史地理》第 21 辑，上海人民出版社，2006。
② 《洪泽新县归皖省管辖》，《中央日报》1935 年 2 月 8 日。
③ 《苏皖两省筹办洪泽湖水上警察》，《警高月刊》第 2 卷第 6 期，1935 年。
④ 戴维·佩兹：《工程国家：民国时期（1927~1937）的淮河治理及国家建设》，姜智芹译，江苏人民出版社，2011，第 54 页。
⑤ 裴益祥：《导淮计划意见书》，《安徽建设月刊》第 3 卷第 2 号，1931 年。
⑥ 戴维·佩兹：《工程国家：民国时期（1927~1937）的淮河治理及国家建设》，第 55 页。

的行政职能，自缚手脚显然并非智举。

在滩地收益上，皖省的水县方案与导淮委员会、江苏省的利益也难以调和。各方对导淮成功后洪泽湖可能会淤出的巨大滩地一直心存觊觎。1933年江苏清江浦工程局"特呈南京导淮委员会将整顿洪湖一项，列入第二期工程中"，获得导淮委员会批准"并令该局负责计划进行"，江苏方面也明确列上了"垦殖湖滩"的计划，导淮委员会也指望借此"补充导淮工程费之不足"。① 而安徽抛出的水县是完完全全要"将洪湖附近伸入湖中之陆地，及湖中之洲渚，均划为该县县境"。利益诉求冲突，根本不能调和。

个中利益纠葛，导淮委员会副委员长、江苏省主席陈果夫曾有过这样的评论："淮河全体以洪泽湖为枢纽，运河全体以微山湖为枢纽，苏皖之争在是，苏鲁之争在是。"② 可谓一语中的。

第二，"水县财政殊难以自立"。③ 设县并非一纸政令下达立等可办，中间牵动的大量人员、物资调配无一不涉及经费问题，皖省方案第八条提及设立水警的经费筹措，据其称收入繁多，有"茨、莲、鱼、虾、芦草，暨往来船捐、船舶登记费等等"，暗示财政可以自立，但关键的开办经费，却"请委员长蒋指定款项担负之"。④ 而这段时期蒋为了筹措导淮经费只能靠中英庚款的借贷来维持，财政并不宽裕也是实情，⑤ 中央政府并不想为安徽的提案买单。

第三，苏省的抵制。水县之案前，一个老子山乡的改隶问题就已经引起淮阴人三年数次抗争，而改隶主体——老子山当地人对划给安徽盱眙县并不认可，高天披露泰安七乡滩地械斗之惨已使得"双方民众恶感之深达于极点"；⑥ 更何况苏省所属的洪泽湖沿岸各陆地及其所宣称的一半或80%的水域都归皖省，于公于私，淮阴县及苏省沿湖其他县份都会强烈反

---

① 《导淮委员会计划整理洪泽湖》，《山东省建设月刊》第 3 卷第 10 期，1933 年。
② 陈果夫：《导淮之过去与未来》，《自觉》第 31 期，1935 年。
③ 张煦侯：《淮阴风土记》，第 423 页。
④ 《拟呈洪泽湖设立水警方案》，《安徽民政公报》第 4 卷第 4 期，1934 年。
⑤ 《导淮委员会七十七万五千余元借款案》，《管理中英庚款董事会半年刊》第 5 期，1933 年。
⑥ 高天：《洪泽湖老子山实录（下）》，《江苏研究》第 2 卷第 11 期，1936 年。

对。淮阴人张煦侯评价皖人筹设水县的行为是"舔糠及米，得寸进尺"，①
鲜明地表达了利益受损方的不满。

虽然名义上的反对理由有以上三项，但细看下来，财政问题太过表象，并非难以解决，恐怕只是借口；水利问题虽关泄洪之责，但背后长远利益也指向滩地；苏省之抵制改隶更是不遗余力。

最终，"一时权宜之计"的水警方案蒋表示同意，让苏皖两省会商办理，皖省仍派鲁佩璋负责，最终与江苏省达成八项原则，八项原则的核心是"洪泽湖全部水面治安事宜，由苏皖两省会同筹组洪泽湖水上警察统一办理之"，其中涉及的经费蒋也没有买单，"由苏皖两省另行筹措，平均负担"。最为关键的指挥权，协议规定：

> 洪泽湖水上警察队，由苏皖两省民政厅共同监督指挥之，但遇必要时，得由苏省或皖省民政厅径行指挥，办理该管水面防剿事宜，并得受滨湖地方行政长官及安徽长淮水上公安局江苏水上公安队第四区之调遣，如属紧急调遣，须同时分报苏皖两省民政厅备案，平时则应呈候核准行之。②

相较皖省前案将水警隶属军事委员会或三省总部来统一事权，此案无疑有巨大退步，共同筹组洪泽湖水警对双方无多大实际意义。

两年后的 1937 年，江苏省第七区行政督察专员王德溥向江苏省政府提出设立"江苏省洪泽湖水上警察队"的提案，③ 获得省府批准。驻地淮阴县高良涧，共有警察 52 名，其中警官 3 名、职员 3 名、警士 46 名，船只与枪支不详。④ 所谓八项原则最终也成一纸空文。

---

① 张煦侯：《淮阴风土记》，第 423 页。
② 《洪泽湖设置水警原则业经订定》，《安徽省政府政务月刊》第 7 期，1935 年。
③ 《洪泽湖设水上警察队》，《警察杂志》第 34 期，1937 年。
④ 国民政府主计处统计局编制《中华民国统计简编》表 19 "水上警察"，殷梦霞、李强选编《民国文献资料丛编》第 14 册《民国统计资料四种》，国家图书馆出版社，2010，第 34 页。

六　结论

　　1934 年的水县之案是鲁佩璋立足现实和长远考虑提出的创新建议，无论是对湖区本身还是安徽省而言都大有裨益，但从地缘政治的视角来看，这一设想很难实施。洪泽湖区并不是处女地，而是两省四县共有之地域空间，存在着苏皖两大政治势力的对立与平衡，任何一方企图单方面打破这一态势都不可避免地会遭到另一方强有力的抵抗，指望江苏省成人之美无异于与虎谋皮。中央政府是唯一能打破此种平衡，重新调整政治格局的决定性力量，但从维护省际边界地带稳定来说，强势介入不如中立协调明智，看似中央主导地方配合，实则抽身和事，仍由利益攸关方自行决定。均势政治格局未能打破，水县方案的流产也就在情理之中。

　　虽然民国水县之案并未实行，但其提出了一个重要的政治地理研究命题——具有相当面积的湖区能否作为政区单独存在，而非仅仅以分割湖心的方式作为政区间的界限而隐现？中华人民共和国成立后，1956 年 5 月，中央根据"按湖设治"的原则将洪泽湖单设一县，据估算该县水域面积占全县总面积达 90% 以上，县政专管渔民和水上工作，名洪泽县，为典型之水县。[①] 最终鲁佩璋的设想在二十余年后变成了现实，但令鲁氏始料不及的是，此时洪泽湖已完全变成了江苏省的内湖。

〔计小敏，江苏省常州行政学院〕

---

　　① 　参见计小敏《苏北水域的政治地理研究》，博士学位论文，复旦大学历史地理研究中心，2015，第 57~81 页。

北伐前后的微观体验

——以居京湘人黄尊三为例

李在全

内容提要 长期以来的北伐史研究，多从南方立论，以南北军政势力消长为主要内容；近年来，不少学者从更宽广视角，如南北地域、文化新旧、舆情互动等角度，重视"有形力量"之外"无形力量"的研究，大大推进了北伐史研究。以居京湘人黄尊三日记为主要史料，大体可展现一位涵括南北、新旧、舆情等复杂因素的微观人物对北伐之观感，战争中个体的纠结与抉择，以及战争对非战区民众生活之影响。与普通北方人相比，黄氏对南方的观察，包含着南北地域交集复杂的立场与心态。作为北京政权的边缘人，黄氏对北京政府固无多少认同感，对南方政权亦无多少向往与欣喜。战争造成了黄氏"归则无家，留则无食"的两难窘境，在多半时间里，忧心、恐惧占据其心。在黄看来，南京国民政府名为"以党治国"，实则"以国殉党"。黄尊三的微观体验表明，北伐前后的南方与北方，很难说存在相互转换、零和博弈的现象；用"南北新旧"诠释北伐史，效力与不足并存；在战乱与信息管控的年代里，报刊等现代舆情工具在提供讯息的同时，也带来了纷乱与谣言，个体倾向于从亲友言谈和信函中求取真相。

关键词 北伐战争 北洋政府 国民革命 国民政府 黄尊三日记

引 言

1926 年至 1928 年的北伐战争，是现代中国具有转折意义的事件，在中国现代史的叙述中也占有重要地位。长期以来，有关北伐史的研究，多以军政势力消长为主要内容，也多是从南方（国民党、共产党、国共合作等）角度进行探究，① 这是由于"北伐"二字内含从南方立论的意涵。近一二十年来，状况有很大改变，不少学者考察范围不再囿于军政变动，且超越"南方"视角，从更宽广视角，如地域南北之别、文化新旧之争、社会舆情互动等角度，对北伐史进行了新的探索与诠释，成果斐然。② 然而，北伐史研究尚有很大拓展空间，例如，缺乏微观个体人物，尤其是能涵盖南北、新旧、舆情等复杂因素的微观人物之视角。居京湘人黄尊三及其日记，为从这一视角考察北伐史，提供了可能性。

黄尊三（1880～1950），字达生，湖南泸溪人。早年中秀才，后就读于湖南高等学堂。光绪三十一年由湖南官费赴日留学，就读于弘文学院、正则学校、早稻田大学预科，宣统元年考入明治大学法科。武昌起义后短暂回国参与其事，不久再度赴日完成学业。1912 年 7 月回国，先后执教于江汉大学（武汉）、中国公学（上海、北京）等校，并任北京政府内务部佥事、（编译处）编译等职。1927 年南京国民政府成立后，执教于国民学院（北平），任总务长。1931 年九一八事变后，携眷南归，任教于湖南辰郡中学及省立四中、泸溪简易师范学校，献身于桑梓教育事业，1950年 7 月病故。③

黄尊三日记，名《三十年日记》，始于光绪三十一年四月，终于民国

---

① 华岗：《中国大革命史》，春耕书局，1932；王云五等编《国民革命军北伐战争史》，商务印书馆，1933；"国防部"史政局编《北伐战史》，史政局，1959（中华大典编印会，1967）；Donald A. Jordan, *The Northern Expedition: China's National Revolution of 1926 - 1928*（Honolulu: The University Press of Hawaii, 1976）；张玉法主编《中国现代史论集》（第 7 辑《护法与北伐》），联经出版事业股份有限公司，1982；曾成贵等：《国共合作的北伐战争》，河南人民出版社，1986；王宗华主编《中国大革命史》，人民出版社，1990；曾宪林等：《北伐战争史》，四川人民出版社，1991；李新、陈铁健总主编《中国新民主主义革命史长编·北伐战争》，上海人民出版社，1994；杨天石主编《中华民国史》第 2 编第 5 卷《北伐战争与北洋军阀的覆灭》，中华书局，1996 等。

② 罗志田：《南北新旧与北伐成功的再诠释》，《新史学》第 5 卷第 1 期，1994；高郁雅：《北伐报纸舆论对北伐之反应：以天津大公报、北京晨报为代表的探讨》，学生书局，1999；王奇生：《国共合作与国民革命》，江苏人民出版社，2006 等。

③ 上述生平简介，根据黄氏日记，并参考湖南省泸溪县志编纂委员会编《泸溪县志》（社会科学文献出版社，1993），第 571～572 页。

十九年十一月，基本连续。① 关于日记之目的，黄氏在自序中言，"易曰：
'天行健，君子以自强不息'，日记之作，意在斯乎"，即在于督促自己，
供修养之用。为黄氏日记作序的近代湖南名流周震鳞，谓黄乃"笃信谨
守之士"，"用写日记，以自克责"（序言一）。综观黄氏日记，确实可谓
一部修身日记，这或许暗含一定的"示人"意图。值得提醒的是，该日
记在著者生前出版，付梓之前，应有不少删改；日记中也有编改此前日记
的记述，如 1927 年前后"编留东日记"，后世研究者当注意及此。但这
对该日记的史料价值来说，总体上影响不大。学界对黄尊三日记之利用，
主要集中于清末留日部分，② 此后的日记，尚未见系统利用、研究者。实
际上，黄氏此后的日记，信息也很丰富，包含居京的工作著（译）述、
交友应酬、社会文化活动及日常生活等。本文即利用黄氏日记之北伐前后
部分，该部分日记载述了黄尊三——一位居住北京③的南方人——对这场
南北战争及由此引发的时局变动、政权更迭、生活变化的观察与思虑。亲
历者体验的"历史"，自然别有一番风味。

一　北方时局与生活

　　清末黄尊三赴日学习法科，民初回国后，有自己的活动圈子。除供职
于北京政府内务部及讲学、著（译）述外，不时参加一些社团活动。例

---

① 黄尊三：《三十年日记》，湖南印书馆，1933。事实上，黄尊三日记延及晚年，见《黄尊
　　三日记选载》（即 1935 年），《湘西文史资料》第 3 辑，1984。其他年份日记不知现存
　　何处。
② 日本学者实藤惠秀在《中国人留学日本史》第三章中摘录利用过该日记（实藤惠秀：
　　《中国人留学日本史（修订译本）》，谭汝谦、林启彦译，北京大学出版社，2012，第
　　103～119 页），且将该日记翻译成日文（黄尊三：《清国人日本留学日记》，实藤惠秀、
　　佐藤三郎译，东方书店，1986），其他相关研究有范铁权：《黄尊三留日史事述论——以
　　黄尊三〈留学日记〉为依据》，《徐州师范大学学报（哲学社会科学版）》2012 年第 4
　　期；杨瑞：《辛亥变局与留日学人心态裂变——以湘人黄尊三心路历程为个案的考察》，
　　《史学月刊》2013 年第 10 期；拙文《"新人"如何练就：清末一位留日法科学生的阅读
　　结构与日常生活》，《史林》2016 年第 6 期等。
③ 1928 年 6 月，南京国民政府宣布北京改称北平。本文统一称为北京，简称"京"。

如，参与北京"市民公会之筹备会"，黄由众推为宣言书及章程起草员；①
参与"建设学会"活动（1924年5月13日）；② 五卅惨案发生后，黄参
与"沪案国民外交会"，商议发行出版物事宜（1925年7月2日）；等等。
关于中央与地方关系方面，从留日时代起，黄倾向于地方自治、分权，不
主张中央集权；加之，1920年代联省自治颇成潮流，故黄对地方自治为
宗旨的社团活动颇为热心。1924年6月24日记，"联治同志会筹备会于
中央公园水榭，到者七八十人"，黄被推为湖南筹备员之一；在"委员
制"与"独裁制"争论中，黄亦坚持"委员制为本会主张之特色"（10
月19日）。除参与民间社团活动外，黄对现实政治也有所关注，且有低
度参与：黄与北洋政治名流孙洪伊保持着密切联系，1925年10月23日，
黄赴天津与孙面谈；1925年许世英出任段祺瑞执政府国务总理，黄多次
拜访许氏（1925年9月23日、10月14日，1926年1月6日）。

1920年代北京政府，财政陷入窘境，欠薪成为常态，索薪运动此起
彼伏。黄供职的内务部亦然，黄在其中颇为活跃。据报道，1922年内务
部索薪风潮，全体罢工，黄被推选为副代表，与相关方面交涉；③ 次年内
务部员工继续索薪，成立"薪俸维持会"，黄被推选为代表会副主席。④
证诸黄氏日记，大体确是。1924年12月29日记：内务部员工"开索薪
会"，黄被推为代表，"当引同人至总长办公室代陈一切"，总长允诺发薪
一月，众人不允，再三力争，总长许诺发月半薪水，争执直至晚七时才退
出，因为内务部"已四月不发薪水也"。但事情并未结束，次日部中再开
索薪会，"人多意见不一，总次长均远避不到，扰扰至天黑，得五成薪水
而散"。索薪运动严重影响北京政府之运转。1926年9、10月，国务院以
摄行大总统令特任顾维钧代国务总理，顾氏改组内阁时，内务总长张国淦
即"因节关发薪，大受部员纠缠，坚辞不干"。⑤ 9月21日，为中秋节，

---

① 《京闻纪要》，《申报》1922年6月28日，第7版。
② 文中所引黄尊三日记，时间多为1925年至1928年，凡在正文中已经说明时间的，不再
　另注；若正文未说明，在文后用括号注出。
③ 《内务部罢工之武剧》，《申报》1922年4月28日，第7版。
④ 《京机关大规模之索薪运动》，《申报》1923年7月8日，第10版。
⑤ 杨天石主编《中华民国史》第2编第5卷，第159页。

黄阅报获悉：此次节关，政府发库券三百万，现款一百二十八万；库券拨作京外军费，现洋各机关以二成发放，共需二十七万有余，外余百万，则作京内军警饷项。黄感叹："军费既占如此巨额，国家财政，焉能整理。"京城如此，外省亦然。1926 年 2 月 13 日，为大年初一，一位来自江西的友人，谈及九江督办公署状况："无事可办，无薪可发，颇难支持。"黄感觉：内战频年，民穷财尽，"中央如此，外省又如彼，国事尚可为乎"。无疑，此时北京政府是异常孱弱的中央政府，《东方杂志》报道，"四年前，在徐世昌时代，政府命令只能行于北方诸省。到了曹锟时代，统治的范围，又缩小而只及于京畿。现在的段政府是更不行了，在名义上依然是中华民国的政府，实际上政令已不行于都门之内"，并调侃曰："没有一个人拥护政府，没有一个人在事实上承认它是政府，而政府的招牌还是照旧的挂着，这样滑稽的事情，只有中国才有。"①

北伐军兴之前，虽欠薪成为常态，居京生活甚是不易，但相较于各地大小不一的军阀混战，北京尚属安稳之区。1926 年 3 月 17 日，友人来访，谈及湖南故乡惨状，"实不忍闻"，这时黄感觉居住北京，"如在天上，尚不知足，直自讨烦恼耳"。问题是，北京状况很快也发生变化。1926 年"三一八"事件发生，当天日记载："下午二时，枕上忽闻枪声隆隆，约二十分钟，极为惊异"，黄感觉"政府之横蛮如是，国事尚可问乎"。此后北京，纷纷扰扰，人心惶惶。1926 年 4 月，奉军战机多次飞临北京上空，投掷炸弹三十多枚，造成多人死伤惨剧。② 此事对民众惊扰甚巨，黄氏家人也"惊惧"，这时，黄意识到困住京城有四大患：（1）飞机投弹，生命随时可以告终；（2）国民军驻满城内外，随时可以入城哗变；（3）战事日久，无职之人，满街满巷，随时可以掠夺；（4）米煤因交通断绝，运输不来，断炊之患，即在目前（4 月 5 日）。报纸报道："近日的北京，已陷入于混乱、恐怖的境地中"，目前紧要问题是，"军队的复杂，军用票流通券的行用，地方治安的维持"；民众关切的是"交通的恢复，

---

① 《杂评》，《东方杂志》第 23 卷第 3 号，1926 年 2 月 10 日，第 2 页。
② 《奉飞机六次来京抛炸弹》，《申报》1926 年 4 月 22 日，第 9 版。

粮食燃料的接济，军队的撤退"。① 证诸黄氏日记，亦大体如是，时局变动明显影响京城民众的日常生活。4月7日深夜，"炮声隆隆，街市戒严"；10日，黄本拟去医院诊病，因"政变发生，铺店均关门，只得家居静养"；11日，"一夜炮声隆隆，知战事即在近郊"。很快，冯玉祥国民军撤出北京，奉、鲁势力迅速进入京津地区，在"反赤"名义下，恐怖事件层出不穷。据《申报》报道，张宗昌在天津设立直鲁联军密查处，"明密稽察各一百……查拿赤党"；北洋元老王怀庆接任京津卫戍总司令后，宣布保安办法，规定"凡宣传赤化者，概处死刑"；在京津地区大肆搜捕左派分子和共产党人，派员到各学校"详加检查"。② 正是在这样恐怖氛围中，不少社会名人惨遭杀戮。4月28日，黄得知"在京办理《京报》有年"的著名报人邵飘萍被张宗昌枪决，"各界多深惜之"；8月，另一位著名报人林白水也被杀害（8月10日）。受此刺激，8月17日，黄起草了遗嘱，以备不测。所有这些表明，此前蜷居北京尚存的些许安全感，如今荡然无存了。

北伐军兴后，北方各派势力分化重组，政局急剧变动，这牵动着黄氏心思。1926年11月7日，黄听闻张作霖有入关主政之说；18日，黄获悉天津开各省代表会议，共推张为大元帅；22日，报纸证实，天津会议，共推张为总司令，孙（传芳）、张（宗昌）、阎（锡山）为副司令，出兵五十万南下，黄"逆料南北大战，期将不远"；26日，讨赤联军总司令部在天津成立，奉方拟向京汉线出兵。30日，奉系命令张景惠赴郑州，与吴佩孚接洽京汉出兵问题。与此同时，商震与冯玉祥联合，西北的包头归化一带，"布满青天白日旗"，归属国民党。这时北方也成赤白两立局面。12月2日报载：张作霖受十五省推戴，就任安国军总司令；粤政府移鄂，宣布以武昌为国都。黄立即想到："假令南军将来完全胜利，国都恐不必仍在北京。"在北伐前后，国都问题一直是黄关切的问题，因为这事关将来生计、出路问题（详后）。12月28日，黄听闻张作霖已抵京，"用迎元

---

① 《杂评》，《东方杂志》第23卷第7号，1926年4月10日，第1页。
② 《本馆专电》，《申报》1926年4月22日，第5、6版；《王怀庆搜查中国大学》，《申报》1926年5月10日，第9版。

首礼，由正阳中门而入"。在北方各派角力下，1927 年初顾维钧内阁再次改组，异常费劲，"七拼八凑，新内阁班子总算凑齐"，[①] 此次内阁改组，在黄看来："换汤不换药，有何效力，时局如此。"（1927 年 1 月 13 日）

北伐战争导致北洋各派纷纷倒台。1927 年 3 月 2 日，获悉孙传芳已通电下野，黄感慨"孙以长江五省之盟主，不两月而瓦解，政治舞台，可谓变化莫测"。在黄眼中，直系吴佩孚还算一号人物，颇具才能与见识；北方报纸也认为：抵抗不了北伐军并非吴氏个人问题，指出吴"其人虽妄，私人品行，犹有可取，虽任性专擅，固亦自信爱国"。[②] 1927 年 1 月 13 日，黄注意到吴发表"中国建设大纲"；19 日，吴通电：河南首先废督，为各省倡。黄本就认为中国应"废督"，故认为吴为"武人中之难得者"。5 月 13 日，报载"吴佩孚赴南阳投于学忠"，黄感叹"英雄末路，为之奈何"。如此一来，北方各大势力中，仅剩奉系张作霖了。6 月 18 日记："张作霖经孙传芳等推戴，今日就海陆军大元帅职，改造中央与潘阁令同下。"

北伐前夕，北京政府虽已陷入窘境，但京城市面尚属正常。1926 年 2 月 27 日，为元宵节，黄尊三赴友人在北海之宴，日记中写道："北海灯会颇盛，到晚花炮齐放，观者人山人海，热闹异常，席散后，随意游览。"北伐军兴后，北京生活明显受到影响。1927 年 1 月 1 日，为元旦，黄与家人至东安市场游玩，发现"当此新年，游人甚为稀少，亦足见市况之不振"；3 月 5 日，黄携眷至安定门外的京兆公园，"游人绝迹，仅有兵士三五成群，园内所有陈设，摧败净尽，残破景象，不堪入目"；7 月 17 日，为盛夏时节，黄至北海公园闲散，虽"风景绝佳，荷花盛开"，然"人迹绝少"；11 月 24 日，黄散步至北海，"游人稀少，景物萧肃"；29 日，黄步至中央公园，"游人绝迹，绕园一周，觉景物萧索，风寒透骨"。不仅公共场所如此，市面亦然。黄 1927 年 10 月 24 日记："大街之上，因戒严故，几绝人行，光景冷淡愁惨之至，足见战事之影响于市面者大

---

① 杨天石主编《中华民国史》第 2 编第 5 卷，第 180 页。
② 《回头是岸》，《大公报》1926 年 9 月 4 日，第 1 版。

矣。"11 月 2 日，黄察觉到，北京不仅市面"萧条已极"，而且恐怖气氛令人窒息，"军警到处破坏机关，捕捉党徒"。1927、1928 年之交京津萧条、恐怖状况在南方内部情报信息中得到验证："北京伪卫戍司令部近日破获党机关数处，并捕去男女学生五十余人，枪毙学生工人甚多，京畿人民咸栗栗自危，言论稍一不慎，即被军警就地格杀"，"天津戒备极严，市面萧条，河北尤为冷落。直隶省银行票每十元换现洋四元。金融奇紧，小贩营业多以闭市"。①

北京市政运转原本就举步维艰，北伐战事逼近，无异于雪上加霜。在这状况下，各种非常措施不断出笼，例如各种税捐激增。关于税捐问题，《大公报》分析道："中国税课，则向来因人而异，贵官富豪，例得免征，中产半贫，负担最重。试看偌大一座京城，真实负担市政经费者，惟筋骨劳动之车夫及皮肉生涯之妓女而已。"② 分析颇有道理，但把市政经费负担归到"筋骨劳动之车夫及皮肉生涯之妓女"身上，则不符史实，实际上，像黄尊三这样的普通市民也深受侵扰。1927 年 10 月 9 日记，"京师警饷，一钱不发，而以警饷为名之房捐，催讨之急，有如星火"；25 日晚，得知警厅通知，又催房捐，黄忧心忡忡："赋闲日久，一文不进，而苛捐催促，有如星火，乱世苛政猛于虎，于今益信。"11 月 15 日，报载财政部将开征奢侈品税，"商民苦之，开会反对无效"，黄预料"从此物价必继涨，生活愈见困难"。黄之预见，亦是京城很多人的共同预感。有记者就此事向商界人士了解情况，"据云北京商务，向不发达，所谓巨庄大号者，不过少数几家而已……若官厅又举办奢侈税，当此商业停滞，市面冷落，吾辈商民实无法支持"。③ 其实，北京政府内部对征收奢侈品税存不同意见，奉军将领张学良、韩麟春致电国务总理潘复，请免奢侈品特捐，谓此捐"众怨沸腾"；因各方纷起反对，财政部只能暂时缓办。④ 但

---

① 《北伐阵中日记》（1927 年 11 月 11 日），章伯锋、顾亚主编《近代稗海》第 14 辑，四川人民出版社，1988，第 505 页。
② 《北京之警费问题》，《大公报》1928 年 3 月 25 日，第 1 版。
③ 《奢侈税与北京商界》，《大公报》1927 年 11 月 26 日，第 3 版。
④ 韩信夫、姜克夫主编《中华民国史·大事记》第 4 卷，1927 年 12 月 5、10 日，中华书局，2011，第 2882、2888 页。

由于财政异常紧张，1928年3月还是开始征收奢侈品特捐，并增收房捐。3月6日，黄接警署通知，"房捐照加一半，以助警饷"，黄忧心："当此生活困难之时，捐款加增，人民之负担何堪，又商界因政府征收奢侈捐，议决行总罢市，如果实行，恐前途险象，不堪言状。"战事临近，身家性命不保，捐税无数，生活难以为继，不难想见京城百姓之窘境。作为其中一人，28日黄苦痛写道：

> 军兴以来，各项捐款，闹得天昏地暗，而最无理、最黑暗者，莫如房捐，捐后复加，加则必倍，毫无标准，一任警署横派，一日数迫。在巡警唯视收入之多少，以讨好长官，而人民则因催索之急迫，致卖妻鬻女者，比比皆是。乱世之民，即此已觉难堪，而生活之逼迫，土匪之骚扰，其痛苦则又十倍于此者，民焉得有生路乎？

二　观察南方：军兴、内争、杀戮

在很多外国人眼中，北伐前夕的广东给人的印象是"搞叛乱""瞎折腾""成不了什么事"，这估计也是中国普通民众的观感；但身处广州的外国人，已经明显察觉到"惊天动地的事情正在酝酿中"。[①] 国人之中，一些嗅觉灵敏的观察者，亦已预感时局暗流涌动。1926年初有人在上海《东方杂志》撰文指出，近来国内军人的举动，显出两种不同的趋向：第一种是吴佩孚、张作霖以及国民军系的活动，"他们都注目光于全局，合纵连横以酝酿时局的变化，而各谋在这变化中造成自己操纵全局的机会"；第二种是赵恒惕、孙传芳、蒋介石、刘湘等人的举措，"他们对于关系全局的事件，不轻有所活动，而各竭其力以整理自己所有的地方"。第一派人，"虽然志大言高，而实际应付各事，常不免左支右绌，自己能

---

① 哈雷特·阿班：《民国采访战：〈纽约时报〉驻华首席记者阿班回忆录》，杨植峰译，广西师范大学出版社，2008，第18、19页。

力的所及，与自己所抱的志愿，相去不知若干，前途的发展，实在希望很少"；第二派人，则"精力饱满，根基稳固，应付周旋，游刃有余"，因此，第一派日渐颓势，第二派日益发展，这是"时局变化中最值得我们的注意的"。① 观察者虽然未能准确预言广东国民政府在如此中央－地方（中心－边缘）的军政格局下积蓄力量、发动北伐，但其提及的蒋介石，这时确实正在思索如何改变全国军政格局——北伐。1926 年 1 月 11 日，蒋介石在日记记述："思索战略：先统一西南，联络东南，然后直出武汉为上乎？或统一湖南，然后联络西南、东南，而后再问中原为上乎？其或先平东南，联络西南，而后再问中原乎？殊难定也。"28 日又记："研究北方军事政治。"②

黄尊三显然不是细心的时局观察者，未能预感这场源于南方的巨变。但身居北京的黄氏，在日记里经常记述南方及家乡信息。1926 年 6 月 29 日记："十五年祸乱频频，兵匪横行，吾湘为甚，今某军阀又引兵入湘。"此处所言"某军阀又引兵入湘"之相关背景是：1926 年 3 月，湖南唐生智举兵倒赵恒惕，背后是广州政府与直系吴佩孚之争。广州方面几经权衡后，决定出兵入湘援唐，5 月 20 日，国民革命军第四军独立团叶挺部作为先遣队奉命入湘，6 月中下旬，国民革命军各部陆续北上，集结于湘南前线；与此同时，吴佩孚也增兵入湘。③ 以历史后见之明视之，这是北伐战争的序幕；但在居京湘人黄尊三看来，这与此前司空见惯的军阀混战并无两样，远未意识到这场战争将导致南北政权易位。身为湘人，黄关切家乡战事，8 月 10 日记："两湖之战祸，方兴未艾，近闻粤桂黔鄂联军，开入湘境，不下十余万人，加以水旱成灾，哀鸿遍野，黎民何辜，逢此浩劫。"可见，在北伐战争开展两月后，黄观感如初，认为是混战相寻的延续，皆属"不义之战"。其实，这也反映了很多国人对北伐初期的即时观感。获悉北伐军进攻吴佩孚，身处浙南瑞安的乡绅张棡用"噬狼争正"

---

① 《杂评》，《东方杂志》第 23 卷第 2 号，1926 年 1 月 25 日，第 2 页。
② 《蒋介石日记》，1926 年 1 月 11、28 日，美国斯坦福大学胡佛研究所藏。
③ 王奇生：《国共合作与国民革命》，第 260、261 页。

表述之，亦可为证。①《大公报》说："战亦如是，不战亦如是，则厌恶之心生；战胜亦如是，战败亦如是，则鄙屑之念起。无论若何之号召，皆等量而齐观；不论谁何之胜负，概熟视若无睹。"② 换言之，此前战乱太多，如今谁跟谁打，打得如何，谁赢谁负，国人不再关心了，有些"麻木"了。

然而，事实出乎绝大多数人之意料。1926 年 7 月，南方革命军誓师北伐，迅速攻占长沙，8 月下旬，占领岳阳，10 月上旬攻占武汉，一路所向披靡，令全国舆论刮目相看。天津《国闻周报》说，"孙中山北伐多年，其先锋队始终难过韶关。今蒋介石在几个礼拜以内竟能一举而下岳州，再战而得汉阳，声威所播，大有南昌已失、九江不稳之象"；由此明言蒋介石及南方势力已经崛起，"蒋氏的势力究能发展到甚么程度，现在自然是不易预言，然其在目下已成为中国政治上一种重要势力，不如在广东时之可忽视，则为人人承认的事实了。"③ 北伐军进入湖南，受到民众欢迎，如进入郴州城时，白天"入市口已白幕蔽天，大小铺户咸挂青天白日旗"，晚间"官民男女各界，更开提灯大会，以表欢迎，途中高呼各种口号，并唱革命歌，一时革命空气，为之紧张"。④ 民众这种态度，不仅使北伐军士气高昂、顺利进军，而且迅速扩大了自身势力，大量湖南人加入北伐军行列。北伐将领张发奎晚年忆述："我们向湖南新兵解释什么是步枪与子弹后，就让他们上阵地作战。他们穿上军服拿起步枪十分高兴。当然，他们被掺和在老兵之中，让后者施教。那些日子士气之高昂实在难以描述。"⑤

所有这些湖南战事及民情士气，是身居北京的黄尊三无法体会与感受

---

① 俞雄选编《张棡日记》，1926 年 7 月 23 日，上海社会科学院出版社，2003，第 370 页。

② 《战卜》，《大公报》1926 年 9 月 2 日，第 1 版。

③ 老敢：《全国智识阶级对于蒋介石北伐应取何种态度》，《国闻周报》第 3 卷第 38 期，1926 年 10 月 3 日，页码不连续。

④ 《北伐阵中日记》（1926 年 8 月 3 日），章伯锋、顾亚主编《近代稗海》第 14 辑，第 47 页。

⑤ 《张发奎口述自传》，夏莲瑛访谈及记录，胡志伟翻译及校注，当代中国出版社，2012，第 69 页。

的。占领湖南后，北伐军迅速攻入湖北，尤其是 10 月上旬占领武汉，举国震动。但此事在黄氏日记中的反映很微妙。1926 年 9 月 2 日，友人来访，云"武昌陷落"，黄本人并未注意及此，而是别人谈及后才得知，可见，北伐战事至此，黄依然延续军阀混战观念视之，仍未意识到南方势力的崛起及其势不可挡。9 月 8 日，黄阅报得知"北伐军于七日入汉口，汉阳危急"，这是黄日记中第一次出现"北伐军"字样（此后有时也称"南军"）。此后，黄阅报频率明显加快，显然注意到了南方军事行动。实际上，对绝大多数居京人士而言，及至 9 月上旬，才注意到这次南方北伐的威力。此时同处北京的许宝蘅在日记里写道："闻武昌、汉阳均为蒋介石军所得，吴子玉不知存亡，大局又有大变动矣。"① 这是许氏日记中首次出现有关北伐战事的记述。这时活动于京津地区的郑孝胥也由阅报得知，"汉阳已失，吴退至孝感，靳云鹗犹守武昌"，只不过，在郑氏眼中，南方革命军与"匪"无异，斥曰："粤匪无归路，不得不致死于武汉，岂不知耶？"②

在北伐军进入两湖的同时，江西战场的战争也打响。9 月 10 日，黄阅报获悉："孙传芳对粤军下哀的美敦书，限期退出湘鄂"（注意：报纸称"国民革命军"为"粤军"，说明时人依然延续此前的地域军队观念），据此，黄预感"长江各省之卷入战涡，为期当不在远"。果不其然，次日报载：孙传芳进兵萍乡，战局日益扩大。12 日，"粤赣两军，已在修水开火，吴佩孚移驻信阳，孙传芳赴九江督师，南北混战，不知何日可了"。显然，包括黄氏在内的很多人看来，这场战争依然属"南北混战"。11 月 7 日，获悉孙传芳所辖江西九江被"粤军奇袭失陷"，黄意识到："果尔，则孙传芳之地位正复危殆。"随后，孙之地盘逐渐被南军占领，"孙退南京，南昌后路已断"，此消彼长，南军占领九江后，"势益盛"，南军中"唐生智之势更张，而湖口芜湖安庆相继动摇"，至此，黄才察觉"北伐军将来实有无穷之希望"（11 月 9 日）。数日后，从南来友人雷君口中，

---

① 许恪儒整理《许宝蘅日记》第 3 册，1926 年 9 月 8 日，中华书局，2010，第 1149 页。
② 劳祖德整理《郑孝胥日记》第 4 册，1926 年 9 月 9 日，中华书局，2005，第 2114 页。

黄确认了这一判断，雷君言："北军之不能战，南军之奋勇，形如指掌"，并云"南军军事上颇有计划，有把握，将来必占胜利"；雷君所言，又得到另一位南来朱君的证实（11 月 14 日）。显见，直至 1926 年 11 月，即北伐已开战近半年后，黄才意识到南方势力的崛起及其战斗力之强。这一时间差，既存北伐史研究中似未关注到。

不仅存时间差，而且黄尊三对南方阵营内部结构的认识也滞后。1926 年 11 月 21 日，一位长沙友人致函黄称"党军如何奋发有功"，这是黄氏日记中第一次出现"党军"字样。两天后，黄赴友人之约，座中有人言及"南军如何得民心，北军如何失民心"，黄心想，"果尔，南军之成功，可预卜也"。不难推测，黄此时对南方观感应较佳，且预感南方战事发展应较为顺利。长期的军阀混战，着实让国人生厌，普遍寄望新势力改变这一局面，国民党崛起及北伐军兴正契合了这一社会心理变化。著名报人胡政之就观察到："党军一入湘鄂，所向披靡，有辛亥倒清之势者，非党军有何等魔力，实由人心厌旧，怨毒已深，对于新兴之势力，怀抱一种不可明言之企望。"[1] 1927 年 2 月 6 日，好友向君自南来，述"南政府军事计划，最为详尽，决其必占最后胜利"，原因是"南政府以党为中心，以工作为要素，兵到之处，即其政治势力支配之地，且军官不以胜败易其地位，只要有劳绩，虽败而其地位不变，其一切军事，无不受党治之支配，且新气澎湃，非北方所能对抗"，黄也认为向君所言"颇有根据"。这是黄氏日记中第一次出现"党治"字样。由此可见，直至 1927 年 2 月，黄对南方政权内部基本结构仍未有认识。3 月 3 日，黄阅报得知，中共"已潜入奉军势力范围，拟以北京为政治革命中心"，这是黄日记中第一次提及中共。由上述党军、党治、中共等相关信息，可见居京人士对南方革命阵营了解之滞后，这也反映了北方普通民众对南方的认知状况。

随着北伐的推进，南方阵营内部矛盾日益激化，逐渐演变为宁汉对峙局面。早在北伐之初，北方军政高层就获悉南方内部矛盾不少，如北伐军

---

[1] 政之：《主义与饭碗》，《国闻周报》第 3 卷第 39 期，1926 年 10 月 10 日，页码不连续。

刚攻占武汉之时，奉军就"得确报，蒋（介石）、唐（生智）已有破裂之兆"。[1] 但外界并未知悉，黄尊三是通过阅报才知晓这些，自然是很晚之后的事了。1927年3月6日，黄得知，"蒋介石联络粤桂对付共产分子"；14日，黄获悉，武汉"左派对蒋介石已执宣战态度"；21日，武汉方面提议："罢免蒋介石，任唐生智为北伐总司令。"蒋介石与武汉方面矛盾公开化。这时南方内部左右、国共之争不断见诸报端。4月4日，报载，"九江杭州左右派喋血，公安局解散总工会，鄂党部通电讨蒋"；6日，报载，"民党元老派会议，驱逐共产党，汪精卫为巩固党基，与陈独秀共同发表宣言，劝左右两派，互去猜疑"。随着蒋介石占领江浙，清党运动逐渐明朗。上海"四一二"清党发生前，北方报纸已经注意到，"蒋介石实行以武力对付左派，上海南京皆以右派军人驻守"（4月10日）；清党事件发生后，北方报纸反应迅速，黄于4月13日就阅报得知"上海赤党纠察队，被白崇禧缴械，同时解散总工会，右党决议不奉武汉政府命令，成立临时委员会，与共产派之上海临时政府对抗"。15日报载，"党政府紧急会议，讨伐蒋介石，蒋派南京会议，另设政府"，显然，在多数社会舆论中，"党政府"专指武汉政府。4月18日蒋介石主导的南京政府成立，"通电拥护南京中央执行监察联席会议，请汪谭归京，汪蒋合作，恢复党权"（4月21日），很快，"汪精卫与汉政府通电，反对南京政府"（4月29）。至此，宁汉完全对峙。

随着南方内部的分裂，恐怖、杀戮信息不断传入黄氏耳中。借由阅报，黄获悉，武汉政府"起内讧，唐生智辞职"（4月26日）；夏斗寅"通电痛斥共党罪恶，唱鄂人治鄂说"（5月23日）；唐生智、夏斗寅"以改组汉政权为条件，成立妥协"（5月28日）；所辖"长沙已成无政府状态，赣湘腹地，完全赤化"（5月10日）；"总工会解散，唐生智反共"（7月2日）；"何健举兵反共，占据武昌汉阳；汪派集议改组武汉政府，由纯粹国民党员充任"（7月20日）；武汉国民党中央"令保护共党

---

[1] 《鲁礼贤致张景惠电》（1926年10月12日），章伯锋主编《北洋军阀》第5卷，武汉出版社，1990，第672页。

身体自由，并农工阶级利益"（7 月 23 日）；"武汉实行国共分家"（7 月 28 日）。除报纸外，从南来亲友口中，黄也得知相关信息。1927 年 5 月 11 日，从南来刘君口中，黄得知：南方状况非常混乱，武汉辖区的"湖南尤甚，出境避难者，纷纷皆是"，黄家乡湘西"常辰一带，匪患最盛，行路为难，为之慨然"。南京方面也是如此，"南京政情紊乱，军队林立，财政困难"（5 月 15 日）。居京浙人余绍宋也注意到：自南归北者，无论年长者，还是年轻人，均言南方之"紊乱""混杂"。①

不仅如此，北伐过程中的恐怖、杀戮很快波及黄尊三亲友。1927 年 5 月 22 日，黄出席一吊唁会，听闻友人"陈坤载之大公子，在辰州为某党枪毙；某君小儿，在汉口为土匪绑去"，黄深感惶恐，感叹"此等不祥消息，重叠而来，殊属吓人听闻"。6 月 27 日，黄接湘西家乡来函，得知侄儿"因共党嫌疑，在辰被军队枪决，闻耗惊痛欲绝"。次日，黄复函嘱咐"谨慎保身，如此乱世，不必作生意，不必谋事，只不饿死，不横死，即是幸事"。至此，在黄看来，原先观感不错的南方，与北方军阀也无多大区别了。南北趋同，是这时很多人的共同感觉，郑孝胥早先时候就观察到：无论南方，还是北方，"彼等皆染赤化，南北主义略同，实皆狂妄无知，殆甚于义和团"。②

胡适于 1932 年忆述，"民十五六年之间，全国多数人心的倾向中国国民党，真是六七十年来所没有的新气象"，③ 此固属事实，可惜这气象未能持续多长时间。《大公报》言："今宁汉分裂，且已动杀，此后因军事之变迁，地方势力每一变更，即须流血，寻仇报复，必无已时"，故"对于各方杀机之开，势不能不大声疾呼，极端抗议"。④ 随着南方阵营的内争、分裂，国民革命的恐怖及杀戮，国人对国民党及其政权的观感迅速逆转，日渐负面化，报纸报道：此前国民党及其北伐，备受各界瞩目，现在

---

① 余绍宋：《余绍宋日记》第 5 册，1927 年 8 月 29 日，北京图书馆出版社，2003，第 20 页。
② 劳祖德整理《郑孝胥日记》第 4 册，1927 年 1 月 14 日，第 2130 页。
③ 胡适：《惨痛的回忆与反省》，《独立评论》第 18 号，1932 年 9 月 18 日，第 11 页。
④ 《党祸》，《大公报》1927 年 4 月 29 日，第 1 版。

则今非昔比，"党人腐化，相与利用"，"武装同志，争步军阀后尘"。①
在黄氏眼中，国民党也经历这一变化过程。

三　南行纠结："归则无家，留则无食"

从 1913 年始，黄居住京城，及至 1920 年代，南行之念不时浮现。
1923 年 2 月 18 日记，居京十载，家人颇思南归，黄踌躇不能决定，思虑
再三，认为不可南归，理由有三：一是"路途遥远，匪祸流行，万一遭
险，挽回无术"；二是"家人群归，我独留京，老年思儿，将何以慰"；
三是"三儿俱小，岂能受长途之风波，万一得病，何以治之"。黄虽决定
不南归，还是不时探听南方（包括家乡）消息，以备将来打算。1923 年
3 月 11 日，友人李君自南来，谈及南方情况：可以"匪旱"二字概括，
"斗米千钱，斤菜百枚，为北方所未见，遍地皆匪，有家莫归，言之慨
然"。与南方匪盗遍地相比，北京尚属安定；欠薪虽是常态，但黄还有其
他一些收入（如译书费等），工作也还算清闲，尚可勉强度日。黄心想：
在这兵荒马乱年代，居京尚有"十乐"，其中第一乐即是"当此衙署无
薪，官不得食，我尚有余蓄，足度朝夕"；第二乐便是"土匪遍地，人不
安居，我安居京门，毫无顾虑"（1923 年 3 月 12 日）。显见，这时黄倾向
于暂居北京，南行之事，从长计议。

黄氏故里湘西（泸溪）经年兵灾匪祸，惨状连连。1925 年 7 月 4 日，
黄氏之弟来京，述"泸县自遭兵变，十室九空，人民痛苦已极"。1926 年
3 月 17 日，家乡一位故人来访，"述故乡惨状，实不忍闻"。北伐军兴后，
湖南成为战区，雪上加霜。8 月 10 日记："湘乱以来，四月至今，未得家
书，不知桑梓之区，成何景象，弟妹避乱何方，思之又不胜愁绝。"家乡
除战乱人亡之外，物价倍增，极难生活。12 月 15 日，黄接函获悉，家乡
泸溪"谷米二十元，盐则每斤一元，生活之高，远过沪汉"，故"人民焉
得而不饿死"。惨状一直持续着，1927 年 5～7 月，泸溪地方乡团与黔军

---

① 《南京今日之会》，《大公报》1927 年 9 月 15 日，第 1 版。

发生冲突，黔军围城，"全县抢劫一空，居民逃亡殆尽，城中断炊者十余日，为空前未有之浩劫"，黄哀叹"地方糜烂如是，有家何归？"（1927年 10 月 26 日、1928 年 2 月 1 日）

家乡不能回，居京也甚是艰难。由于房租太高，1926 年初黄利用多年积蓄，匆忙购置一处新居；同时，勒紧裤腰带，"拟月支预算表，以收入既无，支出不能不从节俭"（1926 年 2 月 14 日）。节俭度日是此时多数居京人家无奈之选，担任执政府铨叙局局长的许宝蘅也不得不如此，甚至连夜与家人商议"收束家用办法"，感慨："物力日艰，生计日促，不得不稍事搏节。"① 居京艰难，南行之念不免又萦绕于黄氏心间。1926 年 3 月 3 日记："静思久客北京，无聊殊甚，加以收入断绝，如何能支，故思归里，以了余生。"7 月 24 日记："余久有归志，因战事连年，兵匪充斥，道路梗塞，欲行不得，京华困守，生活日艰，加以年事渐长，精力就衰，性情孤陋，趋附无方，前途茫茫，不知投身何地。"9 月 11 日记："交通梗塞，物价腾贵，困守都门，生路断绝，将来诚不知死所。"进退维艰、去留难决，溢于言表。实际上，纠结者何止黄氏一人，许宝蘅也深感，去留问题"甚为难决，以京中政局而论，无可流连，惟安土重迁，食指繁多，殊不易动"，友人屡劝离京谋职，许氏"始终委决不下"。②

1926 年 10 月 17 日，友人尹君来访，言北京"不能生活，拟回南谋事"；数日后，黄亦打算"度过年关，将房产变卖，举家回南"（11 月 10 日）。不幸，1926 年 11 ~ 12 月，因为房产涉讼，南行只能作罢。1926、1927 年之交，北方政局变动异常，奉系张作霖入主北京，"顾（维钧）内阁三次辞职"，黄又觉"时局如此，北京岂可久居，拟俟痔病稍愈，将房产变卖，毅然回南"（12 月 18 日）。此时南行只是臆想，实际上已不可能，故黄 1927 年 1 月 13 日记："北京大不易居，本拟春正回南，今住房既发生问题，一时不能出售；小儿等又不便中途辍学；战乱未已，盗匪横行，地方不能安居。有此三因，故尔中止。"决定归决定，纠结、烦闷还

---

① 许恪儒整理《许宝蘅日记》第 3 册，1926 年 2 月 10 日，第 1115 ~ 1116 页。
② 许恪儒整理《许宝蘅日记》第 3 册，1925 年 12 月 22 日，第 1104 页。

是不时缠绕黄之心头。2 月 2 日，为大年初一，黄心想"不能老守北京，磨消精神与岁月"；2 月 16 日，黄"久思南下"；3 月 2 日，又改变主意，"若经济足以维持生活，余将以著述终老，不他图也"；3 月 20 日，致函家乡亲人，"嘱调查湘西一带是否平静，以便秋凉归里"，当知悉家乡亲友多人相继而逝，黄又不拟南归，云"余对世事，更为冷淡，亦不作南游之想，拟读书教子，度此乱世生涯，而养天年"（4 月 1 日）；数日后，黄又道："余本拟病愈南行，闻友人言，南方情形，甚为混乱，旅行颇不方便，壮心为之阻丧"（4 月 4 日）。南行与否？反复纠结于黄心中。

在危难中度日，无异于煎熬，1927 年 8 月 24 日记："战祸频年，生活逼人，归则无家，留则无食，苟延生命于危城。"此乃多数居京人士共同的生存状态，一位友人就对黄说："现在除节约外，无他道，同事中不能维持生活者，比比皆是。"（10 月 12 日）在 11 月 5 日日记中，黄道尽了一位居京南人进退维艰的处境与心境，曰："满城景况荒凉，人人有大祸将临之惧，朋友留此地者，为生活所迫，见面愁眉，无辞可慰；家乡则半年之中，两被兵祸，十室九空，家人之在泸（溪）若啼饥号寒，无法救济，而知交之诉穷，室人之叹苦，其声啾啾，日振耳鼓。"

1927 年 6 月 20 日，黄外出访友，发现友人中南行者甚多，原因"虽云士各有志，亦实为生活所迫，不得不尔"。在此前后，大批北京人士南行，黄之所言"生活所迫"确实是一大原因，如《现代评论》就报道了北京教员之窘境：有的教员到别处学校，另谋生活去了；有的投笔从戎，各自飞腾去了；其余的教书先生们，有的不愿走，有的不能走，就活活地困在北京。"有自用车的，已有许多把车夫去了；使听差的，已有许多把听差去了；使老妈子的，已有用不起的了；如果再穷，虽不便对太太离婚，然为减轻负担，恐怕到必不得已的时候，只好一律遣散，送回原籍"，并指出："薪金积欠已达二十个月之多，就是生活简单，旧有蓄积，恐怕用完了的已经不在少数。这是教育的实在的状况，并不是故甚其词的话。"[1] 教员之窘境仅是京城生活的冰山一角，对于整个北京而已，生活

---

[1] 《京师的国立各校》，《现代评论》第 4 卷第 101 期，1926 年 11 月 13 日，第 2 页。

艰难已是不争的事实，《大公报》称："三四年来，枯窘益甚，以视畴昔，已同隔世。至昨今两年则欠薪二十个月，殆成普遍现象……此真官僚社会之奇哀，寄生阶级之末日也。"①

经济状况是导致北人南行原因之一，但并非全部，北京政府随意捕杀文人之行径，也迫使不少人南行。北伐之前，当局逮捕陈独秀，引起一批新文化运动知识人南行；此后，邵飘萍、林白水、李大钊等人相继被捕杀，更促使许多知识人南行，有人就从心理方面观察到，在这场南北战争中，"国内许多思想较新的人集中于党军旗帜之下，这些人在北方确有点不能相容"，并指出，"其实思想与经济也大有关系，有许多人因思想较新不见容于旧社会而生活受窘，更因生活受窘而思想益激进"，②故不得不南行。1927 年 3 月，周鲠生、王世杰等一批留洋归国的北京大学教授南投武汉，此后知识人南投之报道，不断见诸报端。③ 除颇有名位的知识人外，青年南行者更多，黄埔军校开办后，各地青年投军者日多，北伐军兴后，南投趋势更盛。对此，有人撰文指出："自北伐军兴，近一两月来各地知识阶级（包括学生言）往广东投效的踵接肩摩……自北伐军占阳夏，由沪往粤投效者三日之内达三百人，由京往粤投效者六百人，类皆大学学生。"④ 自北南行已成潮流。

潮流归潮流，总有未南行者，黄氏即其中一人。黄自道："余虽有救国之志，奈机缘不熟，不能勉强，只好静以待之，若不问时机，一味奔走，为衣食则可，为救国则不可也。"（1927 年 6 月 20 日）由此可知，在黄眼中，南行未必仅是回归湘西一途，去新政权（南京、上海等地）谋职也是选项之一。其实，在北伐进军之时，南行谋职者也不少，报纸报道："南昌汉口住闲求事的人很多，从北方去的尤其不少，得意的似乎不大有。"⑤ 黄亦有此想法，1927 年 7 月 19 日接友人自南京来函，云"南京

---

① 《北京官僚生活之末日》，《大公报》1927 年 5 月 14 日，第 1 版。
② 百忧：《以科学眼光剖析时局》，《晨报副刊》1926 年 10 月 5 日，第 3 页。
③ 《要闻简报》，《晨报》1927 年 3 月 9 日，第 3 版；《现代评论派与国民党》，《晨报》1927 年 7 月 7 日，第 2 版。
④ 百忧：《以科学眼光剖析时局》，《晨报副刊》1926 年 10 月 5 日，第 3 页。
⑤ 《南行视察记》，《大公报》1927 年 3 月 8 日，第 2 版。

政府，尚未完全组成，而求事者多如鲫，生活之高，倍于北京"，劝黄不必南下，这说明黄有意南下谋职（至少向友人询问过此事或透露过这想法）；1928年3月14日，黄再得友人南京来函，谓南京"经济困难，亦无减于北，所谓到处乌鸦一样黑也"，亦劝黄不必南下。但是，黄还是决定南行，一探究竟。4月17日，黄乘火车南下，但此行仅至天津，中途折返；18日记：身体未愈，不支，加路途艰难，"遂决计归京"。至于此番为何要南行，黄日记中没有详述。此时离京南行，路途凶险自不待言，即便是进出北京城，也很不便，因由军事失利，北京政府加紧京城防卫，各城门加派兵员守卫，还全城戒严。① 在如此状况下，黄还决意南行，可见南行对其之紧要。4月20日，友人欧君来访，黄对其言此行经过，欧谓"时事解决，即在目前，吾辈且稍俟之"，劝黄在此战事混乱、时局未定之际，稍安勿躁。据此，可大体推知，黄试图在北京政府未完全倒台之前，即往南京谋差事，这较此后再南行谋职应该"胜算"更多一些。月余后，黄依然惦念此事，"自前月去宁未果，至今又近两月，奉张出关，战事或将收束，长此坐废，殊非所宜"（6月5日），心里还想着南行。但黄终究未南行，北京政府终结后，留在"故都"谋生，应故交周震鳞之邀，担任私立民国学院教务长，直至1931年九一八事变后，携眷南归。

四 南京政府："以党治国" 或 "以国殉党"

1928年上半年，随着二次北伐推进，北京政府颓势日显。6月张作霖通电下野，撤退关外，将北京政权交给王士珍、熊希龄等人组成的治安维持会。北京政权交接颇为平稳，舆论对此深表赞扬，② 但毕竟局面未定，故"商民惴惴，自所难免"。③ 6月7日，黄阅报得知，冯玉祥所部进驻京郊南苑，阎锡山晋军抵达京城西直门。9日，阎锡山在保定就任京津卫戍总司令，布告安民；晋军总指挥商震入城；北京警备司令、第七军长张

---

① 韩信夫、姜克夫主编《中华民国史·大事记》第5卷，1928年4月18日，第3020页。
② 《北京治安维持会之成功》，《大公报》1928年6月11日，第1版。
③ 章伯锋主编《北洋军阀》第5卷，第792页。

荫梧，奉阎命就职。值此政权更迭之际，黄发现各种各样团体组织涌现，异常活跃，"斯时趁机活跃者，有国民党市党部，国立九校之代表团，国民党京汉铁路特别部，顺直特别政务委员会，国民革命军直隶第一路司令部，京师总商会之治安维持会，文物临时维护会；此外，如京兆各团体，旅京公会，各大学之学生会，五光十色，极人类自谋生存谋活动之能事"。这一奇特现象，令很多人注目，许宝蘅也记述："有市党部在湖南馆成立开会，又有特务委员会出现，又有其他会部纷起。"① 月余后，在天安门开庆祝北伐成功大会，"各界均停止工作，团体参加约二百余"（7月 7 日）。

二次北伐本是南方各派暂时妥协、联手的结果，随着奉军撤退、北伐军占领京津，国民党内部不和消息再度传开。6 月 13 日，黄知悉，北京附近，"阎军云集，不下十万；冯军在京津一带，亦不下十万；桂军十余万，有即日开驻京畿之说；蒋军十余万，已陆续由津浦至津"，黄担心："八方战士会京津，将来如何给养，是可忧也。" 占领京津后，国民党中央开始酝酿裁兵事宜，各派系暗中角力。6 月 27 日，友人朱君来谈时局，谓"裁兵事各方皆无诚意，仍属权利地盘之争，因用人一项，阎蒋之间，颇有意见"。7 月 3 日，报载，"冯因病不来京"，黄心想"时局前途，恐无良果"。7 月 4 日，黄阅报获悉：蒋介石、李宗仁昨晨抵北平，开西山会议，冯玉祥派鹿钟麟代表出席。当天一位友人来访，言"现在革命尚未成功，右党窃权柄政，裁兵之说，纯系欺骗，根本即办不到。奉天用兵，冯白主张一致，若蒋阎不同意，内部难免不生破绽"。多年供职于军队的张君对黄说："南京政府用人，纯以金钱及武力为前提，非此则多不行……武人仍不脱封建思想，互相竞权，蒋白之积不相容，已有历史关系，而浙桂浙湘湘桂之争，亦无时或已，冯蒋权势相侔，内竞更烈，将来不知弄到如何地步。"张君言时"颇为慨叹"（1928 年 7 月 8 日）。不难看出，即使北伐军占领北京，许多不稳定因素依然延续，并未给人带来多少安全感。

---

① 许恪儒整理《许宝蘅日记》第 3 册，1928 年 6 月 6 日，第 1249 页。

　　1928 年 6 月 9 日，某君来黄宅谈，认为"现在北伐虽告成功，离建设之程度尚远，党国所缺乏者，为建设人才，虽有三民主义，而无适当具体之建设方略，训政时间过长，人民之自由权，恐受剥夺。北洋旧人，虽云腐败，然多少总有所顾忌，不敢横行一切；国党则毫无于忌，一党专政，人民公权，必受影响，纵以最高之党权，勉强范围各方面，而政治（能）否就轨，国家能否向上发展，尚属问题"，并表示"吾人不愿为个人衣食问题，随意附和，将澄静以观其变"。此言颇能代表北京人士对南京新政权的观感，并采"静观其变"之态度。黄本人也在观察新政权，当得知南京政府拟划全国为六军区，"第一二三四各军区，即以一二三四各集团现在之地盘分配之，即二军区为陕甘豫及直省之一部，三军区为山西察哈尔热河及京津一带，五军区为两广，以东三省为第六军区"，黄立即意识到："按如上分配，仍不失为地盘分配之性质，殊非根本解兵之道"（6 月 16 日）。显而易见，南京新政府与此前北京政府并无二致，依然是按军力分配地盘的旧格局，如《晨报》言，"今日党军之病，在军人未能抛却旧军阀传统之地盘观念，故虽在青白旗帜之下，以主义来相号召，然其所表现于吾人之前者，则悉为地盘之争、权利之战而已"；[1]《大公报》直言，"革命之最大危险"是"革命军人本身之军阀化"。[2] 南方新政权这种转变与黄之预期相去甚远，失望自是难免。

　　事实上，早在北京政府尚未垮台之前，很多北方人士已在观察、研判南京政权之体制与政象了。1927 年 9 月 2 日，友人向君来谈，认为"最后胜利，终归南方"。9 月 8 日，一位友人与黄谈论时局，问："右派得志，究竟如何？"黄答："不过名义上统一，事实统一，一时恐办不到。"问："以党治国如何？"黄答："看其如何治法，有无信条及办法，有则未始不可治。"可见，此时黄对南北真正统一并不乐观，对国民党"以党治国"持"拭目以待"的态度。长期以来，北京政府"政令皆不出国门，识者忧之，以为分裂之兆"；问题是，南京政府刚刚成立，即呈分裂之

---

① 《讨唐与国民党前途》，《晨报》1927 年 11 月 24 日，第 2 版。
② 《论蒋介石辞军职事》，《大公报》1928 年 6 月 11 日，第 1 版。

象，"浙皖各省，公然实行财政独立，孙科愤而辞职，南北如出一辙"
（1927 年 12 月 30 日）。1928 年 2 月 4 日，某君从南京来访，称"南方局
面颇坏，兵匪横行，共党潜伏，危险殊甚，军政饷俱无所出，人民对于民
党，感情恶劣，而党人之绑票行为，甚于土匪，官吏之贪暴，远过北方之
旧官僚"，还特别指出："凡友人之至南方者，无不失望而返，大概北伐
一事，现在绝谈不到。" 3 月 10 日，另一位自南京来的张君来访，"述南
政府用人之滥，官以贿成，无缺不卖，腐败之状，胜于北京，伟人之挥
霍，政客之嫖赌，在在皆是，可为寒心"。这状况必然导致政务紊乱，美
国记者阿班直言："南京政府各部门混乱至极。"① 可见，在不少人看来，
新成立的南京政府问题丛生，甚或不如原先的北京政府。

除乱象外，国民党一党控扼政权的做法，也招致全国各界批评。北伐
期间，上海《东方杂志》明言，"我们对于今日一阀一系私据政权，压迫
人民，固然极端反对；而对于以一政党统治全国的计划，亦认为非立宪国
家之常轨，只足引起国内纠纷而绝少实现的可能性"，因此公开表示：
"我们对于北方实力派首领，不能不要求他们放弃私据政权的野心；对于
南方政党中坚人物，亦不能不要求他们修正党治的计划，依立宪国家的正
轨，解放政权，公开政治。"② 如果说《东方杂志》代表南方舆论的话，
天津《大公报》和北京《晨报》则代表了北方舆论，他们对南方实行一
党专政也很反感。北伐初期，《大公报》就批评，"广东国民党招致反对
最大之点，为主张俄式之党治主义"，"吾人不敢赞成军阀专制，然亦何
可赞成党阀专制"。③ 国民党分共清党之后，继续保留党治体制，《大公
报》称："抑观国民党今日所谓专政，反类于意大利之法西斯蒂。"④《晨
报》也指出，"党军日以主义政策号召群众，然其所主张之'一党独治'，
根本上与民主政体、自由主义不能相容"；⑤ 并分析曰，"凡是一个广大的

---

① 哈雷特·阿班：《民国采访战：〈纽约时报〉驻华首席记者阿班回忆录》，第 80 页。
② 《杂评》，《东方杂志》第 23 卷第 21 号，1926 年 11 月 10 日，第 2 页。
③ 《时局杂感》，《大公报》1926 年 9 月 13 日，第 1 版；《军阀与党阀》，《大公报》1926
　年 9 月 23 日，第 1 版。
④ 《从共产党到法西斯蒂》，《大公报》1927 年 12 月 24 日，第 1 版。
⑤ 《"迎接新春"》，《晨报》1927 年 1 月 1 日，第 2 版。

国家，其社会与经济关系，都很复杂，仅一党统治，自然就主持各阶级的命运，而这些与社会攸关的激烈反对者，不得已加入该党的此派或彼派，玩花样，使其党中各派自己内斗"，① 由此断言："今日混乱之局，欲求统一，决非一党一阀专恃武力征服异己所能成功。"②

对国民党的不满，不仅体现在报纸舆论，也体现在民众私下言谈中。1927 年底，李烈钧在南京演说："以党治国则可，以一党治国则未当，若仅以一党治国，则民主的专制与君主专制何异？"黄阅报获悉后，感叹李烈钧"在党治空气包围中，又处中央执行委员的地位，公然有此至公之言，诚属难能"（1927 年 12 月 3 日），这说明黄对国民党"一党治国"之反感；立场不同，反应迥异，党国领袖蒋介石对李烈钧所言所行甚是不满，在日记中斥责："李烈钧倒（捣）乱腐败如此，何能革命也。"③ 1930年 9 月，原北京政府财政部官员李景铭应邀到黄尊三供职的民国学院参加开学典礼，并发表演讲，"痛詈党治之误国"，全场"欢声雷动"，在旁座侧听的国民党元老、此时担任民国学院董事长的周震鳞亦对李氏所言深表赞同。④ 不少国民党元老都对国民党党治很不满，不难推知各界民众对国民党之反感了。

1928 年 1 月 30 日，友人朱、张二君来黄宅闲谈，朱言："三民主义错误太多，非行修改不可，国民党现皆抛弃其党义，借招牌以竞权争利，将来平定时局，并非蒋介石等国民党人借招牌号召者所能成功，而国民党亦必有改辙更张之日，盖信一党治国必不可行，非广收人材，共图国是不可"；张说："以党治国，乃近代国家之新制，如俄如意均通行，南方仿行此制，故所有人材，限于本党，不取广收；朱君思想，未免为旧式的，非南方新人所敢承，现在除共产主义无政府主义外，不足以压服民党以党治国之主张。"为此，张、朱二人争论良久，无疑，这代表了当时中国读

① 《共产党的内斗》，《晨报副刊》1927 年 12 月 27 日，第 43 页。
② 《"新路"》，《晨报》1928 年 2 月 17 日，第 2 版。
③ 《蒋介石日记》，1928 年 1 月 12 日。
④ 李景铭：《六二回忆》，《近代史资料》总 134 号，中国社会科学出版社，2016，第165 ~ 166 页。

书人对国家治理方式的两种观点。黄则认为，国民党人才严重不足，"元老之思想本已老腐，新进党员，对国家亦少研究"，"若以现在之国民党之人材治国，则恐国未治而党先崩"，故黄主张"广收国内贤才"；问题是，现状是"国民党要人，自恃其资格之老，把持政柄，拒绝党外之贤才，如是而谓'以党治国'，不如谓之'以国殉党'，即谓之以国供国民党二三野心家之牺牲可也"。显而易见，黄对国民党"一党治国"深不以为然。在很多人看来，国民党"一党治国"首要问题，是人才与经验不足，"国民党太无建设经验，财政经济，人才尤少，尔后军政费必成问题，而影响所及，或且别生事故，前途茫茫，未可乐观"。① 由于国民政府规定，入仕为官者必须是国民党党员，自然造成很多人，尤其是青年人钻营入党，"南方去年曾有命令，非党员不得为官吏，故求官者，辄先钻营得介绍入党"。② 报纸与黄氏等人的观察与担心，当属事实，先不论这些国民党党员的素质、能力、经验等，仅党员人数而言，问题就很难解决。据统计，1928 年 3 月国民党普通党员仅为 22 万人，约等于全国人口二千分之一，③ 比例如此之低，国民党欲推行"以党治国"，极为困难。

北伐战争推翻了北洋政府，但在很多人看来，"革命"并未成功。1928 年 6 月 29 日，某君来谈，"以此次革命甚不彻底，仍是官僚占地位，山西人布满要津"，黄告诉他，此乃"革命后当然之结果，曷足怪焉？"7 月 1 日，一位友人对黄说："今日革命，均是假的，人面兽性，何尝为公，如此革命，乃革贫民及好人之命，恶人仍居高位，窃大权，不改常态，挥金如土，何能致太平？"黄也认为其"言自有见"。其实，并非少数人观感如此，《大公报》亦言，最近北伐告成，南北统一，"然而中国犹尚未见新政治之出现也"；④ "国府成立以来，百政并议，大会时开"，但"一会之后，万事不提，只闻宣传，不见事实"。⑤ 失望之情，跃然纸上。

① 《北方匪祸》，《大公报》1927 年 9 月 25 日，第 1 版。
② 《保障技术人才问题》，《大公报》1928 年 3 月 14 日，第 1 版。
③ 王奇生：《党员、党权与党争——1924～1949 年中国国民党的组织形态》，上海书店出版社，2003，第 248、249 页。
④ 《新旧政治之分歧点》，《大公报》1928 年 8 月 26 日，第 1 版。
⑤ 《会议与效率》，《大公报》1928 年 12 月 27 日，第 1 版。

经由北伐战争，南北统一，但遗留不少问题。出身四川的青年党领导人李璜 1929 年到北方各地视察，发现南北差异很大，但"更可忧者，是在精神方面，北人对于南人，在此次国民革命之后，怀着一种嫉视的心理，革命而既以主义相号召，而要称作'北伐'，这足使北人感到南宋之对金人，把北人当着异族看待，何况更将北京要改成'北平'呢！"北伐后，革命党人给北人以"不良印象"，"革命而全靠军事力量的征伐，国民党在北方未能深入民众去做基本诱导功夫"，南北彼此了解不够，"易滋误会"，凡此种种，于是"误解与怨言相当的普遍于北方社会"。① 但这点对身居北方的南方人而言，感受并不明显，黄尊三还是能较为平和、公允地分析南北之别："南北之风气不同，而士之气质亦异。就政治言，南人多急取，北人多保守；就性情言，南人多高明，北人多沉潜，此其善者也。若南人之暴乱燥浮，北人之腐朽因循，皆非进德修业之器。"黄还自我剖析："余南人居北久，亦养成一种因循腐败之习，弃南之长而有北之短，个人固毫无进步，国家亦何取此废材。"（1928 年 3 月 24 日）

政权更迭，首都南迁，"一群依官为生的亡国大夫，都马上加鞭，直奔新都去了。可怜红运已过的北平，也无力挽留他们，只落得一天一天消瘦下去"。② 北京地位一落千丈，"市面日渐萧条，失业者遍地皆是，社会空气，阴郁愁闷"。③ 这种状况严重影响北京民众的生计，他们如何因应、何思何想？1928 年 6 月 11 日，黄阅报得知，国民政府决议："首都仍设南京。"国都何地一直是北京民众关切的问题。早在北伐形势并不明朗的 1926 年 12 月，一位北京律师就对黄说："将来都城必在南方，北方局势，恐难持久。"（12 月 21 日）北京人士关切国都问题，因为事关未来出路与生计。1928 年 6 月 8 日，黄与友人谈论时局，友人说，"国家纷乱之会，正书生宁静养志之时，静坐以观世变，斯为上策，此时作官活动，甚非其时"，黄认为"其言甚有见地"。两天后，黄访友人向君，向君问黄之行

---

① 李璜：《学钝室回忆录》，明报月刊社，1979，第 248、249 页。
② 《北平的繁荣问题》，《大公报》1928 年 9 月 7 日，第 10 版。
③ 《维持北平繁荣之捷径》，《大公报》1928 年 8 月 18 日，第 1 版。

止，黄曰："吾人对于革命，毫无工作，此时只有冷静以待革命之成功。"黄之态度，估计也是此时多数读书人的态度，即北京旧政权已倒台，南京新政权又无可靠内线，只能静观，等待机会。

1928 年 6 月 27 日，黄尊三到中央公园喝茶纳凉，听闻隔座三客，"且说且叹"，一人云："某君已落选市长，我们将何以谋生"；一人答曰："现在别的都是闲话，'生活'二字，则为事实，我辈以后，只有饿死而已"；聆客言："更证民生问题之重要，政府若不加以注意，将来祸水横流，遏抑不来。"另座有某客，大发论议，"国民党中年以上之人，大家均忙于作官发财，党务奔走，乃委之青年稗子，如是欲以党权支配军人官吏，如以稚子支配大人，是何可能"；又云："政治如唱戏，他们唱罢我登台，好在中国一天不亡，总有我们唱戏之日，不必急煞。"这些无意中的市井闲谈，实则富含深意，至少展现了政权更迭后北京人士（包括前政权的官僚、政客）的所思所虑。听闻其言，黄立即意识到他们"一种不满足现政府之心，意在言外"。在新政权统治下，这些留在"故都"讨生活的人多半并不如意。1929 年身居北京的周作人说："民国十七年（1928）是年成不很好的年头儿。虽然有闲似地住在北京，却无闲去住温泉，做不出什么大文章。"① 苦闷、压抑之情，隐现于字里行间。不过，与北人南行潮流相对应的是南人北来现象，此时留京的许宝蘅在一次洗浴中，就注意到"邻座多楚人，皆南来之新俊"，② 这是值得探究的现象，既存研究中似未注意到此问题。

余　论

从长久的历史背景来看，中国一直存在南北地域之别，及至近代，这种差别依然延续着，并且随着晚清北洋时期的内乱和地方意识增强，渐趋浓烈。有人注意到，在很长时期里，北洋政府之所以能够存在，是因为外

---

① 周作人：《永日集·序》，河北教育出版社，2002，第 1 页。
② 许恪儒整理《许宝蘅日记》第 3 册，1928 年 7 月 3 日，第 1254 页。

交"门面"的需要，问题是，1920年代中期情况发生变化："近来北京使团的政策，明显有一种改变，遇重大交涉事件，便向地方政府分别谈判，对于北京政府已不十分重视。"① 这时身处北京的驻华美国记者阿班也指出，北京是个"奇怪的政治真空"，外交部的功能"只是用来存放各国给中国的文件"。② 外交地方化是中国实际权势地方化的表征。中央权力日渐屏弱，地方、地域思潮蔓延开来，南北之别自然被放大。检视北伐前后诸多报刊，地域观念（尤其是南北意识）被屡屡提及。随北伐军进入湖北的郭沫若，发现老百姓很拥护北伐军，"他们都称我们是'南军'，有的还在'南军'上加上'我们'两个字"，他们还说，"南军是搭救我们老百姓的，南军胜利了，我们老百姓就有出路了"，并痛打北军的散兵游勇。③ 这些说明，南方民众对南方的地域认同。同样，北方民众亦有自己的地域认同，白崇禧在内部电文中说：国民革命军第三十一军官兵，"多系北人，北进甚为愿意，近因调赴南方，已逃变数营，甚为可虑"。④ 除普通民众外，在高层人物中，南北地域观念也不断显现。蒋介石在北伐军总司令就职宣言中说，"决无南北畛域之见，更无恩仇新旧之分"；⑤ 在二次北伐中，蒋对北方民众宣称，毋被北方军阀谣言所惑，"存南人北人之见"，对北方军队也宣称，革命军北伐旨在统一全国，"既无南北地域之分，更无新旧同异之见"。⑥ 无独有偶，张作霖就任北方安国军总司令时，也宣言其只知救国，"绝无南北新旧之见"；⑦ 张氏在会晤英国驻华公使蓝普森时表示，中国向来重统一，且"只有北方征服南方，决无南方来北方统一之事"。⑧ 这些言论，恰恰反向说明南北地域之别的实际存在，并

---

① 《杂评》，《东方杂志》第23卷第16号，1926年8月25日，第2页。

② 哈雷特·阿班：《民国采访战：〈纽约时报〉驻华首席记者阿班回忆录》，第41页。

③ 郭沫若：《郭沫若选集》第1卷，四川人民出版社，1982，第314、315页。

④ 《北伐阵中日记》（1927年7月15日），章伯锋、顾亚主编《近代稗海》第14辑，第393页。

⑤ 《国民革命军总司令就职宣言》，《蒋中正自反录》第1集，香港中和出版有限公司，2016，第97页。

⑥ 《渡江北伐通告北方同胞》《渡江北伐告北方将士文》，《蒋中正自反录》第2集（1），第59、61页。

⑦ 《奉张宣言发表》，《大公报》1926年12月7日，第2版。

⑧ 韩信夫、姜克夫主编《中华民国史·大事记》第4卷，1926年12月22日，第2588页。

且不少势力在有意识加以运用。

地域之别亦为海内外北伐史研究者所注意。很早以前就有学者注意到，南方革命军北伐虽然以民族主义为号召，但在分化、各个击破北洋军阀时，常常以地域主义为辞相诱；[①] 与此相对，北方军阀也注意到地域问题，并以此激发所部对抗南方的北伐。[②] "南北之分"是探究近代中国军政变动中不可忽视的问题。[③] 近年来，不少学者对此又有更深入探究。[④] 这种重视"有形力量"之外"无形力量"的研究，无疑大大推进了北伐史研究，价值毋庸多言。然而，地域乃地理方位用词，是不可移动的，而人是可流动的，况且人口流动在近代中国明显趋强。值得指出，研究北伐史，尤其是南北地域观念问题所用的史料，很大部分是报刊，实际上，不同地域的报刊未必是该地域人士的意思表达，黄尊三也不时投稿至北方报纸，他的言论也很难说是代表北方。在近代中国，能在报刊留下文字的人，也多半是具有人身移动能力者，类似黄尊三等，人数应不少。

黄尊三是南方人，但长期居京生活，其对南方的观察，很难说是简单的"北"对"南"，或"南"对"南"的观察，而是包含南北地域交集的复杂的立场与心态。黄氏虽列名北京政府内务部佥事、编译等职位，但这些仅是闲差，无甚权力，所获实际利益亦不多，且不稳定，黄生活来源很大部分来自兼差讲学、译述等。换言之，黄只是北京政权的边缘人。从日记所见，黄对北京政府没有多少认同感，故此，其对南方政权的观感并非"敌对者"的立场，反倒有些"中立观察者"之意味。与此相对，也未见黄对南方政权有多少向往或欣喜。北伐之初，黄并未意识到这场战争的特别之处，依然以军阀混战眼光视之；待到知悉其威力，已是北伐开战近半年之后了，这时黄确实对南方观感不错，但他显然对南方政权内部结

① Donald A. Jordan, *The Northern Expedition: China's National Revolution of 1926 – 1928*, Part 2.

② Hsi – sheng Chi, *Warlord Politics in China, 1916 – 1928* (Stanford, California: Stanford University Press, 1976), p. 115. 中译本，齐锡生：《中国的军阀政治：1916~1928》，杨云若等译，中国人民大学出版社，1991，第 106 页。

③ 陈志让：《军绅政权——近代中国的军阀时期》，三联书店，1980，第 24~33 页。

④ 例如，罗志田《南北新旧与北伐成功的再诠释》，《新史学》第 5 卷第 1 期，1994。

构与运作之"新"缺乏了解,很快,随着南方阵营的内争、分裂,黄对南方的观感迅速逆转,此后很长时间里,国民革命的恐怖、杀戮占据其心间,挥之不去。综观黄氏日记,他并未认为北方是"旧"的、南方是"新"的,至少可以说,这种感觉不甚明显。这从个体观感与体验角度说明,北伐前后国人的"南新""北旧"观感,即使存在,也很微弱,而且转瞬即逝。北伐前后,国人对北方政权失望,未必即寄望于南方政权。综观该时期的北方报纸杂志,确实常刊载政治弊污、学校倒闭、民众苦痛的报道,但"大体并未发现报纸舆论有将对北方政府的失望转而寄望南方政权的"。① 约言之,在时人观感中,北伐前后的南方与北方,很难说存在相互转换、零和博弈的现象。这是北伐史研究者必须注意的。

北伐前后黄尊三的信息来源渠道,是很值得琢磨的问题。从日记所见,阅报几乎是黄每天"必修课",从这个角度讲,黄之体验相当程度上代表了社会舆论的观感。报刊无疑是时人(主体是具有阅读能力者)的第一信息来源渠道。若将考察眼光回溯,至少在晚清,阅报已成为很多士大夫、读书人获取信息的重要渠道,晚清京官孙宝瑄就说:"报纸为今日一种大学问,无论何人皆当寓目,苟朋友相聚,语新闻而不知,引为大耻。不读报者,如面墙,如坐井,又如木偶,如顽石,不能与社会人相接应也。"② 民国初年,报刊进一步发展,在国人信息获取中的地位有增无减。然而,北伐前后,情况发生变化。由于南北的对立、战争,加上各方均意识到"宣传"的作用,于是,信息较量开始了,报刊成为"另一个战场"。北京当局严厉查处宣传赤化者,京畿卫戍司令部派侦缉队到北京各书铺搜查,"凡有'俄'、'社会'等字样的书籍尽被抄去";北京警察厅设立检查新闻特务委员会,检查沪、津等地来京各报。③ 1926年秋,知识青年王凡西从北京到广州,在书店中,第一次见到《新青年》《向导》

① 高郁雅:《北伐报纸舆论对北伐之反应:以天津大公报、北京晨报为代表的探讨》,第76页。
② 孙宝瑄:《忘山庐日记》下册,光绪三十二年七月二十一日,上海古籍出版社,1983,第917页。
③ 《军警严查赤化》,《申报》1926年9月3日,第6版;韩信夫、姜克夫主编《中华民国史·大事记》第4卷,1926年10月1日、1927年1月6日,第2533、2602页。

和其他普通刊物一样公开陈列，封面上用大字印着"共产主义"或"马克思"字样的书籍充斥书店柜面，感觉非常惊喜，因为在北方，这些是要在"紧闭的房门后面，放低了声音才敢提起"的名词。① 当然，北方也存差异。1926 年底，另一位知识青年侯外庐从北京到哈尔滨，在书摊上买到《资本论》等几种经典作者原著的英译本和日译本，让他欣喜万分，这些书籍"在北京根本无法得到"，因为"北京知识分子集中，革命运动高涨，反动派的文化控制特别森严"，哈尔滨则"相对薄弱"。② 1927 年初，在北京的张慰慈致函身处海外的胡适说，"现在北京一般人的口都已封闭了，什么话都不能说，每天的日报、晚报甚而至于周报，都是充满了空白的地位"，报刊经常被删去文章，"这种怪现象是中国报纸的历史上第一次看见"，同时，"一切书信与电报都受到严格的检查，所说被截留的甚多。并且无故被捕的人也不少"，张氏认为，北京如此局面类似于法国大革命时期的恐怖统治，"健全的舆论是不可能的事"。③ 显见信息管控之严重。

北方如此，南方亦然。即使在北伐战事紧张推进过程中，南方也不放松信息管控工作，郭沫若忆述：北伐军总政治部抵达汉口后，"我们开始把报界拉在手里，封了两家很反动的报馆。同时组织了一个新闻检查委员会，所有的报纸都要经过我们的检阅才能够发行"，狠干几天后，"各种宣传机关都拉在了手里"。④ 这时正在武汉的张君劢就观察到，"武汉报纸，不论为机关报，或非机关报，几于千篇一律。何以故？党化报纸为之也"，并认为这状况可从《检查条例》中求解，该条例规定：凡报馆及通讯社，如有发表违背党义，及不利于革命之记载，而拒绝检查者，除将该报馆通讯社即行封禁外，所有负责人员，一律以军律惩办。⑤ 在如此信息管控的社会里，真假难辨，谣言漫天，难怪《大公报》言："时局混沌，

---

① 王凡西：《双山回忆录》，东方出版社，2004，第 25 页。
② 侯外庐：《韧的追求》，三联书店，1985，第 16 页。
③ 《张慰慈致胡适》（1927 年 1 月 16 日），中国社会科学院近代史研究所中华民国史组编《胡适来往书信选》上册，中华书局，1979，第 421 页。
④ 郭沫若：《郭沫若选集》第 1 卷，第 364、365 页。
⑤ 张君劢：《武汉见闻》，国立政治大学，1926，第 11～12 页。

各方消息歧出，因为大家都讲宣传，把真相隐蔽起来，反使人对任何方面报告，都带几分不敢相信。"① 时人意识到这个问题，所以，在报刊之外，还需其他信息渠道，亲友之间的口耳相传和往来函电就特显重要。综观黄氏日记，从1926年底以后，每遇南来者，黄便探听南方消息，有时也会从南方亲友来函中了解情况，这渠道虽信息量有限，但可信度要高于报刊。当然，亲友言谈和信函中的信息，有时也会矛盾歧出，这就需要自己鉴别了。

〔李在全，中国社会科学院近代史研究所〕

---

① 《假定下之一种时局判断》，《大公报》1927年7月29日，第1版。

图书在版编目（CIP）数据

中华民国史青年论坛. 第 1 辑 / 李在全主编. -- 北
京：社会科学文献出版社，2018.9
ISBN 978 - 7 - 5201 - 2966 - 4

Ⅰ.①中…　Ⅱ.①李…　Ⅲ.①中国历史 - 民国 - 文集
Ⅳ.①K258.07 - 53

中国版本图书馆 CIP 数据核字（2018）第 139225 号

中华民国史青年论坛（第 1 辑）

主　　编 / 李在全

出 版 人 / 谢寿光
项目统筹 / 宋荣欣
责任编辑 / 李期耀

出　　版 / 社会科学文献出版社·近代史编辑室（010）59367256
　　　　　　地址：北京市北三环中路甲 29 号院华龙大厦　邮编：100029
　　　　　　网址：www. ssap. com. cn
发　　行 / 市场营销中心（010）59367081　59367018
印　　装 / 三河市尚艺印装有限公司

规　　格 / 开　本：787mm × 1092mm　1/16
　　　　　　印　张：24.5　字　数：372 千字
版　　次 / 2018 年 9 月第 1 版　2018 年 9 月第 1 次印刷
书　　号 / ISBN 978 - 7 - 5201 - 2966 - 4
定　　价 / 98.00 元

本书如有印装质量问题，请与读者服务中心（010 - 59367028）联系